Die antike Stadt
Das Leben in Athen & Rom

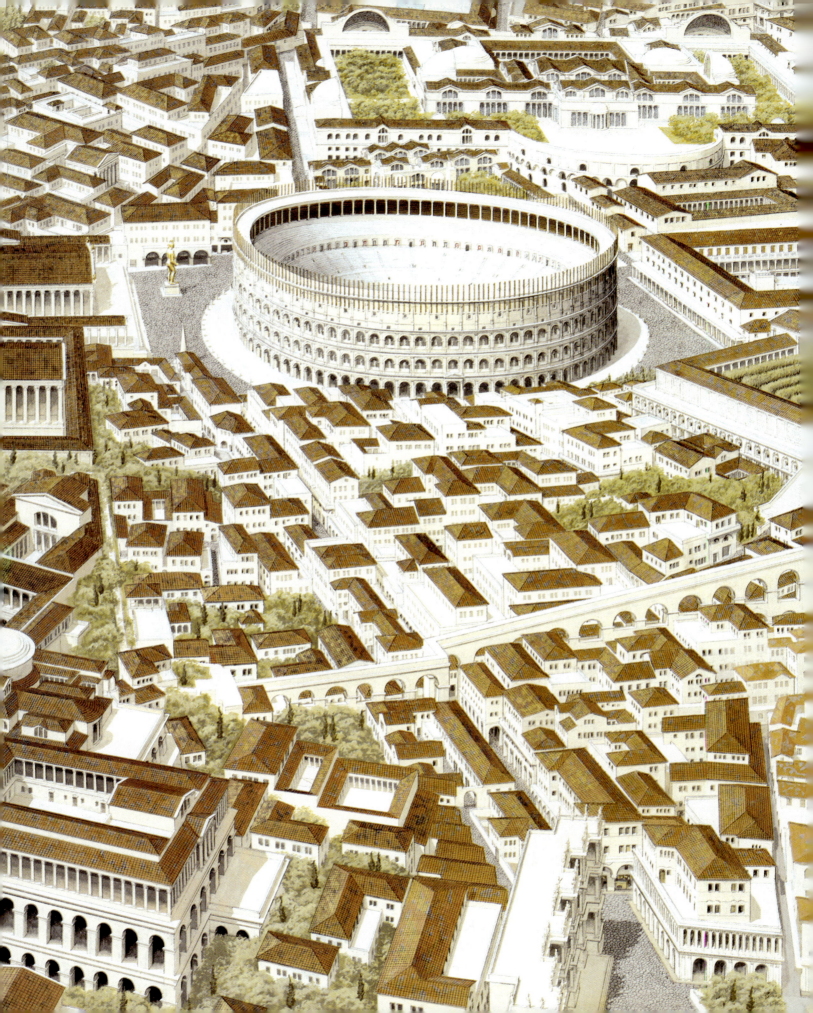

Die antike Stadt

Das Leben in Athen & Rom

Peter Connolly • Hazel Dodge

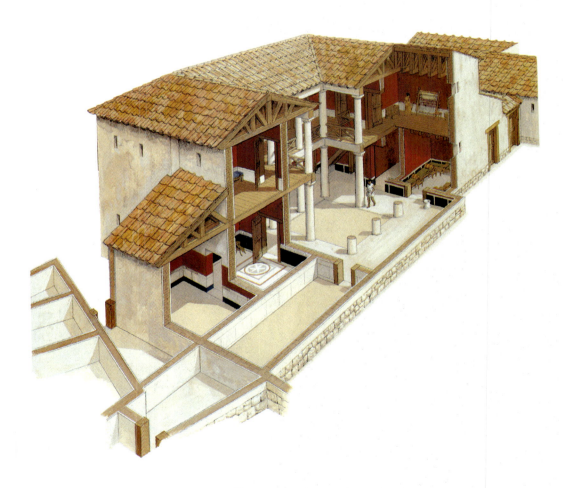

KÖNEMANN

Copyright © 1998 Oxford University Press

Illustrationen © Peter Connolly 1998
Text © Peter Connolly und Hazel Dodge 1998
Design: Herb Bowes Graphics

All rights reserved. No part of this publication may be reproduced,
stored in a retrieval system, or transmitted, in any form or by any means,
electronic, mechanical, photocopying, recording or otherwise,
without the permission of the copyright holder.

This book was designed and produced by
Oxford University Press
Great Clarendon Street
Oxford OX2 6DP

Original title: The Ancient City

© 1998 für die deutsche Ausgabe
Könemann Verlagsgesellschaft mbH,
Bonner Str. 126, D-50968 Köln

Übersetzung aus dem Englischen:
Astrid Becker für *Berliner Buchwerkstatt* Britta Dieterle & Vera Olbricht
Lektorat der deutschen Ausgabe:
Barbara Kunerle für *Berliner Buchwerkstatt* Britta Dieterle & Vera Olbricht
Redaktion & Satz der deutschen Ausgabe:
Berliner Buchwerkstatt Britta Dieterle & Vera Olbricht
Herstellungsleitung:
Detlev Schaper
Druck und Bindung: Leefung Asco Printers Co., Ltd.
Printed in China
ISBN 3-8290-1104-0

10 9 8 7 6 5 4 3 2 1

Inhalt

Teil 1 Athen

Athen: Einleitung *9*

1 **Die goldenen Jahre** *10*
Athen im 5. Jahrhundert v. Chr.

2 **Zum Überleben unentbehrlich** *14*
Verteidigung, Nahrungsmittel- und Wasserversorgung der Stadt

3 **Die Wiege der Demokratie** *22*
Wie die erste Demokratie der Welt funktionierte

4 **Der Alltag** *32*
Athener Leben im 5. Jahrhundert v. Chr.

5 **Die Arbeit** *44*
Geldverdienen in Athen

6 **Häuser von Athen** *48*
Athener Wohnhausarchitektur

7 **Tempel für die Götter** *56*
Athener Sakralarchitektur

8 **Ein Fest für Athene** *80*
Festivitäten und Sportereignisse zu Athenes Geburtstag

9 **Das Theater** *90*
Die ersten Theaterstücke der Welt

Karte der griechischen und römischen Welt *102/103*

Teil 2 Rom

Rom: Einleitung *105*

1 **Die Lage Roms** *106*
Rom vor der Reichsgründung

2 **Die Hauptstadt des Imperiums** *110*
Die Verwandlung Roms während der Herrschaft des Augustus

3 **Die Regierung** *122*
Das römische Recht und der Staatsdienst

4 **Nahrungsmittel und Wasser** *126*
Aquädukte und die Häfen von Rom

5 **Häuser und Wohnungen** *134*
Römische Häuser für Arm und Reich

6 **Der Alltag** *150*
Das Leben in Rom im 1. und 2. Jahrhundert v. Chr.

7 **Läden, Bars und Restaurants** *164*
Das Geschäftsleben in Rom

8 **Viele Götter** *170*
Religion und Riten

9 **Ein Tag beim Rennen** *176*
Streitwagenrennen im Circus Maximus

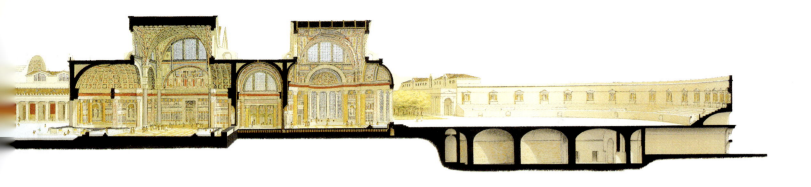

<table>
<tr><td>10</td><td>**Das Theater** *182*
Farce, Parodie und das römische Theater</td></tr>
<tr><td>11</td><td>**Das Kolosseum** *190*
Gladiatorenkämpfe in Roms Arenen</td></tr>
<tr><td>12</td><td>**Ein neuer Palast** *218*
Domitians großer Palastkomplex</td></tr>
<tr><td>13</td><td>**Das Zeitalter des Apollodor** *226*
Das goldene Zeitalter römischer Architektur unter Trajans oberstem Architekten</td></tr>
<tr><td>14</td><td>**Die großen Thermen** *238*
Roms kaiserliche Thermen</td></tr>
<tr><td>15</td><td>**Die Stadt in der Spätantike** *250*
Rom nach Hadrian</td></tr>
</table>

Glossar *252*

Bibliographie und Danksagung *253*

Register *254*

ATHEN

Athen, die herausragende Stadt der alten Welt, dominierte in fast allen Bereichen. Wer auf dem geschäftigen Marktplatz und dem politischen Zentrum Athens, der Agora, spazierte, konnte damit rechnen, dem Bildhauer Phidias, den Schriftstellern Sophokles und Euripides, dem Komödienschreiber Aristophanes und dem Historiker Thukydides zu begegnen. Er konnte dem kleinen Schusterladen Simons einen Besuch abstatten, um dort Sophokles vor einer Klasse kleiner Jungen mit Namen wie Platon und Xenophon zu treffen. Nur einmal in der Geschichte lebten so viele hervorragende Menschen zur selben Zeit, noch dazu in derselben Stadt zusammen.

Diese Menschen hatten die erste und vielleicht einzig wahre Demokratie hervorgebracht. Es gab keine politischen Parteien, keine Berufspolitiker. Alle Entscheidungen wurden per Volksabstimmung getroffen. Jeder konnte sich an die Volksversammlung wenden. Nur die Kraft der Überzeugung zählte. Jeder unbeliebte oder in Verruf geratene Politiker konnte für eine gewisse Zeit verbannt werden. Niemand durfte sich ungestraft über den Willen des Volkes hinwegsetzen.

Natürlich gab es auch eine Kehrseite. Es wurden auch ungerechte und abwegige Entscheidungen gefällt – so wurde Sokrates von einem der demokratischen Gerichtshöfe Athens zum Tode verurteilt, allerdings räumte man ihm gemäß athenischen Rechts die Möglichkeit ein, ins Exil zu gehen. Es war seine Weigerung, sein geliebtes Athen zu verlassen, die ihn das Leben kostete.

Frauen und Sklaven hatten kein Wahlrecht, aber dies muß man in historischem Zusammenhang sehen. Wir können die Gesellschaften des Altertums nicht mit den Maßstäben des ausgehenden 20. Jahrhunderts messen. Die Athener wären entsetzt über das, was wir Demokratie nennen. Sklaverei gab es in allen alten Gesellschaften; sie wurde nirgends verurteilt, noch nicht einmal im Alten oder Neuen Testament. Zu Athens Gunsten läßt sich sagen, daß es in Fragen der Sklaverei als außerordentlich liberal galt. Von den Frauen wurde erwartet, ein behütetes Leben als Ehefrauen und Mütter zu führen, etwa wie heutzutage in vielen nichtwestlichen Gesellschaften. Die Stückeschreiber Aristophanes und Euripides befürworteten eine Anhebung des Status der Frauen. Wir mögen mit ihnen darin übereinstimmen, doch ist es fraglich, ob viele Athenerinnen ihrer Meinung waren.

Die goldenen Jahre

Das 5. Jahrhundert v. Chr. war das Jahrhundert Athens – ein Zeitalter außerordentlicher Errungenschaften. Vor dieser Blütezeit hatte Athen lange gebraucht, um die „dunklen Jahrhunderte" zu überwinden, und auch im 5. Jahrhundert gab es Kriege und Katastrophen.

Bis zum 8. Jahrhundert v. Chr. war Athen noch nicht so bedeutend. Überliefert sind die Namen einiger legendärer Könige: vor allem Erechtheus, der erste König, dem man die Verehrung Athenes auf der Akropolis zuschreibt, und Theseus, der den Minotaurus getötet hatte und der (dem griechischen Historiker Plutarch zufolge) Attika vereinte.

In Athen gibt es kaum noch Spuren aus dem Bronzezeitalter. Auf der Akropolis wurden Überreste eines mykenischen Palastes, ein Teil einer Verteidigungsmauer und eine unterirdische Zisterne gefunden; auf der Agora auch einige Gräber.

◁ *Ein Plan der Akropolis um 1200 v. Chr.*

A Palast
B unterirdische Quelle
C Haupttor
D Unterstadt
Die Mauern sind dunkelbraun und die Straßen grau eingezeichnet.

▷ *Ein Querschnitt der unterirdischen Quelle am nördlichen Rand der Akropolis. Solch eine Quelle war für die Zitadelle überlebensnotwendig.*

Oligarchen und Alleinherrscher

In Griechenland brach die mykenische Palastkultur kurz nach 1200 v. Chr. zusammen. Entvölkerung und Völkerwanderung, der Verlust der Schriftsprache und künstlerischer Fertigkeiten sowie der Zusammenbruch des Überseehandels waren die Folgen. Diese Epoche bezeichnet man als „die dunklen Jahrhunderte" Griechenlands. Erst im 8. Jahrhundert v. Chr. begannen sich Stadtstaaten zu bilden, die nicht von Königen, sondern von einem aristokratischen Rat (Oligarchie) regiert wurden.

Die Athener schafften ihre Monarchie um 950 v. Chr. ab. Die folgenden Jahrhunderte waren vom Machtkampf zwischen der Aristokratie und den unteren Klassen geprägt, der allmählich zu einer eingeschränkten Form von Demokratie führte. Das Tempo der Reformen war langsam, und 560 v. Chr. ergriff der populäre Anführer Peisistratos die Macht und wurde Alleinherrscher (*tyrannos*). Er und nach ihm sein Sohn beherrschten Athen bis 510 v. Chr.

In dieser Zeit wuchs die Bevölkerung der Stadt sehr schnell, und ihre Einkünfte wuchsen mit.

Auf der Akropolis wurde ein großer Tempel für die heilige Holzstatue der Athene Polias, der Beschützerin der Stadt, gebaut, und auf der Ebene östlich der Akropolis begann man damit, dem Götterkönig Zeus einen riesigen Tempel zu errichten.

Krieg mit Persien

Die griechischen Kolonien, die seit 1050 v. Chr. an der Ostküste der Ägäis entstanden waren, wurden in der Mitte des 6. Jahrhunderts dem Persischen Reich einverleibt. Athen unterstützte die Kolonien in ihrem Bemühen, das persische Joch abzuschütteln. Doch als die Perser 494 v. Chr. den Aufstand schließlich niedergeschlagen hatten, setzten sie zum Gegenschlag gegen Athen an.

▽ *Die Akropolis, die Zitadelle von Athen, wie sie um 1200 v. Chr. ausgesehen haben könnte. Das Gebiet der späteren Agora im Vordergrund wurde als Friedhof genutzt. Der Areopag befindet sich hinten rechts.*

Die Athener riefen die anderen griechischen Stadtstaaten um Hilfe und marschierten den Invasoren entgegen. Noch bevor die anderen Staaten mobil gemacht hatten, gelang den Athenern 490 v. Chr. bei Marathon, 30 km nordöstlich Athens, ein überwältigender Sieg. Stolz über diesen Erfolg, bauten sie ihrer Schutzgöttin einen großen Tempel auf der Akropolis.

Die Griechen wußten, daß sie nur eine Atempause gewonnen hatten. Bündnisse wurden geschmiedet und die griechischen Truppen dem Kommando der Spartaner unterstellt, die für ihre militärische Meisterschaft in ganz Griechenland berühmt waren. Doch anhaltende Zusammenstöße mit Handelsrivalen, vor allem mit der Insel Ägina, etwa 30 km entfernt im Saronischen Golf, hatten die Athener veranlaßt, eine große Flotte aufzubauen. Diese sollte den heraufziehenden Krieg entscheiden.

Thermopylenpaß und Salamis

480 v. Chr. überquerte eine riesige Armee unter dem persischen König Xerxes die Dardanellen nach Europa. Eine kleine Truppe Spartas machte den heroischen Versuch, ihren Marsch am schmalen Thermopylenpaß aufzuhalten, doch die persische Armee durchbrach die spartanischen Linien und marschierte weiter gegen Athen. Während die Bevölkerung evakuiert wurde und die griechische Armee sich auf den leicht zu verteidigenden Isthmus von Korinth zurückzog, wurde die Flotte auf den Strand der Insel Salamis gezogen.

Als die persische Flotte in den Saronischen Golf segelte, wollte sich der Admiral Spartas auf den Isthmus zurückziehen. Doch der Befehlshaber Athens, Themistokles, wollte die vielen Athener Zivilisten, die sich auf die Insel gerettet hatten, nicht zurücklassen und überredete ihn zu bleiben. In der Dämmerung lockte Themistokles die überlegene persische Flotte in den engen Sund zwischen Salamis und der Küste vor Athen und brachte ihr eine verheerende Niederlage bei.

Ruhmvolles Platää

Voller Abscheu kehrte der persische König nach Hause zurück; sein General Mardonius sollte den Feldzug weiterführen. Als ihm klar wurde, daß er die Griechen ohne Übermacht auf See nicht aus ihrer Stellung am Isthmus werfen könnte, zog sich Mardonius auf die Ebene von Böotien, etwa 50 km nordwestlich von Athen, zurück. Im folgenden Sommer führten die Spartaner die vereinte griechische Armee über die Berge nach Platää. Im Vorgebirge vernichteten sie die persische Armee. Mardonius wurde getötet, das persische Lager gestürmt, und die Griechen machten eine enorme Beute. Im selben Jahr zerstörten sie die persische Flotte, die im ionischen Mykale gelandet war.

Der Attisch-Delische Seebund

Die Griechen schworen, den Krieg gegen Persien weiterzuführen, bis alle Griechen frei wären. Die maritimen Staaten, von denen Athen der mächtigste war, kamen darin überein, unter dem Kommando

△ *Die Akropolis um 480 v. Chr. Der unvollendete frühere Tempel der Athene steht am südlichen Rand, zu seiner Linken befindet sich der archaische Tempel der Athene Polias.*

▽ *Eine Kore aus Marmor (drapierte weibliche Figur), eine von vielen Statuen aus dem 6. Jahrhundert, die auf der Akropolis gefunden wurde.*

△ *Ein Giebelfragment des Tempels der Athene Polias.*

Athens eine Flotte zu unterhalten, um gegen Persien gerüstet zu sein. Jeder Staat sollte im Verhältnis zu seinem Vermögen Schiffe dafür bereitstellen. Diese Föderation wurde als Attisch-Delischer Seebund bekannt.

Der Schwur von Platää

Mit einer Mischung aus Freude und Trauer nahmen die Athener ihre Stadt wieder in Besitz, denn sie war von den Persern gebrandschatzt worden. Kaum ein Stein stand noch auf dem anderen.

In späteren Jahren wurde gesagt, daß die Griechen in Platää einen Schwur geleistet hätten. Von

Athen

dem Athener Staatsmann Lykurgos wird er am Ende des 4. Jahrhunderts v. Chr. so wiedergegeben:

> Ich werde die von den Barbaren verbrannten und zerstörten Schreine nicht wieder aufbauen; ich werde ihnen gestatten, als Mahnmal barbarischer Pietätlosigkeit für zukünftige Generationen erhalten zu bleiben.

Schreine und Tempel Athens existierten 30 Jahre als Ruinen, wenngleich für die Holzstatue der Athene, die nach Salamis evakuiert worden war, ein provisorischer Schrein bestanden haben muß. Das Gebot der Stunde war der Wiederaufbau der Stadt.

Eine neue Verteidigungslinie

Entschlossen, ihre Stadt nie wieder zu verlassen, bauten die Athener eine Mauer rund um das gesamte bewohnte Stadtgebiet. Die Spartaner protestierten mit der Begründung, daß eine solche Mauer das Gleichgewicht der griechischen Mächte zerstören würde. Doch Themistokles gelang es, durch Diplomatie, Doppelzüngigkeit und Ausflüchte so viel Zeit zu gewinnen, bis die Stadtmauern eine verteidigungsbereite Höhe erreicht hatten. Er überredete den Athener Stadtrat, den Hafen von Piräus zu befestigen.

Gegensätzliche Ideologien

Sparta, ein von Land umgebener Staat, wurde von einer Oligarchie zweier konstitutioneller Monarchen regiert. Alle staatlichen Bereiche wurden dem Militärischen untergeordnet. Sparta hatte den Großteil des südlichen Griechenlands unterworfen und die Bevölkerung zu Untertanen *(perioikoi)* oder Sklaven (Heloten) gemacht.

Athen war eine Demokratie, die vom Handel lebte und Lebensmittel, vor allem Getreide, importieren mußte. Athens militärische Stärke lag vor allem in seiner Flotte. Es bestand eine große Rivalität zu Sparta.

464 v. Chr. wurde Sparta durch ein Erdbeben zerstört, und während einer darauffolgenden Rebellion rief es seine Verbündeten zur Hilfe. Die Athener entsandten 4000 Soldaten, aber die Spartaner mißtrauten ihnen so sehr, daß sie sie zurückschickten. Daraufhin verließen die gekränkten Athener das Bündnis.

Um 460 v. Chr. forderten die Athener die Spartaner offen heraus, als sie Megara gegen Korinth unterstützten. Beide Städte waren Mitglieder des spartanischen Peleponnesischen Bundes. Vier Staaten benutzten den Saronischen Golf als Zugang zur Ägäis: Ägina (der traditionelle Feind Athens), Megara, Korinth und Athen selbst. Im folgenden Krieg waren die Spartaner so sehr mit ihren eigenen Problemen beschäftigt, daß sie nicht eingriffen. Die Korinther wurden geschlagen und Ägina, das sich mit Korinth verbündet hatte, eingenommen, so daß Athen die Kontrolle über den Golf gewann.

Mauern bis ans Meer

Da Vergeltungsmaßnahmen Spartas sicher waren, fällte der Athener Rat die weitreichende Entscheidung, zwei lange Mauern von der Stadt zur Küste zu bauen: eine zum 6 km entfernten Hafen von Piräus und die andere nach Phaleron, das 5 km entfernt war. Die Langen Mauern bildeten ein Dreieck mit dem Meer als Basis und Athen an der Spitze. Solange Athen die Seehoheit innehatte, konnte die Stadt nicht mehr durch Aushungern unterworfen werden.

Mit unermeßlicher Zuversicht gingen die Athener in die Offensive. Sie annektierten Böotien, Lokris und Phokis, um ihre nördliche Grenze zu sichern. Zur selben Zeit lief die Athener Flotte in den Hafen von Naupaktus im Norden des Golfes von Korinth ein. Korinth war nun im Würgegriff. Die Spartaner wurden vor den Küsten Südgriechenlands vernichtend geschlagen.

Doch in ihrem Bemühen, Ägypten im Aufstand gegen die Perser zu unterstützen, erlitten die Athener selbst eine große Niederlage. Da ihre Reserven erschöpft waren, willigten sie 451 v. Chr. in einen Waffenstillstand ein.

Frieden mit Persien

Zwei Jahre später, im Jahr 449 v. Chr., gewährte Persien, der Einmischungen Athens leid, den griechischen Städten Kleinasiens schließlich die Unabhängigkeit. Mit dem Ende des Krieges hätte der Attisch-Delische Seebund eigentlich aufgelöst werden müssen, doch Athen verhinderte das. Die meisten Bundesmitglieder hatten lieber Abgaben gezahlt als Schiffe zur Verfügung gestellt. Nun wurde aus den Abgaben Tribut, und Athen nahm sich die Freiheit, damit nach Gutdünken zu verfahren. Der große Perikles drängte sie, ihre Tempel wiederaufzubauen.

Ein verheerender Krieg

Als klar wurde, daß ein Krieg mit Sparta unausweichlich sein würde, entwickelte Perikles eine Strategie. Die Spartaner waren auf dem Land unbesiegbar und konnten nicht davon abgehalten werden, in Attika einzumarschieren, doch Athen konnte das Gebiet und die Kolonien Spartas und seiner Verbündeten vom Meer her angreifen. So hoffte Perikles,

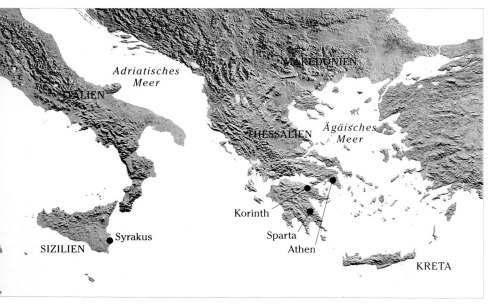

▽ Die Karte zeigt den Krieg gegen Sparta. Die Inseln der Ägäis und alle Küstenstädte waren Mitglieder des Attischen Seebundes. Thessalien und einige Regionen des westlichen Griechenlands waren ebenfalls mit Athen verbündet. Die meisten Staaten Südgriechenlands waren Mitglieder des spartanischen Peleponnesischen Bündnisses. Böotien und Makedonien waren auch auf Spartas Seite.

Die goldenen Jahre

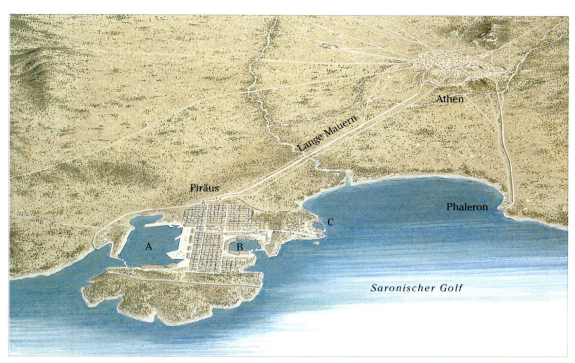

◁ Piräus im Jahr 430 v. Chr.

A Der große Handelshafen Kantharos.
B Der Hauptstützpunkt der Marine Zea.
C Der kleinere Marinehafen Munichia.

Athen war in seiner Lebensmittelversorgung von einem Zugang zum Meer abhängig. Durch die Langen Mauern nach Piräus und Phaleron konnten die Athener sogar während einer Belagerung mit ihrer Flotte in Verbindung bleiben. Erst der Sieg über ihre Marine zwang sie zur Kapitulation.

die Spartaner davon zu überzeugen, daß sie einen Krieg nicht gewinnen konnten.

Doch wieder war Korinth Anlaß des Krieges. Diesmal bat Kerkyra (heute Korfu), ein weiterer Verbündeter Korinths, Athen um Hilfe. Daraufhin halfen die Korinther Potidäa, sich aus dem Attischen Seebund zu lösen, und im Jahr 431 v. Chr. war ganz Griechenland involviert. Als die Spartaner gegen Athen marschierten, zog sich die Athener Armee hinter die Stadtmauern zurück und sandte einen Teil der Flotte zum Angriff gegen die Nordwestküste der Peleponnes. Wie Perikles vorausgesagt hatte, litt Sparta mehr. Doch im nächsten Jahr erhielt Sparta einen unerwarteten Verbündeten: die Pest. Zusammengepfercht innerhalb der Stadtmauern erlagen ihr Tausende Athener, unter ihnen auch Perikles.

Eine Veränderung der Strategie

Mit dem Tod des Perikles wurde der Demagoge Kleon Athens Führer. Nachdem es gelungen war, 120 Spartaner auf der Insel Sphakteria gefangenzunehmen, war Kleon davon überzeugt, daß Sparta auf dem Feld geschlagen werden könnte. Das war der Beginn einer katastrophalen Zeit für Athen. Eine Invasion Böotiens wurde niedergeschmettert. Sparta bot Frieden an, doch Athen wollte ihn nicht annehmen. Erst eine weitere schwere Niederlage, in der auch Kleon selbst getötet wurde, zwang die Athener an den Verhandlungstisch. Die Bedingungen Spartas waren so großzügig, daß es Athen nicht schlechter als vor dem Krieg ging.

Die sizilianische Expedition

Der brillante, aber wankelmütige Alkibiades überzeugte die Athener davon, daß ihre Hoffnungen auf ein Reich durch einen Eroberungsfeldzug gegen Sizilien in Erfüllung gehen würden. Nikias, der den Frieden mit Sparta ausgehandelt hatte, war gegen diese Expedition, doch das Volk stimmte dafür. Drei Generale wurden gewählt: Alkibiades, Lamachos und Nikias. Schließlich wurde Alkibiades zurückbeordert, weil man ihn des Religionsfrevels angeklagt hatte, Lamachos fiel im Kampf, und Nikias führte die Athener Armee von 415–413 v. Chr. in ihre größte Katastrophe, eine erfolglose Belagerung von Syrakus, die mehr als 20 000 Soldaten das Leben kostete und 200 Triremen (Kriegsschiffe) zerstörte.

Die endgültige Erniedrigung

Sparta hatte unterdessen den Krieg in Griechenland wieder begonnen und wurde darin bald von der syrakusischen Flotte unterstützt. Die Athener konnten sich noch weitere neun Jahre behaupten, gelegentlich ergriffen sie sogar die Initiative, doch 405 v. Chr. wurde ihre gesamte Flotte von Spartas Admiral Lysander in Aigospotamoi in den Dardanellen gefangengesetzt. Lysander segelte in den Saronischen Golf und riegelte Piräus ab. Die Athener hielten noch einige Monate durch, doch mußten sie sich im April 404 v. Chr. – dem Hungertod nahe – ergeben.

Die Korinther verlangten nach dem traditionellen Brauch, daß alle Männer getötet, Frauen und Kinder in die Sklaverei verkauft werden sollten, ein Brauch, den auch die Athener selbst während des Krieges ausgeübt hatten. Doch die Spartaner dachten an Salamis und forderten nur das Schleifen der Langen Mauern sowie der Festung von Piräus, eine Verringerung der Athenischen Flotte auf zwölf Schiffe und daß die Athener eine oligarchische Regierung akzeptierten, bestehend aus 30 spartatreuen Aristokraten, die als die 30 Tyrannen bekannt wurden.

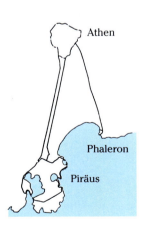

△ Die Langen Mauern. Im Krieg gegen Sparta wurde eine zweite Mauer nach Piräus parallel zur ersten gebaut – ein verteidigter Korridor zum Hafen. Dies machte die Mauer nach Phaleron überflüssig, und es gibt auch keine Anzeichen dafür, daß sie je benutzt wurde.

Zum Überleben unentbehrlich

Im frühen 5. Jahrhundert war Athen eine nur unzureichend befestigte Stadt. Nach der Vertreibung der Perser bauten die Athener ihre militärischen Befestigungen aus und stellten die Versorgung mit Nahrungsmitteln und Wasser sicher.

△ Die Grenze des Territoriums von Athen (Attika) folgt einer Linie von einem Punkt etwas westlich von Eleusis zur Spitze des Berges Kithärum und von dort ostwärts nach Oropus. Die Hauptfeinde waren Ägina, Megara und Korinth, die alle im Saronischen Golf Handel betrieben, sowie Theben in Böotien.

Es ist nicht leicht, Athens Bevölkerungszahl zu schätzen. Das Verzeichnis Athener Bürger schloß freie Männer aus Piräus, dem Hafen Athens, und die attischen Dörfer und Höfe ein. Historische Quellen legen eine Schätzung der Athener Soldaten auf 45 000 nahe, alles wehrpflichtige Bürger im Alter von 18 bis 61. Zusammen mit ihren Familien käme man auf etwa 180 000. Dazu kommen noch etwa 20 000 Zuwanderer (Metöken), mit ihren Familien weitere 80 000 Menschen.

Die Zahl der Sklaven läßt sich noch viel schwerer schätzen. Es gibt keine Möglichkeit herauszufinden, wie viele ärmere Familien Sklaven hatten. Doch der reiche Nikias besaß 1000, die er zur Arbeit in den Silberminen von Laurion auslieh. Auf vielen Bauernhöfen gab es Sklaven, und die meisten Familien hatten Hausklaven. Viele Familien waren sicherlich auch ohne Sklaven. Man kann davon ausgehen, daß es so viele Sklaven wie Freie gab. Die gesamte Bevölkerung Attikas könnte also etwa bei einer halben Million gelegen haben.

Versorgung mit Lebensmitteln

In Attika gab es nicht genug Ackerland, um so viele Menschen zu ernähren. Die Hauptlieferanten für Getreide waren Euböa, die große Insel östlich von Attika, Thrakien und die Nordküste des Schwarzen Meeres. Eine starke Flotte war notwendig, um die Vorräte sicher von den beiden letztgenannten Orten nach Athen zu bringen. Während des großen Kriegs mit

Zum Überleben unentbehrlich

△ Ein typischer Brunnenkopf mit Gebrauchsspuren des Ziehseils an seinem oberen Ende.

▽ Eine Vasenmalerei, die einen Jüngling beim Wasserschöpfen aus einem Brunnen darstellt.

Sparta brachte die Gründung einer spartanischen Festung bei Dekelea, im Nordosten Athens, eine der entscheidenden Entwicklungen in Gang, die die Nachschubroute über Land von Euböa zerschnitt.

Wasserversorgung

Die meisten Haushalte hatten ihre eigenen Brunnen oder Zisternen, um Regenwasser aufzufangen, doch wenn sie mehr Wasser benötigten, waren sie auf die öffentlichen Brunnen angewiesen. Die Frauen holten jeden Morgen Wasser.

Der Alleinherrscher Peisistratos und seine Söhne hatten der Stadt aus den nordöstlich gelegenen Hügeln über Aquädukte und durch Röhren Wasser zugeführt. Bei Ausgrabungen an der südöstlichen Ecke der Agora, des alten Marktplatzes im Norden der Akropolis, fand man ebenfalls Röhren, die einst von einer künstlichen Quelle gespeist wurden. Sie bestanden aus gebranntem Ton und hatten runde Inspektionsluken.

Das Quellhaus an der südöstlichen Ecke der Agora stammt ungefähr aus dem Jahr 530 v. Chr. und muß eines von denen sein, die die Alleinherrscher gebaut haben. Auf beiden Seiten des 18 m langen Gebäudes befand sich ein etwa 6 x 3 m großes Becken. Das westliche Becken wurde als Reservoir

▽ Eine verzierte Wasserröhre aus Ton, die in der Agora gefunden wurde. Diese Röhren, die mit Inspektionsluken (A) versehen waren, paßten glatt ineinander.

△ Das Verbindungsstück der Überlaufröhren der beiden Rinnsale aus dem südöstlichen Brunnenhaus.

benutzt, aus dem mit einem Gefäß Wasser geschöpft werden konnte, während das östliche wahrscheinlich kleine Abflußlöcher hatte, unter die Krüge gehalten wurden. Solche Brunnenhäuser sind oft auf Vasen abgebildet. Überschüssiges Wasser wurde durch ähnlich gearbeitete Tonröhren abgeleitet.

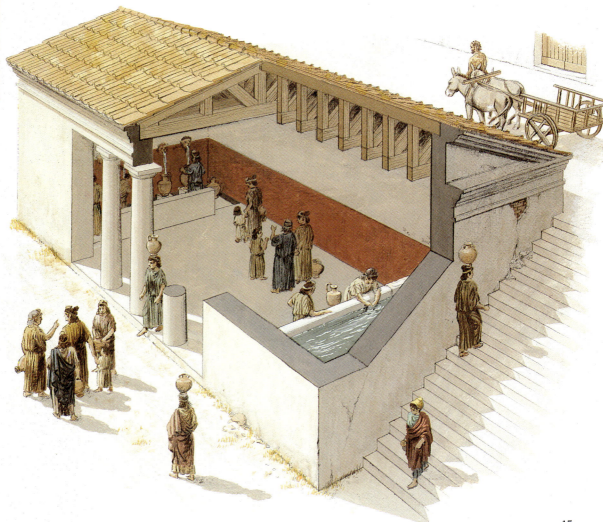

▷ Die Rekonstruktion des Quellenhauses an der südöstlichen Ecke der Agora. Frisches Wasser wurde von einer Quelle in den Ausläufern des Lykabettos im 6. Jahrhundert v. Chr. hierher geleitet. Heute steht nur noch das Fundament des Gebäudes.

Athen

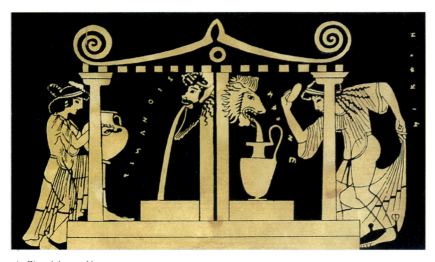

△ *Eine Athener Vasenmalerei, die zwei Frauen beim Wasserholen aus dem Quellenhaus zeigt. Beachten Sie das Polster zum Tragen des Wasserkrugs auf dem Kopf der linken Frau.*

▷ *Eine Karte der Agora, in der die Dränagen, die unter dem Platz verliefen und das Regenwasser in den Eridanos ableiteten, rot eingezeichnet sind. Das südöstliche Quellenhaus (Q) mit seinem Aquädukt (A) und einem getrennten Abfluß (d) wurde vor den großen Dränagen gebaut.*

▽ *Der überdachte Kanal der Hauptdränage südwestlich der Agora.*

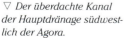

Die große Dränage

Während der Ausgrabungen in der Agora entdeckte man viele Entwässerungsrohre. Der steinerne Hauptkanal an der Westseite der Agora wurde im frühen 5. Jahrhundert v. Chr. gebaut, vor allem um Regenwasser in den Eridanos zu leiten, den Bach am nördlichen Ende der Agora. Gegen Ende des 5. Jahrhunderts v. Chr. erbaute man zwei Dränagen, die aus dem Südosten und dem Südwesten zusammenliefen und die Hügel der Akropolis, des Areopags und der Pnyx entwässerten.

Aus der Zeit des klassischen Athen wurden keine öffentlichen Toiletten gefunden. Zwei stammen aus der römischen Zeit; ein Toilettenhaus stand in der südwestlichen Ecke der Agora, am Westzweig der großen Dränage, und ein anderes am südöstlichen Eingang. Ein besonders schönes Toilettenhaus befand sich am östlichen Eingang des im Osten der Agora gelegenen römischen Marktes.

Die alten Mauern

Thukydides, der als der verläßlichste Historiker der damaligen Zeit gilt, schrieb seine Geschichte des Peleponnesischen Krieges im späteren 5. Jahrhundert v. Chr. Darin erwähnt er, daß vor der persischen Invasion ein Mauerring Athen umschloß und nach der Plünderung durch die Perser „nur noch kurze Abschnitte der kreisförmigen Mauer stehengeblieben waren". Eine weitere Passage, in der er den Mord an Hipparchos, dem Sohn des Peisistratos, im Jahr 514 v. Chr. beschreibt, impliziert, daß es ein Tor zur Panathenäenstraße direkt hinter der Nordwestecke der Agora gab. Der natürliche Verlauf einer solchen Mauer wäre entlang dem Kamm des Kolonus Agoraeus, dem flachen Hügel auf der westlichen Seite der Agora, auf dem der Tempel des Hephaistos steht. Doch obwohl das gesamte südwestliche Gebiet der klassischen Stadt ausgegraben wurde, konnten keine Spuren einer Stadtmauer von vor dem 5. Jahrhundert gefunden werden. Das archäologische Material legt vielmehr nahe, daß es nur eine Mauer zur Zeit der persischen Invasion gegeben hat – und zwar die alte Mauer um das westliche Ende der Akropolis.

Die Mauern des 5. Jahrhunderts

Im Gegensatz dazu findet sich reichlich Beweismaterial für die Mauern, die direkt nach der Niederlage der Perser 479 v. Chr. erbaut wurden. Etwa 20 m der Stadtmauer legte man während der Kerameikos-Ausgrabungen bloß, darunter auch das Dipylon und das Heilige Tor. Da auch viele andere Abschnitte gefunden wurden, konnten Forscher eine relativ zuverlässige und vollständige Karte der Stadtmauern zeichnen.

Die neuen Mauern waren ungefähr 2,5 m breit und standen auf einem etwa 1 m hohen Steinsockel. Das Fundament bestand aus zwei ziemlich regelmäßig gearbeiteten steinernen Mauern, deren Zwischenraum mit Bruchsteinen aufgeschüttet war.

Die Kerameikos-Ausgrabungen zeugen von der großen Eile, mit der man diese Mauern erbaut hatte. Der steinerne Sockel wurde aus allen möglichen Ma-

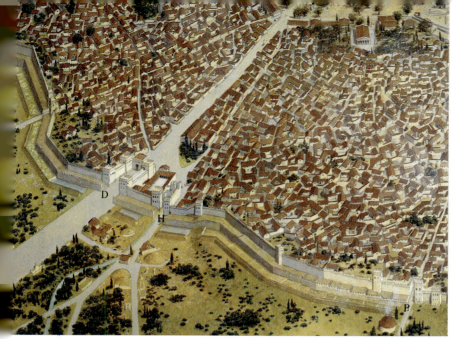

△ Die aufeinanderfolgenden westlichen Mauern: mögliche Linie der archaischen Mauern (gepunktete Linie), die Themistoklerischen Mauern (durchgezogene Linie) und die spätere Veränderung (gestrichelte Linie). Die drei Haupttore – Dipylon (D), das Heilige (H) und das Piräische Tor (P) – sind eingezeichnet.

◁ Das nordwestliche Athener Stadtgebiet im 4. Jahrhundert v. Chr. mit den drei Haupttoren.

terialien zusammengesetzt, selbst aus Grabsteinen. Im Osten der Stadt benutzte man Säulentrommeln aus dem unvollendeten Tempel des Zeus.

Der obere Teil der Mauer, der weitere 7–8 m hoch war, bestand aus verputzten Schlammziegelsteinen. An den strategisch wichtigen Punkten verstärkten 5 m² breite Türme die Mauern.

Mehrmaliger Wiederaufbau

Im Laufe der Jahrhunderte wurde die Mauer mehrere Male wiederaufgebaut. Jedesmal hatte sich der Erdboden angehoben und die Ziegelsteinmauer beschädigt. Dann baute man einen neuen auf den alten Steinsockel. Die Mauer, die man heute sehen kann, scheint vollkommen aus Stein zu bestehen, doch ist sie aus diesen übereinanderliegenden Schichten zusammengesetzt. Das erste Mal wurde die Mauer 394 v. Chr. wiederaufgebaut, als Athen sich von der Niederlage gegen Sparta erholt hatte. 90 Jahre später umschloß ein neuer Steinsockel einen Teil des Ziegelsteinüberbaus.

Die ursprüngliche Mauer wurde während der ersten Hälfte des Krieges mit Sparta beschädigt, vielleicht durch ein Erdbeben, und wahrscheinlich während des Nikias-Friedens (421–416 v. Chr.) repariert und verstärkt. Ungefähr zur selben Zeit ließ man eine niedrigere Steinmauer *(proteichisma)* 7–8 m vor der Hauptmauer erbauen, vor der ein Graben verlief. So sollte das Untergraben der Stadtmauer verhindert werden. Die Truppen, die diese niedrige Mauer verteidigten, sollten sich durch die Ausfallpforten in den Haupttoren zurückziehen, wenn die *proteichisma* in Gefahr geriet, überrannt zu werden. Ein Ausfalltor von etwa 1,5 m Breite wurde am Südturm des Heiligen Tors entdeckt.

Die Tore

Ungefähr 15 Tore und einige Ausfallpforten unterbrachen die Mauer. Die zwei Tore, die in den Kerameikos-Ausgrabungen freigelegt wurden, waren die bedeutendsten und wahrscheinlich auch am stärksten befestigt. Beide hatten Innenhöfe und waren hinter die Linie der Stadtmauer versetzt, so daß ein Feind

△ Die Mauern südlich des Heiligen Tors.

▽ Die Mauern südlich des Heiligen Tors mit ihrem Überbau aus Schlammziegeln, die von den später erbauten Steinsockeln umschlossen wurden.

▽ Dieser Querschnitt der Mauer zeigt die aufeinanderliegenden Grundmauern.

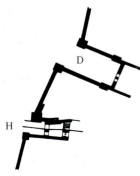

△ Eine Rekonstruktion des Dipylon und des Heiligen Tors, wie sie im 5. Jahrhundert v. Chr. ausgesehen haben mögen, bevor die niedrigere Steinmauer (proteichisma) und der Graben hinzugefügt wurden.

△ Ein Grundriß des Dipylon (D) und des Heiligen Tors (H).

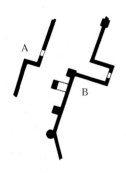

▽ Ein Grundriß des Piräischen Tors; (A) zur Zeit des Themistokles, (B) im 4. Jahrhundert v. Chr.

sich zwischen zwei Türmen hindurch und über einen kleinen, von Mauern mit einem Postengang flankierten Innenhof hinweg annähern mußte, bevor er das Tor erreichen konnte. Das nördlichere Dipylon („Doppeltor") hatte den größten „Innenhof" ganz Griechenlands, nämlich 22 x 41 m. Da die Panathenäenstraße durch das Tor hindurch verlief, wurde sie für die Panathenäische Prozession benutzt, und dies wird der Hauptgrund für ihre Größe gewesen sein. Eine enorme Zahl an Teilnehmern, unter ihnen auch Kavallerie und Triumphwagen, muß im Innenhof und direkt vor den Toren auf die Aufforderung, ihren Platz in der Prozession einzunehmen, gewartet haben.

Die Prozession nach Eleusis führte durch das Heilige Tor, und der Eridanos floß unter dem Tor und dem Heiligen Weg dahin. Der Entwurf des Tors wurde mehrfach verändert und der Eridanos umgebettet, doch im wesentlichen blieben die Grundstrukturen erhalten. Der Eridanos floß an der nördlichen Wand, und der Heilige Weg verlief entlang der südlichen Wand des Innenhofes.

Die Geburt der Seemacht

Die Sicherung der Getreideversorgung Athens über den Seeweg verlangte nach einer starken Flotte, und eine starke Flotte verlangte nach einem starken Stützpunkt. Der Begründer der Seemacht Athens war Themistokles. Schon 493 v. Chr. hatte er damit begonnen, das felsige Vorgebirge von Piräus mit seinen drei natürlich eingeschlossenen Häfen zu befestigen. In früheren Zeiten wurden Athens Kriegsschiffe in der Bucht von Phaleron auf den Strand gezogen, dem Wetter und feindlichen Angriffen gleichermaßen ausgesetzt. 484 v. Chr. war das Fehlen einer wirklich starken Flotte in einer Auseinandersetzung mit Ägina überdeutlich geworden, als es 50 Athener Kriegsschiffen nicht gelungen war, den Sieg davonzutragen. Themistokles überredete die gedemütigten Athener, den großen Silberfund, der in den Minen von Laurion in den Jahren 483 und 482 v. Chr. gemacht worden war, zum Aufbau der Marine zu verwenden. Das Volk von Athen, das sich dieses Silber sonst geteilt hätte, verzichtete darauf – und so konnten die Athener der persischen Invasion im Jahre 480 v. Chr. eine Flotte von 200 Kriegsschiffen entgegensetzen.

Die hölzernen Mauern von Athen

Am Vorabend der persischen Invasion waren Botschafter zum Orakel von Delphi gesandt worden, um sich der Führung der Priesterin des Apollo anzuvertrauen. Die Antwort des Orakels, „Vertraut auf hölzerne Mauern", war in ihrer Unbestimmbarkeit charakteristisch. Der Ratschlag bedeutete – davon überzeugte Themistokles die Volksversammlung –, daß sie sich auf ihre Schiffe verlassen sollten. (Man fragt sich, ob er die Priesterin bestochen hatte, eine solche Antwort zu geben.) In jedem Fall konnte er die Athener davon überzeugen, daß ihre einzige Hoffnung auf Rettung in einer Evakuierung der Stadt und einer Schlacht auf dem Meer lag

Die Befestigungsanlagen von Piräus

Nun, da die Stadt sicher schien, gewann Themistokles die Athener dafür, die Entwicklung und Befestigung von Piräus weiter voranzutreiben. Piräus hatte den landumschlossenen Hafen Kartharos auf der nördlichen Seite und zwei kleinere Häfen, Munichia und Zea, auf der südlichen Seite. Die Befestigungsanlagen verschmälerten die Hafeneinfahrten, so daß sie durch Ketten abgeriegelt werden konnten. Überreste von Schiffsunterständen wurden überall an den Häfen gefunden.

Die Arbeiten an den Befestigungen dauerten bis 476 v. Chr. Später, als sich immer mehr Menschen, vor allem ausländische Händler, im Hafengebiet niederließen, wurde der Architekt und Stadtplaner Hippodamos von Milet gerufen, um die Straßen der Stadt gemäß eines rechteckigen Gitternetzes anzulegen.

Zum Überleben unentbehrlich

Die Exilierung des Themistokles

Themistokles war einer der beiden herausragenden Politiker Athens. Für seine Strategie von Salamis wurde er von allen Griechen bewundert – außer von den Athenern. Als die Perser besiegt waren, schien die Bedrohung durch eine Invasion weniger wirklich, und viele Athener machten Themistokles für die Zerstörung der Stadt verantwortlich. Seine intensive Beschäftigung mit Piräus ließ viele vergessen, was er für Athen getan hatte. Bald nachdem die Befestigungsanlagen fertiggestellt waren, fiel er in Ungnade und wurde ins Exil geschickt.

Schiffsunterstände

Überreste von Schiffsunterständen, die Schutz gewährten und Reparaturarbeiten ermöglichten, wurden in allen drei Häfen gefunden. Zea, der größere der beiden südlichen Häfen, war der Hauptstützpunkt der Flotte mit 196 Schiffsschuppen. Der kleinere Hafen Munichia hatte 82. Der Rest der Flotte muß auf der Südseite von Kantharos untergebracht gewesen sein, dem deutlich größeren Handelshafen im Norden, wo 94 Schiffsschuppen gefunden wurden. Im 4. Jahrhundert v. Chr., als Athen wieder zur beherrschenden Seemacht geworden war, gab es 372 Schiffsunterstände.

Im Hafen Zea waren wohl jeweils vier Schuppen zu einer Einheit gruppiert, die durch Säulenreihen abgetrennt wurden. Die etwa 40 m langen Unterstände waren überdachte Hellinge, auf die die Trireme aus dem Wasser gezogen werden konnten.

Die Rüstkammer von Philon

Ein kleiner Teil der Flottenausrüstung lagerte auf den Schiffen oder in den Schiffsschuppen, doch der Großteil wurde in geräumigen Speicherhäusern aufbewahrt. Die Waffenkammer von Philon ist das bekannteste Speicherhaus. Es lag hinter den Schiffsschuppen des Hafens von Zea.

△ *Eine Luftaufnahme des modernen Piräus.*

△ *Wie dasselbe Gebiet 430 v. Chr. ausgesehen haben könnte. Der Hafen Munichia befindet sich im Vordergrund, Zea im Zentrum und Kantharos im Hintergrund.*

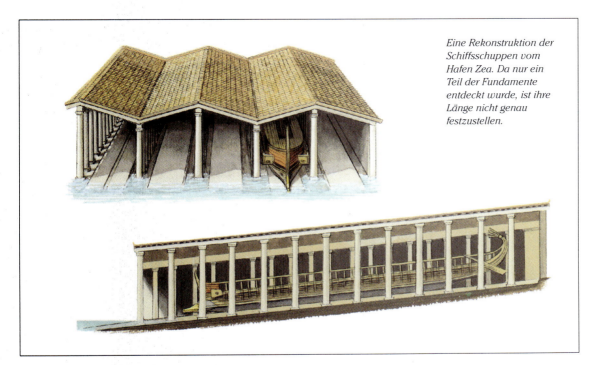

Eine Rekonstruktion der Schiffsschuppen vom Hafen Zea. Da nur ein Teil der Fundamente entdeckt wurde, ist ihre Länge nicht genau festzustellen.

1990 wurden Spuren dieses Gebäudes gefunden, das aus literarischen Quellen als einer der beeindruckendsten Bauten Athens bekannt ist. Eine Inschrift beschreibt das Gebäude sehr genau. Es war 405 attische Fuß (121,9 m) lang und 55 attische Fuß (16,5 m) breit und konnte durch Doppeltüren auf beiden Stirnseiten betreten werden. Zwei Säulenreihen unterteilten das Gebäude in drei Abteilungen; im mittleren gab es eine Straße für Lastkarren, mit denen Schiffsbedarf aus den anderen beiden Abteilungen verteilt und eingesammelt wurde. Jedes Säulenpaar bildete einen eigenen Lagerraum, der von Regalen für Schiffstaue und andere Ausrüstung gesäumt wurde, während man Segel in großen Truhen auf dem Boden aufbewahrte.

Die Langen Mauern

460 v. Chr., als die Athener Megara bei der Verteidigung ihrer Stadt zu Hilfe kamen, erkannten sie den Schwachpunkt der 2 km von ihrem Hafen Nisäa entfernt gelegenen Stadt sehr schnell. Das Errichten von Mauern zu beiden Seiten der Verbindungsstraße von der Stadt zum Hafen erwies sich als so erfolgreich, daß die Athener beim ersten Abklingen der Feindseligkeiten beschlossen, ein ähnliches Verteidigungssystem in wesentlich größerem Maßstab zu erbauen. Anfangs wurden zwei Mauern hochgezogen, eine 6 km lange von den Hügeln des Pnyx nach Piräus und eine 5 km lange vom Fuß des Musenhügels nach Phaleron, 5 km südöstlich von Piräus. Auf diese Weise blieb die Bucht von Phaleron offen, wo noch immer Schiffe auf den Strand gezogen wurden, doch solange Athen das Meer kontrollierte, war das kein Risiko.

Einige Jahre später wurde auf Perikles' Rat eine dritte Mauer gebaut, die südlich und parallel zur Mauer nach Piräus verlief und einen 167 m breiten Korridor zwischen dem Hafen und der Stadt abriegelte. Da diese viel leichter zu verteidigen war, wurde die Mauer nach Phaleron überflüssig, und es gibt auch keine Anzeichen dafür, daß die ursprüngliche Mauer je benutzt wurde. Der Verlauf der beiden Mauern nach Piräus kann durch Trümmerfunde relativ genau bestimmt werden, aber der Verlauf der Mauer nach Phaleron wird eher vermutet.

Die Langen Mauern wurden im Rahmen der Friedensvereinbarungen 404 v. Chr. niedergerissen, die beiden Mauern nach Piräus wurden jedoch schon im frühen 4. Jahrhundert wieder aufgebaut.

Eine Luftaufnahme von oberhalb des Lykabettos. Man sieht nach Westen über die Athener Ebene auf die im Hintergrund liegende Insel Salamis. Der Heilige Weg nach Eleusis, der durch das Heilige Tor aus der Stadt führte, war Athens Zugang zu allen anderen Gebieten Griechenlands.

A B C Die drei großen vorstädtischen Gymnasien Athens:

A Gymnasion
B Lyceum
C Kynosarges

Die Wiege der Demokratie

Athen war die erste Demokratie der Welt, doch sie unterschied sich in vielen wichtigen Punkten von unserer heutigen. Die Volksversammlung stand allen Bürgern offen und wurde auf der Agora abgehalten, die man deshalb als Wiege der Demokratie betrachten kann.

Der Athener Demokratie des 5. Jahrhunderts v. Chr. ging es vor allem um eine Beschränkung von Macht. Sie war eine Demokratie in dem Sinn, daß alle Angelegenheiten durch die Abstimmung der Bürger in der Volksversammlung, der *ekklesia*, entschieden wurden. Frauen, Fremde und Sklaven waren von der Staatsbürgerschaft ausgeschlossen, also durften sie auch nicht an der *ekklesia* teilnehmen. Aus diesem Grund war die Athener Demokratie weniger repräsentativ als unsere heutige. Doch in gewisser Weise war sie auch mächtiger. Die Demokratie Athens entwickelte sich aus der Beschneidung der Macht, zunächst des Königs, dann der Aristokratie und schließlich der Alleinherrscher (Tyrannen). Die meisten öffentlichen Ämter wurden durch das Los vergeben; und jeder, der zu mächtig oder zu ehrgeizig wurde, konnte für zehn Jahre verbannt werden. Es war das Ziel, Einzelpersonen oder Gruppen daran zu hindern, zu mächtig zu werden, und die Korruption auszumerzen. Diesem Ziel waren alle Aspekte der Regierung und der Rechtsausübung im klassischen Athen untergeordnet.

Die Agora

Es war nur natürlich, daß die Agora oder der Marktplatz auch das politische und gesetzgeberische Zentrum der Stadt sein sollte. Hier lagen die städtischen Amtsstuben und die Gerichtshöfe. Hier waren auch die Läden und Buden der Händler angesiedelt sowie das Quellenhaus, zu dem die Frauen jeden Morgen kamen, um Wasser zu holen, Wäsche zu waschen und um sich zu unterhalten. Hier standen die Stoen, die überdachten Säulenhallen, wo man Geschäfte machte, wo Freunde sich trafen und Philosophen ihre Ansichten erläuterten. Die Stoiker leiteten ihren Namen von diesen Gebäuden ab. Die meisten Athener Männer verbrachten ihre Freizeit auf der Agora in Gesprächen mit Freunden. Bald nach dem Rückzug der Perser wurde die Agora mit schattenspendenden Platanen bepflanzt. Und jeden Sommer, zur Zeit des Festes der Athene, wurde die Agora zum Sportstadion, mit einer Rennbahn in der Mitte und vorübergehend errichteten Zuschauertribünen.

Die Zerstörung durch die Perser

Die Perser zerstörten die meisten Gebäude der Agora. Die städtischen Bauten hatten sich am Fuß des Kolonus Agoraeus befunden, des kleinen Hügels, der die Agora im Westen begrenzte. Das Buleuterion, das Versammlungshaus des Rates der 500, konnte wiederhergestellt werden. Es scheint grob ausgebessert und noch 60 Jahre benutzt worden zu sein, be-

△ Ein Grenzstein, der in der südwestlichen Ecke der Agora entdeckt wurde. Die Inschrift heißt: „Ich bin die Grenze der Agora."

▷ Die Westseite der Agora, an der die meisten städtischen Gebäude standen, vom Tempel des Hephaistos auf dem Kolonus Agoraeus, dem kleinen Hügel westlich der Agora, überragt.

△ Eine Rekonstruktion der Bemalten Stoa. Dieser Versammlungsort wurde in der besten Lage an der nördlichen Grenze der Agora erbaut. Von dort konnte man über den Panathenäischen Weg zur Akropolis sehen. Während sie Schutz vor dem Nordwind und der Mittagssonne im Sommer gewährte, nutzte sie die niedrigen Strahlen der Wintersonne.

vor es ersetzt wurde. Die Königliche Stoa in der nordwestlichen Ecke der Agora, die Heliaia (Geschworenengericht) und das Quellenhaus in der Südwestecke wurden ebenfalls instand gesetzt. Für das tägliche Leben waren sie unabdingbar.

Die von der American School of Classical Studies 1931 begonnenen Ausgrabungen auf der Agora dauern immer noch an. Sie wurden zum Inbegriff für moderne archäologische Techniken. Erst nach überaus sorgfältigen Analysen fing man allmählich an, das Labyrinth der Fundamente zu begreifen. Heute stellt die Agora eine verwirrende Momentaufnahme von 1500 Jahren unablässigen Bauens und Wiederaufbauens dar.

Die Bemalte Stoa

Bald nach dem Rückzug der Perser wurde eine neue Stoa am nördlichen Ende der Agora erbaut, die berühmte Bemalte Stoa. Archäologische Funde und literarische Quellen lassen vermuten, daß die Front aus einer einfachen Reihe dorischer Säulen bestand, während das Dach auf der Innenseite von ionischen Säulen getragen wurde.

Diese Stoa erhielt ihren Namen (*poikile*, „bemalt") nach den großformatigen Gemälden, die an den Wänden hingen. Sie waren von den drei bedeutenden Malern der damaligen Zeit, Polygnot, Mikon und Panainos, auf Holztafeln gemalt worden und stellten die großen militärischen Ereignisse Athens dar: Theseus' Krieg gegen die Amazonen, der trojanische Krieg, der Sieg über Sparta bei Oenoe und die Schlacht von Marathon. 600 Jahre später, als der griechische Reiseschriftsteller Pausanias Athen besuchte, hingen sie immer noch dort. Die Stoa wurde auch mit Trophäen, z. B. erbeuteten Schilden, dekoriert. Ausgrabungen brachten einen während des Peleponnesischen Krieges erbeuteten spartanischen Schild zu Tage.

Etwa 40 Jahre später erbaute man direkt südlich der Königlichen Stoa eine weitere, die dem Zeus Eleutherios (der Hervorbringer) gewidmet war. Auch sie wurde im dorischen Stil erbaut, allerdings mit hervorstehenden Flügeln. Ein dritte Stoa, die der Herme, stand auch in diesem Gebiet, doch haben sich von ihr bisher keine Spuren finden lassen. Wahrscheinlich stand sie direkt westlich der Bemalten Stoa.

Die Entwicklung der Demokratie

Aristoteles hat die Verfassung Athens sehr genau beschrieben. Zusammen mit den Arbeiten der Athener

△ Ein spartanischer Schild, der 425/424 v. Chr. erbeutet und als Trophäe in der Bemalten Stoa ausgestellt wurde. Die Inschrift heißt: „Den Athenern von den Lakedaimoniern [Spartanern] aus Pylos."

Athen

▽ *Eine Rekonstruktion der Agora um 400 v. Chr., von Osten her gesehen. Ein Plan desselben Gebietes ist auf S. 27 abgebildet. In der linken unteren Ecke befindet sich die Münzstätte, dahinter das südöstliche Quellenhaus. Daneben die südliche Stoa. Oberhalb und zur Linken der Stoa befindet sich die Versammlungsplattform auf der Pnyx, während der Hügel der Nymphen sich über der zentralen Stoa erhebt. Das runde Gebäude in der Mitte ist die Tholos, rechts davon das alte Buleuterion.*

Historiker erlaubt uns das, die unterschiedlichen Stadien der Demokratie in Athen zu verstehen.

Ungefähr um 950 v. Chr. wurde die Monarchie Athens durch eine aristokratische Herrschaft (Oligarchie) ersetzt. Drei aristokratische Magistrate (Archonten) wurden auf zehn Jahre gewählt: der *basileios* oder „königliche Archon", der die religiösen Pflichten des Königs übernahm; der Polemarchos, der die Armee befehligte, und der „eponyme Archon", der der Epoche seiner Regierungszeit seinen Namen gab und dem die zivile Rechtsprechung oblag. Während der folgenden Jahrhunderte wurde die Macht der Aristokratie immer mehr beschränkt, wohingegen die Bürger an Macht gewannen. 683 v. Chr. wurde die Macht der Archonten dadurch beschnitten, daß ihre Amtsperiode nur noch ein Jahr dauerte. Außerdem verringerte sich ihre Zahl von zehn auf drei. Diese Reformen führte die Aristokratie selbst ein, um so die Macht einzelner einzuschränken. Obwohl die Archonten von der Volksversammlung gewählt wurden, waren sie immer Mitglieder der Aristokratie. Nach Ablauf ihrer Amtsperiode traten sie der Versammlung der Areopagen bei, die die Archonten berieten. Die Versammlung der Areopagen war sehr konservativ und eine Mitgliedschaft auf Lebenszeit angelegt. Diese Versammlung war zugleich der Gerichtshof, vor dem Mord, versuchter Mord und Brandstiftung verhandelt wurden.

Die Reformen des Solon

Das späte 7. und das 6. Jahrhundert v. Chr. war eine Zeit großer politischer Unruhe, in der die Aristokratie und das Volk um die Macht rangen. Ungefähr 594 v. Chr. wurde der gemäßigte und allgemein respektierte Aristokrat Solon zum Archonten gewählt, um den innenpolitischen Kampf zwischen dem Volk und

Die Wiege der Demokratie

der Aristokratie zu schlichten. Solon verabschiedete Gesetze, die die Macht der alten Aristokratie einschränkten. Er ließ die Armen gesetzlich vor Unterdrückung durch die Reichen schützen und richtete Gerichtshöfe ein, in denen Bürger gegeneinander Prozesse führen konnten. Doch seine wesentlichste Reform war die Schaffung der Bule, eines Rates von 500 abgeordneten Bürgern, der von der Versammlung der Areopagen die Aufgabe übernahm, die Tagesordnung der Volksversammlung vorzubereiten.

Alleinherrschaft

Doch die Unruhen währten fort, bis Peisistratos die Macht als Volksführer oder Alleinherrscher *(tyrannos)* an sich riß. Dieser Begriff ist schwer zu übersetzen. Ursprünglich war es ein nichtgriechisches Wort, das „Oberhaupt" oder „Anführer" bedeutete, doch dann wurde es spezifisch für Führer revolutionärer Bewegungen gegen aristokratische Macht angewandt: Das deutsche Wort „Tyrann" entspricht dieser Bedeutung nicht. Peisistratos starb 527 v. Chr., und sein Sohn Hippias regierte immer despotischer. 514 fiel schließlich dessen Bruder einem Mord zum Opfer und Hippias selbst wurde 510 v. Chr. seines Amtes enthoben. Es gelang der Aristokratie nicht, die Macht wiederzuerlangen. Kleisthenes, der Archon im Jahr 508/507 v. Chr., schaffte die alte Stammesorganisation der Athener Gesellschaft ab und unterteilte die Bürgerschaft in zehn neue Stämme, von denen jeder 50 Männer in die Bule entsandte (s. S. 26). Kleisthenes führte auch das Scherbengericht (Ostrakismos) ein (s. S. 28).

Die Demokratie etabliert sich

487 v. Chr. wurde ein Gesetz verabschiedet, nach dem Kandidaten für das Archontat durch das Los an-

▽ *Das neue Buleuterion steht hinter dem alten. Der Tempel auf dem Hügel ist der des Hephaistos auf dem Kolonus Agoraeus. Davor und rechts davon befindet sich die Stoa des Zeus, direkt daneben die Königliche Stoa. Der Altar der zwölf Götter befindet sich in der größeren Einfriedung vor den beiden Stoen. Die Panathenäenstraße läuft daran vorbei und auf das Heilige Tor und das Dipylon in der Ferne zu. Die Bemalte Stoa befindet sich auf der rechten Seite des Weges.*

▷ *Die Rekonstruktion des runden Tholos-Gebäudes, mit dem alten Buleuterion zur Rechten und dem neuen dahinter. Im Hintergrund der Tempel des Hephaistos.*

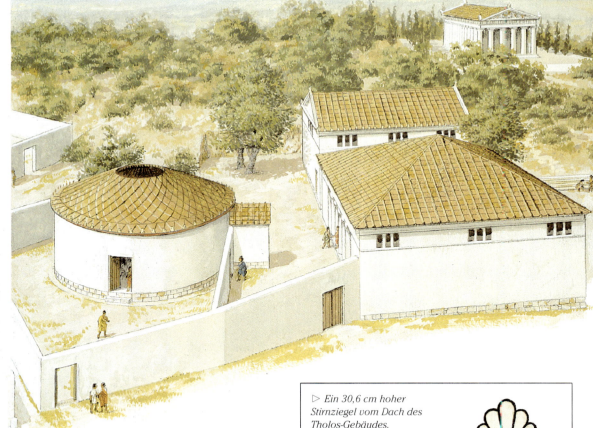

△ *Ein rekonstruierter Plan des Tholos-Gebäudes mit einer möglichen Aufstellung der 25 Speiseliegen.*

▽ *Die Überreste des Tholos-Gebäudes.*

statt durch Abstimmung gewählt werden sollten. Damit war die alleinige Bestimmung der Aristokratie über das Amt der Archonten gebrochen, und zugleich reduzierte sich die Macht der Versammlung der Areopagen. Das System der Ernennung durch das Los wurde schließlich auf fast alle der vormals durch Wahlen vergebenen Ämter ausgedehnt. 20 Jahre später wurde die Versammlung der Areopagen durch weitere Gesetzgebung zu einem zivilen Gerichtshof für Mordprozesse.

Der Aufstieg Athens zur Landesmacht war ebenfalls wesentlich. Tribute und Abgaben erlaubten es dem Staat, die Ausübung bürgerlicher Aufgaben zu bezahlen, so daß sich auch ärmere Bürger politisch

▷ *Ein 30,6 cm hoher Stirnziegel vom Dach des Tholos-Gebäudes.*

▽ *Traufenziegel vom Dach des Tholos-Gebäudes mit Stirnziegeln an den richtigen Plätzen. Der Großteil des Dachs war mit rhombenförmigen Ziegeln gedeckt.*

engagieren konnten. Gegen Mitte des 5. Jahrhunderts lag der Großteil der Macht bei der Volksversammlung *(ekklesia)*.

Die Bule

Die 500 Mitglieder der Bule wurden vom Los bestimmt und blieben ein Jahr im Amt. Ein Mitglied konnte nur zweimal ein Amt innehaben, aber auch nicht in aufeinanderfolgenden Jahren. Jede Stammesgruppe hatte 36 Tage hintereinander Dienst und arbeitete in drei Schichten, mindestens 17 Mitglieder sollten Tag und Nacht für alle dringenden Angelegenheiten bereitstehen. Während dieser 36 Tage mußten sie die *ekklesia* mindestens viermal einberufen und jeweils die Tagesordnung vorbereiten. Die Mitglieder der Bule wurden bezahlt und, wenn sie im Dienst waren, auf Staatskosten gespeist.

Das Buleuterion, wo sich die Bule traf, war ein etwa 23 m breites, quadratisches Gebäude. Oberhalb der Fundamente steht heute fast nichts mehr, doch wird es Reihen von Bänken auf der Nord-, West- und Ostseite gegeben haben. Gegen Ende des 5. Jahrhunderts wurde direkt westlich neben dem alten ein neues Buleuterion errichtet. Auch hier blieben nur die Fundamente erhalten. Es war kleiner als das alte Gebäude, etwa 16 x 22 m, und es ist schwer nachzuvollziehen, was es gegenüber dem alten ausgezeichnet haben kann, das ja immer noch stand.

Die Tholos und die eponymen Heroen

Ein drittes Gebäude in diesem Gebiet der Agora ist gleichermaßen rätselhaft. Es handelt sich um einen runden Bau mit einem Durchmesser von 18,32 m. Es wurde als die Tholos identifiziert, wo die 50 Mitglieder der Bule, die gerade im Dienst waren, auf Staatskosten aßen. Das Problem bestand darin, daß nur etwa 25 Speiseliegen in dem Raum untergebracht werden konnten.

Die Tholos beherbergte auch die offiziellen Gewichte und Maße. Maßstäbliche Modelle, etwa eine Marmorkachel, die verwandt wurde, um die Größe von Terrakottakacheln zu überprüfen, wurden vor dem Gebäude ausgestellt.

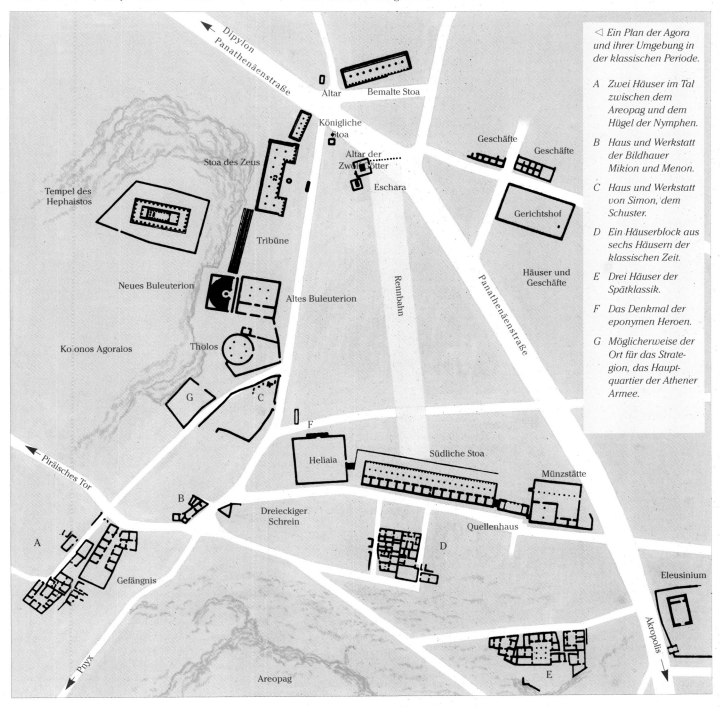

◁ Ein Plan der Agora und ihrer Umgebung in der klassischen Periode.

A Zwei Häuser im Tal zwischen dem Areopag und dem Hügel der Nymphen.

B Haus und Werkstatt der Bildhauer Mikion und Menon.

C Haus und Werkstatt von Simon, dem Schuster.

D Ein Häuserblock aus sechs Häusern der klassischen Zeit.

E Drei Häuser der Spätklassik.

F Das Denkmal der eponymen Heroen.

G Möglicherweise der Ort für das Strategion, das Hauptquartier der Athener Armee.

Noch ein weiteres Gebäude steht in unmittelbarem Zusammenhang mit der Athener Demokratie: das Denkmal der eponymen Heroen. Es wurde für die Helden errichtet, deren Namen die zehn Athener Stämme trugen, die Kleisthenes 508/507 v. Chr. begründet hatte. Die Stammesmitglieder konnten Bemerkungen über ihren Stamm auf dem Sockel des Denkmals unterhalb des jeweiligen Helden finden. Auch allgemeinere Bekanntmachungen wurden dort angezeigt.

△ *Ein* ostrakon *mit dem eingeritzten Namen Themistokles. Dies ist eines von über 1000* ostraka, *die man während der Ausgrabungen auf der Agora gefunden hat.*

Das Scherbengericht

Das Scherbengericht, *ostrakismos*, war ein genuines Athener System. Da Kleisthenes sich im klaren war, wie schwer es unter Umständen sein konnte, vor Gericht den Beweis anzutreten, daß ein einzelner eine Gefahr für die Demokratie darstellte, dachte er sich ein System aus: Wenn nur eine bestimmte Anzahl von Leuten glaubte, das dies so sei, so konnte der Beklagte für zehn Jahre verbannt werden.

Sollte es notwendig sein, konnte eine *ostrakophoria* einmal jährlich, im Winter, abgehalten werden. Am festgelegten Tag wurden hölzerne Absperrungen um die Agora errichtet mit zehn Toren darinnen, eines für jeden Stamm. Archonten und Mitglieder der Bule überwachten die Abstimmung, die durch das Schreiben des Namens des Übeltäters auf die Scherbe eines Topfes *(ostrakon)* vonstatten ging. Mehr als 6000 Stimmen mußten für einen gültigen *ostrakismos* abgegeben werden. Einmal verurteilt, blieben dem Übeltäter noch zehn Tage, um seinen Wohnort aus Attika zu verlegen. Weder wurde seine Habe konfisziert, noch war eine andere Strafe vorgesehen.

Viele Scherben *(ostraka)* wurden während der Ausgrabungen auf der Agora und in Kerameikos gefunden. Auf einigen standen die Namen von Aristides, Kimon, Miltiades, Themistokles und Perikles.

Die *ekklesia*

Mindestens 6000 Bürger mußten für eine *ekklesia* anwesend sein. Die *ekklesia* kam durchschnittlich einmal in neun Tagen zusammen, aber es konnten auch weitere Treffen einberufen werden. Fand eine Versammlung statt, trieb die Polizei die Leute vom nördlichen Ende der Agora zum Versammlungsort. Dazu benutzte sie ein mit rotem Puder bestäubtes Seil. Jeder wahlberechtigte Bürger, der mit roten Spuren an seiner Kleidung außerhalb der Versammlung gesehen wurde, mußte mit einer Strafe rechnen. Frauen, Sklaven, Zuwanderer (Metöken) und Kinder waren nicht wahlberechtigt.

Die Versammlung fand auf einer großen, künstlich angelegten Plattform auf den Hängen der Pnyx, im Westen der Akropolis, statt. Ursprünglich hatte die Versammlung auf der Agora stattgefunden, aber vor den Persischen Kriegen wurde sie auf die Pnyx verlegt, und zum Ende des 5. Jahrhunderts v. Chr. wurde sie auf der eigens gebauten Plattform abgehalten. Die Redner wandten sich von einem Podest nahe der Spitze des Hügels an die Versammlung. Die *ekklesia* konnte nur die von der Bule vorbereiteten Angelegenheiten diskutieren, aber sie konnte befehlen, was es vorzubereiten galt. Jeder Bürger konnte seine Meinung in der Versammlung zum Ausdruck bringen, und abgestimmt wurde durch einfache Handzeichen.

▽ *Ein Querschnitt der künstlichen Versammlungsplattform, die 404/403 v. Chr. gebaut wurde. Die Erdplattform wurde abgestützt von einer massiven Steinwand. Sie hatte zwei Treppen. Der Sprecher stand auf dem Podium (A). Der gesamte Bereich wurde 330–326 v. Chr. vergrößert, wie die rote Linie anzeigt.*

A Sprecherpodium.
B Stufen zur ursprünglichen Plattform.
C Überreste der Stufen zur erweiterten Plattform.

Die Herme

Zahlreiche Fragmente von Hermen wurden bei den Agora-Ausgrabungen gefunden. Eine Herme war eine rechteckige Säule mit einem Phallus auf halber Höhe und dem Kopf des Gottes Hermes am oberen Ende. Die meisten hatten rechteckige Ausbuchtungen an den Schultern, an denen Girlanden aufgehängt werden konnten. Diese religiösen Figuren wurden aufgestellt, um Eingänge, Straßen oder Straßenecken zu markieren. Am nordwestlichen Eingang der Agora gab es so viele, daß diese Gegend einfach „die

Die Wiege der Demokratie

◁ *Ein Blick auf die Pnyx während der Ausgrabungen, die dort in den 30er Jahren stattfanden. Die Pnyx ist links, der Hügel der Nymphen rechts.*

Herme" genannt wurde. Die berühmteste Herme, die von Alkamenes gemeißelt wurde, steht am Eingang der Akropolis.

Eines Nachts im Jahr 415 v. Chr. soll eine Gruppe junger Männer viele Herme verstümmelt haben, wahrscheinlich waren sie betrunken. Die Episode kann als politische Verunglimpfungskampagne eingefädelt werden sein: Alkibiades, einer der Befehlshaber des Sizilienfeldzuges, kam in den Verdacht, damit etwas zu tun zu haben. Daraufhin wurde er zurückgerufen und exiliert: einer der Faktoren, die zur größten militärischen Katastrophe Athens beitrugen.

Recht und Ordnung

Das Gesetz war ein wesentlicher Teil der Demokratie, und die Athener setzten sich außerordentlich für Gerechtigkeit und das Ausmerzen von Korruption ein. Der Hauptgerichtshof war die Heliaia, die sich in der südwestlichen Ecke der Agora befunden haben mag. In der Heliaia wurden alle Fälle verhandelt, es sei denn, es ging um Staatsbeamte oder um Mord. Staatsbeamten wurde der Prozeß von ihresgleichen vor der Bule gemacht. Schwere Vergehen gegen den Staat wurden vor der Volksversammlung verhandelt.

Mordprozesse fanden in unterschiedlichen Gerichtshöfen statt, je nach den Umständen des Verbrechens. Vorsätzlicher oder versuchter Mord sowie Brandstiftung, bei der Menschenleben in Gefahr geraten waren, verhandelte die Versammlung der Areopagen. Für Mord konnte sie die Todesstrafe aussprechen und für weniger schwere Vergehen Exilierung mit Konfiszierung der Habe.

Totschlag

Fälle von Totschlag und Anstiftung zum Mord wurden vor dem Palladium verhandelt. Dieser Gerichtshof konnte als Höchststrafe eine zeitweilige Exilierung verhängen. Mordfälle, die vom König Archon (*basileios*) als Notwehr eingestuft wurden oder wo mildernde Umstände walteten, kamen vor dem Delphinium zur Anhörung, dem der König Archon vorsaß. Dann gab es noch einen merkwürdigen, aber typischen Athener Gerichtshof, in dem gegen einen Bürger prozessiert wurde, der wegen Totschlags exiliert worden war und der danach einen Mord begangen hatte. Das Verfahren fand am Meer statt, der Angeklagte verteidigte sich vom Boot herunter.

Der Sündenbock

Der fünfte Gerichtshof, für Mord, befand sich außerhalb des Prytaneion. Dieser religiöse Gerichtshof war dafür zuständig, den Staat von der Beschmutzung durch den Mord eines Unbekannten zu reinigen. An seiner Spitze saßen der König Archon und die zehn „Stammeskönige". Sie verurteilten den unbekannten Täter und sprachen feierlich das Urteil über einem Tier oder dem Gegenstand, der den Tod verursacht hatte. Den Sündenbock verbannten sie. Ähnliche religiöse Reinigungsrituale können in vielen alten Gesellschaften beobachtet werden.

Prozesse durch Geschworene

Die Entwicklung der Gesetze und ihrer Verwaltung fand in Athen parallel zur Entstehung der Demokratie statt. Beidem lag die Sorge um die Beschränkung von Machtmißbrauch zugrunde. Wer ein Gesetz übertreten hatte, wurde von einer Jury aus Bürgern verurteilt. Doch verließen sich die Athener auch auf eine breite Beteiligung bei der Eindämmung von Korruption. Die Jurys waren sehr groß: Das Minimum lag bei 201 Teilnehmern, die normale Größe war 501, doch selbst 1001, 1501 und sogar 2001 Juroren konnten beteiligt sein. Der eine zusätzliche Geschworene sollte ein unentschiedenes Ergebnis verhindern.

Die Auswahl der Jurys

Die Methode, nach der Geschworene und Richter ausgewählt wurden, war recht kompliziert. Es sollte verhindert werden, daß der oder die Angeklagten Juroren im voraus identifizieren und so bestechen konnten. Aristoteles skizziert diese Methode in der *Staatsverfassung der Athener*. Jeder Bürger leistete ein Jahr Dienst als Juror. Er wurde mit einem offiziell abgestempelten bronzenen Schildchen (*pinakion*) ausgestattet, auf dem sein vollständiger Name stand (Vorname, Vatersname, Demos oder Stammesuntergruppe). Am Tag des Verfahrens versammelten sich die Juroren bei Morgendämmerung auf der Agora. Ein Verwaltungsbeamter tat ihre *pinakioi* in die Körbe ihres jeweiligen Stammes, die er aus dem eingetragenen Demos erkennen konnte.

Die Losvorrichtung

Der Verwaltungsbeamte legte die Schildchen dann in die Losvorrichtung. Bruchstücke dieser Apparate

△ *Eine Herme. Von mehreren dieser Wächter der Eingänge wurden während der Agora-Ausgrabungen Überreste gefunden.*

wurden während der Agora-Ausgrabungen gefunden. Der Apparat bestand aus einem rechteckigen Steinblock mit zehn vertikalen und zahlreichen horizontalen Reihen kleinster Schlitze, in die die Schildchen gesteckt wurden. Neben diesem Raster verlief eine bronzene Röhre, die oben in einen Trichter auslief und an der unten eine Kurbel angebracht war.

Die Schildchen des ersten Stammes wurden in die erste Reihe gesteckt. Die des zweiten Stammes in die zweite Reihe und so weiter. Nun wurden weiße Murmeln im Verhältnis 1:10 der benötigten Juroren mit so vielen schwarzen Murmeln gemischt, bis die Gesamtanzahl die der horizontalen Reihen von Schildchen ergab. Dann wurden die Murmeln in den Trichter geworfen. Der Verwaltungsbeamte löste sie mit der Kurbel aus. Kam eine weiße Murmel heraus, wurde aus jeder vertikalen Kolumne – also der gesamten ersten Reihe – das erste Schildchen herausgezogen. War es eine schwarze Murmel, so wurden die Kandidaten, deren Schildchen in der obersten Reihe steckten, entlassen. Dann wurde die Kurbel für die zweite Reihe gedreht, und diese Prozedur wurde

△ Die Rekonstruktion einer Losvorrichtung. Die trompetenförmige Röhre für die weißen und schwarzen Murmeln ist daneben abgebildet.

▷ Ein Teil einer Losmaschine, der auf der Agora gefunden wurde.

so lange fortgeführt, bis die benötigte Anzahl von Juroren ausgelost worden war. Auf diese Art waren die Stämme immer gleich stark repräsentiert.

Jedem ausgewählten Juroren wurde dann eine bronzene Scheibe gegeben, die ihm verriet, welchem Gerichtshof er angehörte. Nach der Verhandlung gab er sie zurück und wurde für seinen Dienst bezahlt. Richter wurden auf ähnliche Art ausgewählt und stimmten wahrscheinlich mit der Jury.

Die Polizei

Die Athener hatten keine Polizei im modernen Sinn, aber sie hatten ein Korps skythischer Bogenschützen. Sie waren öffentliche Sklaven und eher Gerichtsdiener als Verbrechensbekämpfer.

Das Gesetz überwachten Verwaltungsbeamte, die die Elf genannt wurden und denen von Sklaven geholfen wurde. Die Elf waren verantwortlich für die Verhaftung von Übeltätern und für die staatlichen Gefängnisse.

Der Prozeß des Sokrates

Der berühmteste Athener Prozeß war der gegen den Philosophen Sokrates. Sokrates war ein freier Geist, der bei den 30 Tyrannen wegen seiner liberalen Ansichten in Ungnade gefallen war. In der politischen Gegenströmung, die dem Sturz der Tyrannen folgte, fiel er dann bei den Demokraten in Ungnade, da einer seiner ehemaligen Schüler, Kritias, ein Mitglied der 30 Tyrannen war. Die Anklage gegen Sokrates wurde von einem religiösen Fanatiker namens Meletos erhoben.

In Athener Gerichtshöfen gab es keinen Staatsanwalt; jeder Bürger konnte Anklage erheben. Um falsche Anschuldigungen gering zu halten, mußte jeder Ankläger, dem es nicht gelang, ein Fünftel der Jurorenstimmen für seinen Fall zu gewinnen, eine hohe Geldstrafe bezahlen. Im Gericht brachte der Ankläger seine Beschuldigung vor, und der Angeklagte verteidigte sich. Die Rededauer war festgelegt, und die Zeit wurde mit einer Wasseruhr gemessen.

Den Vorsitz hatte einer der drei Archonten. Der *basileios* oder König Archon leitete die Verhandlung, wenn der Fall mit Mord oder Religion zu tun hatte, der für die zivile Rechtsprechung zuständige Archon, wenn die Anklage zivilrechtlicher Natur war und durch einen Bürger vorgebracht wurde, und der *polemarch*, wenn andere als Bürger in den Fall verwickelt waren. Sechs Juniorarchonten (*thesmothetae*) leiteten Verhandlungen, in denen finanzielle Interessen des Staates eine Rolle spielten. Der Vorsitzende sammelte eidesstattliche Erklärungen von Zeugen und dokumentierte die Einzelheiten von Anklage und Verteidigung.

Die Anklage gegen Sokrates lautete daß er die Götter des Staates nicht verehre und statt dessen „neue und unbekannte religiöse Gepflogenheiten eingeführt habe", mit denen er die Jugend korrumpiere. Der Ankläger verlangte die Todesstrafe.

Sokrates verteidigte sich damit, daß die Anklage in sich widersprüchlich sei, und erreichte mit großer Wahrscheinlichkeit nur eins: die Juroren in Verwirrung zu stürzen. Auf der anderen Seite wurde die durch Meletos vorgebrachte Anklage durch eine Amnestie erschwert, die nach der demokratischen Gegenrevolution von 404/403 v. Chr. ausgerufen worden war und sich auf ebensolche Beschuldigungen bezog. Trotzdem gelang es ihm, den Urteilsspruch „schuldig" zu erwirken.

Die Entscheidung

Am Verlauf der Verhandlung hatten die Juroren offiziell keinen Anteil, auch wenn sie ihre Sympathien oft zum Ausdruck brachten. Ihre Aufgabe war es allein, „schuldig" oder „unschuldig" zu stimmen. Sie stimmten ab, wenn sie den Gerichtshof verließen, indem sie einen Kieselstein oder eine Muschel in ein Behältnis für „schuldig" oder für „unschuldig" warfen.

Diese Methode hatte den Nachteil, daß offensichtlich war, wie jeder Juror abgestimmt hatte. Im 4. Jahrhundert v. Chr. führte man deshalb ein neues System ein, indem eine bronzene Vorrichtung benutzt wurde, die einem Kreisel ähnelte, eine Scheibe mit einem Stab durch die Mitte. Der Stab war entweder massiv für „unschuldig" oder hohl für „schuldig". Jeder Juror bekam beide Versionen. Er hielt sie jeweils zwischen Daumen und Zeigefinger und verdeckte so die Enden der Stäbe. Dann reihte er sich ein und

△ Die Rekonstruktion einer Wasseruhr aus dem 5. Jahrhundert v. Chr., die dem Antiochid-Stamm gehörte und auf der Agora gefunden wurde. Sie lief ungefähr sechs Minuten lang. Diese Uhren wurden benutzt, um die Sprechdauer in den Gerichtshöfen anzuzeigen.

Die Wiege der Demokratie

warf seine Urteilsscheibe in die erste Urne, die andere warf er in die zweite. Mehrere solcher Stimmscheiben wurden bei den Agora-Ausgrabungen gefunden.

Bestrafung

Im allgemeinen waren die Strafen mild, sie bestanden in Geldbußen, Konfiszierung der Habe, im Verlust der Bürgerrechte oder im Exil. Haft war für Zuwanderer (Metöken) oder für diejenigen, die exekutiert werden sollten, vorgesehen. Sklaven wurden ausgepeitscht, gebrandmarkt oder an den Pranger gestellt. Die Todesstrafe trat bei vorsätzlichem Mord und anderen schweren Verbrechen in Kraft. Vergiften, Steinigen und Köpfen sowie eine Art der Kreuzigung wurden durchgeführt. Bei letzterer wurde das Opfer mit eisernen Klammern an einem Brett befestigt und dort zurückgelassen, bis der Tod eintrat. 1915 wurde in Phaleron ein Grab mit den Gebeinen von 17 Menschen gefunden, die auf diese Art exekutiert worden waren. Sie hatten noch immer eiserne Klammern um Hals, Hand- und Fußgelenke. 439 v. Chr. verurteilten die Athener die aufständischen Samianer zu dieser Art von Kreuzigung; doch nach zehn Tagen machten sie ihrem Elend ein Ende, indem sie sie totschlugen.

Am Ende seines Verfahrens wurde Sokrates gefragt, was seine Strafe sein sollte. Alle erwarteten, daß er Verbannung vorschlug, insbesondere weil die Anklage die Todesstrafe verlangt hatte. Doch Sokrates hätte sich nie dazu bereit erklärt, sein geliebtes Athen zu verlassen. Er schlug eine Geldbuße vor. Die Jury, die damit gerechnet hatte, daß er freiwillig ins Exil gehen würde, war außer sich und verurteilte ihn zum Tod durch Gift, und zwar durch Schierling.

Die Exekution

Sokrates wurde ins staatliche Gefängnis gebracht, das das Gebäude gleich jenseits der südwestlichen Ecke der Agora gewesen sein mag. Dieses Gebäude – etwa 17 m breit und 40 m lang – wird der Länge nach von einem Korridor unterteilt. Fünf quadratische Zellen gehen zu seiner Rechten ab und drei zur Linken. Der Korridor führt zu einem ummauerten Hof im hinteren Ende. Zur Linken des Eingangs liegen vier Räume, über denen sich ein weiteres Stockwerk befunden haben könnte. Das waren wahrscheinlich die Büroräume. In einem wurden 13 kleine Medizinfläschchen gefunden, die für den Schierlingstrank benutzt worden sein könnten.

Die Freunde des Philosophen bestachen die Wärter, ihn entkommen zu lassen, doch Sokrates weigerte sich zu fliehen, weil das seine Schuld unterstellen würde. Zum Sonnenuntergang brachte ihm der Henker den Schierlingstrank. Nach Platon lief Sokrates in der Zelle umher, bis seine Beine taub wurden, dann legte er sich aufs Bett, und allmählich wurde sein ganzer Körper taub. Allerdings verursacht Schierling Erbrechen und schwere Krämpfe. Platon wollte den Tod seines Lehrers, Freundes und Vorbildes ganz offensichtlich als einen würdevollen beschreiben.

△ Eine Wahlurne, die im Gerichtsgebäude in der nordwestlichen Ecke der Agora gefunden wurde, sowie zwei bronzene Wahlscheiben mit der Inschrift psephos demosia (öffentliche Wahlscheibe). Die Stimmscheibe mit dem hohlen Stab in der Mitte bedeutete „schuldig", die mit dem massiven Stab „unschuldig".

◁ Drei der Medizinfläschchen, die im Gefängnis gefunden wurden. Sie könnten zur Aufbewahrung des Schierlingstranks für die Todesstrafe benutzt worden sein.

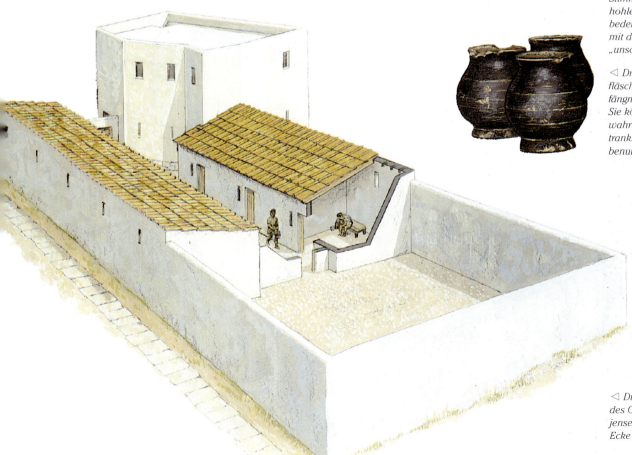

◁ Die Rekonstruktion des Gefängnisses direkt jenseits der südwestlichen Ecke der Agora.

Der Alltag

Das Leben im Athen des 5. Jahrhunderts v. Chr. bot dem einzelnen Gelegenheit, seine Fähigkeiten zu entfalten – doch galt dies nur für freie männliche Bürger. Das Leben von Mädchen und Frauen war von Einschränkungen gekennzeichnet, die wir als außerordentlich restriktiv bewerten würden.

Im Athen des 5. Jahrhunderts v. Chr. gaben Geburten Anlaß zu zahlreichen Riten. Die Familie des Vaters schmierte Pech um das Haus, wenn die Wehen einsetzten – um Freunde und Nachbarn symbolisch von dem Ereignis in Kenntnis zu setzen und um die Mutter und ihre Helferinnen rituell zu isolieren. Zur klassischen Zeit mag den Athenern der Ursprung solcher ritueller Akte schon so unbekannt gewesen sein wie uns heute.

Bei Geburten halfen die Frauen der Familie, nur bei ernsthaften Komplikationen wurde eine Hebamme gerufen. Das Neugeborene wurde in ein langes Stück Leinen gewickelt, um seine Bewegungsfreiheit einzuschränken. Der Vater hängte einen Olivenzweig an die Vordertür, um die Geburt eines Jungen anzuzeigen, und ein Stück Stoff, wenn es ein Mädchen war.

△ Ein Hochstuhl aus zusammengesetzten Terrakottateilen, die auf der Agora gefunden wurden.

▷ Eine rotfigurige Vasenmalerei, auf der eine Mutter mit ihrem in einem Hochstuhl sitzenden Baby abgebildet ist.

Ungewollte Babys

Die Athener hatten nichts für große Familien übrig. In einer Gesellschaft, in der das Erbe normalerweise zu gleichen Teilen unter den Söhnen aufgeteilt wurde, sollte vermieden werden, daß der Familienbesitz zwischen zahlreichen Söhnen dividiert werden mußte. Dazu kam die Mitgift für die Töchter. Doch während ein Athener Vater wohl alle seine Söhne in Erfüllung seiner Bürgerpflicht aufzog, konnte er sich einer ungewollten Tochter schon eher entledigen. Es war ungesetzlich, ein Baby zu töten, aber es war nicht verboten, ein Neugeborenes auszusetzen. Abtreibungen waren erlaubt, doch nur mit der ausdrücklichen Einwilligung des Vaters. Der Philosoph Aristoteles riet dazu, Abtreibungen nur durchzuführen, bevor der Fötus zu leben und zu fühlen begann.

Die Kinder setzte man meist in Tonschüsseln aus. Manchmal wurden sie von einer kinderlosen Frau aufgenommen und als das eigene ausgegeben, doch häufiger zog man solche Babys als Sklaven groß. Die berühmte Kurtisane Neaera war ein ausgesetztes Baby. Sie wurde von einer Frau gerettet, die in dem Ruf stand, zukünftige Schönheiten schon an den Gesichtszügen des Neugeborenen erkennen zu können.

Die Feierlichkeiten

Die *amphidromia* wurde etwa eine Woche nach der Geburt abgehalten. Dies war die rituelle Reinigung der Mutter und aller Familienmitglieder, die ihr während der Geburt nahe gekommen waren. Nach der Reinigung konnte sie ihren Pflichten als Ehefrau wieder nachkommen. Die *amphidromia* kennzeichnete auch die offizielle Aufnahme des Babys in die Familie. Der Vater trug das Baby symbolhaft um die Feuerstelle, und von diesem Zeitpunkt an war es gesetzeswidrig, das Kind auszusetzen.

Etwa zehn Tage nach der Geburt fand ein Festessen statt. Die Familie kaufte dem Baby Geschenke, darunter auch Amulette, die ihm als Schutz vor dem Bösen um den Hals gehängt wurden. Nun gab der Vater auch den Namen des Kindes bekannt. Ein Junge wurde üblicherweise nach dem Vater des Vaters benannt; sein ganzer Name setzte sich aus seinem Vornamen, dem Namen des Vaters, seinem Demos oder der örtlichen Stammesuntergruppe und manchmal auch des Stammes zusammen. Der ganze Name des Philosophen Sokrates lautete: Sokrates Sohn des Sophroniskos des Alopeke Demos. Er war vom Antiochiden-Stamm.

▽ Ein schwarz glasiertes Babyfläschchen aus Terrakotta.

Die Säuglingszeit

Arme Frauen mußten sich selbst um ihre Kinder kümmern, aber sowie eine Familie ein gutes Einkommen besaß, hatte sie meistens zwei oder drei Sklaven, darunter vielleicht auch eine erfahrene Amme. So blieben viele Mütter von den anstrengenderen Seiten der Mutterschaft verschont. Die Babys wurden in diesen Familien wahrscheinlich von der Amme gestillt.

Der Alltag

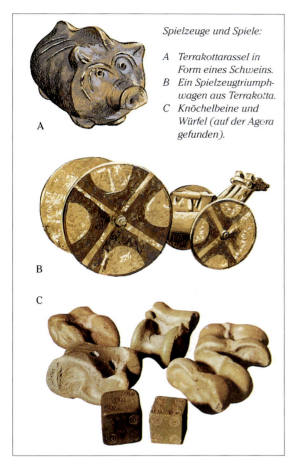

Spielzeuge und Spiele:

A Terrakottarassel in Form eines Schweins.
B Ein Spielzeugtriumphwagen aus Terrakotta.
C Knöchelbeine und Würfel (auf der Agora gefunden).

sen Babysprache genau verstanden hätte:

> Ich hab dich großgezogen und immer gleich erraten, was du lallend sagen wolltest. Wenn du schriest: „Bäh!", da lief ich gleich und brachte dir zu trinken. Und sagtest du: „Pappap!", da rannt ich fort, den Brei zu holen. Kaum hattest du: „A-a!" gesagt, da nahm ich dich und setzte dich vor die Tür.
>
> Aus: *Aristophanes, Die Wolken.* Leipzig: Insel Verlag, 1978

Frühe Kindheit

Das Kleinkind lernte Kinderlieder und Reime von seiner Mutter. Wenn diese gebildet war, wird sie ihm Geschichten vorgelesen haben, etwa die Fabeln des Äsop. Sokrates konnte sich an diese Fabeln noch in seiner Todeszelle erinnern.

Während der Ausgrabungen wurden viele Spielzeuge gefunden; Rasseln und Bälle waren sehr beliebt. Auf Vasenmalereien sind Kinder beim Spielen mit Triumphwagen abgebildet. Viele Puppen wurden gefunden, die meistens aus Terrakotta waren und Arm- und Beingelenke hatten. Natürlich halten sich Terrakottapuppen wesentlich länger als solche aus Holz oder Stoff, die zweifellos auch sehr häufig vorkamen. Wenn die Kinder älter wurden, lernten sie das Knöchelspiel und Würfeln. Es gab auch Mannschaftsspiele. Ein Flachrelief im Archäologischen Museum Athens zeigt Jungen bei einem Spiel, das Hockey ähnelt.

In der Schule

Wenn ein Junge aus einer wohlhabenderen Familie etwa sieben Jahre alt war, wurde er der Obhut der Amme entzogen und in die Hände eines *paidagogos* gegeben, eines Sklaven, der ihn von nun an überallhin begleitete. Der *paidagogos* brachte ihm gute Manieren bei und konnte ihn bestrafen, wenn er frech war. Er brachte seinen Schützling zur Schule und

Auf Athener Vasen sind Babys auf einer Art Hochstuhl abgebildet. Einer wurde während der Ausgrabungen auf der Agora gefunden. Er war aus Terrakotta und hatte ein Loch in der Mitte des Sitzes, so daß ein Nachttopf darunter gestellt werden konnte, denn Windeln wurden nicht benutzt. In Aristophanes' *Die Wolken* erzählt Strepsiades, der sich viel mehr als sonst üblich mit seinem Sohn beschäftigt, daß er des-

△ Eine Terrakottapuppe mit beweglichen Gliedmaßen, die bei Ausgrabungen in Athen gefunden wurde.

▷ Eine rotfigurige Athener Vasenmalerei, die einen Jungen beim Schreiben mit einem Griffel auf Wachstafeln zeigt.

◁ Eine rotfigurige Athener Vasenmalerei, die einen Jungen beim Spiel mit einem Reifen zeigt.

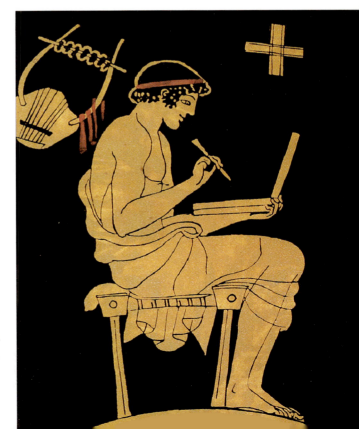

Athen

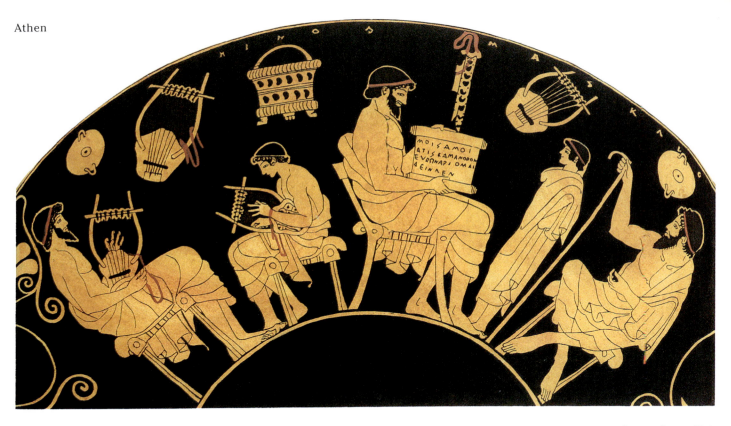

△ *Eine rotfigurige Athener Vasenmalerei, die Lehrer und Schüler beim Unterrichten von Musik und Lesen zeigt.*

nahm oft am Unterricht teil, um sicherzugehen, daß der Junge lernte, und danach fragte er ihn ab.

Nur die ärmsten Jungen gingen nicht in die Schule. Der Unterricht begann eine halbe Stunde nach Tagesanbruch und dauerte bis eine halbe Stunde vor Einbruch der Dämmerung. Es war gesetzlich verboten, Kinder in der Dunkelheit auf den Schulweg zu schicken.

Lesen, Schreiben und Rechnen

Der Unterricht fand in den Privathäusern der Lehrer statt. Den Jungen wurde Lesen, Schreiben und Rechnen beigebracht. Sie mußten auch die Verse des großen Dichters Homer auswendig lernen und sie vor einer Gruppe aufsagen.

Es gab keine Schreibtische. Auf Vasenmalereien sind Jungen abgebildet, die auf Hockern sitzen und Schreibtafeln aus Wachs halten, die mit einem hölzernen Rücken verstärkt sind. Auf dem Wachs schrieben sie mit einem Griffel, einem Stift aus Knochen oder Metall, der am einen Ende spitz war und am anderen blattförmig abgeflacht. Viele solcher Griffel wurden gefunden. Das flache Ende benutzte man bei Korrekturen zum Glätten des Wachses. Manchmal durften die Jungen auch richtig – also mit einem Schilfstift und Tinte auf Papyrus – schreiben. Alle Bücher bestanden aus Papyrus, der nicht seitenweise gebunden, sondern zu Schriftrollen aufgewickelt war.

Nach zwei oder drei Jahren bekamen die Schüler Musikunterricht. Die Jungen lernten zu singen und Lyra *(kithara)* und Flöte *(aulos)* zu spielen. Die alten Griechen sangen sehr gerne und begleiteten sich dabei auf der Lyra. Die Schüler begannen sich auch mit anspruchsvoller Lyrik auseinanderzusetzen.

Ein gesunder Körper

Die Leibeserziehung hatte ab dem zwölften Lebensjahr den absoluten Vorrang vor allen anderen Aktivitäten. Nun wurden die Jungen einem *paidotribes* unterstellt, einem strengen Mann in einem purpurnen Mantel mit einem langen gegabelten Stock, der Gymnastik und andere Sportarten unterrichtete. Die Jungen wurden ihrem Alter entsprechend in zwei Gruppen eingeteilt. Der Unterricht fand in der *palaistra* statt, einem Sportplatz, der von Kolonnaden gesäumt war, unter denen die Jungen ihre akademischen Stunden bekamen. Hinter den Kolonnaden

△ *Eine Sitzbadewanne aus Terrakotta aus Olynthos. Im klassischen Griechenland war dies die übliche Badewanne.*

▷ *Ein Schaber, der zum Abkratzen von Öl, Staub und Schweiß nach den Übungen benutzt wurde.*

gab es Umkleide- und Baderäume und einen Laden, wo sie Öl und feinen Sand für ihre Übungen kaufen konnten.

Für den Sport zogen sich die Jungen ganz aus. Nach dem Waschen rieben sie sich mit Öl ein und bestreuten sich mit feinem Sand oder Staub zum Schutz vor Verletzungen. Nachdem sie sich zur Mu-

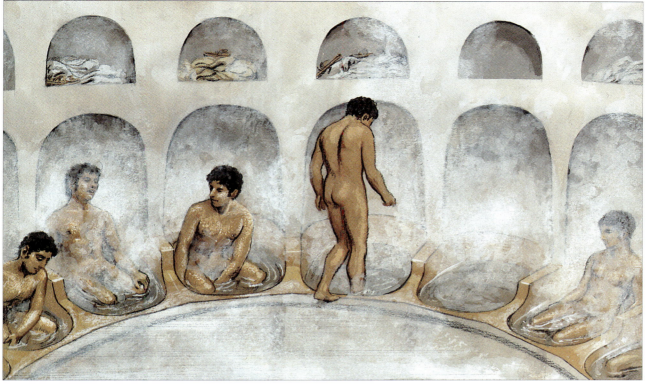

sik aufgewärmt hatten, übten sie sich im Diskus- oder Speerwerfen, im Springen oder Ringen.

Das Ringen

Die *palaistra* hatte ihren Namen vom Ringen *(pale)*. Vor dem Ringen mußten die Jungen den Boden aufbrechen, um ihn weicher zu machen, denn es war Ziel dieser Sportart, den Gegner niederzuwerfen.

Nach dem Sport gingen die Jungen ins Badehaus. Jeder hatte einen Schaber aus Metall, mit dem er sich von Öl und Staub befreien konnte, und einen Schwamm zum Waschen. In Athen ist noch kein Gymnasium ganz freigelegt worden. Aber vor dem Dipylon steht ein rundes Badehaus. Auf der Insel Euböa gehörte ein ähnliches Badehaus zum Gymnasium in Eretria. Dieses war mit Sitzbadewannen ausgestattet. Es hatte kein eingebautes Heizsystem, sondern wurde durch Kohlenpfannen beheizt.

Die Erziehung der Mädchen

Wir wissen nicht, wieviel Bildung sich Athener Mädchen aneignen konnten. Mädchen aus der Mittel- und Oberklasse lernten Lesen und Schreiben, wahrscheinlich brachte ihnen eine Lehrerin zu Hause das Lyraspiel bei. Körperliche Übungen führten sie nur bei Festlichkeiten durch und höchstwahrscheinlich niemals in der Öffentlichkeit wie die Mädchen in Sparta. Die Athener waren darüber entsetzt. Aber die Spartaner sahen die physische Gesundheit der Mädchen als wesentlichen Faktor für die nächste Generation von Kriegern an.

Kriegsdienst

Athener Jungen gingen bis zum 18. Lebensjahr zur Schule. Dann folgten zwei Jahre Dienst in der Armee. Jungen aus wohlhabenderen Familien wurden mit der teuren Ausrüstung der Hopliten ausgestattet –

▷ *Die Rekonstruktion eines Athener Badehauses. Bisher wurde noch kein unversehrtes Badehaus in Athen entdeckt. Diese Rekonstruktion beruht auf alten griechischen Badehäusern an anderen Orten.*

▷ *Ein Athener Hoplit, der seine Rüstung anlegt. Sie bestand aus einem Harnisch, der meistens aus mehreren Schichten Leinen gefertigt war, einem Helm, Beinschienen und einem Schild. Seine Hauptwaffe war der Speer, aber er trug auch ein Schwert.*

Athen

einem runden Schild, Helm, Beinschienen, Körperpanzer und dazu Speer und Schwert. Die Ausrüstung mußte die Familie bezahlen, außer wenn der Vater im Kampf gefallen war. Jeder Jüngling wurde einer Grundausbildung unterzogen, in dem er lernte, seinen Schild so zu halten, daß er seinem Kameraden zur Linken genauso Schutz bot wie ihm selbst. Er lernte die grundlegenden Schlachtordnungen und Kampfweisen, offene Ordnung, geschlossene Ordnung, (die Phalanx), Ausweichmanöver und Waffengebrauch. Einen großen Teil seiner Ausbildung verbrachte der Jüngling in Festungen an den Grenzen Attikas.

Männerkleidung

Griechische Kleider wurden meistens aus Wolle hergestellt, aber auch aus Flachs und einem rauhen Stoff aus Tierhaaren, *sakkos* genannt. Die Kleidung wurde nicht geschneidert. Sie bestand aus rechteckigen Stücken Stoff.

Griechische Männer trugen keine Unterwäsche. Das wesentliche Kleidungsstück war die Tunika, von der es zwei Sorten gab. Die *exomis*, das von Sklaven und denjenigen getragen wurde, die körperlich arbeiteten, wurde an der linken Schulter mit einer Nadel oder einem Knoten gehalten und ließ die rechte Schulter frei. In der Taille wurde es durch einen Gürtel zusammengebunden. Der *chiton* war eine etwas verfeinerte Version, die an beiden Schultern festgehalten wurde. Kinder trugen eine kurze Tunika ohne Gürtel.

△ *Athener Männerfrisuren, wie sie auf Vasen und Skulpturen zu sehen sind. Junge Männer trugen ihr Haar normalerweise ziemlich kurz. Ältere Männer hatten oft langes Haar und Bärte.*

▷ *Der jüngere Mann trägt einen* chiton. *Der ältere Mann trägt einen* himation *über seinem* chiton, *robuste Wanderstiefel und einen Filzhut* (petasos).

▷▷ *Männerkleidung, wie sie auf Athener Vasen abgebildet ist. Die obere Figur zeigt einen Mann, der eine feinere Tunika* (chiton) *trägt. Der Mann daneben hat seine Tunika herabgelassen. Die Figuren in der Mitte zeigen verschiedene Arten, den* himation *zu drapieren. Die Figur unten trägt einen Kurzmantel* (chlamys), *robuste Stiefel und den breitkrempigen Filzhut* (petasos).

Der Alltag

◁ *Rekonstruktionen von Frauenkleidern. Die Frau links trägt die lange Tunika. Die Frau rechts trägt eine lange Tunika, die von einem* himation *bedeckt wird, und ein Kopftuch. Die mittlere Frau hat ihren* himation *einmal um sich herumgewickelt.*

◁◁ *Figuren von Athener Vasen, auf denen Frauenkleider abgebildet sind. Die obere Figur trägt einen dorischen* peplos. *Die beiden darunter tragen die modischere lange Athener Tunika. Die unteren Figuren zeigen Möglichkeiten, den* himation *zu drapieren.*

▽ *Frauenfrisuren:*

A Im Pferdeschwanz zusammengebunden.
B Im Dutt mit Bändchen getragen.
C Vom Kopftuch bedeckt.

Der griechische Mann trug auch ein *himation*, ein großes rechteckiges Stück Wollstoff, das er über seine linke Schulter drapierte. Das hintere Ende führte er um seinen rechten Arm nach vorne. Dann wurde es entweder noch einmal über die linke Schulter geschlagen oder über den linken Arm drapiert. Der restliche Stoff hing herab und bedeckte den Körper bis zu den Unterschenkeln. Bei kaltem Wetter konnte es einmal um den ganzen Körper gewickelt werden und auch den Kopf bedecken.

Oft wurde auch eine Art Mantel, die *chlamys*, getragen, vor allem von Soldaten. Er war aus dickerem Material, wurde um die Schultern drapiert und an der Kehle mit einer Schnalle zusammengehalten.

Auf Vasenmalereien sind Männer mit sehr unterschiedlichen Schuhen abgebildet, von leichten Sandalen – nicht mehr als eine Sohle und zwei oder drei Riemen – bis zu robusten Stiefeln.

Frauenkleider

Frauen trugen eine wollene oder linnene Tunika, die bis auf die Knöchel herabfiel. Leinen war luxuriöser als Wolle. Der Stoff wurde von zwei Nadeln an den Schultern zusammengehalten. Feinere Ausführungen wurden an mehreren Stellen festgemacht, so daß Ärmel entstanden.

Auch Frauen trugen ein *himation*, das meist ganz ähnlich wie das der Männer drapiert wurde. Sie sind fast immer mit bloßen Füßen abgebildet, aber dies ist womöglich auch nur ein künstlerischer Brauch. Manchmal kann man leichte Sandalen entdecken.

A

B

C

Athen

△ *Eine rotfigurige Athener Vasenmalerei. Die Braut wird von ihren mit Geschenken beladenen Freundinnen und von* Eroten *umringt, einen von ihnen hält sie wie ein Baby auf dem Schoß. Das kleine Mädchen zu ihrer Linken gibt ihr eine* lekanis, *eine Schale mit Deckel, in der man Kosmetika oder Kostbarkeiten aufbewahrte. Eine Frau, die zweite an der rechten Seite der Braut, trägt in ihrer rechten Hand ein* lebes gamikos, *eine Hochzeitsschale mit einem hohen Gestell.*

△ *Ein* lebes gamikos *aus Athen. Diese Schalen auf hohen Gestellen wurden ausnahmslos für Hochzeiten hergestellt.*

Frisuren

Auf künstlerischen Darstellungen haben die jungen Männer meist kurzgeschnittenes Haar und sind glattrasiert, doch werden sie auch mit schulterlangem oder noch längerem Haar abgebildet. Ältere Männer tragen Bärte und oft sehr langes Haar.

Frauen hatten immer lange Haare, die sie häufig in einem Dutt oder Pferdeschwanz mit Bändchen zusammengebunden trugen. Kopftücher, die das Haar ganz oder teilweise bedeckten, waren sehr modisch. Manchmal sieht man auf Vasen auch Hüte. Sie wurden grundsätzlich nur von Männern getragen, vor allem ein flacher, breitkrempiger Filzhut *(petasos)* in Form einer Sonnenblume.

Hochzeit

Hochzeiten wurden arrangiert. Häufig hatte sich das Paar noch nicht einmal kennengelernt, denn Athener Mädchen führten ein sehr behütetes Leben. Männer waren meistens in den Zwanzigern, wenn sie eine Ehefrau suchten. Ein Junge unter 18 Jahren mußte seinen Vater um Erlaubnis bitten, oder sein Vater konnte eine passende Ehe für ihn arrangieren.

Ein Mädchen war etwa 14 oder 15 Jahre, wenn es heiratete. Ihr Vater brauchte sie für eine Eheschließung nicht um Erlaubnis zu fragen. Alle Athener Mädchen der Mittelschicht wurden abgeschirmt großgezogen, und die Meinung der Tochter wäre als völlig belanglos angesehen worden. Xenophon drückte das so aus:

> „[Meine Braut] wußte nichts vom Leben, denn bis sie mein Haus betrat, hatte sie unter den eingeschränktesten Bedingungen gelebt, von Kindheit an daran gewöhnt, so wenig wie möglich zu sehen und ein Minimum an Fragen zu stellen."

Die Verlobung

Wenn der Vater der Braut der Verbindung zustimmte, fand die Verlobung statt. Dies war eine Übereinkunft zwischen dem Freier und dem Vater des Mädchens – es wurde nicht erwartet, daß sie dabei anwesend war. Die Verlobung war ein mündlicher Vertrag:

„Ich gebe dir dieses Mädchen, damit es im Bunde der Ehe Kinder auf die Welt bringen möge."
„Ich nehme sie an", antwortete der Bräutigam
„Ich stimme zu, ihr eine Mitgift zu geben von ..."
„Ich nehme das auch an, mit Vergnügen."

Die Übereinkunft wurde durch Händedruck besiegelt.

Grundsätzlich wurde vorausgesetzt, daß Männer eine „gute Partie" machen wollten. Sie erwarteten nicht, das zu finden, was wir heute unter Liebe verstehen. Ein Athener sagte vor dem Gericht:

> „Wir haben Kurtisanen fürs Vergnügen, Konkubinen, um die täglichen Hausarbeiten auszuführen, und Ehefrauen, um uns Kinder zu gebären und die treuen Hüterinnen unserer Heime zu sein."

Das Mädchen durfte die Autorität des Vaters nicht in Frage stellen, doch konnte er ihre Zustimmung einholen. Und ihr war es natürlich möglich, ihn zu überreden.

Vom Mädchen zur Frau

Von ihrer Verlobung an war ein Mädchen rechtlich verheiratet, und es wurde ein Tag bestimmt, an dem ihr Vater sie offiziell weggeben würde. Hochzeiten fanden meistens bei Vollmond statt. Der Monat Gamelion (Januar) war der beliebteste, weil er der heilige Monat Heras war, der Königin der Götter und Patronin der Ehe. Gamelion heißt Monat der Ehe.

Die Feierlichkeiten begannen am Tag vor der Hochzeit. Zeus, Hera, Artemis, Apollo und Peitho, den Beschützern des ehelichen Lagers, wurden Opfer dargebracht. Die Braut sammelte traurig Erinnerungen ihrer Kindheit – ihre Puppen, Spielzeuge und Kleider –, um sie einer der Hochzeitsgöttinnen zu opfern. Ein anrührendes anonymes Dokument einer solchen Widmung blieb erhalten:

> Timarete, Tochter des Timaretos, hat vor ihrer Hochzeit ihr Tamburin, ihren hübschen Ball, ihr Haarnetz, ihr Haar und ihre Mädchenkleider Artemis vom See gewidmet, von Jungfrau zu Jungfrau, wie es sich gehört. Tochter der Leto, halte deine Hand über das Kind Timarete und beschütze das reine Mädchen auf reine Weise.

Der Alltag

Unten links: Eine rotfigurige Athener Vasenmalerei, auf der sich die Braut zur Hochzeit kleidet. Ein Mädchen bindet ihr die Brautsandalen, während eine Magd eine verzierte Kiste hereinträgt, in der vielleicht der Hochzeitsschleier aufbewahrt wird. Zwei lebetes gamikoi *stehen vor der Tür, und in der Mitte kann man hinter der Truhe eine* loutrophoros *erkennen.*

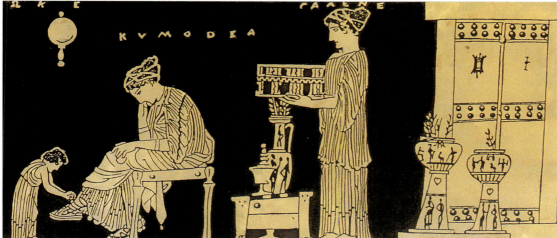

▽ *Eine rotfigurige Athener Vasenmalerei, auf der die Braut nach der Hochzeit abgebildet ist, von den Frauen beider Familien begleitet. Die Frau links außen arrangiert Blumen in zwei Hochzeitsschalen (*lebetes gamikoi*), die der Braut geschenkt wurden. Eine andere Frau stellt Blumen in eine* loutrophoros, *die hohe Vase, in der das Wasser für das rituelle Brautbad getragen wird.*

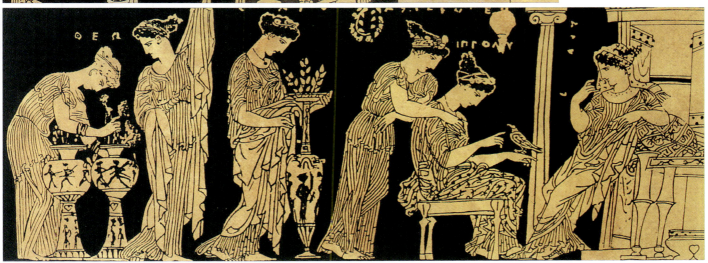

Dann zogen die Frauen der Familie der Braut in einer Fackelprozession zur Quelle der Kallirhoe, um das Wasser für das rituelle Brautbad zu holen, das sowohl der körperlichen als auch der religiösen Reinigung diente. Auch der Bräutigam nahm in seinem Haus ein rituelles Bad.

Der Hochzeitstag

Am Hochzeitstag schmückten beide Familien ihre Häuser mit Oliven- und Lorbeerzweigen. Der mit Myrrhe gesalbte und bekränzte Bräutigam ging mit seiner Familie und dem Brautführer am Nachmittag zum Haus der Braut. Den Göttern wurde ein Opfer

Athen

△ *Eine rotfigurige Athener Vasenmalerei, auf der eine Hochzeitsprozession zu sehen ist. Braut und Bräutigam folgen dem proegetes, dem Anführer der Prozession, in einem Wagen. Frauen laufen mit Hochzeitsgeschenken hinter dem Wagen her. Zwei Figuren, eine von ihnen ist wahrscheinlich die Brautmutter, tragen Fackeln. Fackeln waren wesentlich bei der Prozession. Von einem unverheiratet zusammenlebenden Paar sagte man, daß sie ohne Fackeln geheiratet hätten.*

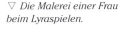

▽ *Die Malerei einer Frau beim Lyraspielen.*

dargebracht, dann setzten sich alle zum Festessen. Die Braut saß inmitten ihrer Freundinnen. Sie trug ihre besten Kleider, ihr Kopf wurde von einem Schleier bedeckt und von einem Blumenkranz gekrönt. Ihre Ehrendame *(nympheutria)* saß neben ihr. Die Männer aßen getrennt von den Frauen.

Das Essen war traditionell, so gab es auch Sesamkuchen, der ein Symbol für die Fruchtbarkeit war. Ein kleiner Junge ging herum und bot den Gästen Brot an, wobei er die rituelle Formel wiederholte: „Ich habe das Schlimmste vermieden; ich habe das Bessere gewählt." Nun überreichten die Gäste der Braut ihre Hochzeitsgeschenke.

Hochzeitsszenen sind relativ häufig auf Vasen zu sehen. Sie stellen die Wichtigkeit der Ehe als Institution heraus, aber es gibt kaum historische Quellen, aus denen hervorgeht, was die Athenerinnen von ihrer Rolle in der Ehe hielten.

Die Prozession

Wenn die Nacht anbrach, übergab der Brautvater seine Tochter dem Bräutigam. Das war wahrscheinlich der Moment, in dem ihr Schleier fiel und der Bräutigam ihr Gesicht sehen konnte, vielleicht sogar zum ersten Mal. Eine Prozession bildete sich, die die Braut in das Haus ihres Ehemannes geleitete. Man führte das Hochzeitspaar zu einem offenen Wagen, der von einem Freund des Bräutigams gelenkt wurde. Die Braut trug ein Sieb und einen Herdrost, Symbole ihrer häuslichen Pflichten. Der Wagen fuhr an, und die Verwandten der Braut liefen mit Fackeln hinterher, wobei sie zu den Klängen von Flöte und Lyra das Hochzeitslied sangen. Die Eltern des Bräutigams waren vorausgelaufen und empfingen das Paar an der Tür. Der Vater trug einen Myrtenkranz und die Mutter eine Fackel. Der Bräutigam half der Braut vom Wagen herunter, und während sie ins Haus ging, wurde sie von der Menge mit Nüssen und getrockneten Feigen beworfen. Drinnen wurden ihr ein Stück des Hochzeitskuchens aus Sesam und Honig und eine Dattel oder Quitte angeboten, allesamt Fruchtbarkeitssymbole. Der Bräutigam führte seine Braut sofort ins Brautgemach, das seine Eltern vorbereitet hatten. Er schloß die Tür, und ein Freund hielt Wache, während die Gäste laut das Hochzeitslied sangen, wobei sie soviel Lärm wie möglich machten, um die bösen Geister abzuschrecken. Am folgenden Tag brachten die Brauteltern, von Flötenspielern begleitet, Geschenke. Wahrscheinlich wurde nun auch die Mitgift überreicht.

Der Platz der Frau

Die Männer hielten sich die meiste Zeit außerhalb des Hauses auf, entweder sie arbeiteten, kamen ihren Bürgerpflichten nach, trainierten in der Turnhalle oder sie waren einfach nur gesellig. Athener Männer übernahmen auch den Einkauf nur in wohlhabenderen Haushalten wurde damit ein vertrauenswürdiger Sklave beauftragt.

Es gibt zwar kaum historische Quellen, doch scheint das Leben einer durchschnittlichen Athenerin nach heutigen Maßstäben sehr eingeengt gewesen zu sein. So war sie die meiste Zeit nicht nur in ihrem Haus, sondern innerhalb des Hauses zu bestimmten Zeiten auf ihren Bereich, *gyraikeion*, beschränkt. Es war die Pflicht einer Ehefrau zu kochen, zu weben und die Kinder großzuziehen. Niemand erwartete, daß sie gemeinsame Freunde mit ihrem Ehemann hatte. Es war Frauen nicht ausdrücklich verboten, aus dem Haus zu gehen; sie konnten Freundinnen in ihren Häusern besuchen. Doch eine angesehene Frau hätte solche Besuche nicht alleine gemacht; sie hätte sich wenigstens von einer Sklavin begleiten lassen.

Frauen holten das Wasser von den Brunnen, dies waren beliebte Orte, um sich auszutauschen. In wohlhabenderen Familien wurde das Wasser jedoch von Sklavinnen geholt. Schon deshalb waren ärmere Frauen in mancher Hinsicht nicht so eingeschränkt und genossen mehr Freiheiten. Sie arbeiteten auch oder betrieben Stände auf dem Markt.

Nur für Frauen

Es gab besondere religiöse Feste nur für Frauen. Die *thesmophoria* war zum Beispiel ein Fest für verheiratete Frauen. Ob Frauen ins Theater gingen, läßt sich wegen der widersprüchlichen Quellen nicht mit Sicherheit feststellen. Wahrscheinlich war es so, daß von achtbaren Frauen erwartet wurde, zu Hause zu bleiben, und die Frauen, die ins Theater gingen, kamen vermutlich aus den unteren Klassen. Die Lektüre Platons legt nahe, daß Frauen im 4. Jahrhundert ins Theater gingen.

Der Alltag

A

Szenen aus dem häuslichen Leben auf rotfigurigen Athener Vasen.

A *Penelope, die Frau des Odysseus, am Webstuhl sitzend.*

B *Wolle wird zum Spinnen vorbereitet; die sitzende Frau rollt die grobe, gefärbte Wolle über ihr Bein, bevor sie gesponnen wird.*

C *Die sitzende Frau hält die aufgewickelte Wolle und die stehende Frau einen Stickrahmen.*

D *Eine Magd trägt Hochzeitsgeschenke.*

E *Frauen lüften Kleider.*

Das gesellige Abendessen *(symposion)* war ein wichtiges soziales Ereignis im Athen des 5. Jahrhunderts v. Chr., doch selbst wenn das Gelage zu Hause stattfand, wurde die Ehefrau nicht dazugebeten. Kurtisanen, Flötenspielerinnen und Tänzerinnen (meistens Fremde oder Sklaven) nahmen manchmal daran teil. Solche Feste wurden für ehrbare Frauen als ungeeignet angesehen. Quellen über das Leben und Denken der Athenerinnen sind rar. Daher ist es unklug zu spekulieren, wie sich Athener Frauen gefühlt haben mögen. Wie dem auch sei, es wird viele Ehe-

△ Der Heilige Weg nach Eleusis, dort wo er in Kerameikos beginnt, unmittelbar vor den Stadtmauern von Athen. In diesem Gebiet fanden viele Beerdigungen statt, und überall an den Straßenrändern wurden Gräber gefunden.

▷ Eine rotfigurige Vasenmalerei, auf der Frauen beim Aufbahren eines Leichnams gezeigt werden.

leute gegeben haben, die sich wirklich geliebt haben – allen gesellschaftlichen Ansichten zum Trotz, die uns heute restriktiv vorkommen.

Scheidung

Sich Scheiden zu lassen war für Männer ungleich einfacher als für Frauen. Ein Mann konnte sich von seiner Frau ohne Angabe von Gründen trennen. Wenn seiner Frau Ehebruch nachgewesen wurde, war er gesetzlich gezwungen, sich scheiden zu lassen. Es wurde auch erwartet, daß er sich von einer unfruchtbaren Frau trennte, da Kinder der Hauptzweck der Ehe waren. Ein Ehemann, der sich von seiner Frau trennte, mußte die Mitgift zurückgeben – dies könnte viele Ehen gerettet haben.

Ständige Gewalttätigkeiten gegenüber der Ehefrau waren wahrscheinlich der einzige Grund, mit dem eine Frau eine Scheidung einreichen konnte. In Euripides' *Medea* wird bemerkt, daß „Frauen kein Recht haben, ihre Ehemänner abzuweisen".

Krankheit

Im klassischen Griechenland entwickelte sich die Medizin in außerordentlichem Maße. Der Vater der Medizin, Hippokrates, wurde um 460 v. Chr. auf der Insel Kos geboren. Sein Diktum wurde zum Eid aller Ärzte nach ihm:

> Ich werde niemandem, auch nicht auf seine Bitte hin, ein tödliches Gift verabreichen, oder auch nur einen solchen Rat erteilen. Auch werde ich nie einer Frau ein Mittel zur Vernichtung keimenden Lebens geben. Wessen Haus auch immer ich betrete, ich betrete es, um die Kranken zu heilen, und ich werde mich von allen Übeltaten fernhalten. Ich werde mich nicht schlecht betragen und mich vor allem der Verführung von Frauen oder Jungen, Sklaven oder Freien enthalten.

Es gab viele private Ärzte, doch hatte Athen auch ein öffentliches Gesundheitswesen mit Ärzten, die vom Staat ernannt und bezahlt wurden. Diese Männer wurden ausgewählt, nachdem sie ihre Qualifikationen vor der *ekklesia* bekannt gemacht hatten. Ärzte führten komplizierte Operationen durch, wie man an Instrumenten erkennen kann, die gefunden wurden. Es gab Spezialisten wie Zahnärzte, die Blei- oder Goldfüllungen benutzten, und Augenärzte, die Augenbäder verschrieben. Natürlich gab es auch Gesundbeter, die im Heiligtum des Asklepios, des Gottes der Heilkunst, praktizierten, das sich am Südhang der Akropolis neben dem Theater des Dionysos befand. Es wurden viele Widmungen gefunden, die dem Gott für rätselhafte Genesungen danken.

Alter und Tod

Die Griechen achteten alte Menschen. Söhne waren gesetzlich verpflichtet, für ihre alternden Eltern zu sorgen. Sie hatten sich auch um ein angemessenes Begräbnis zu kümmern.

Der Leichnam wurde von der Familie mit Ölen gesalbt und in saubere Gewänder gehüllt. Dann wurde er in gewachste Tücher gewickelt und in den Sarg gelegt. Das Gesicht blieb unbedeckt. Oft legte man eine Münze in den Mund für den Fährmann Charon, der den Toten über den Fluß Styx in den Hades brachte. Am Tag vor dem Begräbnis wurde der Leichnam auf eine Bahre im Eingang des Hauses gelegt. Am folgenden Tag brachte man den Toten noch vor Sonnenaufgang aus der Stadt. Meistens wurde er von den männlichen Verwandten getragen. Eine Prozession begleitete die Bahre, angeführt von einer Frau, die ein Trankopfergefäß trug. Ihr folgten die männlichen Leidtragenden, und hinter ihnen kamen die weiblichen Verwandten. Sie waren schwarz oder grau gekleidet. Manchmal bezahlte man professionelle Trauernde, um dem Begräbnis noch mehr Erhabenheit zu verleihen. Flötenspieler folgten der Prozession.

Der Leichnam wurde auf der Straße von der Stadt zur Familienparzelle getragen. Dort begrub man ihn oder äscherte ihn ein, beide Riten wurden in Athen praktiziert. Asche und Knochen aus dem Krematorium wickelte man in ein Stück Stoff und legte sie in eine Urne. Trankopfer aus Wein und Öl wurden den Verstorbenen dargebracht, und dann kehrte die Prozession zum Trauerhaus zurück. Die Leidtragenden mußten sich erst einer umständlichen Reinigungszeremonie unterziehen, bevor sie sich beim Festmahl stärken durften. Am folgenden Tag wurde das Haus mit Meer- und Weihwasser gereinigt. Wie die Juden glaubten auch die Griechen, daß ein Leichnam alles, womit er in Kontakt kam, verunreinigte, und deswegen mußte dies rituell gereinigt werden.

△ Die Malerei auf der Vase links zeigt zwei Trauernde am Grabmal. Beachten Sie die lekythoi auf den Stufen des Grabmals und an der Wand.

◁ Ein weißgrundiger lekythos, der für Bestattungen am häufigsten benutzte Vasentypus.

▽ Eine Ansammlung von Gräbern aus dem 4. Jahrhundert v. Chr. an der Straße der Grabmäler im Kerameikos.

Die Arbeit

Im Athen des 5. Jahrhunderts erreichten Dichtung, Bildhauerei, Malerei, Politik, Philosophie und Geschichte Höhepunkte – so verhielt es sich auch mit der Arbeit von Athener Töpfern, Edelsteingraveuren und Bronzeschmieden. Ihre Produkte waren in der ganzen mediterranen Welt begehrt.

Mehr als die Hälfte der Bevölkerung Attikas lebte von der Landwirtschaft. Die meisten von ihnen waren Kleinbauern, die den Boden mit einem oder zwei Sklaven selbst bearbeiteten. Manche Bauern verwalteten ihre Höfe nur und stellten andere für die körperliche Arbeit ein. Ganz oben in der Hierarchie stand der abwesende Großgrundbesitzer, der in Athen lebte und einen Verwalter beschäftigte.

Hauptsächlich wurden Weizen, Gerste, Oliven und Weintrauben angebaut neben Kohlsorten, Zwiebeln, Linsen, Erbsen, Knoblauch und Feigen. Exotischere Früchte und Gemüse wurden aus angrenzenden Staaten eingeführt.

Kunstgewerbe und Handwerk

Die Stadt war berühmt für ihre Werkstätten und Fabriken, in denen Waren von überaus hoher Qualität hergestellt wurden. Viele der Handwerker, die diese Waren produzierten, waren Griechen, die nach Athen gezogen waren, und mehr als die Hälfte von ihnen müssen Sklaven gewesen sein.

Das Gebiet nordwestlich der Agora, Kerameikos (von dem das Wort Keramik stammt), war als Töpferviertel bekannt. Die große Mehrheit von Aufbewahrungsgefäßen und häuslichen Geräten, die im alten Griechenland benutzt wurden, bestand aus gebranntem Ton. Kochgefäße, Herdroste und Badewannen wurden von Töpfern angefertigt. Die Qualität der Athener Vasenmalerei ist außerordentlich gut, so gehören einige der Figurenszenen zu den besten Zeichnungen, die je geschaffen wurden.

Der Hügel, der an die Westseite der Agora angrenzt, der Kolonus Agoraeus, war für seine Schmieden und Bronzewerkstätten bekannt. Der Tempel auf dem Hügel war Hephaistos gewidmet, dem Gott des Feuers und der Metallarbeit. Neun Gießereien wurden um den Tempel herum entdeckt und weitere zehn in der Gegend gefunden.

Schmieden sind auf mehreren Vasen abgebildet. Die mannshohen Öfen wurden mit einem Blasebalg aus Ziegenhaut angefeuert. Die Griechen und Römer konnten die weicheren Metalle wie Gold, Silber, Kupfer und Zinn schmelzen, aber sie konnten nicht die hohen Temperaturen erzeugen, die man zum Schmelzen von Eisen braucht. Eiserne Gegenstände wurden daher nicht gegossen, sondern gehämmert – das heißt, das Eisenerz wurde erhitzt und die Unreinheiten herausgeschlagen.

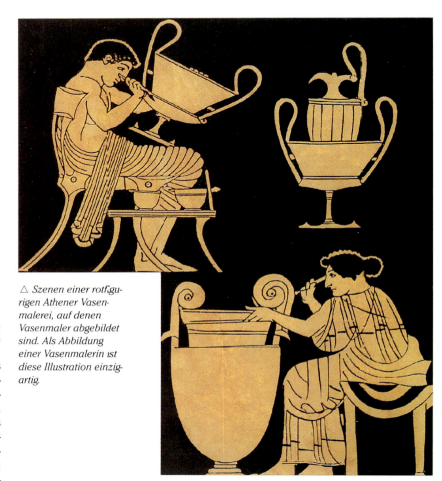

△ *Szenen einer rotfigurigen Athener Vasenmalerei, auf denen Vasenmaler abgebildet sind. Als Abbildung einer Vasenmalerin ist diese Illustration einzigartig.*

▷ *Eine rotfigurige Athener Vasenmalerei, die einen Tischler bei der Arbeit mit einem Beil zeigt.*

Die Arbeit

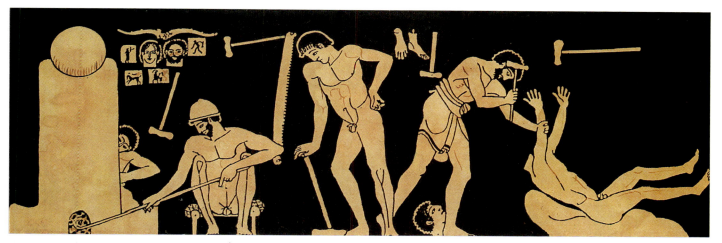

△ Eine rotfigurige Vasenmalerei, die die Werkstatt eines Bronzeschmieds zeigt. Der hohe Ofen ist für diese Zeit typisch. Große Stücke wurden in Einzelteilen gegossen und dann verlötet.

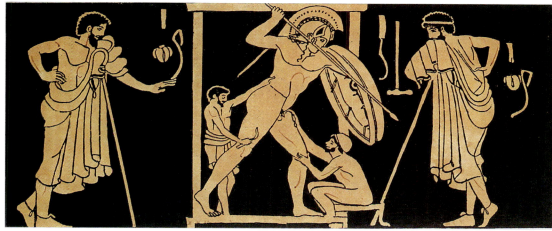

◁ Zwei Kunden, die beim Polieren einer Statue zusehen.

Tischler und Lederverarbeiter

Tischler und Lederverarbeiter sind auf mehreren Vasen abgebildet. Obwohl keine Holz- oder Lederwaren erhalten geblieben sind, gibt es keinen Grund anzunehmen, daß sie von geringerer Qualität als die haltbareren Dinge hätten sein sollen, die von anderen Handwerkern produziert wurden. Außerordentlich reich verzierte Truhen und andere Möbelstücke werden auf Vasen und Skulpturen abgebildet. In Attika hatte es eine katastrophale Entwaldung gegeben, und im 4. Jahrhundert v. Chr. mußte ein Großteil des hochwertigen Holzes importiert werden.

Das Handwerk des Schusters wird auf mehreren Vasen abgebildet. Eine Malerei aus dem 6. Jahrhundert v. Chr. zeigt einen Kunden, der mit seinem rechten Fuß auf einem Stück Leder auf der Schusterbank steht, so daß der Schuhmacher es zuschneiden kann.

◁ Eine rotfigurige Malerei, die einen Schuster bei der Arbeit zeigt. Seine Werkzeuge und Produkte hängen an der Wand hinter ihm.

Sklaverei

Heutzutage verabscheuen wir die Sklaverei, doch in der alten Welt war sie allgemein üblich. Sie gehörte auch im klassischen Athen zum Alltag, und sie war keine Einrichtung, die ein Athener hinterfragt hätte. Es ist sogar wahrscheinlich, daß er den Besitz von Sklaven etwa so ansah wie wir den eines Autos. Nur die ärmsten Familien hatten keine Sklaven.

Sklaven, ob männlich oder weiblich, waren meistens Kriegsgefangene. Es wäre irreführend, die Sklaverei im alten Athen mit der in den Vereinigten Staaten oder an anderen Orten im 19. Jahrhundert vergleichen zu wollen. In Athen kamen die Sklaven aus allen Gesellschaftsschichten und wurden normalerweise ihrer Bildung und ihren Fähigkeiten entsprechend eingesetzt. Es ist zwar eine Tatsache, daß die Sklaven in den Silberminen von Laurion unter entsetzlichen Bedingungen arbeiten mußten, doch wurden sie wohl auch nicht schlechter behandelt als die freien Männer, die in Europa ähnlichen Arbeiten noch vor 200 Jahren nachgingen. Sklaven wur-

△ Eine schwarzfigurige Vasenmalerei aus dem 6. Jahrhundert v. Chr., auf der ein Schuster die Sohle für einen Schuh zuschneidet.

den in Athen im allgemeinen besser behandelt als in irgendeiner anderen antiken Gesellschaft. Deshalb wurden die Athener von den Spartanern als nicht streng genug kritisiert. Sklaven wurden in Athen oft bezahlt, vor allem wenn sie an Dritte zur Arbeit verliehen wurden. Dann durften sie ihren Lohn behalten und konnten sich schließlich ihre Freiheit erkaufen.

Haussklaven

Haussklaven wurden oft wie Familienmitglieder behandelt. Eine neue Sklavin wurde im Haus mit einem Schauer aus Nüssen und Feigen empfangen, als ob sie eine Braut wäre. Herren zogen vor Gericht, um einen Sklaven zu verteidigen, der mißhandelt worden war. Sokrates traf einen Sohn, der seinen eigenen Vater verklagt hatte, weil dieser für den Tod eines seiner Sklaven verantwortlich war.

Sehr viele Handwerker waren Sklaven. Es gibt keinen Grund anzunehmen, daß sie schlechter als freie Männer bezahlt worden wären. Sie arbeiteten unter guten Bedingungen und hatten aussichtsreiche Chancen, sich ihre Freiheit zu erkaufen. Sklavinnen, die die Lyra oder die Flöte spielten oder bei geselligen Abendessen tanzten, erhielten Trinkgeld, und es wurde erwartet, daß sie sich ihre Freiheit erkauften. In vielerlei Hinsicht war die Athener Gesellschaft des 5. Jahrhunderts v. Chr. bemerkenswert liberal, und die meisten Athener behandelten ihre Sklaven freundlich.

Läden

Die Agora war das Haupteinkaufszentrum Athens. In ihrem Umkreis gab es viele feste Läden, doch die Mehrheit der Verkäufer stellte bewegliche Stände, Karren oder Tische auf der Agora auf, wahrscheinlich unter Planen. Viele Handwerker verkauften ihre Waren direkt aus den Werkstätten. Töpfer, Schuster, Lampenmacher und andere Handwerker stellten ihre Erzeugnisse auf Regalen vor ihren Werkstätten aus. Bauern kamen mit Obst und Gemüse, um es direkt an die Kunden weiterzuverkaufen. Es gab auch viele Zwischenhändler *(kapeloi)*, die Produkte aus Fabriken, Werkstätten oder von Bauernhöfen kauften, um sie weiterzuverkaufen. Und natürlich gab es auch importierte Güter, die von solchen Kleinhändlern vermarktet wurden.

Die Produkte wurden in bestimmten Bereichen der Agora verkauft. Ein Käufer konnte zu seinem Freund sagen: „Ich treffe dich beim Fisch" oder „beim Parfüm". Jeder Standinhaber hatte seinen zugewiesenen Platz, für den er eine Abgabe an die Behörden zahlte.

Marktaufseher

Ladenbesitzer waren nicht gerade für ihre Ehrlichkeit bekannt, und so wurden Aufseher *(metronomoi)* ernannt, die einen fairen Handel gewährleisten sollten. Neben dem Quellenhaus am südlichen Ende der Agora wurde in der zweiten Hälfte des 5.

△ *Eine rotfigurige Malerei, auf der ein Sklave beim Tragen von zwei Amphoren abgebildet ist.*

Athener Gewichte und Maße, die auf der Agora gefunden wurden.

A–C Ein Satz amtlicher Gewichte, die mit unterschiedlichen Emblemen versehen sind, um ihr Gewicht anzugeben; die zugrundeliegende Gewichtseinheit war der Stater (795 g).

D Ein amtliches Maß für Flüssigkeiten.

E–G Amtliche Trockenmaße, die für Getreide, Gemüse und ähnliches benutzt wurden.

Auf all diese Maße und Gewichte war demosion aufgedruckt, um anzuzeigen, daß sie amtlich waren.

Jahrhunderts v. Chr. eine lange Stoa gebaut. Sie scheint eine offizielle Funktion gehabt zu haben. Die Aufseher könnten von hier und von der Tholos aus gearbeitet haben, denn an beiden Orten wurden amtliche Maße und Gewichte gefunden. Standardgewichte für den *stater* (etwa 795 g), den Viertel-*stater* und den Sechstel-*stater* wurden gefunden. Trockenmaße, die drei *choinikes* und eineinhalb *choinikes* faßten, wurden zusammen mit Behältnissen für Nüsse oder Getreide gefunden. Auf allen war das Wort *demosion* vermerkt, das sie als amtliche Maßeinheiten kennzeichnete.

Früher nahm man an, daß die Athener Elle etwa 45 cm lang war, aber in den 80er Jahren wurde ein metrologisches Relief auf der Insel Salamis entdeckt, das die attischen Maßeinheiten visuell darstellte. Die attische Elle war 48,7 cm, der Fuß 30,1 cm und der Spann 24,2 cm lang.

Banken

Auch Bankiers könnten die südliche Stoa benutzt haben, um ihre Wechseltabletts unter dem doppelten Porticus aufzustellen. Zu extrem hohen Zinsraten von monatlich 12 Prozent oder mehr verliehen sie Geld. Die offizielle Münzanstalt befand sich direkt hinter dem Quellenhaus. Sie wurde ungefähr zur selben Zeit gebaut wie die Stoa und könnte mit ihr im Zusammenhang stehen.

Das Münzsystem wurde im 6. Jahrhundert v. Chr. eingeführt, und bei den Ausgrabungen wurde eine enorme Anzahl von Münzen aus allen folgenden Epochen gefunden. Die Grundeinheit der Athener Währung war die Drachme, die 4,36 silberne *grazes* wog. Zwei- oder Vier-Drachmen-Münzen sind häufige Fundstücke. Es gab auch ein Zehn-Drachmen-Stück. Dies war die größte Athener Münze, und sie ist ziemlich selten. Die *mina* (100 Drachmen) und das Talent (6000 Drachmen) sind rein rechnerische Größen. Es gab Münzen, die ein, zwei oder drei Obolen wert waren, ein Obolos war eine Sechstel-Drachme; außerdem gab es noch Unterteilungen des Obolos. Auf der Vorderseite aller Münzen war der Kopf der Athene und auf der Rückseite die Eule, ihr heiliger Vogel. Athener Münzen wurden im Volksmund „Laurion-Eulen" genannt, nach dem Ort Laurion im Süden Attikas, wo das Silber abgebaut wurde.

△ Ein metrologisches Relief, das auf der Insel Salamis entdeckt wurde. Es zeigt die offiziellen Athener Maßeinheiten. Die ganz oben abgebildete Elle, die Strecke vom Ellbogen bis zur Fingerkuppe, ist 48,7 cm lang. Der Fuß ist 30,1 cm, und der Spann, von der Spitze des Daumens zur Spitze des kleinen Fingers, ist 24,2 cm lang.

◁ Eine Zwei-Drachmen-Münze aus Athen, mit dem Kopf der Athene auf dem Avers und der heiligen Eule auf dem Revers.

◁ Ein amtliches Dachziegelmaß, das auf der Agora gefunden wurde. Es wurde benutzt, um die Größe der gebogenen lakonischen Ziegel zu überprüfen.

F   G

Häuser von Athen

Früher wurde uns ein Eindruck von armseligen Athener Wohnhäusern vermittelt, von elenden Slums mit Schlammziegelhütten in engen Gassen. Ausgrabungen haben jedoch gezeigt, daß dies eine Übertreibung ist. In Athen gab es zwar tatsächlich viele enge Straßen, kaum Stadtplanung und viele kleine Häuser, aber mehrere Bauten, die vor kurzem bei Ausgrabungen entdeckt wurden, sind groß, weiträumig und sogar luxuriös.

Ausgrabungen hinter der Südwestecke der Agora, im Tal zwischen dem Aeropag und dem Pnyx, haben einige Häuser und Werkstätten zum Vorschein gebracht. Selten sind mehr als die Fundamente erhalten geblieben, und diese wurden später meistens mit Häusern überbaut. Ein kleines Haus unmittelbar neben der Agora (ein Grenzstein der Agora lehnte an seiner östlichen Mauer) gehörte einem Schuster aus dem 5. Jahrhundert v. Chr., der Simon hieß und der Freund von Sokrates gewesen sein könnte, den Xenophon erwähnt. Wenn sich der Philosoph mit Schülern unterhalten wollte, die zu jung waren, um zur Agora zu gehen, so traf er sich mit ihnen in Simons Lederwerkstatt „nahe am Platz". Perikles scheint auch ein regelmäßiger Gast gewesen zu sein. Im Haus wurden viele knöcherne Ösen und Beschlagnägel gefunden, aber Athen hat leider kein

Doppelhaushälften

Ein bißchen weiter ins Tal hinein, gleich südwestlich des Gefängnisses, standen zwei Doppelhaushälften. Die größere im Süden maß 14,4 x 18,4 m. In Übereinstimmung mit allen Häusern, die bisher in Athen entdeckt wurden, ist es um einen Innenhof herum gebaut. Es hatte zehn Zimmer, von denen sich acht auf den Innenhof öffneten, und einen Flur, der von der Eingangstür zum Innenhof führte. Zimmer 5 hat auch eine Öffnung zur Straße, aber keinen Zugang zum Inneren des Hauses, wahrscheinlich war es ein

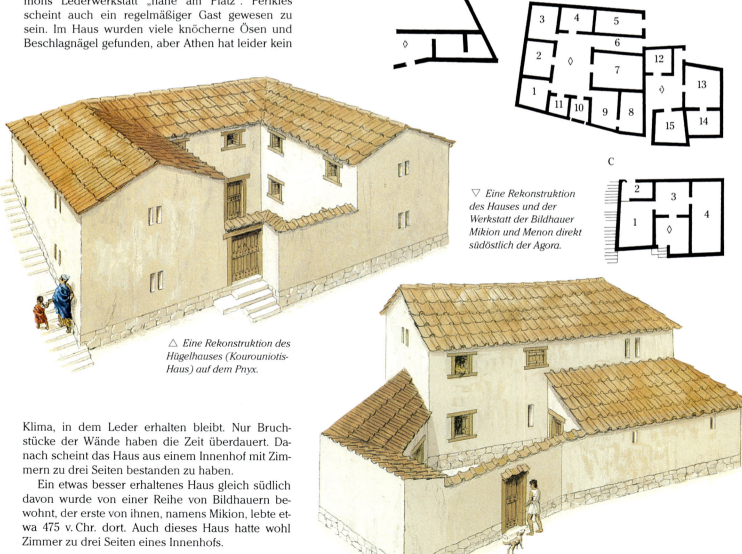

▽ Pläne von Athener Häusern der klassischen Periode; ◊ markiert den Innenhof.

A Das Haus und die Werkstatt der beiden Bildhauer Mikion und Menon.

B Zwei Doppelhaushälften im Tal zwischen dem Areopag und dem Hügel der Nymphen.

C Das Haus auf dem Hügel der Pnyx.

▽ Eine Rekonstruktion des Hauses und der Werkstatt der Bildhauer Mikion und Menon direkt südöstlich der Agora.

△ Eine Rekonstruktion des Hügelhauses (Kourouniotis-Haus) auf dem Pnyx.

Klima, in dem Leder erhalten bleibt. Nur Bruchstücke der Wände haben die Zeit überdauert. Danach scheint das Haus aus einem Innenhof mit Zimmern zu drei Seiten bestanden zu haben.

Ein etwas besser erhaltenes Haus gleich südlich davon wurde von einer Reihe von Bildhauern bewohnt, der erste von ihnen, namens Mikion, lebte etwa 475 v. Chr. dort. Auch dieses Haus hatte wohl Zimmer zu drei Seiten eines Innenhofs.

Häuser von Athen

△ Eine Rekonstruktion zweier Doppelhaushälften im Tal zwischen dem Areopag und dem Hügel der Nymphen.

Laden oder eine Werkstatt. Es ist anzunehmen, daß ein weiteres Stockwerk zumindest oberhalb der Zimmer 3, 4, 5 und 7 lag, mit einer Treppe auf der Südseite des Innenhofs, die zu einem Balkon über Zimmer 4 führte.

Das andere Haus war kleiner. Es hatte unten nur vier Zimmer, von denen sich drei auf den Hof öffneten. Es hatte auch zwei Flure, die jeweils von der Vorder- und Hintertür zum Innenhof führten. Eine Säule im Innenhof vor Raum 12 stützte einen Balkon, über den man in mindestens zwei weitere Zimmer im ersten Stock gelangte. Auf den Balkon führte eine Treppe vom Innenhof. Obwohl von diesen Häusern fast nur der untere Teil der Wände erhalten geblieben ist, kann auf Einzelheiten wie Türen und Fenster auf Vasenmalereien und aus den Ausgrabungen an Stätten wie Thorikos und Olynthos geschlossen werden.

◁ Rekonstruktion und Aufsicht auf eine Haustür in Olynthos.

Häuser auf dem Hügel

Auf der Pnyx und dem Hügel der Nymphen fand man einige Häuser, die einem bestimmten Modell entsprechen. Sie wurden in den Hügel hineingebaut und haben vier oder mehr Zimmer zu drei Seiten eines Innenhofes. Das beste Beispiel liegt am Nordosthang der Pnyx. Das Haus wurde so weit in den Hang gegraben, daß sich die hinteren Zimmer in einer Souterrainlage befinden, mit Felswänden bis zur Höhe von einem Meter. Zimmer 1 war ein Eßzimmer (andron) und bot sieben Liegen genügend Platz. Dieses Haus hatte wahrscheinlich ein weiteres Stockwerk.

Ein Häuserblock

Unmittelbar hinter der Südstoa an den niedrigen Hängen des Areopags gab es einen Häuserblock, der sehr an eine römische *insula* erinnert. Er ist ungefähr 25 × 22 m groß und umfaßt sechs Häuser, zwei quadratische auf der östlichen Seite und vier schmalere gegen Westen. Es sind Innenhofhäuser, und sie besaßen wahrscheinlich alle ein erstes Stockwerk. Die Häuser A und B haben einfache Säu-

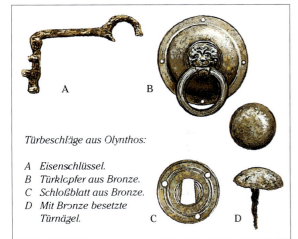

Türbeschläge aus Olynthos:

A Eisenschlüssel.
B Türklopfer aus Bronze.
C Schloßblatt aus Bronze.
D Mit Bronze besetzte Türnägel.

△ Ein Fenster mit Holzläden und eine Tür als Zeichnung auf einer Vase.

Athen

len als Stützen des Balkons. Im hinteren Zimmer des Hauses B sind fünf Vorratsbehälter *(pithoi)* in den Boden eingelassen, die es als Vorratsraum kennzeichnen. Die Häuser waren alle aus Schlammziegeln auf einem niedrigen Steinsockel gebaut und mit Dachpfannen aus Terrakotta gedeckt.

Ein Haus der Spätantike

Auf halber Höhe zur Akropolis, unmittelbar westlich der Panathenäenstraße, wurden drei Häuser der Spätantike entdeckt. Nur die dürftigsten Überreste der ursprünglichen Gebäude blieben erhalten, doch war es trotzdem möglich, vorläufige Pläne zu zeichnen (s. S. 51). Die drei Häuser wurden in den Hügel gebaut. Die beiden kleineren haben sechs und acht Zimmer, doch das mittlere ist viel größer, alles in allem ungefähr 25 x 19 m. Es hat zehn Zimmer im Erdgeschoß und einen großzügigen Innenhof, der wahrscheinlich von einem den Balkon stützenden Portico gesäumt war. Eine Treppe, wahrscheinlich an der Nordostecke des Innenhofes, führte auf den Balkon.

Das Haus wurde von der Gasse aus betreten. Die Vordertür öffnete sich in einen Flur, der zum Innenhof führte. Auf der gegenüberliegenden Seite des Innenhofes befand sich ein Zimmer mit einem Mosaikboden. Ganz offensichtlich war dies ein Empfangszimmer, von dem noch ein Hinterzimmer abging. Das einzige Zimmer, das mit Sicherheit bestimmt werden kann, befindet sich südlich des Flurs. Dies war das Eßzimmer der Männer. Das *gynaikeion*, der Bereich der Frauen, wo die Ehefrau, die Töchter und die Sklavinnen lebten, befand sich wohl im ersten Stock. Da es keine Spuren von Putz oder Wandbemalung gibt, bietet dieses Haus die Gelegenheit, einen Dekorationsplan zu rekonstruieren, in dem alle Varianten klassischer Wandverzierung vorkommen.

Wandverzierung

In vielen griechischen Ausgrabungsstätten fand man Bruchstücke bemalten Putzes, und die Sitte, Wände zu verputzen und zu bemalen, geht bis auf die Bronzezeit zurück. Die wichtigsten Funde wurden wahrscheinlich während der Ausgrabungen in Olynthos

◁ *Ein Wohnblock aus sechs Häusern der klassischen Periode hinter der Südstoa.*

▷ *Ein Schnitt durch das größte der drei spätklassischen Häuser südlich der Agora und direkt westlich der Panathenäenstraße. Der andron, das einzige identifizierbare Zimmer, befindet sich rechts des Eingangsflurs. Diese hypothetische Rekonstruktion zeigt die unterschiedlichen Wandbemalungen der klassischen Zeit. In einem solchen Haus befand sich der Bereich der Frauen im ersten Stock.*

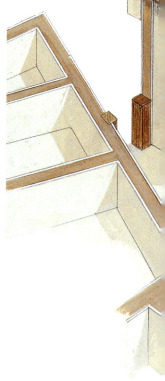

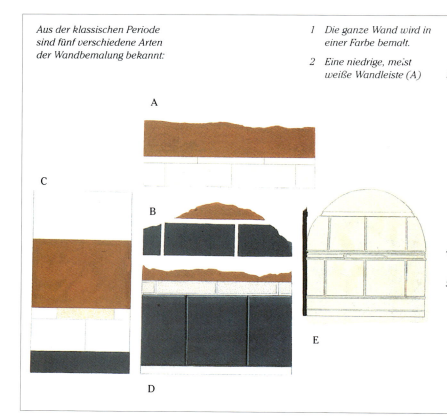

Aus der klassischen Periode sind fünf verschiedene Arten der Wandbemalung bekannt:

1 *Die ganze Wand wird in einer Farbe bemalt.*

2 *Eine niedrige, meist weiße Wandleiste (A) schließt die bemalte Hauptfläche der Wand nach unten ab.*

3 *Ein schmaler Streifen wird zwischen die Wandleiste und die Hauptfläche gesetzt. Dieser Streifen wird von der Wandleiste durch eine eingeritzte Linie abgesetzt. Es gibt auch vertikal eingeritzte Linien, die den Eindruck von Mauerwerk vermitteln. (B) ist eine Variation dieses Stils.*

4 *Die Wand wird in fünf Bereiche aufgeteilt (C).*

5 *Der Mauerwerkstil, in dem der Putz so geformt wird, daß die Wirkung von gezeichneten Rändern der Steine entsteht, (D) zeigt diesen Stil in seinen Anfängen, und (E) zeigt den vollkommen entwickelten Mauerwerkstil.*

Häuser von Athen

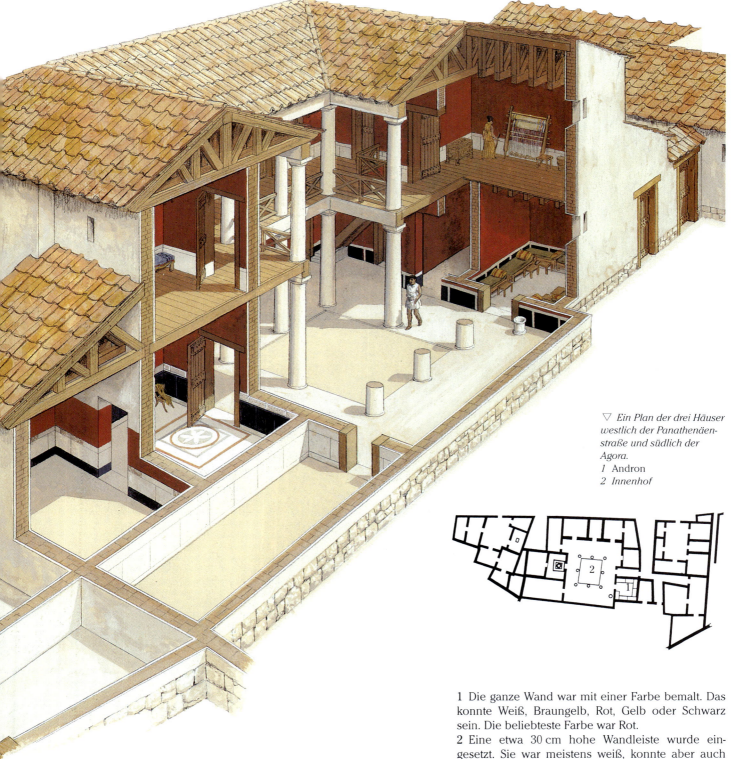

▽ *Ein Plan der drei Häuser westlich der Panathenäenstraße und südlich der Agora.*
1 Andron
2 Innenhof

1 Die ganze Wand war mit einer Farbe bemalt. Das konnte Weiß, Braungelb, Rot, Gelb oder Schwarz sein. Die beliebteste Farbe war Rot.
2 Eine etwa 30 cm hohe Wandleiste wurde eingesetzt. Sie war meistens weiß, konnte aber auch schwarz, gelb oder rot sein.
3 Ein schmaler Streifen wurde zwischen die Wandleiste und die Hauptfläche der Wand gesetzt. Die drei Abteilungen der Wand waren häufig verschiedenfarbig – zum Beispiel eine weiße Wandleiste, ein gelber Zwischenstreifen und darüber Rot. Doch manchmal wurde der schmale Streifen von der Wandleiste nur durch eine eingeritzte Linie getrennt. Gelegentlich wurde die Wandleiste auch durch senkrecht eingeritzte Linien abgesetzt, oft in unregel-

in den 30er Jahren dieses Jahrhunderts gemacht. Die Hälfte der freigelegten Häuser hatte bemalten Putz an den Wänden. Der große Vorteil des Materials aus Olynthos besteht darin, daß es genau in die Periode zwischen Gründung der Stadt im Jahr 432 v. Chr. und ihrer Zerstörung durch Philipp von Makedonien 348 v. Chr. datiert werden kann. Die Wandverzierung in Olynthos folgt vier Mustern:

Athen

Eine Auswahl schwarzglasierten Geschirrs aus dem 5. Jahrhundert v. Chr., das in einem Brunnen der Agora entdeckt wurde.

mäßigen Abständen. Diese vertikal eingeritzten Linien wurden manchmal durch weiße Streifen ersetzt.

4 Ein ausgefeilteres Muster wurde in einem Grabgewölbe bei Olynthos gefunden. Die Wände waren in fünf horizontale farbliche Bereiche eingeteilt. Von unten nach oben kam erst eine Wandleiste, 28,5 cm hoch und blauschwarz bemalt; ein Postament von 44,5 cm in Weiß; ein Postamentband von 14 cm aus weißen Paneelen, abwechselnd mit imitierter Marmorverkleidung; darüber lag die größte Wandfläche, 97 cm hoch und rot bemalt; dies wurde abgeschlossen mit einem weißen Sims von 66,5 cm. Postament und Postamentband wurden durch vertikal eingeritzte Linien in unregelmäßigen Abständen voneinander abgesetzt.

Der Mauerwerkstil

In einem Haus in Olynthos, im „Haus der vielen Farben", wurden Bruchstücke von Putz gefunden, der offensichtlich in rechteckige Paneele mit vertieften Rändern geformt war. Dies ist ein frühes Beispiel des Mauerwerkstils, der bis ins 2. Jahrhundert v. Chr. beliebt war und im sogenannten ersten Pompejanischen Stil seinen Höhepunkt fand. Dieser Stil ahmt glatt behauene Quadersteine mit abgeflachten Rändern nach. Die Dekoration des Hieron in Samothrake, die eventuell schon ins Jahr 325 v. Chr. datiert werden kann, ist eine ausgereifte Form dieses Stils.

Weitere Fundstücke in diesem Stil, die vielleicht aus der ersten Hälfte des 4. Jahrhunderts v. Chr. stammen, wurden auf der Athener Agora ausgegraben. Zusammengesetzt ergeben diese Bruchstücke

▽ *Eine Rekonstruktion des andron aus dem „Haus des guten Schicksals" in Olynthos. Sowohl das Vestibül als auch der andron waren mit einem Mosaik aus schwarzen und weißen Kieselsteinen verziert. Die Einzelheiten stammen von ausgegrabenen Kunstgegenständen und Vasenmalereien.*

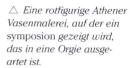

△ Eine rotfigurige Athener Vasenmalerei, auf der ein *symposion* gezeigt wird, das in eine Orgie ausgeartet ist.

folgendes Bild: Auf eine niedrige, weiße, undekorierte Wandleiste von etwa 10 cm folgt ein schwarzes Postament in Form von imitierten quadratischen Steinblöcken. Darüber kommt ein weißes Postamentband, 17,5 cm hoch, in Form von langen imitierten Steinblöcken mit getüpfelter Verzierung. Die Hauptfläche der Wand darüber ist rot. Sie könnte mit einem Sims abgeschlossen worden sein.

Eine ausgereifte Form dieses Stils, die um 350 v. Chr. datiert wird, wurde in einem Grabmal in Kassope in Westgriechenland gefunden. Hier ist die Fläche oberhalb des Postamentbandes auch im Mauerwerkstil verziert.

Das Eßzimmer

Im zentralen der drei neben der Akropolis gelegenen Häuser befand sich das Hauptunterhaltungszimmer, der *andron* oder das Eßzimmer, unmittelbar zur Linken des Eingangs. Es war 44 m² groß und hatte um die Wände einen 92 cm breiten, leicht erhöhten Absatz für sieben Speiseliegen (je 1,8 m lang und 80 cm breit). Fußboden und Absätze waren verputzt; oft zierten solche Böden auch Mosaike. Zwei außerordentlich kunstvolle Beispiele fand man in Athen. In Olynthos wurden viele solcher Zimmer freigelegt, unter ihnen ein prachtvolles Beispiel in dem „Haus des guten Schicksals", das rekonstruiert abgebildet ist (s. gegenüberliegende S. 52).

Der *andron* mißt etwa 5 × 5,8 m. Der Absatz um die Wände des Raums ist 82 cm breit und war leuchtend gelb angemalt. Auf ihm haben höchstens neun Liegen Platz. Es gibt ein Vestibül von etwa 6,25 m Länge und 3 m Breite. In beiden Räumen bestehen die Böden und die dazwischenliegende Schwelle aus schwarzweißen Kieselsteinmosaiken. Die Wände des *andron* waren im dritten Olynthischen Stil bemalt (s. S. 50), mit einer weißen Wandleiste, gefolgt von einem schmalen Streifen, einer roten Fläche darüber und eventuell einem weißen Sims. Im Vestibül blieb nur die weiße Wandleiste erhalten.

Das Trinkgelage

Das *symposion* oder Trinkgelage war in Athen sehr beliebt. Es war den Männern vorbehalten und diente eher dem Trinken als dem Essen. Oft betranken sich die Gäste so sehr, daß sie von Sklaven nach Hause getragen werden mußten. Solche Feste werden häufig auf Vasen abgebildet, und zwei von Sokrates' Schülern, Platon und Xenophon, beschrieben die Ereignisse eines Trinkfestes, an dem der große Philosoph teilgenommen hatte, ganz genau.

Das *symposion* scheint eine lockere Angelegenheit gewesen zu sein, und ungeladene Gäste waren willkommen. Sklaven zogen den Gästen die Sandalen aus, bevor diese auf den Liegen entlang der Wände Platz nahmen. Wenn es nicht genug Plätze gab, teilten sie sich die Liegen. Fingerschalen wurden auf kleine Tabletts vor die Liegen gestellt, da die meisten Speisen mit den Fingern gegessen wurden.

Die Athener waren keine großen Esser. Sie aßen hauptsächlich Brot, und zwar zu allen Mahlzeiten. Eine dicke Suppe aus Bohnen und Linsen war beliebt. Auch Käse, Zwiebeln, Oliven, Feigen und Knoblauch standen auf dem Speiseplan. Es wurde sehr viel mehr Fisch als Fleisch gegessen, denn Fleisch war sehr teuer. Nur Schwein war bezahlbar, doch selbst ein Spanferkel kostete noch drei Drachmen (ungefähr der Lohn von drei Tagen). Die meisten ärmeren Athener aßen Fleisch nur zu religiösen Zeremonien, wenn das geopferte Fleisch ans Volk ausgeteilt wurde.

Nach dem Essen wuschen sich die Gäste die Hände und wischten sie an Brotstücken ab, die sie zusammen mit den Knochen für die Hunde auf den Boden warfen.

Das Trinken beginnt

Unverwässerter Wein wurde jetzt herumgereicht, so daß die Gäste Dionysos, dem Gott des Weins, ein Trankopfer darbringen konnten. Die Gäste tranken ihre Becher fast ganz leer und besprengten den Boden mit den verbliebenen Tropfen, wobei sie den Gott anriefen. Sie sangen dem Gott eine Hymne und wählten einen *symposiarchos*, einen Herrn des Gelages, der das Mischungsverhältnis von Wein und Wasser in der Schüssel bestimmte, denn meistens wurde der Wein mit Wasser verdünnt.

Die Athener liebten ein Trinkspiel, das *kottabos* hieß. Der Spieler lehnte sich auf seinen linken Ellbogen, hakte seinen rechten Zeigefinger in den Griff seiner Weinschale (in der noch ein Bodensatz war) und schwang die Schale herum, um den Wein durchs Zimmer zu schleudern. Ziel war es, eine winzige Scheibe auf der Spitze des Lampenständers zu treffen.

△ Ausschnitt aus einer Vasenmalerei: ein *kottabos*-spielender Mann.

Athen

Es war üblich, mindestens eine Flötenspielerin dabei zu haben. Oft gab es auch mehrere Musiker, Tänzer und Akrobaten. In Xenophons *Das Gelage* gab es eine Flötenspielerin, einen gutaussehenden Jungen, der tanzte und die Lyra *(kithara)* spielte, sowie eine Tänzerin und zugleich Akrobatin, die Saltos durch einen mit Schwertern gespickten Reifen schlug. Am Ende des Gelages führten der Junge und das Mädchen einen erotischen Tanz auf, der Dionysos' Liebe zu Ariadne darstellen sollte. Dadurch waren die Gäste dermaßen angeregt, daß die meisten von ihnen zu ihren Frauen nach Hause gingen.

Die Küche

Die Überreste der Häuser in Athen sind so dürftig, daß es unmöglich ist, Räume als Küchen zu identifizieren. Allerdings wurden in Olynthos viele Räume mit einer Feuerstelle gefunden; es könnte sich dabei um Küchen handeln. Eine Ecke der Küche war abgetrennt, entweder durch eine Mauer und eine Säule oder durch drei Säulen. Dieser abgetrennte Teil scheint eine Art Schornstein gewesen zu sein. Unten wurden die Zwischenräume zwischen den Säulen verbrettert, so daß im oberen Teil große Öffnungen entstanden, durch die der Rauch entweichen konnte. Ein Raum von dieser Art entdeckte man unmittelbar neben dem *andron* in dem „Haus des guten Schicksals". Normalerweise wurde das Essen in Wasser gekocht; über einem offenen Feuer wurde ein Dreifuß oder ein Rost aufgestellt und darauf ein Topf. Bratroste dienten dazu, um Würstchen oder Fisch zu grillen.

Mehrere Tonkocher von unterschiedlicher Größe und Form hat man auf der Athener Agora gefunden. In ihrem Inneren konnte man Feuer machen und einen Topf oben draufstellen. Die meisten Töpfe waren aus gebranntem Ton, doch wurden auch bronzene Pfannen, Schöpfkellen und Siebe gefunden.

Das Badezimmer

Die oben beschriebene Trennwand bildete noch einen weiteren kleinen Raum in der angrenzenden Ecke. Dieser wurde manchmal als Badezimmer mit einer Sitzbadewanne benutzt. Das Wasser erhitzte man über dem Feuer und goß es dann in die Wanne. Auf vielen Vasenmalereien sind Frauen dargestellt, die sich in runden Becken, die auf einer Säule in Taillenhöhe stehen, waschen. Dort sind auch einfache Duschen abgebildet, doch ist überhaupt nicht ausgemacht, ob diese Vorrichtungen aus dem 5. Jahrhundert v. Chr. stammen.

Toiletten

Es wurden keine öffentlichen Toiletten der klassischen Periode entdeckt; es ist möglich, daß sie zu dieser Zeit nicht als wichtige öffentliche Einrichtung angesehen wurden. Die meisten Häuser hatten aber die eine oder andere Form einer Toilette, häufig einen Sitz oder einen Eimer. Ein Kindernachttopf *(amis)* wurde bei den Agora-Ausgrabungen gefunden, und ein tragbarer Toilettensitz fand sich in Olynthos.

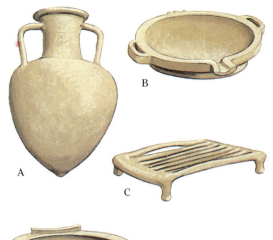

◁ Küchenutensilien, die auf der Agora gefunden wurden:
A Vorratsbehältnis (Amphore).
B Mörser zum Zerstoßen und Mischen.
C Terrakottagrill.
D Tragbarer Kocher, um Essen auf Spießen zuzubereiten.
E Tragbarer Kocher mit einem Topf zum Kochen.
F Tragbarer Ofen.

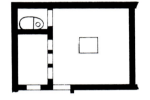

△ Plan einer typischen Küche aus Olynthos, mit einem Badezimmer neben dem Schornsteinschacht.

▽ Auf Vermutung beruhende Rekonstruktion einer Küche in Olynthos. Der Rauch des Feuers zieht durch die großen Öffnungen in der Wand in den Schornsteinschacht und durch die Löcher im Dach ins Freie.

Häuser von Athen

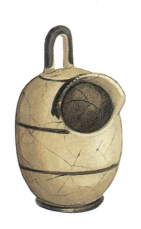

▷ Das Bein eines griechischen Holzstuhls oder Hockers aus Olympia.

△ Ein Nachttopf (amis), der auf der Agora gefunden wurde.

▷ Ein tragbarer Toilettensitz aus Terrakotta, der in Olynthos gefunden wurde.

△ Die Rekonstruktion eines Badezimmers neben dem Schornsteinschacht im „Haus des Komödianten" in Olynthos. Der Boden ist mit einem einfachen Mosaik aus schwarzen und weißen Kieselsteinen verziert.

▷ Verschiedene Möbelstücke, wie sie auf Athener Vasen abgebildet sind. Stühle hatten Sitze aus gewebtem Material. Ein ähnlicher Webstoff wurde für Betten und Liegen benutzt. Eine typische Eßliege mit einem Tisch ist ganz unten abgebildet.

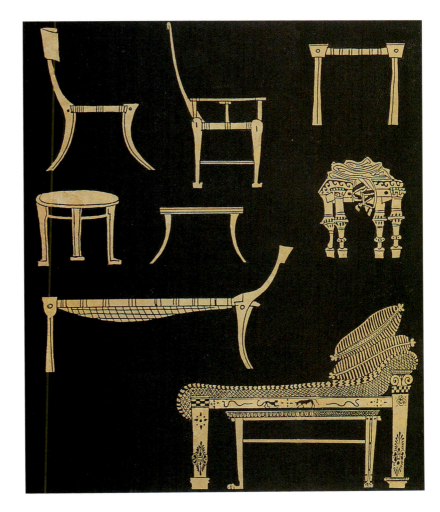

Möbel

Möbel waren knapp und wurden nach Bedarf von Zimmer zu Zimmer geräumt. Tische waren entweder rund mit drei Beinen oder rechteckig mit vier Beinen. Stühle, Hocker, Betten und Liegen sind oft auf Vasen abgebildet. Sie waren im allgemeinen aus Holz mit Sitzen aus gewebtem Material. In jedem Haushalt gab es Truhen, in denen die Kleider und das Leinen aufbewahrt wurden. Oft brachte die Braut sie als Teil ihrer Aussteuer mit, oder sie wurden zur Hochzeit geschenkt. In diese Truhen legte man häufig Quitten oder andere getrocknete Früchte, um die Kleidung zu parfümieren. In wohlhabenderen Haushalten gab es Vasen, vor allem *lebeti* (elegante Vasen, die ausschließlich als Hochzeitsgeschenke dienten), Räuchervasen und Dreifüße. Es gab auch Lampen und Kohlenpfannen zum Heizen.

Tempel für die Götter

Das wichtigste Merkmal der Religion im klassischen Griechenland war das Opfer, das vor den Tempeln oder Schreinen, die den jeweiligen Göttern gewidmet waren, dargebracht wurde. Einige der Tempel in Athen gehören zu den schönsten Gebäuden, die je geschaffen wurden.

Die Religion im klassischen Griechenland war polytheistisch. Zwölf Hauptgottheiten (das Pantheon) waren allen Griechen vertraut, doch jede dieser Gottheiten wurde in vielen unterschiedlichen Ausprägungen verehrt, die oft an bestimmte Plätze, Gemeinschaften oder Tätigkeiten gebunden waren. Es gab auch viele kleinere Gottheiten und halbgöttliche Heroen. Die Götter besaßen übernatürliche und menschliche Eigenschaften, und kein Gott war nur gut oder nur böse. Die Griechen hatten keine Vorstellung vom Teufel. Schlimmstenfalls waren die Götter den Menschen gegenüber einfach gleichgültig.

Die Religion im antiken Griechenland war vor allem anderen eine Sache des Verhaltens, nicht des Glaubens. Das Ritual bildete einen zentralen Teil des privaten und öffentlichen Lebens, und der religiöse Kalender (von denen mehrere erhalten geblieben sind) war eine Abfolge von Tagen, an denen die passenden Opfer dargebracht werden mußten. Es gab keine Kirche in unserem Sinne, und die Ausübung des korrekten Rituals war ein zweckmäßiges Mittel, um die Hilfe der Götter fürs tägliche Leben in Anspruch zu nehmen. Die Griechen hatten keine allgemein verbindliche Vorstellung von Himmel und Hölle oder einem Leben nach dem Tode.

▷ Die Panathenäische Prozession auf ihrem Weg durch die Propyläen, das Tor zur Akropolis mit der sechssäuligen Front. Das zeremonielle Boot, auf dem die neue Tunika (peplos) für Athene möglicherweise wie ein Segel gehißt war, wurde wahrscheinlich neben dem Klepsydrabrunnen (auf dem Bild links unten) abgestellt. Während der winzige Siegestempel rechts vor der auf die Propyläen zulaufenden Rampe steht, befindet sich die Pinakothek links davon. Rechts hinter dem Tor liegt der Parthenon, der Tempel für Athene Parthenos (die Jungfrau) und in der Mitte des Bildes das kleine Erechtheion. Oberhalb der rechten Seite des Tores steht das Haus der arrephoroi, der jungen Mädchen, die bei der Herstellung der Tunika für Athene behilflich waren.

Athen

△ *Der in Delphi entdeckte omphalos. Der dem Apollo heilige Stein galt als Mittelpunkt (Nabel) der Erde, den die Griechen in Delphi wähnten.*

▽ *Die Panathenäenstraße führte von Athen nach Eleusis. An der Prozession, die im Morgengrauen im Eleusinium an der Akropolis begann und im 25 km entfernten Eleusis in der Abenddämmerung endete, nahmen laut Herodot 30 000 Menschen teil.*

Das griechische Pantheon und die meistgebrauchten Attribute waren: Zeus, König der Götter (ursprünglich Gott des Himmels), seine Frau Hera (Göttin der Ehe), Poseidon (Gott des Meeres), Hades (Gott der Unterwelt), Apollo (Gott der Prophezeiung und der Musik), Athene (Göttin der Weisheit und des Krieges), Artemis (Göttin der Natur), Aphrodite (Göttin der Liebe), Hermes (der Götterbote), Hephaistos (Gott des Feuers und der Schmiede), Ares (Gott des Krieges) und Demeter (Getreidegöttin und Göttin der Fruchtbarkeit). Andere wichtige Gottheiten waren Dionysos (Gott des Weins und der ausübenden Künste) und Asklepios (Gott des Heilens).

Athene, die Schutzgöttin Athens

Obwohl Zeus und seine beiden Brüder Poseidon und Hades auf jeder Götterliste ganz oben standen, schätzten die einzelnen Städte fast alle eine andere Gottheit ganz besonders hoch.

In Athen war die Göttin Athene der Stolz der Stadt. An verschiedenen Orten gab es Tempel für Athene in ihren unterschiedlichen Erscheinungen, unter ihnen der große Parthenon auf der Akropolis. Doch hatten auch andere Götter ihre Tempel und Schreine.

Hephaistos, der Gott der Schmiede, hatte einen Tempel auf dem Hügel westlich der Agora in dem Bezirk, in dem die Schmiede arbeiteten.

Orakel und Mysterien

Zwei Zentren von besonderem religiösen Interesse befanden sich allerdings außerhalb Athens. Eines von ihnen war der berühmte Tempel des Apollo in Delphi. In einer Höhle voller Schwefeldünste saß hier die Priesterin, die *pythia*, auf einem Dreifuß und beantwortete praktische Fragen, die sich auf die Gegenwart oder die Zukunft bezogen. Ihre Antworten waren so obskur, daß fast jede Auslegung richtig erscheinen konnte. Nichtsdestoweniger wurde das Orakel regelmäßig von Athenern aller Stände befragt und überhaupt von Griechen aus dem ganzen Land. Daß dieser Brauch so beliebt war, unterstreicht beides, die Macht und die Zweckgebundenheit der griechischen Religion.

Die Mysterien von Eleusis

Das zweite dieser Heiligtümer war das der Demeter und ihrer Tochter Kore oder Persephone in Eleusis. Nach dem Mythos verschleppte Hades, der Gott der Unterwelt, Kore (Persephone) in sein Königreich. Demeter protestierte, und man einigte sich auf einen Kompromiß, nach dem Kore jedes Jahr sechs Monate mit Hades und sechs Monate mit ihrer Mutter verbringen sollte. Es gab zwar einen Schrein für Demeter und Kore an der Panathenäenstraße unterhalb der Athener Akropolis, das Eleusinium, doch blieb das Haupteiligtum in Eleusis. Die Eleusinischen Mysterien (wie die dort ausgeübten Riten genannt wur-

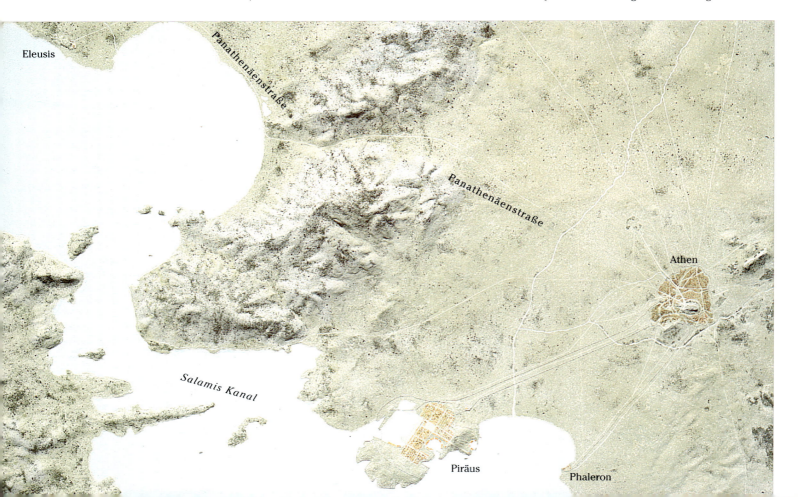

den) waren in der griechischen Religion ungewöhnlich, weil sie direkt auf ein Leben nach dem Tode verwiesen. Und dennoch wurde der Kult überall in Griechenland berühmt und auch zu einem wesentlichen Teil der Athener Religion. Die Zeugnisse, die von diesem Kult erhalten geblieben sind, stammen aus viel späteren christlichen Quellen, die den älteren Religionen feindlich gegenüberstanden und deren Bräuche oft absichtlich fehlerhaft auslegten, deshalb ist die folgende Darstellung mit großem Vorbehalt zu sehen.

Die Prozession nach Eleusis

Einmal im Jahr, im Monat Boedromion (September/Oktober), setzte sich eine große Prozession von Athen nach Eleusis für die Initiationszeremonie in Bewegung. Am 14. Tag des Monats wurden die heiligen Utensilien ins Eleusinium nach Athen gebracht, und der Oberpriester, der Hierophant, verkündete den Beginn der Mysterien, warnte die Unreinen, die Mörder und all die, die kein Griechisch sprachen, an den Zeremonien teilzunehmen. Alle griechisch Sprechenden konnten initiiert werden, auch Frauen, Sklaven und Zuwanderer. Am 16. Tag gingen die Initianten zur Bucht von Phaleron und reinigten sich durch ein Bad im Meer; ihre Opferschweine (das Tier, das Demeter am heiligsten war) führten sie mit sich.

Früh am 19. Tag versammelte sich die Prozession am Eleusinium und machte sich auf den 25 km langen Weg nach Eleusis. Die Prozession wurde von der Priesterin mit den heiligen Utensilien angeführt. Die mit Zweigbündeln ausgestattete Menge tanzte euphorisch. An einem bestimmten Ort hielten sie an, um rituelle Obszönitäten zu singen, die mit dem Mythos

△ *Das Heiligtum der Göttin Demeter und ihrer Tochter Kore in Eleusis, wie es Mitte des 5. Jahrhunderts v. Chr. ausgesehen haben mag. Das Telesterium, die große Halle der Mysterien, befindet sich in der Mitte. Die Prozession kam durch das Tor am oberen Bildrand.*

der Kore assoziiert wurden. In der Dämmerung erreichte die Prozession Eleusis. Niemandem außer den Initianten war es erlaubt, die große Halle der Mysterien, das Telesterium, zu betreten.

Das Telesterium

Die Perser hatten das Telesterium zerstört, doch der eleusinische Kult besaß einen so hohen Stellenwert, daß es gleich nach dem Krieg wiederaufgebaut wurde. Da sich das neue Gebäude als untauglich erwies, ließ Perikles es noch einmal in viel größerem Maßstab errichten. Die neue Halle war 2800 m² groß und hatte abgestufte Terrassen auf allen vier Seiten, von denen mehrere tausend Initianten die Zeremonien

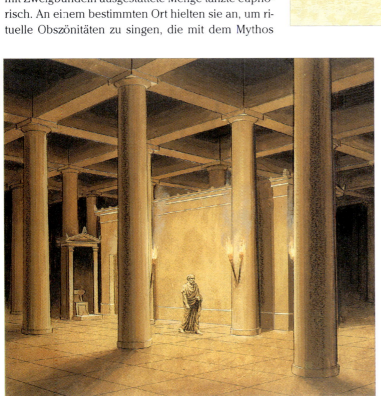

◁ *Das Innere der großen Halle der Mysterien. Die Halle war quadratisch (2800 m²), das Dach wurde von 20 Säulen getragen. Das anaktoron, das Allerheiligste mit dem Thron des Hierophanten, stand in der Mitte.*

Athen

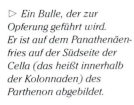

◁ Ein Bulle, der zur Opferung geführt wird. Er ist auf dem Panathenäenfries auf der Südseite der Cella (das heißt innerhalb der Kolonnaden) des Parthenon abgebildet.

◁ Ein typischer Steinaltar, der in Athen entdeckt wurde (Nationalmuseum, Athen).

▽ Ein bemaltes Holztablett aus dem 6. Jahrhundert aus Korinth, auf dem eine Opferszene abgebildet ist. Die mit Kränzen geschmückten Gläubigen tragen Olivenzweige und nähern sich dem blutbespritzten Altar. Die Prozession wird von einer jungen Frau angeführt, die den Opferkorb auf dem Kopf und den Weinkrug in der Hand trägt. Ein Junge führt das Opfertier, ein Schaf. Die Prozession wird von Musikanten abgeschlossen.

verfolgen konnten. Das Dach wurde von 20 Säulen getragen. In der Mitte befand sich ein abgetrennter, freistehender Raum, das *anaktoron*. In der westlichen Ecke des *anaktoron* stand der Thron des Hierophanten.

Die Initianten drängten sich in der dunklen Halle, die nur von Fackeln beleuchtet wurde. Plötzlich öffnete sich eine Tür in der westlichen Ecke des *anaktoron*, und der Hierophant erschien in einer Flut von Licht, das die Rückkehr Kores zur Welt des Tageslichtes symbolisierte, und nahm seinen Platz auf dem Thron ein. Von dem Initiationsritual wissen wir nur sehr wenig, da die Initianten unter Todesstrafe Geheimhaltung schwören mußten. Als der christliche Herrscher Theodosius gegen Ende des 4. Jahrhunderts n. Chr. gewaltsam das Heiligtum schloß, kam die Ausübung des Kultes zum Erliegen.

Die Initiation

Die neuen Initianten wurden wahrscheinlich mit verbundenen Augen hereingeführt und einem Ritual unterworfen, das von blindem Entsetzen in höchste Freude umschlug, während der Gong des Hierophanten Kore aus der Unterwelt heraufrief. Eine Getreideähre wurde in der Stille durchschnitten. Die neuen Initianten hatten seit dem vergangenen Abend gefastet, und nun brachen sie ihr Fasten mit dem Gerstentrunk *(kykeon)*, der der Demeter geweiht war. Freudig tanzend feierten sie, und am nächsten Tag gab es ein Opferessen.

Das ganze Ritual, das Erntedankfesten ähnelt, entstand aus primitiven Bauernriten, die die Götter günstig stimmen sollten und mit denen man ihnen für eine erfolgreiche Ernte dankte. Doch indem es den Kreislauf von Tod und Wiedergeburt einbezog, wies es noch darüber hinaus. Wie das Christentum versprach der Kult eine Belohnung für die Mühsal dieser Welt – zumindest für die Initianten – in einer glücklicheren Zeit nach dem Tode.

Priester

Das Telesterium in Eleusis war wie eine Versammlungshalle gebaut. Daher unterschied es sich sehr von den normalen griechischen Tempeln, die nur das kultische Standbild des Gottes beherbergten. Die Opferung, das zentrale Ritual der griechischen Religion, fand außerhalb des Tempels auf einem Altar statt.

Das Amt des Priesters war keine Ganztagsbeschäftigung. Familiäre religiöse Bräuche wurden vom Vater geleitet und die meisten öffentlichen Opferungen durch Staatsbeamte. Die großen öffentlichen Zeremonien im Auftrag des Athener Staates führte der königliche Archon durch. Jedes Heiligtum hatte seinen Priester oder seine Priesterin, die dort nach dem Rechten sahen. Die Priesterin von Eleusis war die einzige Beamtin, die in dem Heiligtum residierte.

Tempel für die Götter

Einige religiöse Ämter waren bestimmten Familien vorbehalten. Der Hierophant von Eleusis wurde immer aus der Familie Eumolpidai ausgewählt und der Priester der Athene Polias immer aus der Familie Eteoboutadai.

Priester hatten meistens lange Haare und trugen ein Haarband und eine Girlande. Sie waren in teure weiße oder purpurne Roben gekleidet, die mit einem besonderen Gürtel zusammengehalten wurden, und sie trugen einen Stab. Priesterinnen sind meistens mit einem Schlüssel abgebildet. In Nachahmung der Göttin trug die Priesterin der Athene eine Ägis, eine Art gepanzerten Mantel, der ihre Brust und Schultern bedeckte. Sie wurde oft auf der Straße mit ihren Amtsinsignien gesehen.

Häufig leisteten Kinder für eine gewisse Zeit den Tempeldienst. Zwei Mädchen (arrephoroi) wurden für einen einjährigen Dienst auf der Akropolis ausgewählt. Sie halfen, die heilige Tunika (peplos) der Athene zu weben, und kümmerten sich um den heiligen Olivenbaum.

Opfer

Das Opfer stand im Zentrum der griechischen Religion, im öffentlichen wie im privaten Bereich. Schafe, Ziegen, Schweine und sogar Geflügel konnten geopfert werden, doch das Tier mußte gezähmt sein. Das Opfertier schlechthin war der Ochse, aber für bestimmte Götter waren einige Tiere ganz besonders geeignet.

Ein typisches öffentliches Opfer kann etwa wie folgt vonstatten gegangen sein: Eine öffentliche Prozession, meistens mit Musikanten, setzte sich in Bewegung, um das Opfertier zum Altar zu führen. Das Tier war mit Bändern behängt und hatte vergoldete Hörner. Die Prozession wurde von einem Mann oder einer Frau angeführt, die einen Korb mit dem Opfermesser trugen, versteckt unter Gerstenkörnern. Ein Krug mit Wasser und eine Räuchervase wurden ebenfalls mitgeführt.

Am Altar angelangt, gruppierte sich die Prozession um ihn herum. Die Teilnehmer wuschen ihre Hände im Wasser aus dem Opferkrug. Auch das Op-

◁ Eine Opferprozession, wie sie auf einer Athener Vase abgebildet ist. Ein Mann mit Girlande trägt die Schüssel für das Trankopfer und führt eine Gruppe von Männern an, die zwei Stiere zum Opferplatz begleiten.

▽ Zwei Männer mit einer Räuchervase auf einem hohen Gestell. Apollo sitzt in seinem Tempel dem omphalos, direkt gegenüber auf dem Thron.

Athen

fer wurde mit Wasser besprengt. Unwillkürlich schüttelte es seinen Kopf, und dies nahm man als Zeichen seiner Bereitschaft, geopfert zu werden.

Der Priester holte das Messer außerhalb der Sichtweite des Opfers aus dem Korb und schnitt diesem ein paar Haare von der Stirn ab, die er zusammen mit den Gerstenkörnern in die Flammen auf dem Altar warf. Der Schlachter betäubte das Tier, dann schnitt er ihm die Kehle durch. Die anwesenden Frauen stießen den rituellen Schrei *(ololuge)* aus. Fast immer hielt man den Kopf des Tieres hoch, so daß das Blut heraussspritzte und dann auf den Altar und in ein Becken hinuntertropfte. Das Blut wurde über den Altar und an seine Seiten gegossen.

Dann schnitt man das Tier auf. Das Herz und andere Eingeweide wurden zuerst herausgenommen, am Spieß gebraten und von denen gegessen, die dem Altar am nächsten standen. Danach wurde das Tier gehäutet und zerlegt. Die Schenkelknochen wurden entfernt, mit Fett bedeckt und mit Räucherwerk bestreut, um auf dem Altar als Opfer für den Gott verbrannt zu werden. Der Priester goß Wein darüber, und der Alkohol ließ das Feuer auflodern. Wenn die Flammen heruntergebrannt waren, wurde der Rest des Fleisches – fast immer in großen Kesseln – gekocht und verspeist. Das gemeinsame Essen war ein wichtiger Teil des Rituals.

Der Wiederaufbau der Akropolis

In den Friedensverhandlungen mit Sparta und Persien in der Mitte des 5. Jahrhunderts v. Chr. wurde das Athener Reich nicht nur anerkannt, sondern darüber hinaus auch legitimiert, über seine Verbündeten eine Zwangsherrschaft auszuüben. Das Schatzamt wurde 454 v. Chr. von Delos nach Athen verlagert, und die dort eingezahlten Beiträge wurden nun zu Tributen an Athen, die die Stadt mit enormen Geldmengen ausstatteten.

Die Akropolis war seit 30 Jahren eine Ruine. Der Schwur von Plataä wurde jetzt als erfüllt erklärt, und Perikles überzeugte den Rat, daß das überschüssige Geld dazu verwandt werden sollte, die Akropolis in einer solchen Größe wiederaufzubauen, wie sie dem mächtigsten Staat Griechenlands zustand.

Die Arbeiten an dem Tempel, der der berühmteste der Welt werden sollte, der Tempel der Athene Parthenos (der Jungfrau), begannen 447 v. Chr. Man nennt ihn schlicht den Parthenon. Im Mittelalter wurde er zu einer Kirche der Jungfrau Maria umfunktioniert und später zu einer türkischen Moschee. Obwohl sein Zentrum 1687 einer katastrophalen Explosion zum Opfer fiel, steht das Gebäude zum größeren Teil noch heute.

△ *Die Akropolis vom Hügel der Nymphen aus gesehen. Der Steinbau links ist die Pinakothek, unmittelbar rechts davon stehen die Propyläen. Daneben erhebt sich der kleine Tempel des Sieges, ihm zur Rechten der Parthenon.*

> *Wie die Akropolis zu Beginn des 4. Jahrhunderts v. Chr. ausgesehen haben könnte. Neben den großen Heiligtümern auf dem Gipfelplateau standen viele Schreine aus der Bronzezeit an den Seiten des Hügels.*

A Parthenon
B Erechtheion
C Propyläen
D Pinakothek
E Tempel der Athene Nike (der Siegreichen)
F Rampe
G Das Haus der arrephoroi
H Klepsydraquelle und Hof der Pythion
I Eleusinium
J Agora
K Areopag
L Das Theater des Dionysos
M Der unvollendete Tempel des Zeus

Athen

▷ *Die Propyläen vom Areopag aus gesehen. Die Pinakothek liegt auf der linken Seite, rechts davon das spätere Denkmal des Agrippa. Die südlichen Säulen des monumentalen Tores sowie die hinanführenden Stufen kann man rechts davon erkennen.*

▽ *Ein Schnitt durch die Nordhälfte der Propyläen. Die Pinakothek befindet sich links. Das Tor erreichte man über eine breite Rampe, die wahrscheinlich gestuft war. Besucher betraten einen tempelähnlichen Eingangsbereich mit sechs dorischen Säulen. In den Propyläen wurde der zentrale Durchgang von ionischen Säulen flankiert. Fünf Portale führten zu einer hinteren Vorhalle, die die dorische Architektur der Vorderseite wiederaufnahm.*

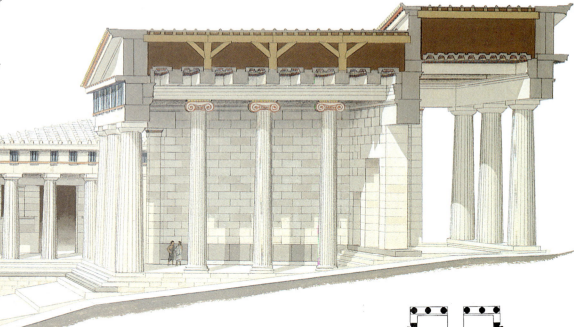

Das große Tor

Ein monumentales Tor, die Propyläen, wurde auf die Spitze des Abhangs gebaut, der zum westlichen Ende der Akropolis führte. Die jährliche Prozession zur Feier des Geburtstags der Athene passierte auf ihrem Weg zum Parthenon die Propyläen.

Das Tor entstand nach dem Parthenon (437–432 v. Chr.), als die Mittel bereits knapp wurden. Die Beziehungen zu Sparta waren sehr gespannt, und Krieg schien unausweichlich. Als Folge davon blieben die Propyläen unvollendet. Schon der Entwurf (des Architekten Mnesikles) war problematisch, weil er die

△ *Ein Plan der Propyläen.*

P *Pinakothek.*
T *Tempel der Athene Nike (der Siegreichen).*

Tempel für die Götter

◁ *In der Pinakothek, der Gemäldegalerie. Der leicht erhöhte Absatz an den Seiten des Raumes ähnelte denen, die in Eßzimmern gefunden wurden. Deshalb liegt der Schluß nahe, daß die Galerie auch für offizielle Bankette genutzt wurde.*

abfallende Lage des ehemaligen Eingangs zur Mykenischen Zitadelle berücksichtigen mußte sowie die vielen Schreine in der unmittelbaren Umgebung. Es gab dort Schreine für Athene Hygieia (die Heilerin), Aphrodite, Demeter und andere. Etwas weiter oben am Hang lag der Bezirk der Artemis Brauronia, der ebenfalls Berücksichtigung verlangte. Dies alles mußte in den monumentalen Eingangsbereich integriert werden, entweder in Nischen oder als kleine Tempel. Der berühmteste Tempel, den man noch sehen kann, ist der kleine Tempel der Athene Nike (der Siegreichen), auch Nike Apteros (Flügelloser Sieg) genannt. Er wurde allerdings erst nach den Propyläen gebaut.

Der Bau des Tors

Die Propyläen waren wie ein Tempel mit einer Fassade aus sechs dorischen Säulen an jeder Seite erbaut. Man näherte sich dem Tor auf einer massiven Rampe von etwas über 20 m Breite. Diese Rampe hob sich auf 80 m Länge um 25 m an (dieselbe Steigung weist die Panathenäenstraße an ihrem steilsten Abschnitt auf) und war wahrscheinlich zu beiden Seiten eines 3 m breiten Mittelgangs für die Opfertiere gestuft. Die zwei mittleren Säulen hatten einen breiteren Abstand für diesen Durchgang. Er lief weiter an einer kurzen Reihe ionischer Säulen entlang und kam hinten an einer überdachten Vorhalle mit sechs dorischen Säulen heraus. Die Tragbalken über den Säulen waren mit Eisenstäben verstärkt, ein sehr frühes Beispiel für das Bauen mit Metallverstrebungen. Fußgänger, die die gestufte Rampe zu beiden Seiten des Durchgangs benutzten, mußten fünf Stufen erklimmen, um durch die Säulen an der Vorderseite hindurchzugehen, und fünf weitere, um die hintere Vorhalle zu betreten. Von hier aus konnte der Besucher die große Bronzestatue der Athene sehen, die die Propyläen überragte und vom Meer noch aus mehreren Kilometern Entfernung sichtbar war.

Die hintere Vorhalle gewährte auch einen ersten, wenn auch unvollständigen Blick auf den Parthenon. Zwei Flügel von ungleicher Größe flankierten die Propyläen. Im nördlichen Flügel befand sich die Pinakothek, die Gemäldegalerie, die vielleicht auch als zeremonieller Speisesaal mit Platz für 17 Liegen fungierte. Der Reiseschriftsteller Pausanias, der Athen im 2. Jahrhundert n. Chr. besuchte, etwa 600 Jahre nach der Erbauung der Propyläen, beschreibt einige der Gemälde, doch viele waren zu seiner Zeit bereits verschwunden.

Der Baugrund südlich des Tors war begrenzt – es war gerade genug Platz für einen Vorraum zum Tempel der Athene Nike. Hier soll nach Pausanias auch eine Statue des Hermes gestanden haben, die „Hermes des Tores" genannt wurde. Wenngleich bislang keine Spur einer solchen Statue gefunden wurde, muß es doch eine Herme am Tor gegeben haben.

Material

Die Propyläen und der Parthenon wurden aus weißem pentelischem Marmor erbaut, der aus den Hängen des Berges Pentelikon stammt, 13 km nordöstlich von Athen. Man schätzt, daß 22 000 Tonnen Marmor benutzt wurden.

Die Marmorblöcke schlug man im Steinbruch in die richtige Größe, wobei für die weitere Handhabung kleinere Vorsprünge *(ancones)* stehenblieben. Sie wurden entweder auf Ochsenkarren oder Schlitten transportiert oder zwischen Holzscheiben eingepaßt, mit denen sie gerollt werden konnten. Durch das Anbringen eines Holzrahmens konnten sie gezogen werden. Wahrscheinlich wurden die größeren Blöcke nur auf diese Art auf dem steilen Hügel der Akropolis bewegt.

Die Untersuchung der Steinblöcke, die auf der Akropolis Verwendung fanden, hat gezeigt, wie sie aufgestellt und in ihre endgültige Position manövriert wurden. Die häufigste Methode war es, Seile um die *ancones* zu schlingen. Solche *ancones* sind in der südöstlichen Ecke der Propyläen zu sehen. Denn in der Eile, das Gebäude zu vollenden, unterließ man es, sie abzuschlagen. An den Steinen des Parthenon sind auch viele Löcher und Schlitze sichtbar, die benutzt wurden, um die Blöcke hochzuheben und in die richtige Position zu stemmen.

Kräne

Es sind keine Bilder von griechischen Kränen aus der klassischen Periode erhalten geblieben, doch wissen wir von Aristoteles, daß sowohl der Flaschenzug als auch die Winde zu seiner Zeit in Gebrauch waren. Tatsächlich legt Aristoteles' Beschreibung ein Flaschenzugsystem von einiger Komplexität nahe. Aus anderen Quellen geht allerdings hervor, daß erst Archimedes den Flaschenzug über mehrere Rollen im 3. Jahrhundert v. Chr. entwickelte. Der römische Ingenieur und Architekt Vitruvius beschreibt eine Art von Kran, der bei der Erbauung öffentlicher Ge-

▷ *Athen aus der Bucht von Phaleron gesehen. Der Parthenon steht etwas rechts vom Zentrum in mittlerer Entfernung, dahinter erhebt sich der Lykabettos und davor verläuft der Pnyx-Mouseion-Hügelkamm. Seeleute, die in die Bucht von Phaleron segelten, konnten die Spitze der großen Bronzestatue der Athene oberhalb der Propyläen erkennen.*

▽ *Der Parthenon von der hinteren Vorhalle der Propyläen aus gesehen. Dies ist der erste Blick, den ein Besucher von nahem auf den Tempel werfen kann. Hier sieht man das hintere Ende; die Vorderseite des Tempels befindet sich im Osten.*

Tempel für die Götter

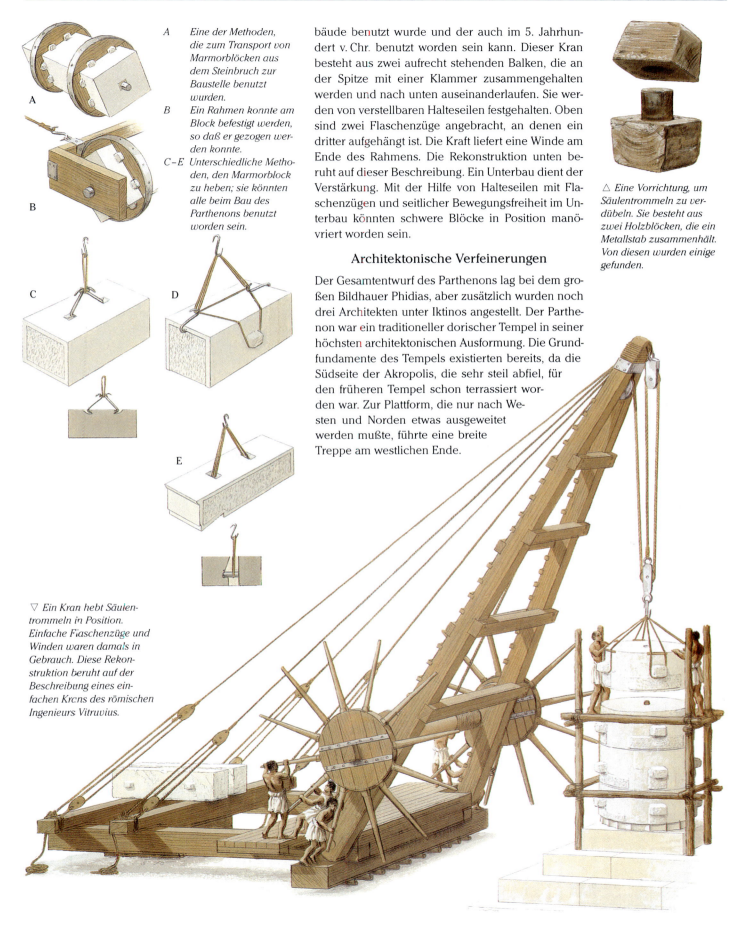

A Eine der Methoden, die zum Transport von Marmorblöcken aus dem Steinbruch zur Baustelle benutzt wurden.
B Ein Rahmen konnte am Block befestigt werden, so daß er gezogen werden konnte.
C–E Unterschiedliche Methoden, den Marmorblock zu heben; sie könnten alle beim Bau des Parthenons benutzt worden sein.

bäude benutzt wurde und der auch im 5. Jahrhundert v. Chr. benutzt worden sein kann. Dieser Kran besteht aus zwei aufrecht stehenden Balken, die an der Spitze mit einer Klammer zusammengehalten werden und nach unten auseinanderlaufen. Sie werden von verstellbaren Halteseilen festgehalten. Oben sind zwei Flaschenzüge angebracht, an denen ein dritter aufgehängt ist. Die Kraft liefert eine Winde am Ende des Rahmens. Die Rekonstruktion unten beruht auf dieser Beschreibung. Ein Unterbau dient der Verstärkung. Mit der Hilfe von Halteseilen mit Flaschenzügen und seitlicher Bewegungsfreiheit im Unterbau könnten schwere Blöcke in Position manövriert worden sein.

Architektonische Verfeinerungen

Der Gesamtentwurf des Parthenons lag bei dem großen Bildhauer Phidias, aber zusätzlich wurden noch drei Architekten unter Iktinos angestellt. Der Parthenon war ein traditioneller dorischer Tempel in seiner höchsten architektonischen Ausformung. Die Grundfundamente des Tempels existierten bereits, da die Südseite der Akropolis, die sehr steil abfiel, für den früheren Tempel schon terrassiert worden war. Zur Plattform, die nur nach Westen und Norden etwas ausgeweitet werden mußte, führte eine breite Treppe am westlichen Ende.

△ Eine Vorrichtung, um Säulentrommeln zu verdübeln. Sie besteht aus zwei Holzblöcken, die ein Metallstab zusammenhält. Von diesen wurden einige gefunden.

▽ Ein Kran hebt Säulentrommeln in Position. Einfache Flaschenzüge und Winden waren damals in Gebrauch. Diese Rekonstruktion beruht auf der Beschreibung eines einfachen Krans des römischen Ingenieurs Vitruvius.

Athen

▷ Die Südostecke der Propyläen. In ihrer Eile, die Propyläen vor dem Beginn des Peleponnesischen Krieges zu vollenden, schafften die Arbeiter es nicht, die Wand fertigzustellen, und so blieben die ancones (die Vorsprünge zur Handhabung) bis zum heutigen Tag an den Blöcken erhalten.

▽ Die Ostseite des Parthenons, an der man die Wölbung der Treppenstufen sehen kann. In der Mitte waren sie ganz leicht erhöht, um der optischen Täuschung zu begegnen, sie bögen sich durch.

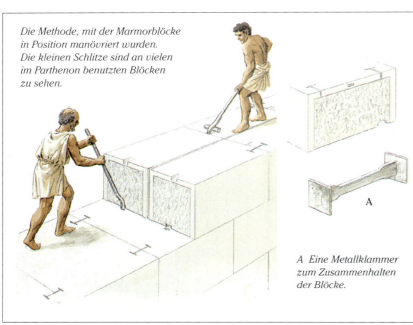

Die Methode, mit der Marmorblöcke in Position manövriert wurden. Die kleinen Schlitze sind an vielen im Parthenon benutzten Blöcken zu sehen.

A Eine Metallklammer zum Zusammenhalten der Blöcke.

Der Tempelunterbau (Stylobat) maß 69,51 x 30,86 m und war in der üblichen griechischen Art konstruiert, mit drei Stufen, die sich über die ganze Länge an allen vier Seiten hinzogen. Er wurde an der Südseite der Plattform gebaut, so daß der ganze Tempel von Süden aus gesehen werden konnte, wie er hoch über den Mauern der Akropolis aufragte.

Selbst der Stylobat wurde mit minimalen optischen Korrekturen gebaut, die man Kurvaturen nennt. Eine lange Plattform scheint in der Mitte durchzuhängen. Um dieser optischen Täuschung entgegenzuwirken, wurde der Stylobat so entworfen, daß er sich in der Mitte jeder Seite leicht anhob, und zwar um 11 cm auf den Längs- und um 6 cm auf den Stirnseiten. Diese Illusion wurde sogar noch verstärkt, denn das westliche Ende ist 44 cm höher als das östliche, und die nordwestliche Ecke 17 cm höher als die südwestliche. Einige Beobachter haben behauptet, daß die Abweichungen von der Norm fehlerhaft oder durch Absackung zustande gekommen seien, doch wird aus dem Neigungswinkel der Säulen ganz deutlich, daß die Abweichungen beabsichtigt waren.

Die Kolonnaden

Der Tempel wurde von außen nach innen konstruiert. Die äußeren Kolonnaden bestanden aus 46 dorischen Säulen. Sie hatten einen Durchmesser von 1,9 m an der Basis und waren 10,4 m hoch. Die Säulen waren aus je elf Säulentrommeln zusammengesetzt. Damit die Blöcke fest ineinandergriffen, wurde ihre Oberfläche in der Mitte oben und unten ganz leicht abgetragen – so entstand ein Vakuumeffekt. Diese Technik nennt man Anasthyrosis. Da die Oberfläche des Stylobats nicht ganz eben war, mußten die Säulentrommeln minimal angeschrägt werden, so daß sie aufrecht standen. Manchmal unterschied sich die kürzere von der längeren Seite nur um 1 mm. Auch hatten die Säulen für den optischen Effekt weder gerade Seiten, noch standen sie aufrecht. Der Säulenschaft wurde etwa nach einem Drittel um 2 cm dicker *(entasis)*, und die Ecksäulen waren etwa zweieinhalb Prozent breiter als die anderen Säulen, zudem neigten sie sich nach innen. Die Ecksäulen waren die einzigen, die sich allein gegen den Himmel abzeichneten, und die zusätzliche Breite kompensierte den schmaler machenden Effekt der Silhouettierung. Solche Vervollkommnungen verbrauchten unglaublich viel Arbeitskraft.

Das Zusammensetzen der Säulen

Die Säulentrommeln wurden mit Hilfe der *ancones* durch Kräne in Position gehoben. Sie waren durch kleine Metallstäbe in hölzernen Fassungen, die in die Mitte der Säulentrommeln gesteckt wurden, verdübelt. Der obere Abschnitt der Säule, bestehend aus Echinus und Abakus des Kapitells, war mit seinen

Tempel für die Götter

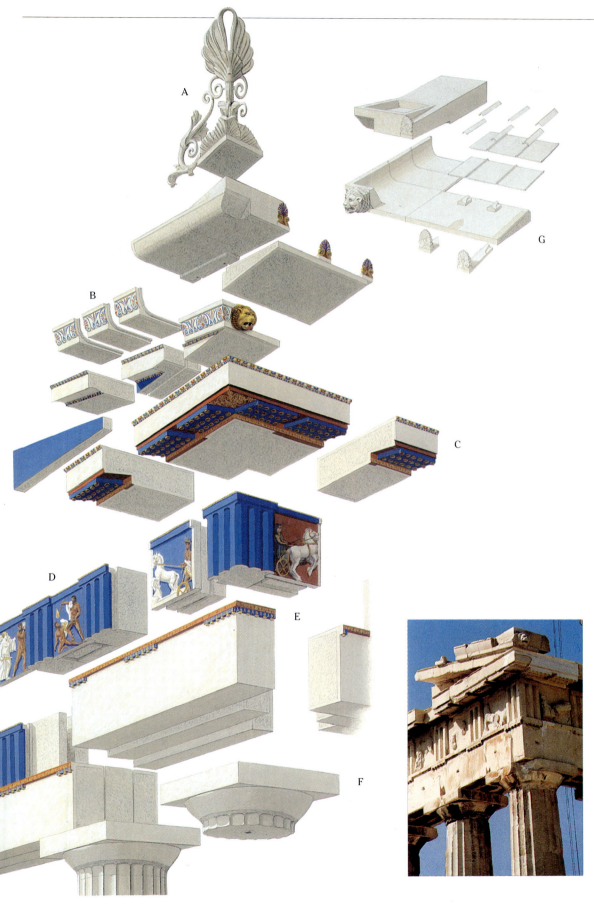

◁ Eine Zeichnung, die die Nordostecke des Parthenons in ihren Einzelteilen zeigt.

A Das *acroterion* – kleine Fragmente der floralen *acroteria* wurden gefunden. Man nimmt an, daß sie vom Parthenon stammen. Sie haben keine Spuren von Bemalung, doch kürzlich wurde die Vermutung geäußert, daß es Figuren, und zwar „Geflügelte Siege", an den Ecken des Pedimentes gegeben haben könnte.

B Die Rinnleiste. Dieses Überbleibsel von früheren hölzernen Tempeln war an einem Steintempel unnötig. Spuren bemalter Verzierungen wurden an manchen Stellen gefunden.

C Das Gesims. Spuren von Farbe erscheinen auf einigen dieser Blöcke. Die mutuli, *die Legosteinähnlichen Verzierungen, waren blau angemalt und wurden mit roten Furchen voneinander abgesetzt.*

D Die Triglyphen *und* Metopen. *Spuren von blauer Farbe erscheinen auf vielen Triglyphen. Der Hintergrund der Metopen scheint entweder mit Rot bemalt gewesen zu sein, das manchmal in Schlangenlinien aufgetragen wurde, oder er war blau.*

E Der Architrav. *Spuren eines aufgemalten Musters wurden auf den herausgemeißelten Verzierungen am oberen Ende gefunden.*

F Das Kapitell. Der Abakus, der Echinus und der obere Abschnitt der kannelierten Säule wurden aus einem Stück gemeißelt.

G Die weißen Marmorziegel auf dem Dach. Sowohl der Parthenon als auch die Propyläen waren mit weißem pentelischem Marmor gedeckt.

△ Die Nordostecke des Parthenons heute.

69

▷ *Eine* Metope *vom Parthenon, ein Teil der Elgin Marbles im Britischen Museum. Farbspuren blieben nicht erhalten.*

20 Kannelierungen vollständig, bevor die Säule aufgestellt wurde. Es ist wahrscheinlich, daß die Kannelierung vorher auch in die unterste Säulentrommel gemeißelt wurde, um eine Beschädigung der Oberfläche des Stylobats zu vermeiden. Die Ancones wurden abgeschlagen und die noch fehlende Kannelierung in die übrigen Teile der Säule gekerbt, nachdem sie zusammengefügt worden waren.

Die Cella

Innerhalb der Kolonnaden baute man die Wände der Cella. Sie bestanden hauptsächlich aus Quadersteinen von 1,22 x 0,52 m, die so geschichtet wurden, daß alternierend je die lange und die kurze Seite sichtbar war, mit abwechselnden Schichten von einzelnen Blöcken in der ganzen Breite der Wand (1,4 m) und doppelten Blöcken in der halben Breite (0,7 m). Die Blöcke wurden mit Hebeln in ihre Position manövriert, die dazu notwendigen Löcher kann man an den Blöcken noch erkennen. Die Griechen benutzten keinen Mörtel, Metallklammern hielten die Blöcke zusammen. Die Cella war unterteilt. Der Hauptraum am Ostende beherbergte die Statue der Athene. Eine kleinere Kammer im Westen diente als Schatzkammer für die aus Delos abgezogenen Pfründe.

Die Skulpturen

Ein einzelner Künstler konnte nicht alle Skulpturen der Innendekoration herstellen. Deswegen arbeitete Phidias mit mehreren Bildhauern zusammen – und so läßt sich die unterschiedliche Qualität der Skulpturen erklären. Die 92 Zwischenräume zwischen den Triglyphen, die Metopen, wurden mit kleinen Hochrelief-Skulpturen gefüllt, 1,2 m hoch und durchschnittlich 1,25 m breit. Sie bestanden meistens aus zwei, manchmal auch aus mehreren Figuren. Sie wurden unter großem Zeitdruck produziert, da sie nicht erst an Ort und Stelle gemeißelt werden konnten. Und sie mußten schon an ihrer endgültigen Stelle stehen, bevor Sims und Dach aufgesetzt werden konnten.

Jede Seite hatte ein anderes Thema. Die Front (im Osten) stellte die mythologische Schlacht zwischen den Göttern und den Giganten dar. Das westliche Ende zeigte die Griechen im Kampf mit den Amazonen. Im Norden fanden sich Szenen aus dem Trojanischen Krieg, und im Süden wurde eine Schlacht zwischen Menschen und Zentauren gezeigt.

Der Architrav an der Außenseite der Cella (also innerhalb der Kolonnaden) war mit einem Fries in Flachrelief verziert, das die jährliche Prozession zu Ehren der Athene – die Panathenäische Prozession – darstellte. Es ist ein etwa 1 m hoher fortlaufender Fries von 160 m Länge, der eine außergewöhnlich hohe Verarbeitungsqualität und einen gleichbleibenden Stil aufweist. Es ist merkwürdig, daß so eine schöne

▷ *Teilweise restaurierte Abschnitte des Panathenäenfrieses im Britischen Museum. Spuren bemalter Verzierungen über dem figuralen Fries ermöglichen eine ziemlich genaue Rekonstruktion. Obwohl Spuren von Blau auf dem Hintergrund erhalten blieben, sind alle Farbspuren auf den Figuren verlorengegangen.*

Tempel für die Götter

Arbeit dazu auserkoren wurde, zum größeren Teil oben unter den Kolonnaden versteckt zu werden. Die Skulpturen am Ostgiebel stellen die Geburt der Athene dar, die am Westgiebel den Streit zwischen Poseidon und Athene um den Besitz Attikas.

Die Bemalung

Obwohl die Säulen in der natürlichen weißen Farbe des pentelischen Marmors belassen wurden, waren alle Skulpturen und anderen Elemente des Hauptge-

△ *Eine Skizze von Jacques Carrey aus dem Jahr 1674 vom rechten Ende des östlichen Giebels des Parthenons. Zu dieser Zeit hatten die Figuren noch Köpfe und Unterarme (Bibliothèque Nationale, Paris).*

△ *Die drei weiblichen Figuren, die auf Carreys Zeichnung abgebildet sind, befinden sich jetzt im Britischen Museum. Es ist zwar bekannt, daß diese Figuren bemalt waren, doch haben sich keine Farbspuren erhalten.*

▽ *Die Rekonstruktion der drei Figuren (siehe oben) aus dem 6. Jahrhundert v. Chr., die auf der Akropolis gefunden wurden.*

▷ *Ein Fragment einer bemalten Statue aus dem 6. Jahrhundert v. Chr., das auf der Akropolis gefunden wurde (Akropolis-Museum).*

simses bemalt. Feine Spuren von Rot, Blau und Gelb sind erhalten, die eine recht genaue Rekonstruktion der Verzierung des Gesimses ermöglichen.

Der Hintergrund der Metopen scheint blau oder rot gewesen zu sein, zum Teil in Schlangenlinien aufgetragen. Der Hintergrund des Panathenäenfrieses war blau und wahrscheinlich auch derjenige der Giebel. Auf den Figuren blieb keine Farbe erhalten, doch waren unter dem Tempelstylobat reichlich Bruchstücke von früheren Figuren begraben. Auf ihnen blieb viel von der Bemalung erhalten, und dies gewährt uns eine Vorstellung davon, wie Phidias' Skulpturen ausgesehen haben könnten. Die Hautfarbe von Männern war oft ein dunkles Rotbraun, aber die Haut von Frauen blieb immer weiß.

Fertigstellung

437 v. Chr. war das Innere des Tempels fertig, und die große Statue aus Elfenbein und Gold wurde aufgestellt. Die Herstellung der Statue dauerte wahrscheinlich sehr viel länger, als Phidias geplant hatte. In diesem Jahr wurde der Tempel geweiht und ein großer Teil der Arbeitskräfte zu den Propyläen abgezogen. Es sollte Phidias und die anderen Bildhauer noch weitere fünf Jahre kosten, die wunderbaren Skulpturen zu vollenden, die die 27 m langen front- und rückseitigen Giebel des Tempels zieren. Aufgrund eines Rechenfehlers mußten einige der Figuren verschoben werden, um in den Giebel zu passen.

Die große Statue der Athene

Das Innere des Tempels dominierte ein breiter Mittelgang, der seitlich von schmaleren Gängen, hinten

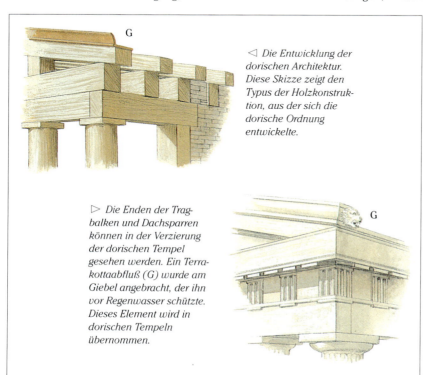

◁ Die Entwicklung der dorischen Architektur. Diese Skizze zeigt den Typus der Holzkonstruktion, aus der sich die dorische Ordnung entwickelte.

▷ Die Enden der Tragbalken und Dachsparren können in der Verzierung der dorischen Tempel gesehen werden. Ein Terrakottaabfluß (G) wurde am Giebel angebracht, der ihn vor Regenwasser schützte. Dieses Element wird in dorischen Tempeln übernommen.

von doppelstöckigen Säulenreihen begrenzt wurde. Die 12 m hohe Statue stand am Westende des Mittelgangs und war etwas völlig Neues. Sie bestand aus elfenbein- und goldbeschichtetem Holz. Unsere Kenntnis der Statue beruht auf kleinen Kopien, auf Münzen und auf der Beschreibung des griechischen Reiseschriftstellers Pausanias. Die Figur trug einen

Tempel für die Götter

◁ Ein Blick auf den Parthenon, wie er am Ende des 5. Jahrhunderts v. Chr. ausgesehen haben könnte. Löcher für die Metalltürgitter kann man an der inneren Säulenreihe vor der Cella sehen. Die Figuren in der Mitte des Giebels sind restlos verschwunden, und es ist unmöglich, sie auch nur annähernd zu rekonstruieren.

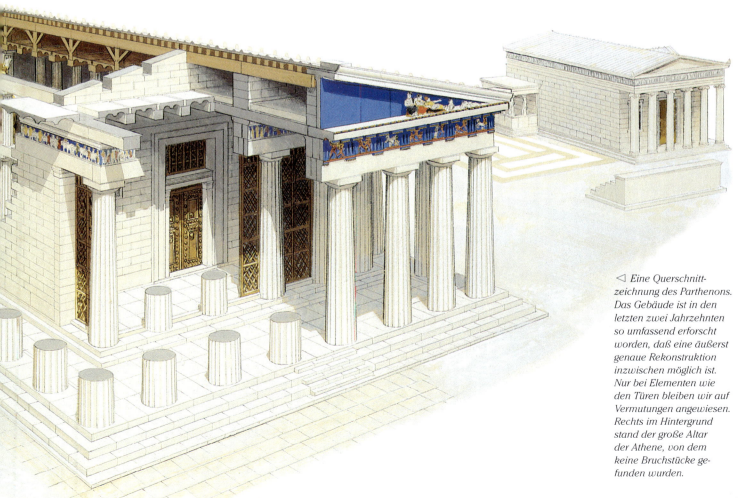

◁ Eine Querschnittzeichnung des Parthenons. Das Gebäude ist in den letzten zwei Jahrzehnten so umfassend erforscht worden, daß eine äußerst genaue Rekonstruktion inzwischen möglich ist. Nur bei Elementen wie den Türen bleiben wir auf Vermutungen angewiesen. Rechts im Hintergrund stand der große Altar der Athene, von dem keine Bruchstücke gefunden wurden.

Die Athene Varvakion, eine kleine Kopie der Athene Parthenos, die im 2. Jahrhundert n. Chr. angefertigt wurde. Es gab wohl Hunderte solcher Souvenirs.

dreifach geschmückten Helm. In ihrer linken Hand hielt sie einen verzierten Schild mit einer zusammengerollten Schlange. Eine Figur, und zwar eine „geflügelte Göttin des Sieges", von etwa 2 m Höhe stand auf ihrer rechten Hand. Gesicht und Hals, Arme, Hände und Füße waren mit einer dünnen Schicht Elfenbein bedeckt, und die Kleidung war vergoldet. Dem zeitgenössischen Historiker Thukydides zufolge wog das Deckgold 40 Talente, etwa 100 kg. Von Pausanias wissen wir, daß vor die Statue immer etwas Wasser gegossen wurde, das das durch die Tür einfallende Licht auf die Statue reflektieren sollte.

Phidias' Werkstatt

Einige Jahre später baute Phidias eine ähnliche Statue – diesmal des Zeus – in Olympia, die als eines der Sieben Weltwunder galt. Unter einer byzantinischen Kirche in Olympia sind möglicherweise Überreste seiner Werkstatt gefunden worden. Diese hatte dieselbe Höhe und Länge wie der Hauptgang des Tempels und wurde von doppelstöckigen Säulenreihen gesäumt, so daß sich der Künstler vorstellen konnte, wie die Statue im Tempel wirken würde. Ein ähnlicher Raum muß auch auf der Akropolis gebaut worden sein. Elfenbeinfragmente und zerbrochene Tonformen für die goldenen Elemente fanden sich in den Ruinen der Werkstatt in Olympia. Sie vermitteln uns eine Vorstellung davon, wie die Statue angefertigt wurde.

Phidias schuf noch zwei weitere Statuen der Athene für die Akropolis. Die gigantische Bronzestatue, die hinter den Propyläen stand, und eine andere lebensgroße Bronzestatue, die Athene Lemnia, die als schönste der drei angesehen wurde.

Ein Teil eines goldenen Ohrrings, der in einem skythischen Grab in Rußland gefunden wurde. Er scheint den Kopf der Athene Parthenos von Phidias äußerst detailgetreu abzubilden.

Eine Rekonstruktion der gewaltigen Statue der Athene Parthenos von Phidias. Die Statue war aus Holz und mit Elfenbein und Gold beschichtet.

Glücklicherweise wurde der Parthenon nach der türkischen Eroberung Griechenlands im 15. Jahrhundert n. Chr. in eine Moschee umfunktioniert – dies sicherte seine Erhaltung. Als die Venezianer 1687 Athen belagerten, wurde ein Munitionslager im Gebäude getroffen, und das Zentrum des Tempels explodierte. Zu Beginn des 19. Jahrhunderts kaufte der englische Lord Elgin den Türken einen großen Teil der Skulpturen des Phidias' ab und brachte sie nach London. Heute gehören sie zu den schönsten Exponaten des Britischen Museums.

Das Erechtheion

Alle Arbeiten an der Akropolis kamen 431 v. Chr. zum Stillstand, als der Krieg mit Sparta ausbrach. An den Propyläen wurde eilig aufgeräumt, und die Arbeitskräfte wurden entlassen. Mit dem Nikias-Frieden setzten die Arbeiten wieder ein, und 420 v. Chr. begann die Errichtung des Erechtheions. Dies war ein Schrein für all jene Götter und Heroen, die traditionell mit der Akropolis in Verbindung gebracht und sonst nirgends verehrt wurden. Vor allem anderen aber war es ein Heiligtum für die hölzerne Kultstatue der Athene, die für die Panathenäen so wichtig war. Als erneut Krieg ausbrach, wurden die Arbeiten unterbrochen, um im Jahr 409 v. Chr. wiederaufgenommen zu werden, und 405 v. Chr. war das Erechtheion schließlich vollendet.

Der Tempel war nach dem legendären Helden Erechtheus benannt, der als der erste König Athens galt. Man glaubte, er sei von der Erde geboren und von Athene selbst aufgezogen worden. Er wurde mit der Göttin in enge Verbindung gebracht und möglicherweise als Halbgott im Mykenischen Palast angebetet, der sich dort erhoben hatte, wo nun das Erechtheion entstand.

Ein Tempel mit vielen Facetten

Im Entwurf des Erechtheions hatten die Architekten sogar noch größere Schwierigkeiten, all die Kulte einzubeziehen, die zu diesem Ort gehörten, als ihnen in den Propyläen begegnet waren. Nicht weniger als zehn verschiedene Götter und Helden mußten innerhalb des Komplexes untergebracht werden. Die drei Hauptgottheiten waren Athene, Poseidon und Erechtheus, von denen jede ihren eigenen Kultraum hatte. Das Ergebnis war ein etwas unausgewogenes Gebäude, dem es jedoch nicht an einer gewissen Harmonie mangelte. Es war ein Tempel mit vielen Facetten, der optisch durch den durchgehenden ionischen Stil vereinheitlicht wurde.

Im wesentlichen bestand das Erechtheion aus zwei Tempelhälften, von denen die eine nach Osten blickte und die andere, größere, nach Norden. Wegen des steilen Gefälles stand der nach Osten ausgerichtete Tempel mehr als 3 m höher als der nördliche. Beide Tempel hatten eine Vorhalle, die von außerordentlich fein verzierten Säulen gestützt wurde. Das Hauptgesims war mit einem Fries von Flach-

▷ *Ein Plan des Erechtheions:*

A *Der Osttempel.*
1 *Altar des Zeus Hypatos.*
2 *Altar des Hephaistos.*
3 *Altar des Boutes.*
4 *Altar des Poseidon und Erechtheus.*

B *Der nach Norden ausgerichtete Tempel.*
5 *Heiligtum der Athene Polias.*
6 *Statue des Hermes.*
7 *Salzwasserquelle und Dreizackkerber.*
8 *Grabmal des Erechtheus.*

C *Der Karyatiden-Vorbau.*

D *Das Pandroseum.*
9 *Das Grabmal des Kekrops.*
10 *Altar des Zeus Herkeios.*
11 *Tempel der Pandrosos.*
12 *Der heilige Olivenbaum.*

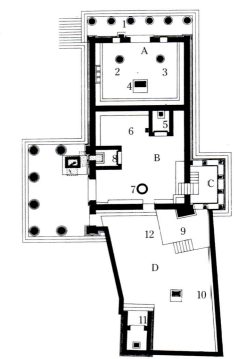

Tempel für die Götter

△ Das Erechtheion, wie es heute aussieht. Beim Umbau in eine Kirche wurde das Gebäude entkernt.

reliefiguren in weißem Marmor vor einem dunkleren Hintergrund aus eleusinischem Stein versehen. Der Fries wand sich wie ein Gürtel rund um den Doppeltempel.

Bildhauerlöhne

Ein einzigartiger Fund unter den Inschriften des Gebäudes gibt Kenntnis davon, daß eine große Anzahl verschiedener Bildhauer für die Figuren des Frieses verantwortlich war. Die Bildhauer bekamen pro Figur 60 Drachmen.

Die Inschrift führt die Künstler, ihren Herkunftsort, die von ihnen hergestellten Figuren sowie das Honorar auf. Zum Beispiel:

An Phyromachus von Kephisia für den Jüngling neben dem Panzer: 60 dr.
An Praxias, Einwohner von Melite, für das Pferd und den Mann dahinter, es wendet: 120 dr.
An Antiphanes von Kerameis für den Triumphwagen, den Jüngling und das Pferdegespann, das gerade gezäumt wird: 240 dr.
An Mynnion, Einwohner von Agryle, für das Pferd und den Mann, der es schlägt. Er hat später die Säule hinzugefügt (weswegen er etwas mehr bekam): 127 dr.

Ein Zuhause für Athene, die Beschützerin

Der östliche Tempel war vor allem Zeus, dem höchsten der Götter, gewidmet, und sein Altar stand in der Eingangshalle. Im Inneren befanden sich Altäre für Hephaistos, Boutes, Poseidon und Erechtheus; die beiden letzteren teilten sich einen Altar.

Der nach Norden ausgerichtete Tempel war das Heiligtum der Athene Polias, der Schutzgöttin der Stadt. Ihre uralte Holzstatue hatte hier einen Schrein mit einer immer brennenden goldenen Lampe, versehen mit einem Schornstein aus Bronze in der Form einer Palme. Der Raum beherbergte auch eine hölzerne Statue des Hermes, eine Salzwasserquelle und das Grabmal des Erechtheus. Hier wurde die persische Beute aus dem großen Krieg aufbewahrt, darunter das Schwert des Mardonius.

Das Dach des Vorbaus am Südende des Raums wurde von Karyatiden (Säulen in Frauengestalt) gestützt.

◁ Das Erechtheion von Westen, wie es zu Beginn des 4. Jahrhunderts v. Chr. ausgesehen haben könnte. Eine Prozession nähert sich dem Heiligtum der Athene Polias mit einem Opferlamm.

Athen

▷ *Der Rücken einer Karyatide.*

▽ *Der Karyatiden-Vorbau auf der südlichen Seite des Erechtheions.*

Eine heilige Einfriedung

Am westlichen Ende des Tempels gab es eine heilige Einfriedung, das Pandroseum, in dem sich das Grabmal des Kekrops befand, eines legendären Helden, sowie ein winziger Tempel für seine Tochter Pandrosos. Innerhalb dieser stand auch der heilige Olivenbaum der Athene, der einen Altar des Zeus Herkeios beschattete. Man glaubte, daß dieser Olivenbaum unmittelbar, nachdem er von den Persern abgebrannt worden war, wunderbarerweise wieder ausgeschlagen habe. Mit dem Erechtheion waren die Bauvorhaben des Perikles auf der Akropolis beendet. Spätere Generationen verschönerten sie noch, doch grundsätzlich blieb alles so wie es Ende des 5. Jahrhunderts v. Chr. gewesen war. Der Großteil unseres Wissens stammt aus den Beschreibungen des Pausanias aus dem 2. Jahrhundert n. Chr.

Der Tempel für den Olympischen Zeus

Unter den großen Tempeln, die zur Ehre der Götter in der zweiten Hälfte des 5. Jahrhunderts v. Chr. erbaut wurden, fehlt einer: der Tempel für Zeus, den König der Götter. In Athen gab es andere Schreine, in denen er als Zeus Soter (der Erretter) und Zeus Eleutherios (der Hervorbringer) verehrt wurde. Aber ein großer Zeustempel wurde nie gebaut.

Der Alleinherrscher Peisistratos oder seine Söhne begannen mit dem Bau eines großen Tempels, des Olympeions, zu Ehren des Olympischen Zeus in dem heiligen Gebiet östlich der Akropolis. Wir wissen nicht, wie weit das Gebäude zu der Zeit, als die Alleinherrscher entmachtet wurden, gediehen war. Wir wissen aber, daß ein Teil der dorischen Kolonnade bereits existiert haben muß, da Aristoteles sie als ein Beispiel für ein gewaltiges Bauvorhaben hervorhob, das der Alleinherrscher begonnen hatte, um der Bevölkerung Arbeit zu geben.

Wahrscheinlich wurde das Gebäude wegen seines Zusammenhangs mit der Alleinherrschaft aufgegeben. 479 v. Chr., als die Perser die Stadt einnahmen, war der Tempel im Bau, und so reichte es ihnen wahrscheinlich, einige Säulen umzustoßen, bevor sie sich zurückzogen. Was auch immer passiert sein mag, viele der Säulentrommeln wurden zertrümmert und für den Bau der Stadtmauer benutzt. In den darauffolgenden Jahren gab es immer wieder dringendere oder weniger kostspielige Projekte – schon allein der Umfang des Projektes war entmutigend. Wahrscheinlich stand an dieser Stelle ein Altar, auf dem die Athener dem Göttervater ihre Opfer darbrachten. Mehr als 300 Jahre vergingen, bevor der hellenistische König Antiochos von Syrien versuchte, den Bau zu vollenden, was auch ihm nicht gelang. So blieb es dem römischen Herrscher Hadrian im 2. Jahrhundert n. Chr. überlassen, den Tempel fast sieben Jahrhunderte nach Beginn der Bauarbeiten zu vollenden.

Tempel für die Götter

△ Das östliche Ende des Erechtheions, von dem großen Altar der Athene aus gesehen und mit dem Karyatidenvorbau zur Linken.

◁ Die Überreste des Olympeions, des großen Tempels für Zeus, der schließlich von dem römischen Herrscher Hadrian im 2. Jahrhundert n. Chr. vollendet wurde.

Ein Fest für Athene

Die Panathenäen waren das Geburtstagsfest der Athene, der Schutzgöttin der Stadt, und damit das große religiöse Fest Athens. Alle vier Jahre feierte Athen die Großen Panathenäen, das bekannteste aller Athener Feste, zu denen auch die Panathenäischen Spiele aufgeführt wurden.

Die Panathenäen fanden jedes Jahr im Hochsommer, am 28. Tag des Monats Hekatombeion, statt. Die Großen Panathenäen, denen Spiele vorausgingen, wurden schon seit 566 v. Chr. jedes vierte Jahr gefeiert. Mit der Wiedereinführung der Demokratie hatten die Athener 402 v. Chr. eine Menge zu feiern, und es gab vieles, wofür sie Athene, der jungfräulichen Beschützerin der Stadt, dankten. Die Großen Panathenäen dieses Jahres waren insofern etwas Besonderes, weil die Akropolis vollendet war: Endlich stand die hölzerne Statue der Athene in einem angemessenen Heiligtum.

Spiele für die Götter

Die Panathenäischen Spiele waren nur eines von mehreren großen religiösen Sportereignissen. Außer ihnen gab es noch die Pythischen in Delphi, die Isthmischen auf dem Isthmus (nahe Korinth), die Nemeischen in Nemea, und die berühmtesten, die Olympischen Spiele, in Olympia: Sie alle waren Panhellenische Spiele, die allen Griechen offenstanden, während die Panathenäischen Spiele lediglich für die Athener bestimmt waren. Die Hauptereignisse glichen sich immer, auch wenn jedes Spiel sein besonderes Ereignis feierte, wie etwa den Wettbewerb von Lobliedern auf Apollo, der bei den Pythischen Spielen abgehalten wurde. Diese Spiele waren den Männern vorbehalten. Es war Frauen verboten, auch nur zuzusehen – in Olympia unter Androhung der Todesstrafe. Doch gab es in Olympia auch ein besonderes Fest mit Spielen für Frauen, die Heraia zu Ehren der Hera, der Königin der Götter.

Dichtung und Musik

In Athen begannen die Wettkämpfe fünf Tage vor dem Panathenäischen Festessen. Den Anfang machte die Einschwörungszeremonie für Teilnehmer und Richter, der Literatur- und Musikwettbewerbe folgten. Der Vortragswettbewerb bestand im Rezitieren oder Singen einer Passage aus den Werken Homers. Andere Dichter wurden erst allmählich zum Ende des 5. Jahrhunderts v. Chr. eingeführt.

Die Musikwettbewerbe wurden im Odeion abgehalten, dem überdachten Theater neben dem Theater des Dionysos, das Perikles extra für diesen Zweck hatte bauen lassen. Die beiden wesentlichen Musikinstrumente, die Doppelflöte *(diaulos)* und die Lyra *(kithara)* gab es schon 1000 Jahre oder länger. Auf einem Sarg aus Hagia Triada in Kreta, aus der Zeit um 1400 v. Chr., sind sie als Begleitung bei einer Opferung abgebildet. Beide Instrumente wurden weiterhin zu diesem Zweck benutzt und sind auf dem Panathenäenfries auf dem Parthenon abgebildet.

Wahrscheinlich hat es mindestens sechs musikalische Ereignisse gegeben, vier für Männer und zwei für Jungen. Jungen spielten Lyra und Soloflöte *(aulos)*, während die Männer sangen und sich selber auf der Lyra begleiteten, zur Flöte sangen, die *kithara* oder die Soloflöte spielten. Die *kithara* war das angesehenere Instrument und brachte ein deutlich höheres Preisgeld ein als die Flöte.

Die athletischen Ereignisse

Ursprünglich waren die athletischen Ereignisse als eine Art Kriegsübung gedacht. Die Teilnehmer wurden in drei Altersgruppen unterteilt: Jungen im Alter von 12 bis 16, Jünglinge von 16 bis 20 und Männer über 20 Jahren. Jungen und Jünglinge wetteiferten

△ *Vorder- und Rückseite einer Panathenäischen Preisamphore.*

▽▷ *Eine Vasenmalerei, auf der die Siegesgöttin mit einer* kithara *(Lyra) abgebildet ist.*

▽ *Einstecklöcher für die hölzernen Zuschauertribünen und dahinter kleine Steinsockel für die Startvorrichtung auf der Rennbahn der Agora.*

an dem zweiten Tag des Festes, doch wahrscheinlich führten sie nur fünf Disziplinen aus – Laufen, Fünfkampf, Faustkampf, Ringkampf und Freistilringen.

Am folgenden Morgen gab es eine Prozession aller Teilnehmer zur Agora, wo die Männersportarten stattfanden. Den öffentlichen und privaten Opfern und Gebeten folgte die erste Sportart. Die athletischen Wettbewerbe wurden bis zum Jahr 330 v. Chr. auf der Agora abgehalten, dann wurde das Stadion gleich hinter dem Fluß Ilissos, südöstlich von Athen, eröffnet. Für die Zuschauer wurden Tribünen aus Holz entlang der 38 x 184 m langen Rennbahn, die sich vom Zentrum der Agora am Altar der zwölf Götter bis zur Südstoa erstreckte, errichtet. Die Ausgrabungen von 1971 entlang der Panathenäenstraße haben Stecklöcher für diese Tribünen freigelegt und Steinsockel für die Startvorrichtung, derjenigen ähnlich, die in Delphi benutzt wurde.

Rennbahnereignisse

Die Spiele der Männer begannen mit dem *stadion*, dem Sprint über 184 m. (Dies war das renommierteste Ereignis in Olympia: Nach dem Gewinner wurde die Olympiade benannt, das Vier-Jahres-Kalendarium.) Danach kam der Langstreckenlauf über 20 oder 24 Längen der Bahn (3680 m oder 4416 m).

Das dritte Rennbahnereignis, der *hippios*, ging über eine mittlere Distanz von sechs Längen, etwas über 1000 m. Wahrscheinlich wurde es *hippios*, Pferderennen, genannt, weil beide Rennen über die gleiche Distanz gingen.

Die Athleten waren nackt. Für jedes Ereignis gab es vier Qualifikationsrunden, die Gewinner eines jeden Durchgangs kamen ins Finale. Die Gewinner des Finales erhielten Amphoren mit dem in der Akademie produzierten Olivenöl. Es konnte steuerfrei exportiert werden, und so wurde angenommen, daß sie es verkauften. Wieviel Öl bei den Rennen der Männer vergeben wurde, ist nicht bekannt, der Gewinner des Jungen-*stadion* erhielt jedenfalls 50 Amphoren. Das Öl war in schön verzierten Gefäßen abgefüllt, den Panathenäischen Preisamphoren.

Der Fünfkampf

Der Fünfkampf war ein Wettkampf, der aus Diskuswerfen, Weitsprung, Speerwerfen, Sprinten (*stadion*) und Ringen bestand. Da zwei von ihnen auch selbständige Disziplinen waren, werden hier nur das Diskuswerfen, der Weitsprung und das Speerwerfen erörtert.

Der griechische Diskus variierte in seiner Größe und seinem Gewicht erheblich, doch da alle Athleten bei einem Fest denselben Diskus benutzten, machte dies nichts. Die erhalten gebliebenen Exemplare sind aus Bronze, Marmor oder Blei und variieren im Durchmesser von 17 bis zu 35 cm und im Gewicht von 1,5 bis zu 6,5 kg.

Der Weitsprung war der einzige Sprungwettbewerb im griechischen Sport und unterschied sich sehr vom modernen Weitsprung. Er wird auf einigen Vasen abgebildet. Der Wettkämpfer hielt besondere Gewichte *(halteres)* in den Händen, die er vorwärts schwang, um sich einen stärkeren Schub zu verschaffen.

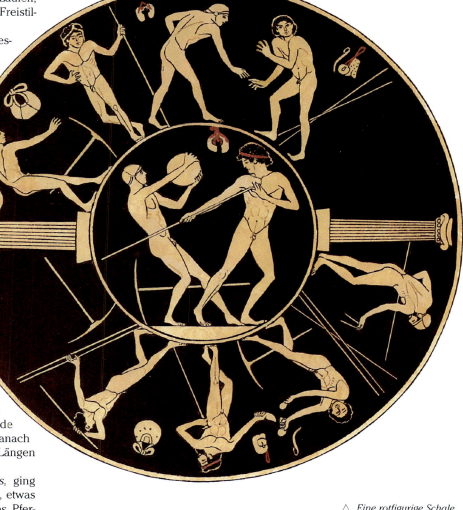

△ *Eine rotfigurige Schale, auf der vier Ereignisse des Fünfkampfs illustriert sind: Diskuswerfen, Speerwerfen, Ringen und Weitsprung.*

◁ *Ein Weitspringer mit Gewichten.*

▽ *Ein Paar steinerne Sprunggewichte.*

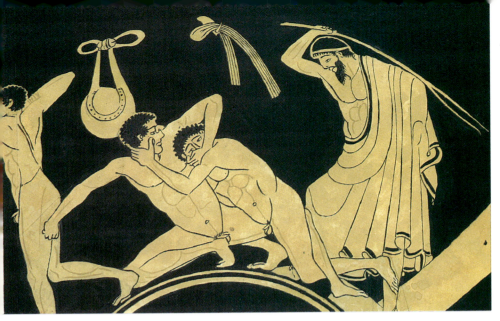

△ Eine rotfigurige Vasenmalerei, auf der Ringer und ein Preisrichter abgebildet sind.

△ Bronzestatue eines sitzenden Faustkämpfers des Bildhauers Apollonios, nebst Vergrößerung der Hände.

Eines dieser Gewichte, die in Olympia gefunden wurden, wiegt über 4,5 kg. Es ist nicht klar, wie dieser Sprung ausgeführt wurde, doch ist es fast sicher, daß der Athlet keinen langen Anlauf nahm. Die dokumentierten Sprünge (bis zu 16,66 m), die die heutigen Weitsprungdistanzen weit übersteigen, legen nahe, daß es sich mit großer Wahrscheinlichkeit um eine Art Mehrfachsprung gehandelt haben muß.

Die Griechen benutzten einen sehr leichten Speer aus Schwarzerlenholz, mit einer Wurfschlaufe, die den Speer im Flug kreisend auf seiner Bahn hielt. Aus griechischen Quellen geht hervor, daß Würfe von 90 bis 100 m möglich waren. Die Verzierung einer Panathenäischen Preisamphore zeigt, daß Speere manchmal auch vom Pferderücken geworfen wurden, wobei eher die Genauigkeit als die Reichweite zählte.

Ringkampf

Gerungen wurde im Stehen, und es galt, seinen Gegner auf den Boden zu werfen. Beim Ringen (*pale*) gab es keine Runden: Der Wettbewerb dauerte so lange, bis einer der beiden Wettkämpfer drei Würfe für sich in Anspruch nehmen konnte.

Freistilringen (*pankration*) wurde durch Unterwerfung entschieden, die der besiegte Wettkämpfer signalisierte, indem er seine Hand mit ausgestrecktem Zeigefinger hob. Fast alles war erlaubt, auch Faustschläge, Treten und Würgen. Es war nur verboten, den Gegner zu beißen oder ihm die Finger in die Augen zu stechen. Die Teilnehmer für beide Ringkampfstile rieben sich vor dem Kampf mit Öl ein und bestreuten ihre Körper mit feinem Sand. Der Boden mußte sorgfältig auf den Kampf vorbereitet werden. Es gibt unzählige Vasenmalereien, auf denen Athleten mit Hacken abgebildet sind, die sie zum Aufbrechen der Erde benutzten. Für das *pankration* wurde der Boden manchmal auch gewässert, wodurch der Wettbewerb einer Schlammschlacht ähnelte.

Die jeweiligen Gegner der einzelnen Runden wurden durch Buchstabenlose bestimmt, die aus einem Helm oder einer Bronzeschüssel gezogen wurden. Das *pankration* erfreute sich beim Publikum der allergrößten Beliebtheit. Viele der erfolgreichsten Athleten wurden professionelle Ringkämpfer.

Milon von Kroton

Gelegentlich, wenn ein Wettkämpfer den anderen weit überlegen war, zogen sich seine Gegner vor dem Zweikampf zurück: Dann sagte man, daß er *aknoite* gewonnen habe, also ohne den Staub zu berühren. Milon aus der griechischen Kolonie bei Kroton in Süditalien war ein solcher Champion. Er gewann fünf Mal in Olympia, und sein Ruf war dermaßen angsteinflößend, daß sich alle seine potentiellen Gegner zurückzogen. Als er einmal beim Entgegennehmen seines Preises stolperte und hinfiel, sprach ihm die Menge scherzhaft seinen Sieg ab, da er ja „den Staub berührt" habe. Milon wurde als der größte Ringkämpfer aller Zeiten angesehen, und als er schließlich bei seinen sechsten Olympischen Spielen von einem jüngeren Mann besiegt wurde, trug ihn die Menge auf den Schultern aus dem Stadion.

Faustkampf

So furchtbar das *pankration* auch scheinen mag, der Faustkampf war noch wesentlich gefährlicher. Im

△ Ein bewaffneter Läufer mit Helm und Schild.

Ein Fest für Athene

△ Pelops, der legendäre Wagenlenker, und seine Frau Hippodameia in einer vierspännigen Kutsche. Diese Vasenmalerei aus dem späten 4. Jahrhundert v. Chr. zeigt einen der typischen leichten Streitwagen aus dieser Zeit. In Athen wurden vierspännige Streitwagen sowohl als Triumphwagen als auch als Rennwagen für die apobates (Wagenlenker) verwendet.

griechischen Boxen gab es weniger Einschränkungen als im heutigen. Die Hände der Kämpfer wurden mit Lederriemen umwickelt, und die Boxer durften schlagen, wie sie wollten: Schläge ins Genick und solche mit den Handballen sind auf Vasen abgebildet. Es scheint lediglich verboten gewesen zu sein, die Augen mit den Daumen auszustechen. Die Wettbewerbe, die durch K.o. entschieden wurden, dauerten oft Stunden, und manchmal kam einer der beiden Kämpfer zu Tode. In diesen Fällen wurde der Preis an den Toten vergeben und sein Gegner lebenslang von diesen Spielen ausgeschlossen. Die Gesichter der Boxer waren dermaßen verunstaltet, daß ihre Berufsbezeichnung zu einem Synonym für Häßlichkeit wurde.

Der Lauf in der Rüstung

Da der griechische Sport vor allem dazu bestimmt war, die Bürger kriegstauglich zu halten, kann es nicht überraschen, daß 520 v. Chr. in Olympia ein Rennen in der Rüstung (hoplitodromos) eingeführt wurde. Die Wettkämpfer mußten mit ihren Helmen und Beinschienen laufen, sie trugen einen Schild, doch ansonsten waren sie nackt. Dieses Rennen, bei dem es einige lustige Einlagen gegeben haben muß, war das Abschlußereignis.

Die Pferderennen

Am vierten Tag des Panathenäischen Festes wurde der Schauplatz auf ein nahe der Küste gelegenes Feld außerhalb der Stadtmauern verlagert. Mehrere Pferderennen fanden hier statt. Es gab Wagenrennen mit zwei und vier Pferden und Pferderennen ohne Wagen. Die Rennen wurden je nach dem Alter der Pferde in zwei Kategorien unterteilt. Von einer bruchstückhaft erhaltenen Inschrift wissen wir, daß der Gewinner des zweispännigen Wagenrennens 140 Amphoren Öl erhielt, während der Gewinner eines Wagenrennens für Fohlen nur 40 Amphoren bekam.

Entsetzliche Unfälle

In dem Stück *Elektra* des Athener Dichters Sophokles gibt es eine lebendige Beschreibung eines Wagenrennens der Pythischen Spiele zu Delphi.

> Wie nun die obgesetzten Richter jedes Los herausgeschüttelt und sie ordnungsrecht gestellt – beim Schall der Erzdrommete fliehn sie; jeder jagt, den Rossen Lust einrufend und die Zügel rasch nachschwingend. Plötzlich war die Wettlaufsbahn erfüllt von erzgefügter Wagen Schall. Es flog der Staub empor; und alle, durcheinandergemischt, entflohen, niemals die Geißeln sparend, daß herausgedrängt die Nabe vortrieb und das schnaubende Roßgespann. ... Auch gingen aufrecht allzumal die Wagen erst, bis übermächtig jenes ainianische hartmäul'ge Roß hinrissen und herumgewandt, sechs oder sieben Läuf' erfüllen, gegen den Barkaier Fuhrsitz rennen mit gerader Stirn, worauf einander alles durch den einen Fehl zerschlug und niederstürzte; ringsumher bestreun des Wagenschiffbruchs Trümmer da das Phokerfeld. ...
> Und hinter dem nachkommend trieb die Rosse noch zuletzt Orestes, trauend auf des Kampfes Schluß. Und als er sieht den einen Überbliebenen – rasch jagt' er, sausenden Schall dem Roßvierspann ins Ohr, dem schnellen, schüttelnd, und mit gleich gespanntem Joch, trieb hin das Paar, bald dieser, bald der andere von seinem Fuhrsitz mit dem Haupt hervorgestreckt. Und ohne Störung trieb die anderen Läufe wohl der Arme glücklich, auf dem festen Wagen fest. Doch nach den Zügel lassend, als ihm linksgewandt das Roß herumsprang, traf er unvermerkt der Bahn Endsäul, es brach der Achse Nab ihm mittendurch. Er glitt vom Wagensitze, ward dahingeschleift in langen Riemen; aber als er niederschlug, fuhr sein Gespann unbändig durch die Bahn umher. Und wie das Volk vom Sitze nun hinabgestürzt ihn sah, dem Jüngling rief es Klagelaute zu, welch böses Unheil diesen traf, nach welchem Ruhm geschleudert bald zum Boden, bald zum Himmel auf die Glieder zeigend. Doch die Wagenlenker selbst, mühsam den Roßlauf hemmend, lösten ungesäumt den so mit Blut Beströmten, daß kein Freund sogar erkennen mochte seinen ganz entstellten Leib.
>
> Aus: *Sophokles, Die Tragödien, Elektra.* München: dtv, 1977. S. 203

Der Parthenonfries, auf dem die Panathenäische Prozession abgebildet ist. Er beginnt am hinteren westlichen Ende des Tempels mit Reitern, die sich auf die Prozession vorbereiten, und läuft an beiden Seiten des Tempels entlang, um sich an der Front zu treffen. Auf dem oberen Streifen ist ein Teil des Nordfrieses abgebildet, auf dem die Athener Kavallerie hinter der Prozession entlanggaloppiert.

Auf dem zweiten Streifen sind (von rechts nach links) die ersten der elf apobates *(Wagenlenker) abgebildet. Ihnen gehen 16 Rangälteste voraus und eine Gruppe Musiker, die Doppelflöte* (diaulos) *und Lyra* (kithara) *spielen.*

Am Anfang des dritten Streifens (rechts) ist der führende diaulos-*Spieler zu erkennen, dem vier Männer mit Wasserbehältern vorausgehen. Vor ihnen tragen drei Metöken, Ausländer, die in Athen lebten, Metalltabletts mit Honigwaben und Kuchen. Links laufen die Opfertiere, drei Schafe und vier Stiere.*

Auf dem vierten Streifen ist das nördliche Ende des östlichen Frieses zu sehen. Rechts trägt eine Gruppe Mädchen die Schüsseln (phialai) *und Krüge, die für Trankopfer benutzt wurden (eine trägt eine Räuchervase). Die vorderen beiden Mädchen reichen einem der drei ihnen zugewandten Zeremonienmeister einen Opferkorb. Die Gruppe davor stellt fünf der zehn eponymen Heroen Athens dar. Jenseits von ihnen Gottheiten: zuerst Aphrodite und Eros, dann Artemis, Apollo und der bärtige Poseidon. Daran schließen sich rechts im unteren Streifen Hephaistos und Athene an.*

Zur Linken der Götter steht ein junges Mädchen (einige behaupten, es sei ein Junge), das dem König Archon den Peplos für Athene überreicht. Das Mädchen daneben nimmt sich gerade einen gepolsterten Stuhl vom Kopf und überreicht ihn der Priesterin der Athene Polias. Das Mädchen hinter ihr trägt noch einen bequemen Stuhl und eine Fußbank. Diese fünf Figuren stehen im Zentrum des östlichen Frieses, direkt über der Tür des Tempels, und bilden somit seinen Mittelpunkt. Links davon wenden die Figuren ihre Gesichter in die andere Richtung und gehen so in die Prozession auf der Südseite über. Die nächsten drei Figuren stellen Zeus, Hera und Iris, die Götterbotin, dar. Die weiteren vier Figuren sind Ares, Demeter, möglicherweise Dionysos und Hermes (von rechts nach links). Sie blicken auf die anderen fünf eponymen Heroen.

Ein Fest für Athene

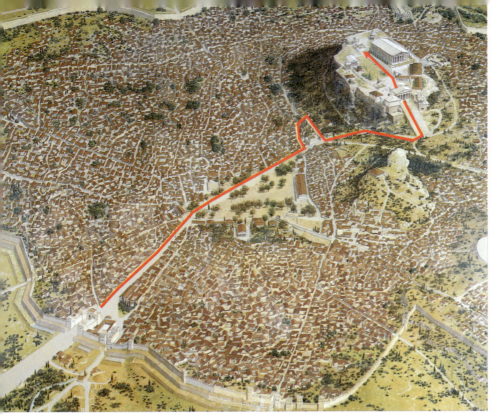

△ Der nordwestliche Teil Athens. Die Route der Panathenäischen Prozession ist rot eingezeichnet.

▽ Abbildung eines Fackelrennens, auf einer rotfigurigen Schale.

In dieser authentischen Beschreibung hält Sophokles nicht nur die Aufregung und die Gefahr fest, sondern wir können ihr auch entnehmen, daß Wagenrennen gegen den Uhrzeigersinn verliefen. Diese Rennen werden auf unzähligen Vasen abgebildet, auf denen die sehr leichten Wagen, die die Wettkämpfer lenkten, deutlich zu erkennen sind.

Die Stammeswettkämpfe

An den ersten vier Tagen des Panathenäischen Festes durften auch Fremde teilnehmen, aber am fünften Tag fanden Gruppenwettkämpfe statt, die auf die zehn Athener Stämme beschränkt waren. Unter ihnen waren ein Kraft- und Schönheitswettbewerb, die *euandria*, und der Pyrrhische Tanz, ein Kriegstanz, der von Gruppen der zehn Stämme aufgeführt wurde, die sich jeweils von einem *diaulos*-Spieler begleiten ließen. Bewaffnet mit Speer und Schild führten sie einen auf einem Kampf beruhenden Tanz auf: Ausweichen, Zuschlagen, Niederkauern und andere defensive und offensive Bewegungen. Aus den verschiedenen Altersstufen wurden Gruppen gebildet, aber diesmal bekamen alle denselben Preis: einen Stier und 100 Drachmen.

Ein nächtliches Fest

In der fünften Nacht der Panathenäen fand ein Fest mit Musik, Gesang und Tanz statt. Zum Sonnenaufgang wurden Athene und Eros an der Akademie Opfer dargebracht, und das heilige Feuer wurde in einem Fackelrennen, einem Staffellauf von Gruppen aus 40 Läufern aus den zehn Stämmen, getragen: entlang der breiten Straße von der Akademie durch das Dipylon einmal quer über die Agora und hinauf zum großen Altar der Athene auf der Akropolis – etwas mehr als 2500 m. Der erste, der den Altar mit einer noch brennenden Fackel erreichte, hatte gewonnen – einen Stier und 100 Drachmen.

Der *Peplos*

Die Vorbereitungen für das Fest hatten schon neun Monate vorher bei dem Fest der Chalcäen begonnen. Die Priesterin der Athene und die *arrhephoroi*, vier junge Mädchen aus nobler Familie, die jedes Jahr vom königlichen Archon ausgewählt wurden, hatten einen Webstuhl aufgebaut, auf dem die neue Tunika (*peplos*) für Athene gewoben werden sollte. Diese Tunika, mit der *aristeia* Athenes verziert, insbesondere mit ihrem Sieg über Eukelados und die Giganten, wurde von den kleinen Mädchen, den Priesterinnen und einer Gruppe von Frauen, die als *ergastinai* bekannt waren, gewebt. Ein *peplos* war ein einfaches rechteckiges Stück Stoff, etwa 2 x 1,5 m, das um den Träger gewickelt und an den Schultern festgesteckt wurde. Die Tunika sollte die Statue der Athene Polias, Beschützerin der Stadt, kleiden, und wurde jedes Jahr ausgetauscht. Diese lebensgroße hölzerne Statue war so alt, daß niemand ihr Alter oder ihre Herkunft kannte.

Es scheint, als habe es noch einen riesigen *peplos* für Athene gegeben. Er wurde von den Webern Athens gefertigt, und der Legende zufolge war er so groß, um als Segel auf einem Schiff gehißt zu werden. Der Dichter Strattis, der um 400 v. Chr. schrieb, erzählt von unzähligen Männern, die die Taue zogen, um ihn ganz hochzuziehen. Dieser *peplos* wurde während des Festes vielleicht über Athene Parthenos drapiert, oder er hing einfach nur im Tempel.

Ein Ritual aus einer vergessenen Vergangenheit

In einer Nacht ungefähr einen Monat vor dem Panathenäischen Fest, übergab die Priesterin zweien der *arrhephoroi* bedeckte Körbe, die sie auf ihren Köpfen die Steintreppen zur alten mykenischen Zisterne hinuntertrugen. Am Fuße der zweiten Treppenflucht kamen sie aus einer Höhle am Nordhang der Akropolis heraus und folgten einem schmalen Pfad ostwärts zum Schrein der Aphrodite. Hier tauschten sie ihre Körbe gegen zwei ähnliche bedeckte Körbe aus, die sie durch die Dunkelheit zur Priesterin der Athene zurücktrugen. Selbst Pausanias kannte die Bedeutung dieses Rituals nicht mehr und unterstellte, daß niemand wußte, was in den Körben war. Wahrscheinlich stand das Ritual in Verbindung mit dem Mythos der Aglauros, einer Tochter des Königs Kekrops, die einen Korb mit einem versteckten Pflegekind zu Athene getragen hatte.

Die große Prozession

Am Tag des großen Festessens versammelte sich die Menge vor Morgengrauen am Dipylon. Mit dem ersten Tageslicht setzte sich die Prozession in Bewegung. Die *arrhephoroi* trugen den neuen *peplos* für Athene Polias an der Spitze der Prozession, und die Priesterinnen der Athene und ein langer Zug von Frauen brachten Geschenke. Ihnen folgten die Führer der Opfertiere, 100 Kühe und einige Schafe, und all diejenigen, die in dem Ritual eine Funktion innehatten. Dann kamen die Metöken mit Tabletts von Opfergaben aus Kuchen und Honig. Die Träger des heiligen Wassers und Musiker, die *aulos* und *kithara* spielten, folgten. Der große *peplos*, der von der Rah eines Schiffes auf Rädern hing, wurde von der Prozession mitgeführt. Hinter den Musikern kamen bärtige alte Männer und Generäle. Sie alle trugen Olivenzweige und wurden von den *apobates* vorangescheucht, bewaffneten Kriegern, die die Streitwagen lenkten und neben ihnen herrannten. Am folgenden Tag trugen die *apobates* ein Rennen um die Agora aus. Den Wagen folgte die Kavallerie, im Schritt, Trab und Kanter. Die Sieger der verschiedenen Spiele waren auch dabei. Die Einwohner Athens folgten, ein *demos* nach dem anderen. Ein Teil der Prozession ist detailliert auf dem Fries am Parthenon abgebildet.

Die Opfer

Die Prozession bewegte sich auf der breiten Panathenäenstraße über die Agora. Die Menschen sangen Hymnen, während sie den Berg hinauf zur Akropolis liefen. Kurz vor dem Eleusinium bogen sie nach links ab, umrundeten das Ostende des Häuserblocks und kehrten zur Panathenäenstraße zurück. Dann erklommen sie den steilen Hügel zwischen der Akropolis und dem Areopag.

Die Prozession hielt vor den Propyläen, während auf dem Areopag und am Altar der Athene Hygieia Opfer dargebracht wurden. Die schönste Färse wurde Athene Nike (der Siegreichen) und Athene Polias (der Schutzgöttin der Stadt) vor dem winzigen Tempel der Siegesgöttin geopfert. Das Opfer wurde von Gebeten begleitet. Die Gebete schlossen vor allem die Platäer mit ein, die in dem Krieg mit Sparta so sehr gelitten hatten.

Für Fremde verboten

Nur gebürtige Athener durften die Akropolis betreten. Die vielen Fremden, die der Prozession gefolgt waren, selbst die Metöken, jene Zuwanderer, die in Athen lebten, durften nicht weitergehen. Oben auf dem Hügel angekommen, bewegte sich die Prozession an der Nordseite des Parthenons entlang und versammelte sich dann um den großen Altar der Athene vor dem kürzlich fertiggestellten Erechtheion. Die kleinen Mädchen übergaben den *peplos* an die *ergastinai*, die Frauen, die beim Weben geholfen hatten und die einmal jährlich die hölzerne Statue zum Meer trugen, um sie und den *peplos* dort zu waschen.

Jetzt wurden die Tiere geopfert. Die *ergastinai* betraten die Kammer der Athene im Erechtheion und zogen ihr den neuen *peplos* an. Die Zeremonie endete mit einem Festessen, bei dem eine festgelegte Anzahl von Vertretern eines jeden *demos*, die durch das Los bestimmt wurden, das gekochte Fleisch der Opfertiere mit Brot und Kuchen aßen.

Nach dem Festessen

Der nächste Tag stand ganz im Zeichen zweier Ereignisse, des Wagenrennens der *apobates* und des Bootsrennens. Die Athener glaubten, daß dieses Wagenrennen von Erechtheus, ihrem ersten König, eingeführt worden war. Jeder Wagen wurde mit einem Lenker und einem schwerbewaffneten Krieger besetzt, der in voller Fahrt vom Wagen herunter- und wieder heraufspringen mußte. Die Panathenäenstraße könnte einen Teil der Strecke gebildet haben, da das Ziel der Wagen oben beim Eleusinium war, auf dem halben Weg hügelan zur Akropolis.

Das Bootsrennen schloß den letzten Wettkampf ab. Man weiß heute wenig über dieses Rennen, außer daß sich Gruppen von Ruderern aus den zehn Stämmen miteinander maßen und daß wahrscheinlich zehn Triremen einmal um Piräus herumgerudert wurden, vom Hafen Kantharos zum Hafen Munichia. Am folgenden Tag, dem letzten Tag des Festes, fand die Preisverleihung statt.

△ *Die Statuette einer sitzenden Göttin, eine von mehreren, die auf der Akropolis gefunden wurden. Einige Experten behaupten, dies sei ein Replikat der berühmten Olivenholzstatue der Athene Polias, die so alt war, daß damals geglaubt wurde, sie sei vom Himmel gefallen. Man weiß jedoch, daß die Holzstatue mit einem goldenen Stirnband, mehreren goldenen Halsketten, einem goldenem Ägis und einer goldenen Eule verziert war, und es ist schwer vorstellbar, wie der peplos auf solch einer Statue hätte drapiert werden können.*

◁ *Traditionelles Bildnis der Athene auf einer Panathenäischen Preisamphore. Es wäre wesentlich einfacher, den peplos auf solch einer Figur zu drapieren.*

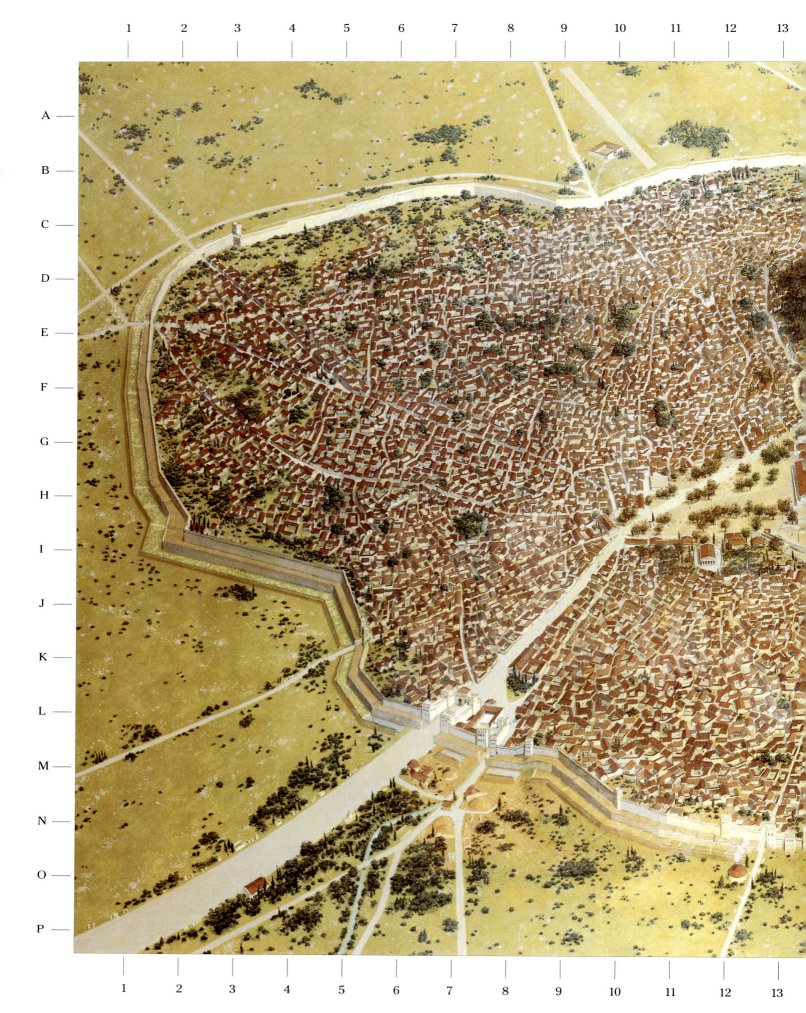

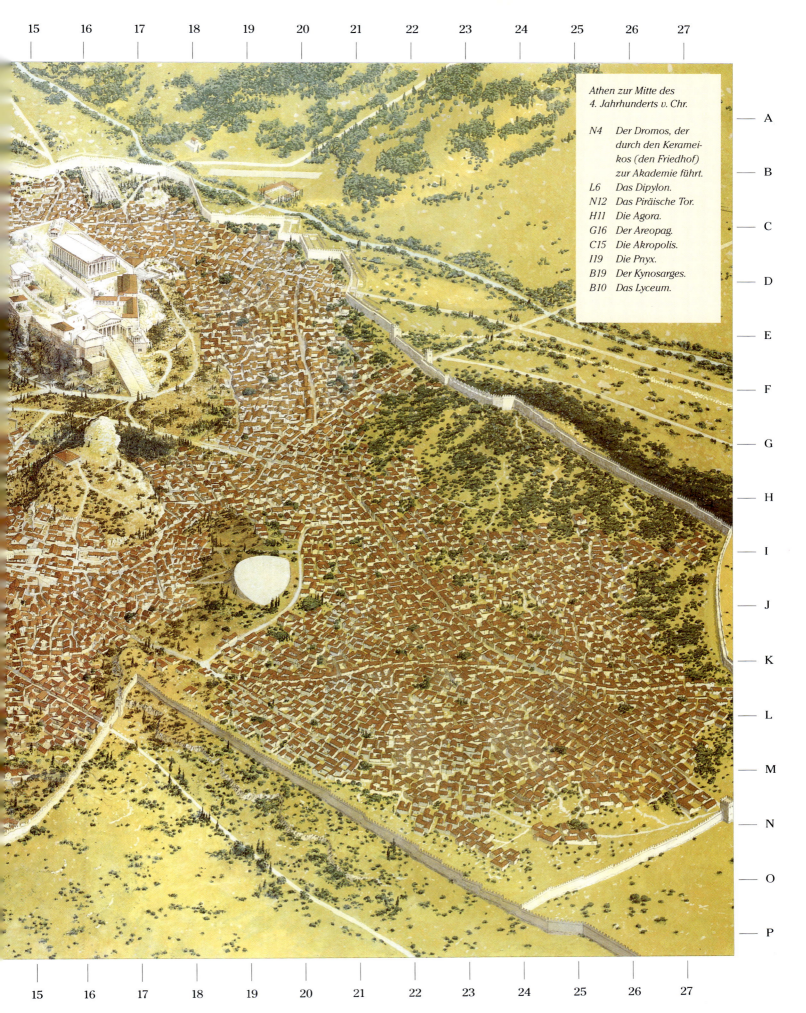

Das Theater

Ohne Athens Beitrag ist die Theaterkultur kaum vorstellbar. Lange Zeit galten die Dichter Athens als die besten der Welt, und ihre Stücke werden auch heute noch aufgeführt.

△ *Die Vorder- und Rückseite einer Athener Theatermarke.*

▽ *Die Zeichnung auf einer Pronomosvase aus Süditalien zeigt Schauspieler in einer Satyrspielszene. In der Mitte sind Dionysos, der Gott des Theaters, und seine Frau Ariadne dargestellt, darunter die Musiker – ein Diaulos- und ein Kithara-Spieler.*

Der Monat Elaphobolion (März) war der Monat der Dionysien. Es ist merkwürdig, daß eines der beiden großen Feste Athens einen Gott ehren sollte, der erst relativ kurz zu den griechischen Gottheiten gehörte. Der Legende zufolge kam Dionysos aus Thrakien oder aus Lydien in Kleinasien. Doch hat sein angeblich ausländischer Ursprung mehr mit seinem befremdlichen Verhalten zu tun, das untrennbar zu seinem Kult gehört, als mit der Geschichte. Sein Name wurde in Linear-B-Schrift auf Tafeln aus dem mykenischen Griechenland eingeritzt, also war er den frühen Griechen kein Unbekannter.

Obwohl er normalerweise mit Wein assoziiert wird, ist er auch als Gott des Gefühls oder des Gefühlsausbruchs von Bedeutung. Vor allem Frauen verehrten ihn, aber nicht nur sie. Die geheimen Rituale *(orgia)* der Dionysien wurden von den frühen Christen mit dem Verfall der sexuellen Moral gleichgesetzt – daher kommt unser Wort „Orgie".

Aufzeichnungen über das frühe Theater sind erst sehr viel später entstanden und wahrscheinlich ungenau, doch scheint sich die Entwicklung des Theaters und dieses Festes in Athen wie folgt abgespielt zu haben: Ungefähr Mitte des 6. Jahrhunderts v. Chr. hatte das Volk von Eleutherä, an der Grenze zwischen Attika und Böotien, wegen ständiger Belästigungen durch die Böoter beantragt, zu Attika zu gehören. Im Rahmen ihrer Eingliederung wurde ihr besonderer Kult des Dionysos nach Athen gebracht.

Die uralte Holzstatue des Gottes wurde 45 km in einer Prozession nach Athen getragen und in einem winzigen Tempel unterhalb des südlichen Hügels der Akropolis aufgestellt. Diese Prozession wurde alljährlich nachempfunden, wenn die Holzstatue von der Akademie (an der Straße nach Eleutherä) zu ihrem Tempel am Fuße der Akropolis begleitet wurde.

Die Großen Dionysien

Die Hauptprozession, in der die Opfertiere mitgeführt wurden, fand wahrscheinlich am zehnten des Monats statt. Junge Männer verkleideten sich als Satyre, die mythischen, halb menschlichen, halb tierischen Begleiter des Dionysos. Sie trugen Masken und tanzten zu einem Chor. Die Tiere wurden geopfert, die Menschen aßen das Fleisch, tranken Wein und verbrachten die Nacht auf den Straßen mit Tanz und trunkenem Gesang zur Musik von Lyra *(kithara)* und Flöten *(aulos)*. Vor allem die Frauen genossen diese kurze Zeit einer ekstatischen Freiheit von ihrem sonst so zurückgezogenen Leben. 534 v. Chr. kam ein neues Element dazu. Vorher hatte es bei dem Fest ritualisierte dramatische Szenen gegeben, die in der Öffentlichkeit von einem Chor gespielt wurden, doch in diesem Jahr hielt ein Mann namens Thespis einen Dialog mit dem Chor, wobei er wahrscheinlich unterschiedliche Masken trug und verschiedene Rollen spielte. Es war die Geburtsstunde des griechischen Dramas.

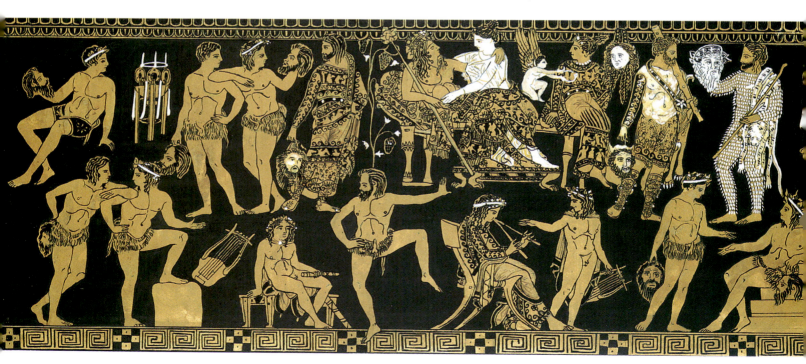

△ *Eine rotfigurige Vasenmalerei zeigt Mänaden mit Fackeln und Musikinstrumenten bei der Feier eines kultischen Trankopfers für den Gott Dionysos.*

△ *Eine schwarzfigurige Vasenmalerei aus Athen zeigt, wie der Gott Dionysos in einem Boot auf Rädern durch die Straßen gezogen wird.*

Tragödien und Komödien

Ungefähr um 500 v. Chr., so heißt es, spielten zwei Schauspieler zusammen mit dem Chor, und die Aufführungen dauerten den Großteil des Tages. Drei Stücke (Tragödien) wurden nacheinander aufgeführt, daran schloß sich ein Satyrspiel an. Im Jahr 486 v. Chr., zwischen den beiden Persischen Kriegen, kam schließlich die Komödie dazu. Die Aufführungen waren enorm beliebt, und aus ganz Griechenland kamen die Leute, um sie zu sehen.

Ursprünglich wurden die Stücke auf der Agora aufgeführt, aber in der ersten Hälfte des 5. Jahrhunderts v. Chr. wurden sie in das Gebiet nördlich des Dionysostempels verlagert, wo der Südhang der Akropolis ein natürliches Auditorium bildet. Allmählich entwickelte sich dieser Ort zum ersten Theater der Welt.

Reiche Bürger mit Gemeinsinn konkurrierten untereinander, um immer kunstvollere Inszenierungen zu finanzieren. Diese Produzenten (*choregoi*) wurden durch den Archonten ausgesucht. Jedem *choregos* wurden ein Dichter und bis zu drei Schauspieler zugeteilt. Auch die Dichter suchte der Archont aus, der manchmal eine Arbeitsprobe von ihnen verlangte. Der *choregos* mußte einen professionellen Chorleiter einstellen, Schauspieler und Chor kleiden und Kulissen und Ausstattung zur Verfügung stellen. Am Tag vor der Aufführung paradierten die *choregoi* mit ihren Gruppen vor der Öffentlichkeit, und am Tag der Aufführung beurteilten zehn Juroren, die aus den zehn Stämmen durch das Los ausgewählt wurden, die Qualität der Stücke.

Vor der Darbietung

Die Dionysien markierten zugleich auch den Tag, an dem der Tribut an das Athener Reich entrichtet werden mußte. Das Geld wurde in das Theater getragen und vor dem Publikum ausgebreitet. Die Feldherrn (*strategoi*) gossen Trankopfer für Dionysos aus und verlasen eine Liste der Wohltäter der Stadt. Die Söhne der im Krieg gefallenen Männer wurden mit öffentlichen Mitteln erzogen, und in dem Jahr, in dem sie volljährig wurden, paradierten sie vor dem Publikum in voller Rüstung (die auch vom Staat gestellt wurde). Danach wurden ihnen Sitzplätze in der ersten Reihe zwischen den Magistraten, obersten Staatsbeamten und Priestern zugeteilt. Im späteren Theater wurde dem Priester des Dionysos Eleutherios ein steinerner Sitzplatz reserviert.

Das Publikum

Ein Eintrittsticket kostete zwei Obolen, soviel wie ein Tageslohn der Armen. Das Publikum war zum großen Teil männlich. Im 4. Jahrhundert v. Chr. gingen wahrscheinlich auch Frauen ins Theater, doch bleibt unklar, ob es ihnen auch im 5. Jahrhundert erlaubt war. Es gab Wein und Zuckerwerk, und die Zuschauer aßen und tranken während der Darbietung. Aristoteles kommentiert trocken, daß sie dann am meisten aßen, wenn die Aufführung schlecht war. In der Regel wurden an vier oder fünf Tagen während des Festes Stücke aufgeführt, während des Peleponnesischen Krieges jedoch nur an dreien.

Das frühe Theater

Über die Bauart des frühen Theaters ist wenig bekannt. Das Gebiet wurde vom großen deutschen Archäologen Wilhelm Dörpfeld zu Ende des letzten Jahrhunderts ausgegraben. Für damalige Verhältnisse war es keine schlechte Ausgrabung, trotzdem sind viele Informationen für immer verlorengegangen. Das Theater wurde an einem Hang mit einer sehr starken Steigung gebaut, der deswegen terrassiert werden mußte. Dörpfeld hat Überreste gefunden, die wahrscheinlich Stützmauern aus polygonalem Steinwerk waren (an den Punkten A und B des

Plans, s. S. 93). Heute ist man davon überzeugt, daß A die Umgebungsmauer des ursprünglichen Orchesterraums am Südende ist. Dies scheint ein kreisrunder Tanzplatz gewesen zu sein, ungefähr 25 m im Durchmesser, den traditionellen griechischen Dreschböden nachempfunden, auf denen die Bauern nach der Ernte tanzten. B scheint eine ähnliche Mauer zur Straße, die sich am südlichen Rand des Orchesterraums auf einer niedrigeren Ebene hinzog, gewesen zu sein. In jedem Fall sind diese kurzen Mauerabschnitte das früheste Steinwerk des Geländes.

Am Punkt C kommt das Grundgestein bis an die Oberfläche und wurde hier eindeutig abgetragen. Dies hat zu der Vermutung geführt, daß an dieser Stelle einmal ein Fels zutage getreten war, der in frühen Aufführungen als Teil der Kulisse benutzt wurde. Er könnte in der Tat der *pagos* gewesen sein, der Hügel, der in vielen frühen Stücken, wie zum Beispiel *Die Perser*, *Sieben gegen Theben* und *Die Schutzflehenden* vorkommt. Falls dies zutrifft, dann könnte die frühe Bühne (*skene*) unmittelbar südlich von diesem Felsen gewesen sein und der östliche Eingang (*parodos*) südlich davon.

Das Zelt des Xerxes

Mehrere späte griechische Autoren vermuten, daß es eine Verbindung zwischen dem Theater und dem Zelt des Xerxes gab. Sie behaupten, daß die Athener das berühmte Zelt des Xerxes beim griechischen Sturm auf das persische Lager 479 v. Chr. in Plataä erbeuteten. Es muß ein herrliches und gigantisch großes Zelt gewesen sein mit einem Durchmesser von vielleicht 60 m, das in dem Gebiet am Dionysostempel wieder zusammengebaut und zugleich als Hintergrund und für Garderoben benutzt worden sein könnte. Spätere Autoren wie Pausanias, Plutarch und Vitruvius, der römische Architekt, stellen alle eine Verbindung zwischen dem Theater und Xerxes' Zelt her. Jedoch gibt es keine zeitgenössischen Quellen, um diese Vermutungen zu stützen.

Die Bühne

Perikles wird der Bau des ersten Steintheaters zusammen mit dem großen überdachten Theater, dem Odeion, zugeschrieben. Deswegen überrascht es nicht, daß Dörpfeld, der eine deutliche Baufolge erkannte, den zweiten Bau in seiner Reihenfolge als das Theater des Perikles identifiziert hat. Doch eine kürzlich durchgeführte Untersuchung von griechischen Archäologen legt die Vermutung nahe, daß diese Überreste neu datiert werden müssen, und zwar weit in das 4. Jahrhundert hinein, mindestens 50 Jahre nach dem Tod des großen Staatsmannes. Damit tut sich eine Lücke in unserem Wissen über das Gebäude des Theaters zur Zeit der größten Athener Dichter, Aischylos, Sophokles, Euripides und Aristophanes, auf.

Das Bühnenhaus, die *skene*, muß in dieser Zeit aus Holz gewesen sein, möglicherweise eine Reihe aufrechtstehender Pfeiler mit Querverstrebungen, die einen Rahmen bildeten, in den die Kulissen eingehängt werden konnten. In anderen Theatern wurden Pfeilerstützen gefunden, und der Bau aus dem 4. Jahrhundert könnte sich aus einem solchen System entwickelt haben. Für einige Komödien dieser Zeit waren zwei Türen notwendig, durch die die Schauspieler die Bühne betreten konnten. Der Ge-

△ *Der östliche Teil der Mauer aus dem 4. Jahrhundert v. Chr. (H–H auf dem Plan gegenüber) mit Einstecklöchern für aufrechtstehende Balken. Die hellen polygonalen Steine im Vordergrund sind die Überreste der terrassierten Mauer des ursprünglichen Theaters A. Die Plattform D ist im Hintergrund zu sehen.*

▽ *Der Blick auf das Dionysostheater von der Akropolis aus. In der Mitte befindet sich der Halbkreis des* orchestra *aus dem späteren Theater. Die braune Steinmauer hinten ist die früher gebaute Mauer aus dem 4. Jahrhundert (H–H auf dem Plan gegenüber).*

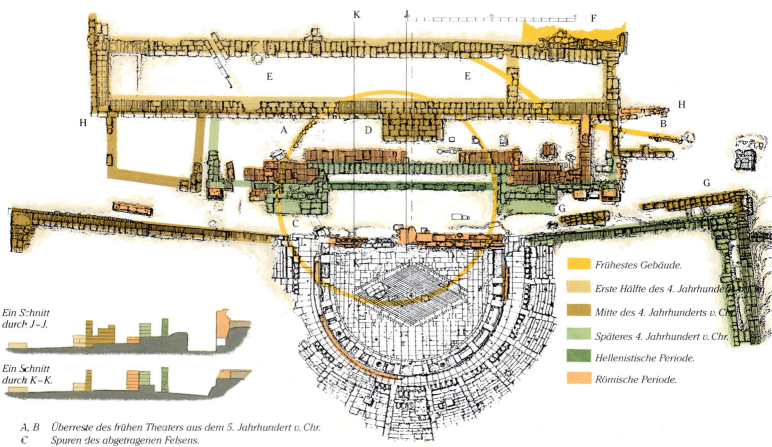

Legende:
- Frühestes Gebäude.
- Erste Hälfte des 4. Jahrhunderts v. Chr.
- Mitte des 4. Jahrhunderts v. Chr.
- Späteres 4. Jahrhundert v. Chr.
- Hellenistische Periode.
- Römische Periode.

Ein Schnitt durch J–J.

Ein Schnitt durch K–K.

A, B Überreste des frühen Theaters aus dem 5. Jahrhundert v. Chr.
C Spuren des abgetragenen Felsens.
D Steinplattform.
E–E Die lange Stoa.
F Der frühe Tempel des Dionysos.
G Die frühere Mauer des Auditoriums.
H–H Die hintere Mauer der *skene* aus dem frühen 4. Jahrhundert.

△ Wilhelm Dörpfelds Plan des Theaters des Dionysos.

brauch solcher Vorrichtungen, wie des *eccyclema*, einer Art Plattform, die auf die Bühne gerollt wurde, unterstellt die Notwendigkeit einer großen Öffnung in der *skene*. Es gibt auch Szenen, in denen Schauspieler auf dem Dach erscheinen. Aischylos werden viele solcher Innovationen zugeschrieben.

Das Theater im 4. Jahrhundert

In der Mitte des 4. Jahrhunderts v. Chr. wurde eine Stoa am Dionysostempel entlanggebaut, deren Mauer den ganzen Bereich abschloß. Ein Teil dieser Mauer H–H, die an der Rückseite der Stoa verlief, überquerte das südliche Ende der alten *orchestra* und bildete eine neue Grundmauer. Durch den Umbau mußte die *orchestra* etwa 6 m weiter nach Norden versetzt werden. Die Mauer an der Stoa hat eine Reihe von Schlitzen (wahrscheinlich zehn), in die aufrechtstehende Balken eingesteckt werden konnten. Die ungefähr 7 m lange und 3 m tiefe Steinplattform D, die sich nach Norden erstreckte, könnte ein Podest für Sprecher gewesen sein oder eine solide Basis für den Kran, der die Schauspieler auf die Bühne und herunter hob. Eventuell trug sie eine von Säulen gerahmte Tür in der Mitte der *skene*. Doch wäre das nur möglich gewesen, wenn die Stoa dahinter zwei Stockwerke gehabt und eine Tür vom oberen Stockwerk auf die Bühne geführt hätte.

Die Stoa war 62 m lang mit einer nach Süden ausgerichteten Kolonnade. An ihrem westlichen Ende gab es einen umschlossenen Trakt, der zusammen mit dem oberen Stockwerk als Lagerraum für die Kulissen und die Ausstattung benutzt worden sein könnte. Eine Grube E–E, 30 m lang und 5 m breit, scheint im Rücken der Stoa gegraben und mit Brettern überdeckt worden zu sein, um die Bühne zu bilden. Diese Grube muß zeitgleich mit der Mauer H–H entstanden sein, denn sonst wäre es nicht notwendig gewesen, den zutage getretenen Felsen auf das Niveau von H–H abzutragen, um die Fundamente für die *skene* aus dem späten 4. Jahrhundert zu legen. Es ist vermutet worden, daß die Bühne die Winde und andere Apparate, die dazu dienten, die Kulissen auf die in der Wand steckenden Pfeiler zu heben, verstecken sollte. Noch öfter wird der Standpunkt vertreten, daß die aufrechtstehenden Pfeiler eine hölzerne *skene*, wie sie in Italien zu der Zeit gebräuchlich war, an der hinteren Wand H–H hielten. Doch wäre damit erst ein Teil der Grube bedeckt gewesen.

Das Odeion

Perikles hatte bei den Panathenäischen Spielen Konzerte eingeführt, und er brauchte eine große überdachte Halle, in der Musik gespielt werden konnte. So wurde das Odeion, ein riesiges überdachtes Gebäude von 62,4 x 68,6 m, an der Ostseite des Theaters errichtet. Dieses kolossale Gebäude hatte ein von 90 Säulen gestütztes Holzdach. Es wurde allgemein angenommen, daß das Gebäude Xerxes' Zelt nachempfunden war.

Das Auditorium des Theaters mit seinen Steinsitzreihen, das wir heute sehen können, muß nach dem

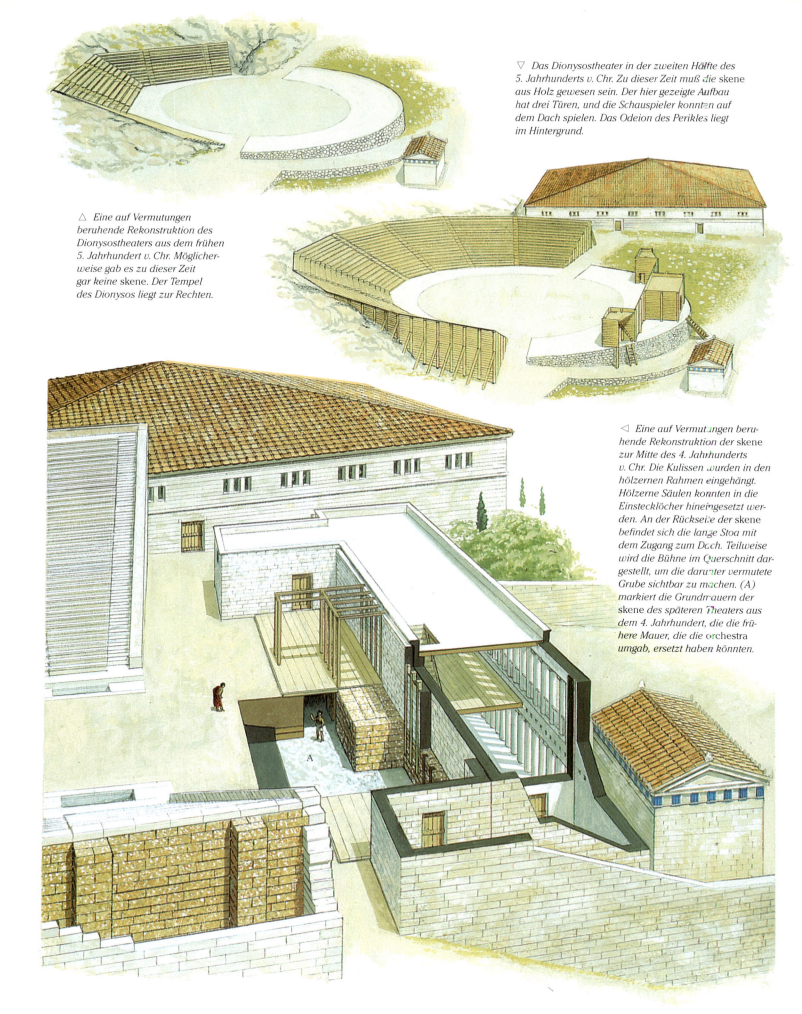

▽ Das Dionysostheater in der zweiten Hälfte des 5. Jahrhunderts v. Chr. Zu dieser Zeit muß die skene aus Holz gewesen sein. Der hier gezeigte Aufbau hat drei Türen, und die Schauspieler konnten auf dem Dach spielen. Das Odeion des Perikles liegt im Hintergrund.

△ Eine auf Vermutungen beruhende Rekonstruktion des Dionysostheaters aus dem frühen 5. Jahrhundert v. Chr. Möglicherweise gab es zu dieser Zeit gar keine skene. Der Tempel des Dionysos liegt zur Rechten.

◁ Eine auf Vermutungen beruhende Rekonstruktion der skene zur Mitte des 4. Jahrhunderts v. Chr. Die Kulissen wurden in den hölzernen Rahmen eingehängt. Hölzerne Säulen konnten in die Einstecklöcher hineingesetzt werden. An der Rückseite der skene befindet sich die lange Stoa mit dem Zugang zum Dach. Teilweise wird die Bühne im Querschnitt dargestellt, um die darunter vermutete Grube sichtbar zu machen. (A) markiert die Grundmauern der skene des späteren Theaters aus dem 4. Jahrhundert, die die frühere Mauer, die die orchestra umgab, ersetzt haben könnten.

Odeion gebaut worden sein, da dessen nordwestliche Ecke von den Sitzreihen des Theaters ausgespart wird.

Die hohen umlaufenden Mauern des Auditoriums sind mit großer Wahrscheinlichkeit zur selben Zeit wie das Theater entstanden, zur Mitte des 4. Jahrhunderts, da die Fundamente beider Gebäude aus Breccia-Stein bestanden, der erst nach dem Peloponnesischen Krieg benutzt wurde. Die Anordnung auf der westlichen Seite des Auditoriums, G–G, scheint sich mit dem Neubau am Ende des 4. Jahrhunderts v. Chr. geändert zu haben.

Im frühen 5. Jahrhundert könnte es nur ein paar Holzbänke vorne gegeben haben, dann hätte der Rest des Publikums auf dem Hang gesessen. Später könnten etwas bessere Sitzgelegenheiten existiert haben, nämlich Holzbänke auf einer künstlichen Rampe, die sich an den niedrigeren Hügel der Akropolis lehnte. Steinsitze gab es möglicherweise erst im 4. Jahrhundert.

Die tragischen Dichter

Die frühen Athener Tragödien beruhten hauptsächlich auf bekannten Legenden. Dadurch konnte der Dichter Einzelheiten der Geschichte ohne komplizierte Erklärungen ausbauen. Im großen und ganzen wußte das Publikum, was passieren würde; allerdings wartete der Dichter manchmal auch mit Überraschungen auf. Die Kunst zeigte sich im Dialog, in der Musik und der Vorführung. Diese Tragödien haben viel mit modernen Musicals gemein, in denen das gesprochene Wort von einem singenden und tanzenden Chor begleitet wird.

Die drei größten tragischen Dichter, Aischylos, Sophokles und Euripides, lebten alle im Athen des 5. Jahrhunderts v. Chr. Aischylos wurde 525 v. Chr. in Eleusis geboren. Er kämpfte in beiden Kriegen gegen die Perser. Das erste Mal gewann er 484 einen Wettbewerb und das letzte Mal 458 v. Chr.

Die *Oresteia*

Jeder Dichter mußte vier Stücke schreiben, drei Tragödien und ein Satyrspiel. Die *Oresteia* des Aischylos, die 458 v. Chr. Premiere hatte, ist die einzige Trilogie, die vollkommen erhalten blieb. In der eindringlichen Tragödie, die die griechischen Ansichten über die Beziehung zwischen Göttern und Menschen reflektiert, spielen sich Verrat und Vergeltung unvermeidlich ab. Die Athener des 5. Jahrhunderts sahen sie als die beste Tragödie aller Zeiten an.

Agamemnon, das erste Stück der Trilogie, ist die Geschichte Klytämnestras, der Frau des Agamemnon und Königs von Argos, des Heerführers der griechischen Armee im trojanischen Krieg. Das Stück beginnt mit der Botschaft, daß Troja gefallen ist und Agamemnon sich nach zehn Jahren Krieg auf dem Rückweg befindet. Singend und tanzend erzählt der Chor die Hintergrundgeschichte. Der Gesang erreicht seinen Höhepunkt, als sich Agamemnon durch die endlosen Stürme, die die griechische Flotte am Weitersegeln hinderte, dazu gezwungen sieht, der Göttin Artemis seine Tochter Iphigenie zu opfern:

> Ein Nichts die Bitten und die Rufe, die dem Vater galten, nichts die Jugend, vergeblich die Schreie: Die Feldherrn wollten ihren Tod, der Vater aber sagte sein Gebet und hieß den Opferknecht, sie, einer Ziege gleich, mit schleppendem Gewand hoch in die Luft auf den Altar zu schleudern, gefesselt, einen Knebel im Mund, damit sie nicht dem Hause fluchen konnte.
>
> Aus: *Aischylos, Die Orestie.*
> Eine freie Übertragung von Walter Jens.
> München: Kindler, 1979.

Durch das Opfer ihrer Tochter verbittert, verliebt sich Klytämnestra in ihres Ehemannes Erzfeind Aigisthos. Zusammen ermorden sie Agamemnon, als er aus Troja zurückkommt. Durch diese Tat wird ein Zyklus der Vergeltung in Gang gesetzt, der die Trilogie bestimmt.

Rache

Das zweite Stück, *Die Choephoren*, erzählt von der Rache des Orestes, Agamemnons Sohn. Nach vielen Jahren im Exil kehrt Orestes nach Argos zurück. Er berichtet seiner Schwester Elektra, daß ihm das Orakel von Delphi befohlen hat, seine Mutter und ihren Liebhaber als Vergeltung für den Tod des Vaters zu töten. Elektra ist einverstanden, ihm zu helfen, und Orestes führt die Tat aus.

Im dritten Stück, *Die Eumeniden,* wird Orestes des Muttermords angeklagt. Von den Furien verfolgt, den erbarmungslosen Rachegöttinnen, flieht

△ *Eine süditalienische Vasenmalerei aus dem 4. Jahrhundert v. Chr., die einen Teil einer hölzernen* skene *zeigt.*

◁ *Pfeilersockel aus Stein, die im Theater von Pergamon freigelegt wurden. Ähnliche Sockel müssen im Athener Theater benutzt worden sein.*

Athen

▷ Eine süditalienische Vasenmalerei aus dem 4. Jahrhundert v. Chr., auf der eine Szene aus den Eumeniden, *dem dritten Stück der Trilogie* Oresteia *des Aischylos abgebildet ist. Hier sind zwei der Furien zu sehen, eine rechts und die andere hinter dem Dreifuß. Orestes befindet sich in der Mitte, am* omphalos *in Delphi kniend. Er wird von Athene und Apollo flankiert.*

Orestes zum Tempel des Apollo in Delphi, wo er den Gott bittet, die ihm befohlene Tat zu rechtfertigen. Apollo stimmt zu, ihn vor dem Gerichtshof der Areopagen in Athen zu verteidigen. Die vom Chor gespielten Furien fungieren als Klägerinnen und Athene als Richterin. Die Entscheidung der Jury aus zwölf Athenern fällt unentschieden aus – da gibt Athene ihre ausschlaggebende Stimme Orestes.

Eine politische Botschaft

Die Oresteia enthält politische und moralische Anspielungen. Das Stück wurde kurz nach dem Machtverlust des aristokratischen Rates der Areopagen aufgeführt und läßt seine „wahre" Rolle als Gerichtsinstanz für Morde göttlich sanktionieren. Das Ende des Stücks ist eine Glorifizierung der Athene und ein Plädoyer für das Ende der Unruhen. Der alten Ordnung, die durch die Furien personifiziert wird (die am Ende in die Eumeniden, „die Wohlgesinnten", verwandelt werden), kommt eine ehrenvolle Rolle zu. Das Stück endet mit einer Fackelprozession. Apollo und Athene führen die urzeitlichen Göttinnen, die in die zeremoniellen roten Roben der fremden Bewohner Athens gekleidet sind, in ihre neue Behausung, eine Höhle der Akropolis, aus der sie über die Geschicke der Athener wachen werden. Die Szene ist voller politischer Bedeutung. Sie feiert das Ende der alten Ordnung der Gewalt und Unterdrückung und den Beginn einer neuen Ära der Gerechtigkeit und Demokratie.

Es ist bemerkenswert, daß Aischylos Agamemnon zum König von Argos macht und nicht, wie bei Homer, von Mykene. In den *Eumeniden* wird die unverbrüchliche Freundschaft zwischen Athen und Argos erwähnt, und Argos war natürlich Athens größter Verbündeter auf dem Peloponnes.

Die Darsteller

Die Trilogie konnte von einem Chor und nur drei männlichen Schauspielern aufgeführt werden, die vom Staat bezahlt wurden und alle Rollen spielten, indem sie ihre Kleider und Masken wechselten. Es gibt 17 Rollen, die Protagonisten sind Orestes und Klytämnestra. Manchmal mußten die Schauspieler sehr schnell die Rolle wechseln, etwa an dem Punkt in den *Choephoren,* wo Klytämnestra, Orestes und sein Gefährte Pylades zugleich auf der Bühne stehen. Der Diener, der mit Klytämnestra gesprochen hat, verläßt in Zeile 889 die Szene, Orestes tritt auf und spricht Zeile 892, und Pylades, von dem bisher stumm gebliebenen Schauspieler gespielt, tritt auf und lenkt die Aufmerksamkeit des Publikums auf sich, indem er völlig unerwartet Zeile 900 aufsagt. Solch schnelle Wechsel legen nahe, daß die Kostümierung nicht besonders aufwendig war.

Der Chor

Ein Chor aus 12 oder 15 Männern spielt die Würdenträger von Argos im ersten Stück, Klytämnestras Mägde im zweiten und die Furien im dritten. Der Chor erläutert den Zusammenhang, kommentiert Situationen und hält mit den Schauspielern Dialoge, nimmt sie ins Kreuzverhör und richtet über sie.

In der Trilogie wurden auch 20 Statisten gebraucht, die Agamemnons Soldaten im ersten Stück, einige Frauen und Mädchen im zweiten und die zwölf Athener Juroren im dritten spielten.

Trotz seiner außerordentlichen Errungenschaften im Bereich des Theaters scheint man Aischylos in Athen später nicht mehr wohlgesonnen gewesen zu sein, und er zog sich nach Gela auf Sizilien zurück, wo er 456 v. Chr. starb. Er schrieb sein eigenes Epitaph, auf dem er nur vermerkte, daß er als einfacher Soldat bei Marathon gedient habe.

Sophokles und Euripides

Von Sophokles, der 496 v. Chr. geboren wurde, sagte man, daß er ein sehr guter Tänzer und Musiker gewesen sei. Aristoteles befand, daß er die Tragödie zur Vollendung gebracht habe. Er gewann seinen ersten Wettbewerb 468 v. Chr. und dominierte das Theaterleben bis zu seinem Tod im Jahr 406. Seinen letzten Sieg errang er posthum. Seine wesentliche Erneuerung war die Einführung eines dritten sprechenden Schauspielers, wahrscheinlich kurz nachdem Aischylos' *Oresteia* aufgeführt wurde.

Euripides, der etwa zehn Jahre jünger als Sophokles war, starb wahrscheinlich im selben Jahr. Er gewann seinen ersten Wettbewerb 441 v. Chr., doch stand er immer im Schatten von Sophokles. Er versuchte mit dem verfeinerten Stil Sophokles' zu brechen und kehrte sich auch von der traditionellen Formel ab – der Bearbeitung einer allgemein bekannten Geschichte –, indem er etwas heiterere Variationen innerhalb der etablierten Formen entwickelte. Für seine *Iphigenie bei den Taurern* legte er eine relativ unbekannte Version der Geschichte der Iphigenie zugrunde, nach der Agamemnon seine Tochter schließlich doch nicht opferte und sie überlebte, um eine Priesterin der Artemis zu werden. Ähnlich war es in seiner *Helena*, in der die berühmte Schönheit nicht nach Troja, sondern nach Ägypten verschleppt wurde und ihrem Ehemann Menelaos treu blieb. Damit wurde eine Handlung eingeführt, in der die Zuschauer raten mußten. Dies ebnete Agathon den Weg, 414 v. Chr. seinen *Antheus* mit einer vollkommen erfundenen Handlung zu schreiben. Spätere Tragödiendichter erreichten nie solche Erfolge, und so waren im 4. Jahrhundert Wiederaufführungen von Stücken aus dem 5. Jahrhundert beliebt.

Das Satyrspiel

Das die *Oresteia* abschließende Satyrspiel ist verlorengegangen. Nur der Name, *Proteus*, ist überliefert. Einige Satyrspiele sind erhalten geblieben, doch von dem gemeinsamen Element der Satyrn abgesehen, sind sie sich so unähnlich, daß es unmöglich ist, ein typisches Satyrspiel zu definieren. Zur Zeit der *Oresteia*, 558 v. Chr., könnte in Satyrspielen ein Chor von Satyrn aufgetreten sein, zusammen mit ihrem fetten, betrunkenen und lüsternen Vater Silenos. Wahrscheinlich gab es in Satyrspielen tragische, komische, religiöse und obszöne Elemente, die wohl dazu dienten, einen Kontrast zu den Tragödien zu erzeugen und die Zuschauer zu erheitern.

Silenos und seine Satyren bilden das Gegenstück zu den Furien. Man kann sich vorstellen, wie *Proteus* gewesen sein könnte. Proteus, der alte Mann des Meeres, konnte seine Gestalt verändern: in einer Minute ein Mann, in der nächsten ein Löwe, eine Schlange, ein Baum oder sogar fließendes Wasser. Zusammen mit dem Chor der Satyre könnte dieser Charakter sehr wohl in ein Klamaukstück passen.

Die Anfänge der Komödie

In Südgriechenland und in den griechischen Kolonien Süditaliens war die Komödie weit verbreitet und stand wohl mit religiösen Ritualen in Verbindung. Die Komödie wurde 486 v. Chr. in die Großen Dionysien eingeführt und 442 v. Chr. in die weniger renommierten Landdionysien (die im Januar stattfanden). Drei Tragödien, ein Satyrspiel und eine Komödie wurden jeweils am zweiten, dritten, vierten und fünften Tag der Großen Dionysien aufgeführt. Während des Peloponnesischen Krieges beschränkte man das Fest auf vier Tage. Wenn es tatsächlich der Zweck des Satyrspiels gewesen sein sollte, den Zuschauern nach den Tragödien etwas Entspannung zu verschaffen, so kann die Aufführung der Komödien nach den Satyrspielen nur auf eine Veränderung letzterer hindeuten, womit ihr ursprünglicher Zweck nun hinfällig wurde.

Die alte attische Komödie

Die Athener Komödien des 5. Jahrhunderts (die alte attische Komödie) beruhten größtenteils auf Seitenhieben vor allem auf Politiker, Parodien anderer Stücke, Persiflagen bekannter Persönlichkeiten sowie auf einem einfachen und vulgären Humor. Bis vor kurzem war es wegen der Zensur unmöglich, die Stücke des Aristophanes, des unangefochtenen Königs der alten attischen Komödie, angemessen zu übersetzen, denn sein Humor kreiste geradezu obsessiv um alle Körperfunktionen.

Wie viele Dichter des 5. Jahrhunderts war wohl auch Aristophanes ein Idealist. Sowohl er als auch Euripides lassen Charaktere auftreten, die sich gegen den Krieg wenden, und beide haben Frauencharaktere ins Zentrum ihrer Stücke gestellt. Aristophanes griff den Volksverführer und Kriegshetzer Kleon schon in den Theaterstücken an, die er vor seinem 21. Lebensjahr geschrieben hatte, zum Beispiel in den *Babyloniern* oder den *Rittern*. Kleon schlug zurück, indem er ihn wegen Gottlosigkeit anklagte, aber er konnte die Anklage nicht durchsetzen. Bis zu seinem Tode im Jahr 421 v. Chr. griff der Dichter den Demagogen immer wieder an.

▽ *Ein Schauspieler mit seiner Maske, wie er auf einer süditalienischen Vase des 4. Jahrhunderts v. Chr. abgebildet ist.*

△ *Ein tanzender Satyr auf der Rückwand einer Pronomosvase.*

Athen

▷ *(Ganz rechts) Das Bruchstück einer süditalienischen Vase, auf dem Schauspieler in aufwendigen Kostümen abgebildet sind.*

△ *Das Fragment einer Athener Vase aus dem 5. Jahrhundert v. Chr., die auf der Agora gefunden wurde und eine frühe weibliche Maske mit einem weiß bemalten Gesicht zeigt.*

Die Wolken

Nicht immer waren Aristophanes' Angriffe rachsüchtiger Natur. Wahrscheinlich war er ein Freund des großen Athener Philosophen Sokrates und teilte viele seiner Ansichten. Man kann sich Sokrates' Unbehagen unschwer vorstellen, als er sich selbst in den *Wolken* in einem Korb auf die Bühne schweben sah, aus dem er angeblich Sonnenbeobachtungen betrieb. Aristophanes machte den Philosophen zu einem seiner Protagonisten, einem exzentrischen und areligiösen Kauz. Aber Sokrates fand es lustig und soll sogar aufgestanden sein, womit er den Zuschauern die Möglichkeit gab, anzuerkennen, wie gut die Charakterisierung war.

Die neue Komödie

Während des 4. Jahrhunderts v. Chr. begann sich die Komödie zu wandeln. In dieser Veränderung spiegelte sich das sinkende Ansehen Athens nach dem Peloponnesischen Krieg und der Niederlage der Athener gegen Philipp von Makedonien 338 v. Chr. wieder. Schon in Aristophanes' späteren Stücken kann man diesen Wandel erkennen. Allmählich verlor der Chor an Gewicht, Obszönitäten und Angriffe gegen Einzelpersonen verschwanden zum großen Teil und wurden durch die Verspottung von karikierten Parasiten, Vielfraßen und Betrunkenen ersetzt. Stereotype Charaktere wie alte Männer, junge Männer und Sklaven begannen aufzutauchen, und die Themen kamen immer mehr aus dem täglichen Leben.

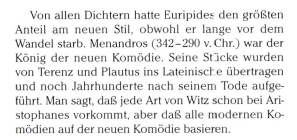

Von allen Dichtern hatte Euripides den größten Anteil am neuen Stil, obwohl er lange vor dem Wandel starb. Menandros (342–290 v. Chr.) war der König der neuen Komödie. Seine Stücke wurden von Terenz und Plautus ins Lateinische übertragen und noch Jahrhunderte nach seinem Tode aufgeführt. Man sagt, daß jede Art von Witz schon bei Aristophanes vorkommt, aber daß alle modernen Komödien auf der neuen Komödie basieren.

Die Kostümierung

Die Kostüme der Schauspieler orientierten sich im allgemeinen an der alltäglichen Kleidung, der Tunika *(chiton)* und dem Überwurf *(himation)*. Dazu kamen Ärmel, vielleicht weil es bei den Dionysischen Festen meistens kalt war. Die Lenäen, ein weniger wichtiges Dionysisches Theaterfest, fanden im Januar statt, und selbst bei den Großen Dionysien im März konnte es noch sehr kalt sein.

Die Pronomosvase vermittelt einen deutlichen Eindruck der Theaterkostüme um 400 v. Chr. Satyre tragen lediglich ein haariges Lendentuch mit einem Phallus und einem Schwanz sowie eine bärtige Maske mit spitzen Ohren. Silenos, der Vater der Satyren, trägt eine ähnliche Maske und einen haarigen Körperstrumpf. Andere Charaktere haben verzierte Mäntel und Tuniken an, die ihnen oft bis auf die Füße fallen, sowie weiche wadenhohe Stiefel.

Die am besten gekleidete Person war der *aulos*-Spieler, der den Chor begleitete. Der Lyraspieler, der die Schauspieler begleitete, wenn sie solo sangen, trat nicht auf. Die Produzenten *(choregoi)*, die für die Kostüme, Masken, Kulissen und die Ausstattung bezahlten, waren meistens wohlhabende Männer, die die Zuschauer beeindrucken wollten.

Groteske Kostüme mit riesigen Bäuchen und gigantischen Hinterteilen wurden in den Komödien benutzt. Sie bestanden aus einer Tunika bis zur Taille, die über ausgestopften Strumpfhosen getragen wurde, oft mit einem riesigen Phallus. Im 4. Jahrhundert v. Chr. kamen sie in Athen aus der Mode, aber in Süditalien wurden sie weiterhin benutzt.

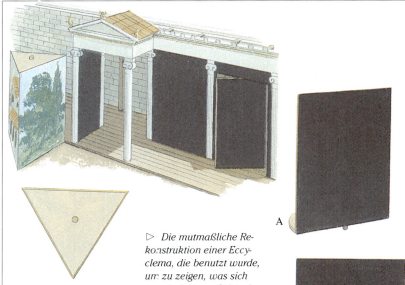

△ *Eine hölzerne* skene *aus dem 4. Jahrhundert v. Chr. und ein Teil einer dreiseitigen Kulisse, die einen schnellen Szenenwechsel erlaubte.*

▷ *Die mutmaßliche Rekonstruktion einer Eccyclema, die benutzt wurde, um zu zeigen, was sich innerhalb eines Gebäudes abspielte. Hier wird die Wirkung durch das Herumdrehen erreicht.*

A *Die Vorderseite.*
B *Die Rückseite.*

Die Masken

Alle Aufführenden trugen Masken, auch der Chor. Im 5. Jahrhundert v. Chr. waren das relativ genaue Darstellungen der Charaktere mit leicht geöffneten Mündern. Die Masken wurden aus Streifen zusammengeklebten Leinens angefertigt, die auf dem Gesicht des Schauspielers geformt wurden; dabei entstand eine leichte steife Maske, die dann angemalt werden konnte. Satyrmasken waren wahrscheinlich rot und die weiblichen Masken im allgemeinen weiß. Aristophanes benötigte immer Karikaturmasken für die Menschen, die er verspottete, wie zum Beispiel eine Kleonmaske für *Die Ritter* und eine Sokratesmaske für *Die Wolken*. Es muß auch schockierende Masken gegeben haben, so wie diejenigen, die für den Chor der Furien in Aischylos' *Die Eumeniden* benutzt wurden oder für Ödipus, der in Sophokles' König Ödipus geblendet und blutend erscheint. In Aristophanes' *Die Vögel* stellt der Chor unterschiedliche Vogelarten dar und hatte in den *Wolken* womöglich weiße Masken.

Im 4. Jahrhundert, als stereotype Charaktere auftauchten, wurden die Masken zunehmend normiert.

Die Kulissen

Im Athener Drama des 5. Jahrhunderts v. Chr. wurden ganz bestimmt Kulissen benutzt, und man sagt Sophokles nach, daß er sie eingeführt hat, doch mehr als das ist nicht bekannt. Es gibt gute Gründe, zu glauben, daß es im frühen Drama nur sehr sparsame Kulissen gab. Später kann es sogar frei stehende Kulissen gegeben haben, manche mit zwei oder sogar drei Seiten, die bei einem Wechsel der Szene gedreht werden konnten. Die *Oresteia* spielt vor allem vor dem Palast in Argos, aber die Handlung verlagert sich im dritten Stück vor den Tempel des Apollo in Delphi und dann noch einmal vor den Tempel der Athene in Athen. Der letzte Wechsel konnte einfach durch einen Austausch der Kultstatue markiert werden, doch wurden Tempel wahrscheinlich anders als Paläste angezeigt. Auch eine Art von Hintergrund wird wohl benutzt worden sein. Zwei Säulen und ein Giebel könnten einen Tempel angedeutet haben.

Deus ex machina

Früh im 5. Jahrhundert v. Chr. wurde ein Kran eingeführt, um die Götter auf die Bühne zu stellen und sie wieder wegzutragen. Dieser mußte manchmal große Lasten tragen können, so zum Beispiel in Euripides' *Medea*, wo die Heldin mit den Leichnamen ihrer Kinder in einem Wagen entschweben mußte, der vielleicht auch noch von geflügelten Schlangen gezogen wurde.

Dieser Teil der Ausrüstung *(deus ex machina)*, der für die Tragödien entworfen war, gab den Komödienschreibern eine glänzende Gelegenheit, um ihre Figuren schwungvoll von der Bühne verschwinden zu lassen. Aristophanes muß einen Kran benutzt haben, um Sokrates in seinem Korb hereinschweben zu lassen.

Eine Plattform *(eccyclema)* auf Rädern benutzte man, um zu zeigen, was sich in einem Gebäude

◁ Das choregische Denkmal, das 335/334 v. Chr. in Erinnerung an von Lysikrates aufgeführte Stücke errichtet wurde. Dutzende solcher Denkmäler standen an der Straße der Dreifüße, die vom Dionysostheater um das östliche Ende der Akropolis zur Agora führte.

▽ Ein Plan des Theaters und Heiligtums des Dionysos. Die Gebäude aus der Mitte des 4. Jahrhunderts v. Chr. sind rot eingezeichnet.

A Der große Dionysosaltar.
D–D Abwasserkanal.
M Choregische Denkmale.
O Das Odeion des Perikles.
S Die lange Stoa.
T1 Der frühe Tempel.
T2 Der spätere Tempel.

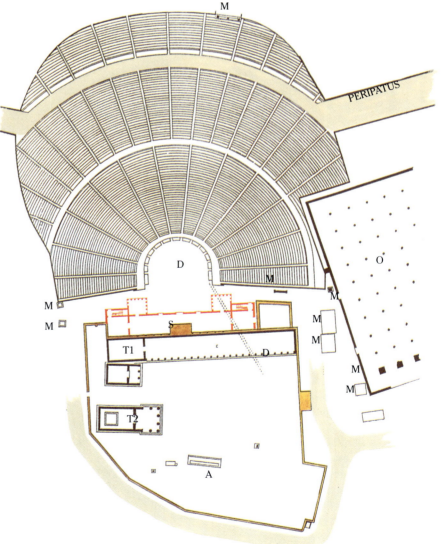

abspielte. In der *Oresteia* tötet Klytämnestra Agamemnon und Kassandra, die Seherin. Danach wurde sie mit den beiden Leichnamen durch die mittlere Tür auf die Bühne gerollt, so daß die Zuschauer sehen konnten, was passiert war.

Die ersten Steintheater

In der zweiten Hälfte des 4. Jahrhunderts v. Chr. wurde das erste komplett integrierte Steintheater an der Stelle des Dianglostheaters gebaut. Seltsamerweise scheint diese Entwicklung mit einem Verlust an Frische und Originalität in den Stücken einhergegangen zu sein. Den Athenern wurde bewußt, daß irgend etwas verlorengegangen war, und Neuaufführungen der Stücke aus dem 5. Jahrhundert wurden sehr beliebt.

Die neue *skene* wurde um 7 m nach vorne versetzt, so daß die alte Mauer H–H zur hinteren Mauer der Garderobenräume wurde. Die neue *skene* hatte drei Türen und einen geschlossenen Säulengang als Front. Außerdem gab es zwei Flügel mit offenen Säulenreihen, die etwa 5 m nach vorne herausstanden. Nun konnte man die Bühne an fünf verschiedenen Stellen betreten. Die neue Bühne wurde wie im modernen Theater über die *orchestra* verlegt, was den direkten Kontakt zwischen den Schauspielern auf der Bühne und dem Chor erschwerte. Dies entsprach einer geringeren Bedeutung des Chors. Die Plattform D wurde nun mit großer Wahrscheinlichkeit als Basis des Krans benutzt. Das neue Theater unterschied sich wahrscheinlich gar nicht so sehr von seinen Vorgängern und zeigt, bis zu welchem Entwicklungsgrad die alte hölzerne *skene* gediehen war.

Allem Anschein nach faßte das Theater sehr viel mehr Zuschauer, und die Steinsitze wurden bis an die steile Felswand der Akropolis gebaut, die abgetragen wurde, um die Sitzplätze unterzubringen. Die *orchestra* nahm die Form eines Halbkreises an, die es durch die Antike hindurch beibehielt. Das Regenwasser konnte durch einen Dränagekanal (*canopus*) vom Abhang herunter – und um die *orchestra* herumlaufen.

▷ *Die Sitze der Priester und hohen Staatsbeamten im Theater.*

Der Herbst Athens

Die Herrschaft Spartas währte nicht lange, die 30 Alleinherrscher wurden schnell entmachtet, und ein allgemeiner Unwille gegen Sparta breitete sich aus. Korinth, Argos und Theben lehnten sich auf, Athen schloß sich ihnen an. Die Langen Mauern nach Piräus wurden wieder aufgebaut, und Athen begann damit, einen neuen Seebund zu gründen. Aber die Tage der Athener Herrschaft waren vorbei: Die neue griechische Macht hieß Theben, das Sparta in zwei klassischen Schlachten schlug. Der Mythos der spartanischen Unbesiegbarkeit war zerstört.

Zu dieser Zeit hatte sich Athen bereits völlig von der Niederlage erholt. Obwohl die Athener nie mehr die kulturellen Leistungen der Perikleischen Epoche erbrachten, kam wieder Schwung in den Handel der Stadt, und im 4. Jahrhundert war Athen so wohlhabend wie andere griechische Staaten. Es hatte eine stabile Regierung und war überall in der Welt für seine künstlerischen und intellektuellen Errungenschaften berühmt. In jedem Theater Griechenlands wurden Athener Stücke aufgeführt, und die großen Denker der Zeit lebten in der Stadt.

Die Schüler Sokrates' waren nach seinem Tode aus der Stadt geflohen. Etwa 387 v. Chr. kam Platon zurück und gründete eine Schule der Philosophie in der Akademie, etwa 3 km nördlich von Athen.

Auch die Herrschaft Thebens dauerte nicht lange, denn schon war eine neue Macht geboren. 350 v. Chr. hatte Philipp II. von Makedonien die Staaten Chalkidikes annektiert, die mit Athen verbündet gewesen waren, war in Thessalien einmarschiert und stand vor den Thermopylen. Athen und Theben schlossen sich gegen die Makedonier zusammen, doch sie wurden 338 v. Chr. in Chaironeia geschlagen. Philipps Sohn Alexander zerstörte Theben vollkommen, doch Athen blieb als Stätte des Lernens erhalten. Als Alexander Persien eroberte, bemächtigte sich eine noch größere Macht der Herrschaft über Mittelitalien. Etwa ab 148 v. Chr. sollten Makedonien und das übrige Griechenland unter römische Hoheitsgewalt geraten, und Rom beherrschte den Mittelmeerraum für die nächsten 650 Jahre.

△ Die Rekonstruktion eines Theaters aus dem späten 4. Jahrhundert v. Chr. Erst ab diesem relativ späten Datum kann man sich einigermaßen sicher sein, wie das Theater ausgesehen hat. Das Heiligtum des Asklepios befindet sich unten links.

◁ Die Steinsitze für die Zuschauer und der Durchgang mit gefurchten Stufen, die ein Ausrutschen verhindern sollten. Die Zuschauer saßen auf dem erhöhten Teil der Bank und stellten ihre Füße auf den niedrigeren Teil der Sitzreihe vor ihnen.

ROM

Auf der Höhe seiner Macht im frühen 2. Jahrhundert n. Chr. unterschied sich Rom sehr von dem Athen des 5. Jahrhunderts v. Chr. Im 1. Jahrhundert v. Chr. sagte Dionysios von Halikarnassos über Rom, seine drei wichtigsten Errungenschaften seien die Aquädukte, die befestigten Straßen und die Kanalisation. Dem stimmte der römische Geograph Strabon zu: „Die Römer haben das meiste Geschick in den Dingen, die die Griechen für unwesentlich befinden." Diese Ansicht teilten viele antike Schriftsteller. Die wahrscheinlich bekannteste Würdigung der Aquädukte von Rom wurde uns von Frontinus, dem Oberaufseher der Wasserversorgung der Stadt zu Beginn des 1. Jahrhunderts n. Chr. gegeben. „Man vergleiche nur diese vielen unentbehrlichen Bauwerke und ihre Wassermassen mit den Pyramiden oder den nutzlosen, wenn auch berühmten Erzeugnissen der Griechen!"

Rom hatte sich von einer Ansammlung kleiner Hügelsiedlungen an den Ufern des Tiber zu einer gewaltigen politischen und militärischen Macht entwickelt. Zu Beginn des 2. Jahrhunderts n. Chr. war Rom *caput mundi*, „das Haupt der Welt", und die Städte seines enormen Reiches richteten sich nach seinem Vorbild.

Die Entwicklung der Stadt wurde von vielen Faktoren beeinflußt. Einer der wesentlichsten war ihre Lage am Tiber: der Hafen in Ostia verschaffte Rom Zugang zum Mittelmeerraum. Weitere waren die bautechnisch wichtige Entwicklung des römischen Zements und der Einsatz von Gewölben in großem Maßstab. Dies läßt sich am besten in der Zeit nach dem großen Feuer im Jahre 64 n. Chr. erkennen. Ein Großteil des Stadtzentrums mußte wiederaufgebaut werden, darüber hinaus entstanden einige der beeindruckendsten öffentlichen Gebäude Roms – wie das Kolosseum, die Trajansthermen und die Tempel der Venus und Roma – innerhalb der nächsten 60 Jahre.

In der Spätzeit der Republik prägten berühmte Männer die Geschichte der Stadt. Cato, der die Zerstörung Karthagos forderte; Cicero, der große Redner; Pompeius der Große und Julius Cäsar, die beiden prominenten Köpfen in der Politik Roms im 1. Jahrhundert v. Chr., die auch für große Bauvorhaben in der Stadt verantwortlich waren.

Mit Beginn des 4. Jahrhunderts n. Chr. war Rom nicht mehr die Hauptstadt des Reiches, das im 5. Jahrhundert im Westen auseinanderfiel. Doch als Zentrum der Christenheit blieb Rom weiterhin von Bedeutung. Heute ist die Stadt noch immer ein großes Pilgerziel.

Die Lage Roms

Von seinem Ursprung an der seichten Furt des Tibers entwickelte sich Rom stetig, und die Macht seiner Bevölkerung dehnte sich aus. Während die Macht zur frühen Republik und diese zum Augustischen Imperium führte, erhielt die Stadt ihre ersten Monumentalbauten und öffentlichen Gebäude.

△ *Eine Urne für eine Bestattung, etwa aus dem 9. Jahrhundert v. Chr., die in dem Gebiet gefunden wurde, das sich später zum Forum Romanum entwickelte. Sie wurde einer Hütte nachempfunden.*

Die Stadt Rom breitete sich an den Ufern des Flusses Tiber an einer geografisch günstigen Stelle aus, wo das Überschwemmungsgebiet ziemlich schmal war und die Hügel am linken Flußufer eine gute Verteidigungsposition für die frühen Siedlungen boten. Doch weitaus wichtiger war die Brücke über den Tiber, also die seichte Stelle, wo eine alte Salzstraße den Tiber überquerte und in das Gebiet der Etrusker führte. Die erste Brücke über den Tiber war die Pons Sublicius. Dem römischen Historiker Livius zufolge war sie die berühmte Brücke, die Horatio erfolgreich gegen das Heer des etruskischen Königs Porsenna aus Clusium 509 v. Chr. verteidigt hatte. Sie war 600 v. Chr. in der traditionellen Bauweise auf hölzernen Pfeilern, die in das Flußbett getrieben wurden, erbaut worden. Es ist bezeichnend, daß der Titel des römischen Oberpriesters Pontifex Maximus lautete, „der Oberbrückenbauer", ein Titel, den der Papst noch heute trägt.

Der Tiber war für Boote mit geringem Tiefgang zumindest bis Rom schiffbar. Am südlichen Ufer des Flusses zog sich die uralte Handelsroute entlang, die Via Salaria, die „Salzstraße", von den Salzteichen an der Mündung des Tiber hoch in die Apenninen hinein.

Der große Jupitertempel

Gegen Ende des 6. Jahrhunderts v. Chr. wurde der erste große Tempel des Jupiter Optimus Maximus auf dem kapitolinischen Hügel gebaut. Nur ein Teil des Sockels des ersten Tempels ist erhalten geblieben, doch ist der Bauplan bekannt. Es war ein Tempel im etruskischen Stil auf einem hohen Steinsockel, die Wände waren wahrscheinlich aus stuckver-

△ *Plan und Ausführung einer Hütte vom Palatinischen Hügel aus dem 8. Jahrhundert v. Chr.*

▷ *Die Lage Roms. Der Übergang über den Tiber, die Via Salaria und andere Routen sind hier zu erkennen.*

▷ *Die Lage Roms. Hier sind der Palatin, das Kapitol und das Marsfeld (Campus Martius) abgebildet.*

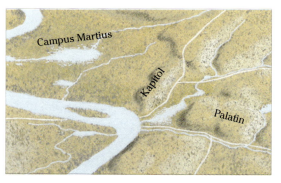

zierten Schlammziegeln. Am hinteren Ende des Sockels befanden sich drei *cellae* oder Schreine. In der Mitte stand die Kultstatue des Jupiter, seine Gemahlin Juno zur Linken und Minerva (Athene) zur Rechten. Die Front bildete eine tiefe Vorhalle mit drei sechssäuligen Kolonnaden. Zu beiden Seiten des Gebäudes standen je sieben Säulen.

Die Republik

Am Ende des 6. Jahrhunderts v. Chr. wurden die Könige entmachtet, und bald darauf hatte sich eine republikanische Regierung etabliert. Sie bestand aus einer Oligarchie mit zwei Obermagistraten, die später Konsuln genannt und jedes Jahr aus der Aristokratie gewählt wurden. In der frühen Republik lag die Macht über alle öffentlichen und religiösen Belange in den Händen der Patrizier, einer kleinen und privilegierten aristokratischen Gruppe von Großgrundbesitzern. Diese alleinige Herrschaft über alle staatlichen Bereiche führte zu immer größerem Unmut unter den Plebejern (alle, die keine Patrizier waren). 200 Jahre lang währte der Ständekampf, und in dieser Zeit erstritten sich die Plebejer, von denen einige so reich wie die Patrizier waren, nach und nach immer mehr Rechte in der Verwaltung der Stadt. Vom frühen 5. Jahrhundert v. Chr. an wurden Volkstribune gewählt, um die Ansprüche der Plebejer zu vertreten. Sie konnten in jeder Situation, in der die Interessen der Plebejer gefährdet waren, ihr Veto einlegen. Ungefähr um 450 v. Chr. wurde das Zwölftafelgesetz aufgezeichnet, das alle Bürger vor dem Gesetz gleichstellen sollte.

Im frühen 4. Jahrhundert konnten die Plebejer in alle untergeordneten Ämter gewählt werden, und 367 v. Chr. wurde schließlich der erste Plebejer Konsul. Trotzdem war Rom keine Demokratie: Macht beruhte noch immer auf Reichtum. Um dem zeitweiligen Ende der Ständekämpfe zwischen Patriziern und Plebejern ein sichtbares Zeichen zu setzen, wurde der Tempel der Concordia am Fuße des Kapitols mit Blick auf das Forum gebaut.

Der Versammlungsort

Das Forum Romanum stand im Mittelpunkt des öffentlichen und politischen Lebens. Es lag in einer ursprünglich sumpfigen Senke zwischen den palatinischen und kapitolinischen Hügeln und den Ausläufern des Esquilin und des Quirinal. Das Forum Romanum wurde von der Cloaca Maxima überquert, die das überschüssige Wasser des Gebiets zwischen dem Quirinal und dem Esquilin in den Tiber nahe der alten Brücke abführte. Ursprünglich wahrscheinlich im 6. Jahrhundert v. Chr. als Entwässerungsgraben entworfen, mußte die Cloaca Maxima im 2. Jahrhundert v. Chr. überdacht werden, als sie zu Roms wichtigstem Abwasserkanal wurde. Im Forum gab es zwei versumpfte Teiche, den Lacus Curtius und den Lacus Iuturnae am Südrand.

Wohnhäuser mit Ladenfronten zogen sich an der nordöstlichen und der südwestlichen Seite des Forums entlang. Das Volk versammelte sich zur Wahl im Comitium, einer rechteckigen Einfriedung, die nach den vier Himmelsrichtungen ausgerichtet war. Das Senatsgebäude (Kurie) stand am Nordende des Comitium, davor lag die Rednertribüne *(rostra)*. Von hier aus konnten die Magistrate die Versammlung ansprechen.

Das Königshaus

Zunächst stand der Palast (Regia) der Könige *(reges)* in der Südostecke des Forums. Während der Zeit der Republik wurde dieses Gebiet von der Residenz des Oberpriesters, des Pontifex Maximus, eingenommen. Dort residierten auch die Vestalinnen, die das heilige Feuer im Schrein der Vesta, der Göttin des Staatsherdes, hüteten. (Der Tempel diente außerdem als Aufbewahrungsort für die heiligen Urkunden.) Die Vestalinnen waren junge Mädchen aus aristokratischen Familien, die der Oberpriester ausgesucht hatte. Sie mußten 30 Jahre lang keusch leben, andernfalls wurden sie mit dem Tode bestraft.

Der lange Weg zum Imperium

Im 4. Jahrhundert v. Chr. weitete sich der politische Einfluß Roms auf den Norden und Süden Italiens aus. Durch eine große Anstrengung der Latiner und der griechischen Kolonie bei Cumae konnte die etruskische Übermacht südlich des Tiber zurückgedrängt werden, und Rom wurde zunächst Mitglied des Bundes der Latinischen Städte, die gegen die Bergvölker im Osten und die Etrusker im Norden kämpften. Mehr als hundert Jahre lang bekämpften sich die Latiner mit den nördlicheren Völkern, bis sie schließlich zu Beginn des 4. Jahrhunderts v. Chr. die Oberhand gewannen. Veji, Roms nächster etruskischer Nachbar, 15 km weiter nördlich gelegen, wurde 396 v. Chr. nach einer langen Belagerung unterworfen.

Die gallische Plünderung

Doch dann brach das Verhängnis über Rom herein. Seit einem Jahrhundert waren gallische Stämme aus Mitteleuropa nach Norditalien eingewandert und hatten allmählich die Etrusker in der Poebene verdrängt. Unter ihnen war das Volk der Senonen, das sich an der Adriaküste bei Ancona niedergelassen hatte. 390 v. Chr. überquerten die Senonen die Apenninen und fielen in Mittelitalien ein. Sie besiegten die latinische Armee und plünderten Rom, bevor sie sich nach Norden zurückzogen. Der Legende zufolge hielt nur das befestigte Kapitol dem Ansturm stand. Fast 800 Jahre sollte es dauern, bis Rom 476 n. Chr. eine ähnliche Plünderung durch den Goten Alarich widerfuhr.

Die Eroberung Italiens

Rom erholte sich sehr schnell. Innerhalb der nächsten 50 Jahre hatte es die Macht im Latinischen Bund an sich gerissen und

▽ *Tempeldekoration aus Terrakotta aus dem frühen Rom (6. und 7. Jahrhundert v. Chr.).*

△ Das Forum Romanum und das Kapitol mit dem Jupitertempel am Ende des 2. Jahrhunderts v. Chr.

begann mit der Eroberung Italiens. Die etruskischen Städte fielen eine nach der anderen. Ihnen folgten die Bergvölker. Die Samniten herrschten in den Bergen im Süden Italiens und leisteten den größten Widerstand – doch 290 v. Chr. war ganz Mittelitalien unter römischer Herrschaft. Da die Gallier immer wieder in Mittelitalien einfielen, gingen die gereizten Römer 283 v. Chr. zum großangelegten Gegenangriff auf die Senonen über und vertrieben sie schließlich aus Italien. Jetzt verlagerte sich die Aufmerksamkeit Roms auf die griechischen Staaten in Süditalien, und trotz der Intervention des Pyrrhus, König von Epirus, hatte Rom 275 v. Chr. die Kontrolle über ganz Italien südlich der Poebene gewonnen.

Karthago

Rom verstrickte sich in seine kostspieligsten Kriege – beide gegen Karthago. Der Erste Karthagische (oder Punische) Krieg wurde über den Besitz Siziliens (264–241 v. Chr.) ausgefochten. Im Zweiten Punischen Krieg (218–201 v. Chr.) wurden die Karthager von ihrem Feldherrn Hannibal angeführt. Hannibal marschierte 218 v. Chr. von dem karthagischen Stützpunkt in Spanien nach Italien ein. Nach drei großen Siegen, darunter der von Cannae in Apulien 216 v. Chr., gelang es ihm, einen großen Teil Süditaliens aus dem Einflußbereich Roms zu lösen. Aber dann trugen die Römer den Krieg näher an Karthago heran. Erst durchzogen sie Spanien und darauf Nordafrika unter Scipio. Schließlich wurde Hannibal 202 v. Chr. in der Schlacht von Zama geschlagen.

Die Beherrscher des Mittelmeers

Aus diesem Krieg ging Rom als größte Macht im gesamten Mittelmeerraum hervor. Philipp V. von Makedonien, der Hannibal unterstützt hatte, wurde 197 v. Chr. besiegt und nach ihm Antiochos der Große, der König von Syrien. Der Krieg mit Hannibal ließ Rom in Spanien einmarschieren, und in der zweiten Hälfte des 2. Jahrhunderts v. Chr. beherrschten die Römer Spanien, mit Ausnahme des Nordwestens, der erst zur Zeit des Augustus unterworfen wurde. Im frühen 2. Jahrhundert wurden die Kelten Norditaliens unterjocht und römische Kolonien in der Poebene gegründet. Jenseits der Alpen siedelten sich die Römer 121 v. Chr. an und gründeten die Kolonie Gallia Narbonensis. Bis 129 v. Chr. wurden Achaia, Makedonien und Asien im östlichen Mittelmeerraum zu römischen Provinzen.

Die Stadt auf den sieben Hügeln

Während Roms Macht wuchs, dehnte sich die Stadt aus. Nachdem sie 390 v. Chr. von den Galliern geplündert worden war, wurden starke Mauern errichtet. Früher nahm man an, daß sie unter Servius Tullius im 6. Jahrhundert v. Chr. gebaut worden seien, doch heute werden sie allgemein der Zeit direkt nach der Plünderung durch die Gallier zugerechnet. Die Mauern bestehen im wesentlichen aus dem gelbgrauen Tuffstein der Grotta Oscura in der Nähe von Veji, der erst nach der Unterwerfung dieser Stadt 396 v. Chr. zur Verfügung stand. Die Mauern umrundeten die sieben Hügel auf 11 km Länge: Kapitol, Quirinal, Viminal, Esquilin, Caelius, Aventin und Palatin – ein Gebiet von 400 Hektar. Die durch die Gallier zerstörten Gebäude wurden wieder aufgebaut.

Am Ende des 4. Jahrhunderts v. Chr. wurden einige große öffentliche Bauvorhaben in Angriff genommen. Eine der ersten und die berühmteste der römischen Straßen, die Via Appia von Rom nach Capua in Kampanien, sowie der erste Aquädukt, die Aqua Appia, die frisches Wasser aus den Quellen 12 km östlich von Rom heranleitete, wurden beide 312 v. Chr. gebaut.

Öffentliche Gebäude

Auf den römischen Hügeln, besonders auf dem Palatin, wohnten die Reichen. Die Armen drängten sich in den Tälern zusammen, vor allem in der Subura, der tiefgelegenen Senke nordöstlich des Forums. Das Tal zwischen dem Palatin und dem Aventin wurde schon in frühen Zeiten für Wagenrennen genutzt, und zum Ende des 4. Jahrhunderts v. Chr. hatte sich dort der Circus Maximus etabliert.

In den republikanischen Zeiten entstanden einige bedeutende Tempel. Mitte des 4. Jahrhunderts v. Chr. wurde einen Tempel für Juno Moneta am Nordende des Kapitols gebaut, und zu Beginn des 2. Jahrhunderts v. Chr. weihte man Magna Mater, der großen Mutter, ein Tempel auf dem palatinischen Hügel. Die Eroberungen Roms in Süditalien und Sizilien während des 3. Jahrhunderts v. Chr. wirkten sich auf die Kultur und Architektur aus. Die römischen Soldaten brachten nicht nur kunstgewerbliche Gegenstände, sondern auch Sitten und Gebräuche aus Griechenland mit nach Hause. 241 v. Chr. wurden lateinische Bearbeitungen griechischer Stücke in Rom aufgeführt.

Wahre Größe verlieh dem Forum 170 v. Chr. die Errichtung zweier Basiliken, eine neben dem Kastor-und-Pollux-Tempel und die andere auf der gegenüberliegenden Seite des Forums.

Unruhen

Das frühe 1. Jahrhundert v. Chr. war eine Zeit großer politischer Instabilität. Zwischen den Optimaten, der außerordentlich konservativen und machthungrigen Gruppe aus der Oberklasse, und den Popularen, ebenso ehrgeizigen Politikern aus weniger angesehenen Familien, deren einzige Möglichkeit, an die Herrschaft zu gelangen, in der Unterstützung des Volkes bestand, entbrannte ein Machtkampf.

Die Gracchen hatten sich im späteren 2. Jahrhundert v. Chr. für die Popularen als Tribune der Plebejer eingesetzt. Doch nun wandten sich ehrgeizige Politiker, die sich im Senat nicht durchsetzen konnten, direkt an das Volk. Marius, entgegen der Verfassung zum fünften Mal hintereinander Konsul (104–100 v. Chr.), folgte der Diktator Sulla, der gegen Rom marschierte.

Die Plünderung Athens

Rom verstrickte sich im Osten in Kriege gegen Mithridates, König von Pontus. Sulla wandte sich nach Osten und belagerte Athen, einen Verbündeten des Mithridates. 86 v. Chr. nahm er die Stadt ein und besiegte die Armeen des Mithridates in Böotien. Nach den Friedensverhandlungen im Jahre 85 v. Chr. kehrte Sulla nach Italien zurück.

Blutiger Bürgerkrieg

In Rom hatte sich zunächst Marius und danach Cinna die Macht angeeignet. Als er in Italien gelandet war, marschierte Sulla gegen Rom. Pompeius' drei Legionen verstärkten seine Armee, und so besiegte er in mehreren Schlachten die Opposition. Die Anhänger des Marius flohen aus Rom. Sulla wird nachgesagt, diejenigen massakriert zu haben, die seine Feinde unterstützten. Nach seinem Sieg überarbeitete Sulla die Verfassung, indem er den Senat stärkte und die Macht der Volkstribune beschränkte.

Zu dieser Zeit wurde im Forum stark gebaut. Zunächst hob man den Boden um fast 1 m an, dann legte man das Gebäude mit Marmor aus und begradigte die Seiten des Forums. An der Nordseite wurde die Kurie wieder aufgebaut, und an den Hängen des Kapitols ragte das beeindruckende neue Staatsarchiv, das Tabularium, empor.

Ein neuer Jupitertempel

Sulla befahl den Wiederaufbau des großen Jupitertempels auf dem Kapitol. In Athen hatte er den unvollendeten Tempel für den Olympischen Zeus gesehen, und nun ordnete er an, daß die Marmorsäulen von Athen nach Rom gebracht werden und für den neuen Tempel benutzt werden sollten. Der Tempel wurde auf einem Sockel nach dem Plan aus dem 6. Jahrhundert v. Chr. aufgebaut. Nur vereinzelt sind Teile dieses Sockels erhalten geblieben.

Gaius Julius Cäsar

Nach einer herausragenden Laufbahn starb Sulla 78 v. Chr. Tausende von Soldaten hatten ihm Bewunderung gezollt und sicherlich auch einige der konservativeren Senatoren. Doch seine Bemühungen, die frühere aristokratische Vorherrschaft wiedereinzuführen, hatten nicht vermocht, die politischen Unruhen zu beseitigen. Innerhalb weniger Jahre entluden sich die gleichen Spannungen – doch diesmal hatten die Popularen einen Führer, der keine Skrupel kannte und ein kluger Politiker war.

Gaius Julius Cäsar war Anfang 20, als Sulla starb, und nur wegen seiner Jugend war er von einer Strafe als Anhänger des Marius verschont geblieben. 58 v. Chr. wurde er Gouverneur von Illyrien, der Poebene und Südgallien. Während der folgenden neun Jahre eroberte er ganz Gallien westlich des Rheins und stellte eine Veteranenarmee auf, die ihm folgte, was immer er auch tat. Aus Angst vor seinem Einfluß versuchte der Senat, ihn zu entmachten. Als dies fehlschlug, riefen sie Pompeius, seinen einzigen Rivalen unter den großen Generälen, zur Verteidigung Roms.

Nun brach der Bürgerkrieg offen aus, und Cäsar ging als Sieger daraus hervor. Obwohl er die Besiegten weder massakrierte noch ihre Habe konfiszierte, schaffte er sich durch seinen offensichtlich unstillbaren Machthunger Feinde. 44 v. Chr. wurde er ermordet; es folgte ein weiterer Bürgerkrieg. Erst als Cäsars Neffe Oktavian 31 v. Chr. Mark Antonius und Kleopatra in der Schlacht von Aktium besiegte, kehrte Frieden ein.

Obwohl Oktavian all die Macht besaß, die Cäsar gesucht hatte, stellte er sich dem Volk gegenüber nur als führender Bürger *(princeps)* dar. Am 16. Januar 27 v. Chr. verlieh ihm der Senat den Titel Augustus, und er nahm auch den Titel *Imperator* an, der siegreichen Feldherren übertragen wurde.

Mit Augustus wurde das letzte Kapitel der Republik geschrieben: Das Prinzipat entstand, eine Institution, die das Angesicht Roms verändern sollte.

Die Hauptstadt des Imperiums

Das Erscheinungsbild der Stadt wandelte sich unter der Herrschaft des Augustus. Neue, beeindruckende Denkmäler aus Marmor wurden errichtet und unzählige ältere Gebäude restauriert. Die Veränderungen unter einigen Nachfolgern des Augustus nahmen die Bürger Roms allerdings nicht so gut auf.

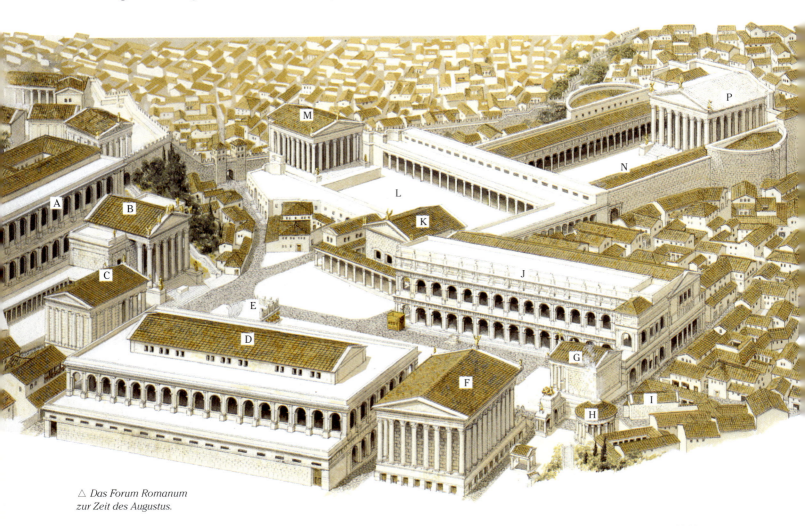

△ Das Forum Romanum zur Zeit des Augustus.

- A Tabularium
- B Tempel der Concordia
- C Tempel des Saturn
- D Basilika Julia
- E Rostra
- F Kastor-und-Pollux-Tempel
- G Tempel des göttlichen Cäsar
- H Vestatempel
- I Regia
- J Basilika Aemilia
- K Curia Julia
- L Forum des Julius Caesar
- M Tempel der Venus Genetrix
- N Forum des Augustus
- P Tempel des Mars Ultor

Während er vorgab, die Republik mit sich als *princeps* wiederbeleben zu wollen, schaffte Augustus ein autokratisches Regierungssystem. Er bemühte sich sehr darum, die Folgen seiner politischen Veränderungen zu verbergen. Da alle Mitglieder des Senats durch seine Gunst in ihre Ämter gelangt waren, war ihm die Zustimmung des Senats bei Beratungen immer schon sicher.

Rom verändert sich

Cäsar und Pompeius hatten monumentale Gebäude in Rom gebaut. Pompeius hatte ein riesiges Theater auf dem Marsfeld errichtet, während Cäsar eine Basilika bauen ließ, die sich an der Südwestseite des Forum Romanum entlangzog, und im Norden mit einem neuen Forum begonnen hatte. Unter Augustus gab es ein eindruckvolles Programm der Restauration von Denkmälern. Er vollendete Cäsars Projekte und nahm für sich in Anspruch, 82 Tempel in einem Jahr (28 v. Chr.) restauriert zu haben. Auch das Theater des Pompeius wurde erneuert und zwei weitere Theater gebaut, das Balbus-Theater und das Marcellus-Theater. Ebenso wurden die Reparatur der alten Aquädukte und der Bau zweier weiterer in Angriff genommen. Der Schwiegersohn des Augustus, Agrippa, baute 21–19 v. Chr. die Aqua Virgo und Augustus die Aqua Alsietina, um einen künstlichen See für Wasserspiele zu speisen.

Laut Sueton gab der Imperator vor, eine Stadt aus Stein vorgefunden und eine Stadt aus Marmor hinterlassen zu haben. Doch entspricht dies nur teilweise der Wahrheit: Die meisten Häuser Roms wurden weiterhin aus Schlammziegeln, Holz und Schottergestein gebaut. Doch für den Bau und die Verzierung öffentlicher und religiöser Denkmäler beutete Augustus einen neuen Marmorsteinbruch im norditalienischen Luna (Carrara) aus. Davor kam der in Rom benutzte weiße Marmor fast ausschließlich aus Griechenland. Augustus importierte auch farbigen Marmor aus Nordafrika, Griechenland und Kleinasien. Zum ersten Mal in der Geschichte benutzte man solche Ziersteine im großen Maßstab: für Säulen, Straßenpflasterung und Verkleidungen.

Das Forum Romanum

Das Forum Romanum wurde nach Cäsars Plänen erheblichen Umgestaltungen unterzogen. Unter Augustus wurde der neue Entwurf vollendet, und danach gab es keine wesentlichen Veränderungen mehr. Er vergrößerte und vollendete die Basilika Julia an der Südwestseite sowie das neue Senatsgebäude, die Curia Julia, die Cäsar an der Nordostseite neben der Basilika Aemilia begonnen hatte. Die Rednertribüne (Rostra) wurde als axialer Brennpunkt an den Fuß des Kapitols versetzt. Am gegenüberliegenden Ende stand der Tempel des vergöttlichten Cäsar vor der Regia und daneben Augustus' eigener Triumphbogen.

Das Forum Augustum

Nördlich des Forum Romanum befand sich das Forum Augustum, dessen Bau man sich während der Schlacht von Philippi im Jahre 42 v. Chr. gelobt hatte. Fünf Jahre später wurde das Gelöbnis in die Tat umgesetzt, um den Sieg über die Attentäter Cäsars zu feiern. Das Forum und der Tempel des Mars Ultor (des Rächers) wurden 2 v. Chr. geweiht. Die ganze Anlage war sehr weitläufig und hatte eine Reihe griechischer Merkmale, unter ihnen Karyatiden, die das Hauptgesims der Vorhallen stützten. Hinter den Vorhallen befanden sich Exedren, in denen Statuen der julianischen Familie und anderer berühmter Männer der Republik neben solchen von mythologischen Figuren wie Romulus und Äneas standen.

▽ *Blick vom palatinischen Hügel auf das heutige Forum Romanum.*

◁ Die Ara Pacis, der große Friedensaltar, der zwischen 13 und 9 v. Chr. nach einem Senatsbeschluß errichtet wurde, um der erfolgreichen Rückkehr des Imperators Augustus von seinem Feldzug in Gallien zu gedenken. Die das Gebäude verzierenden Reliefs stellen Szenen des Reichtums, Friedens und Wohlstandes dar.

△ Ein Ausschnitt der kaiserlichen Prozession von der Ara Pacis: Die Mitglieder des kaiserlichen Hauses folgen Agrippa (links mit bedecktem Kopf).

Die Ara Pacis

13 v. Chr. entschied der Senat, daß ein Altar auf dem Campus Martius (Marsfeld) neben der Via Flaminia gebaut werden sollte, um der Siege Augustus' in Spanien und Gallien zu gedenken. An diesem rechteckigen Bauwerk, das als Ara Pacis (Friedensaltar) bekannt wurde und heute am Tiber steht, läuft ein Skulpturenrelief entlang, auf dem die Wonnen des Friedens, den Augustus nach Italien gebracht hatte, gefeiert werden. An drei Außenseiten werden der Imperator, die Senatoren und ihre Familien bei der Prozession zur Altarweihe dargestellt. Weiter westlich richtete sich das Horologium Augusti an der Ara Pacis aus; als Zeiger dieser immensen Sonnenuhr diente ein Obelisk, den Augustus aus Ägypten mitgebracht hatte.

Ein bescheidenes Haus auf dem Palatin

Den literarischen Quellen zufolge lebte Augustus in einem eleganten, aber bescheidenen Haus auf dem Palatin, das aus einigen Häusern aus dem 1. Jahrhundert v. Chr. entstanden war. Diese Residenz scheint in mehrere Wohnbereiche gegliedert gewesen zu sein. Das Haus der Livia bestand aus einem von Säulen umgebenen Hof mit einer Flucht von Familienzimmern im Westen. Im Hause des Augustus befanden sich mehrere staatliche Empfangsräume, die sich nach Süden öffneten und entlang der Vorhalle am Apollotempel mit Marmor verkleidet waren. Einige Wandbemalungen dieser Häuser sind so gut erhalten geblieben wie sonst nirgends in Rom.

Wandverzierung

Die Dekorationsstile dieser Häuser ähneln denen aus Pompeji. Diese wurden aus hellenistischen Quellen entwickelt und können in vier aufeinanderfolgende Stile unterteilt werden.

Der Erste Stil – der Mauerwerkstil – wurde ungefähr bis 80 v. Chr. benutzt und imitierte Steinplatten aus gefärbtem Marmor. Im Zweiten Stil – dem Architekturstil – wurden architektonische Motive und Landschaften hinzugefügt, um eine Illusion von Tiefe zu erzeugen. Der Dritte Stil entwickelte sich zum Ende des 1. Jahrhunderts v. Chr. und wurde durch den Gebrauch großer Farbflächen mit Kandelabern, die Bilder umrahmten, charakterisiert. Etwa von 35 n. Chr. bis zum Ende des 1. Jahrhunderts wurden immer mehr Landschaften und falsche Architekturszenen benutzt – und dieses wurde als der Vierte Stil bekannt.

Die Hauptstadt des Imperiums

◁ Das Haus des Augustus auf dem Palatin: eine Rekonstruktion der Deckenverzierung im oberen Schlafzimmer 15.

▷ Das Haus des Augustus: eine Rekonstruktion der Verzierung im oberen Schlafzimmer 15.

◁ Das Haus des Augustus: die Wandverzierung im oberen Schlafzimmer 15 in ihrem heutigen Zustand.

113

Rom

Wandbemalung

△ **A** *Der Mauerwerkstil, der hellenistische Vorgänger des Ersten pompejanischen Stils, von dem Hieron auf Samothrake, aus dem späten 4. Jahrhundert v. Chr. Der Putz (stucco) ist so verarbeitet worden, daß er wie Mauerwerk aussieht. Dieser Stil wurde bis zum Beginn des 1. Jahrhunderts v. Chr. angewandt.*

△ **B** *Ein Beispiel für den Mauerwerkstil von dem sogenannten François-Grabmal in Vulci in Etrurien. Mehrere Farben wurden benutzt, um Steine zu imitieren.*

△ **C** *Der Erste pompejanische Stil: ein Beispiel aus dem Schlafzimmer eines Hauses in Pompeji.*

◁ **D** *Der späte Erste Stil aus dem Jupitertempel des Forums in Pompeji. Die dreidimensionale Wirkung wird durch vorgetäuschte Licht- und Schatteneffekte erzeugt. Schmale, aufrechtstehende Blöcke wurden zwischen die oft gerahmten Farbflächen gesetzt.*

△ **E** *Der frühe Zweite Stil, aus der Mysterienvilla bei Pompeji. Viele der Elemente des Ersten Stils wurden beibehalten, doch die auf den Podesten stehenden Säulen schaffen die Illusion, die Farbflächen seien zurückversetzt. Diese Illusion wird durch die vertäfelten Bögen oben verstärkt.*

△ **F** *Der voll ausgereifte Zweite Stil aus der Villa der Poppäa in Oplontis (heute Torre Annunziata) in der Bucht von Neapel. Hier wurde eine wirkliche perspektivische Wirkung erreicht, und die Bäume und Gebäude des Hintergrunds verstärken noch die Illusion der Tiefe.*

◁ **G** *Der frühe Dritte Stil aus der Villa der Poppäa in Oplontis (heute Torre Annunziata) in der Bucht von Neapel.*

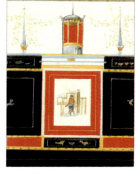

△ **H** *Der ausgereifte Dritte Stil aus dem Haus des Lucius Ceius Secundus in Pompeji. Die schwarzen und roten Paneele lenken das Augenmerk auf das Bild in der Mitte. Die Säulen und der Architrav des früheren Stils wurden zu einem weißen Rahmen für das Bild, das zusätzlich nach oben durch ein weiteres Paneel abgegrenzt ist. Die oben entlanglaufenden Architekturmotive sind für den Dritten und Vierten Stil charakteristisch.*

△ **I** *Der Vierte Stil, aus dem Haus des Octavius Quartio. Der Vierte Stil ist sehr vielfältig, und dieses Beispiel illustriert seine Entwicklung aus dem Dritten Stil. Der Vierte Stil ist durch architektonische Phantasieansichten gekennzeichnet. Auf die großen, fast unverzierten Farbflächen werden relativ kleine Illustrationen gesetzt.*

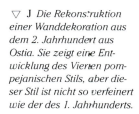

▽ **J** *Die Rekonstruktion einer Wanddekoration aus dem 2. Jahrhundert aus Ostia. Sie zeigt eine Entwicklung des Vierten pompejanischen Stils, aber dieser Stil ist nicht so verfeinert wie der des 1. Jahrhunderts.*

Ein Heuchler, ein Verrückter, ein Narr und ein Schuft

Dies sind die Worte, mit denen der römische Historiker Tacitus die Nachfolger des Augustus, alles Mitglieder der julisch-claudischen Familie, beschreibt. Der erste von ihnen, Tiberius, machte nicht viel Aufhebens davon, die republikanische Gesinnung vorzutäuschen. Augustus hatte seine Leibwächter, die Prätorianer, einige Meilen außerhalb Roms stationiert. Tiberius baute ihnen ein neues Lager in den Außenbezirken der Stadt, das Castra Praetoria. Sich selbst baute er einen großen Palast an der nördlichen Ausbuchtung des Palatin (Domus Tiberiana). Heute ist davon kaum noch etwas zu sehen, doch ist bekannt, daß das Haus um einen großzügigen, von Säulen flankierten Innenhof gebaut wurde.

Der Verrückte

Caligula kam 37 n. Chr. im Alter von 25 Jahren mit Hilfe der Prätorianer an die Macht. Die ersten Monate seiner Herrschaft schienen eine neue Ära einzuleiten. Politische Gegner wurden begnadigt und die Steuern heruntergesetzt. Verschwenderische Unterhaltungsveranstaltungen trugen zur Beliebtheit des Imperators bei. Doch dann erkrankte er schwer. Obwohl er sich körperlich erholte, blieb er von da an verwirrt, und sein undiszipliniertes Wesen verfiel den Verführungen der Macht.

In den hellenistischen Königreichen des Ostens war es üblich, die Herrscher schon vor ihrem Tod als Götter anzubeten. Augustus sah darin eine nützliche Art, sich der Loyalität seiner Untertanen im Osten zu versichern, deswegen erlaubte er Riten, in denen der Imperator und seine Familie angebetet wurden. In Rom aber waren dem Imperator solche Ehren vor seinem Tode verboten.

Caligula war vollkommen davon überzeugt, daß er wirklich ein Gott sei. Weit davon entfernt, seine Anbetung im Osten nur zuzulassen, bestand er sogar darauf. In Judäa verursachte er durch die Anordnung, seine Statue im Tempel von Jerusalem aufzustellen, eine Rebellion.

Nach historischen Quellen erweiterte er den Palast des Tiberius zum Forum, wobei der Kastor-und-Pollux-Tempel als eine Art Vestibül diente. Laut Sueton ließ er auch ein großes Viadukt zum Kapitol bauen, um besser mit Jupiter kommunizieren zu können.

Die Klinge des Attentäters

Caligula verschaffte sich offensichtlich Geld, indem er Hinterlassenschaften zu seinen Gunsten erzwang sowie durch außerordentlich hohe Steuern und Justizmorde. Die durch seine launenhaften Gewaltausbrüche geweckte Angst rief schon bald eine Verschwörung ins Leben. Anfang des Jahres 41 n. Chr. wurde er nach nur vierjähriger Herrschaft im Palastgarten ermordet. Mit ihm mußten seine Gemahlin und seine kleine Tochter sterben.

Der Narr

Caligulas Nachfolger wurde sein Onkel Claudius, dessen körperliche Beschwerden seine Gegner vermuten ließen, daß er auch dumm sei. Doch war diese Einschätzung vollkommen falsch. Claudius verschaffte Rom eine kurze Ära der weisen und stabilen Herrschaft. Er begann mit dem Bau des großen Hafens in Portus im Norden von Ostia, um die Lebensmitteleinfuhr nach Rom zu vereinfachen, und er vollendete zwei neue Aquädukte (die Aqua Claudia und die Anio Novus).

Der Schuft

Nero kam mit 16 Jahren 54 n. Chr. auf den Thron. Sein Charakter, seine Leidenschaften und seine Empfänglichkeit für Schmeicheleien machten ihn ungeeignet, ein so mächtiges Reich zu regieren.

Nero liebte die Künste, den Sport und Wagenrennen, und er glaubte, daß er außerordentlich talentiert sei. Obwohl er viele öffentliche Bäder erbauen ließ, eine neue Brücke über den Tiber zog und einen großen Marktplatz anlegte, wird sein Name stets mit seiner Gewalttätigkeit und seiner Entschlossenheit, ein riesiges ländliches Anwesen im Zentrum von Rom zu etablieren, verbunden bleiben.

Die üppigen Gärten des Maecenas auf dem Esquilin waren unter Tiberius zum Staatsanwesen geworden. Obwohl sie mehr als 1 km vom Palast auf dem Palatin entfernt lagen, war Nero doch entschlossen, vom einen zum anderen einen direkten Zugang zu schaffen. So begann er mit der Errichtung eines Palastes – der Domus Transitoria – der sich quer durchs Tal des Esquilin zog.

Das große Feuer

Am 18. Juni 64 n. Chr. brach ein Feuer im Circus Maximus aus. Laut Tacitus war es das schlimmste Feuer, das es in Rom je gegeben hatte. Es wütete sechs Tage und zerstörte das Zentrum der Stadt. Gerüchte von Brandstiftung lagen in der Luft, und als Nero die Gelegenheit ergriff, sein großes ländliches Anwesen in dem zerstörten Gebiet zu etablieren, vermehrten sie sich.

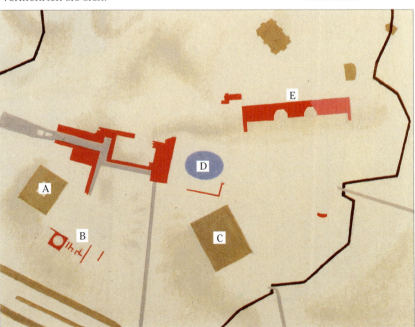

▽ Ein Plan des Gebiets der Domus Aurea.

A Domus Tiberiana
B Palatin
C Tempel des vergöttlichten Claudius
D Kolosseum
E Der Esquilin-Flügel der Domus Aurea

Rom

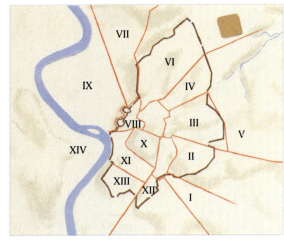

▷ Eine Karte der 14 Gebiete Roms, 7 n. Chr. von Augustus eingeführt.

I Porta Capena
II Caelimontium
III Isis et Serapis
IV Templum Pacis
V Esquliae
VI Alta Semita
VII Via Lata
VIII Forum Romanum
IX Circus Flaminius
X Palatium
XI Circus Maximus
XII Piscina Publica
XIII Avantinus
XIV Trans Tiberim

▽ Die Rekonstruktion der Domus Aurea, die von Nero nach dem großen Feuer im Jahr 64 n. Chr. gebaut wurde. Unten links befindet sich der Palatin. Der große Palast des Domitian wurde erst später gebaut.

Zeugen behaupteten, Leute gesehen zu haben, die das Feuer entfachten. Die Verdachtsmomente gegen den Imperator verdichteten sich. Ihm wurde nachgesagt, daß er eine Arie auf das brennende Troja gesungen und sich dabei auf der Lyra begleitet habe, während das Feuer tobte. Doch man sagte auch, daß er den obdachlos Gewordenen Unterkunft gewährt und den Getreidepreis heruntergesetzt habe.

Eine Feuerschneise brachte das Flammenmeer unter Kontrolle, aber dann brach es an einer anderen Stelle der Stadt erneut aus. Am Ende hatten 10 der 14 Stadtgebiete großen Schaden genommen, und drei waren vollkommen zerstört.

Polizei und Feuerwehr

Augustus war der erste römische Herrscher, der sich systematisch dem Problem der öffentlichen Ordnung zuwandte. Um die nicht politisch beding-

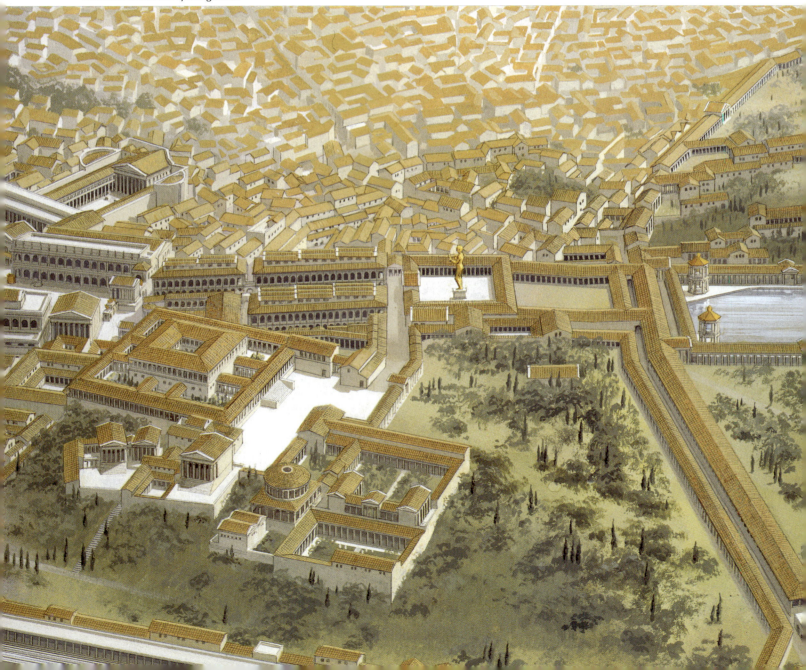

Die Hauptstadt des Imperiums

ten Unruhen unter Kontrolle zu bringen, Verbrechen zu verhindern und andere Polizeifunktionen auszuüben, rief er drei städtische Kohorten *(cohortes urbanae)* ins Leben. Ursprünglich bestand jede von ihnen aus 1500 Männern, die wie Soldaten angesehen wurden. Sie dienten 20 Jahre lang.

In der Zeit der Republik wurde die Aufgabe, die Stadt vor Feuer zu schützen, einer Handvoll öffentlicher Sklaven unter dem Kommando einer der Ädilen übertragen. 6 n. Chr. stellte Augustus eine Truppe von 7000 *vigiles* (Wächter) zusammen, die in sieben Kohorten unterteilt waren, je eine für zwei der 14 städtischen Gebiete. Unter dem *praefectus vigilum*, der dem prätorianischen Präfekten unterstellt war, dienten sie als Feuerwache und Nachtwächter.

Christenverfolgung

Das Volk wollte einen Sündenbock für das große Feuer, und Neros Berater beschuldigten die Chri-

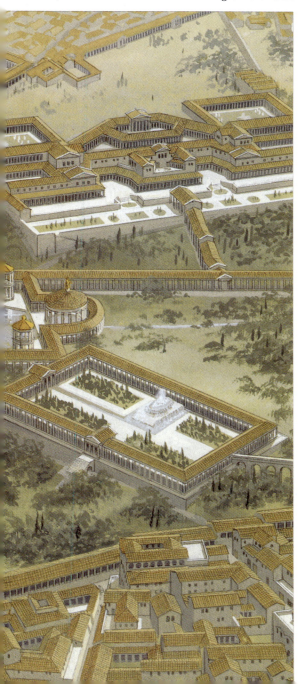

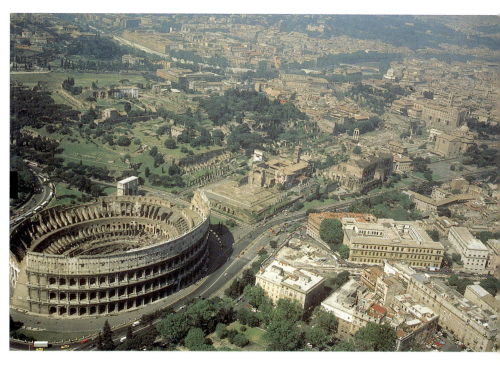

△ *Eine Luftaufnahme des heutigen Zentrums von Rom.*

sten. In der Stadt gab es mehrere christliche Gemeinden. Die Unverständlichkeit ihrer Gebräuche, das Aufwieglerische einiger ihrer Schriften und die öffentliche Meinung, daß sie menschliches Fleisch aßen, machten sie zur Hauptzielscheibe der Vergeltung. Die Tatsache, daß so viele Tempel zerstört worden waren, schien die Anklage zu bestätigen. Vielen Christen wurde der Prozeß gemacht, sie wurden wegen anarchistischer Tendenzen verurteilt und erlitten schreckliche Tode. Einige wurden gekreuzigt, andere wurden mit entflammbarem Material bedeckt und als Fackeln in Neros Garten angezündet. Dies war die erste Christenverfolgung der römischen Herrschaft.

Das Goldene Haus

Zwischen 64 und 68 n. Chr. wurde Neros neuer Palast, die Domus Aurea (Goldenes Haus), errichtet. Dieses Anwesen breitete sich auf 50 Hektar vom Palatin quer über das Tal zu den Gärten auf dem Esquilin aus. Es wurde als ländliches Anwesen mit Seen, Feldern und Gehölz angelegt. Der Eingang, in den auch zwei Straßen Roms, die Via Sacra und die Via Nova, mündeten, befand sich in dem Tal zwischen den beiden Hügeln.

Die Beschreibung von Sueton

Der römische Historiker Sueton beschreibt das Goldene Haus ausführlich:

> „Die Vorhalle war so hoch, daß eine Kolossalstatue Neros von 120 Fuß Höhe darin Platz hatte, und der ganze Bau war so ausgedehnt, daß ihn eine Halle mit drei Säulenreihen in einer Länge von 1000 Fuß umgab. Auch ein künstlicher Teich befand sich innerhalb dieser Anlagen, der wie ein Meer ringsum von Bauten umgeben war, die Städte vorstellen sollten. Obendrein gab es noch Ländereien mit Kornfeldern, Weinbergen, Wiesen und Wäldern in buntem Wechsel, mit einer Fülle von zahmem und wildem Getier

▷ *Die Domus Aurea: eine Wandbemalung im Dritten Stil mit architektonischen Motiven und gemalten Landschaften.*

▽ *Die Domus Aurea: ein Grundriß von Überresten in ähnlicher Ausrichtung, die wahrscheinlich Teile eines Gebäudes waren.*

aller Arten. Die Innenräume des Palastes waren sämtlich vergoldet und mit Edelsteinen und Perlmutt ausgelegt. Die Speisesäle hatten mit Elfenbeinschnitzerei verzierte Kassettendecken, deren Täfelung verschiebbar war, damit man Blüten auf die Gäste herabregnen lassen konnte. Auch besaßen sie ein Röhrenwerk, durch das man duftende Essenzen herabsprühte. Der Bankettsaal hatte die Form einer Rotunde, deren Kuppel sich wie das Weltall Tag und Nacht ständig drehte. In den Bädern gab es Wasser aus dem Meer und aus der Albulaquelle. Als er nun dieses Prachtgebäude nach der Fertigstellung einweihte, fand er keine anderen Worte der Zufriedenheit als: „Jetzt fange ich endlich an, menschenwürdig zu wohnen!'"

Aus: *Sueton, Nero.* Stuttgart, Reclam, 1978.

Reste des Goldenen Hauses wurden an mehreren Stellen gefunden. Wesentliche Überreste des westlichen Flügels fand man unter den Trajansthermen. In diesen Räumen sind die Wände im Dritten Stil bemalt. Aus architektonischer Sicht ist ein achteckiger, von einer Kuppel mit einem kleinen runden Fenster überdachter Raum am bedeutendsten.

Ein Feind des Staats

Weder an der Größe noch an der Extravaganz des Gebäudes nahm das Volk Anstoß, sondern an der Tatsache, daß Nero sein Anwesen im Zentrum Roms erbaut hatte.

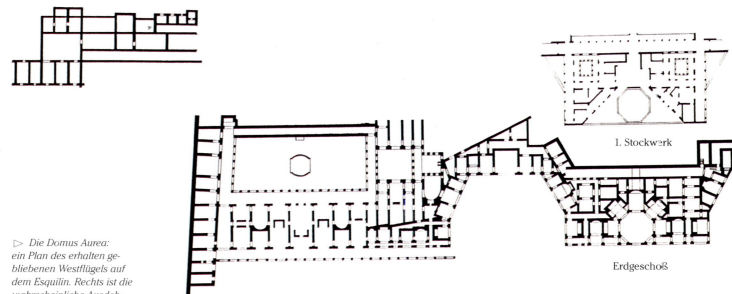

▷ *Die Domus Aurea: ein Plan des erhalten gebliebenen Westflügels auf dem Esquilin. Rechts ist die wahrscheinliche Ausdehnung des Ostflügels grau eingezeichnet.*

Die Hauptstadt des Imperiums

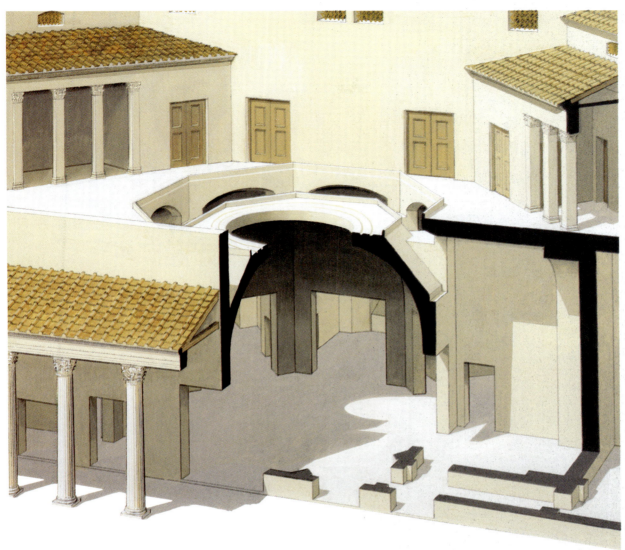

Auf der Suche nach eigener künstlerischer Vollendung reiste Nero nach Griechenland. Er ordnete die Verschiebung der Olympischen Spiele von 65 auf 67 n. Chr. an, um selber teilnehmen zu können, und wurde mit 1800 Preisen bedacht, unter ihnen die Siegesehrung für das Wagenrennen, obwohl er

△ *Die Domus Aurea: eine Rekonstruktion des achteckigen Raums im Aufriß.*

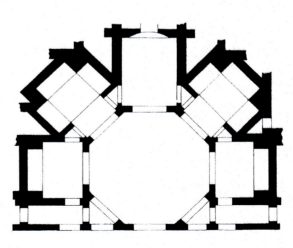

▷ *Die Domus Aurea: vergrößerter Ausschnitt des achteckigen Raums aus dem linken Plan.*

aus seinem Wagen gefallen war und das Rennen nicht beenden konnte. Erst als die Prätorianer 68 n. Chr. rebellierten, hatte die Posse ein Ende. Sie boten Galba, dem Gouverneur Spaniens, den Thron an und deklarierten Nero als Staatsfeind. Mit Hilfe einer früheren Konkubine konnte der gestürzte Imperator so viel Mut aufbringen, sich selbst das Leben zu nehmen. Mit den Worten: „Welch ein Künstler stirbt mit mir", verschied er.

Neros Tod beendete die Herrschaft der julisch-claudischen kaiserlichen Linie. Im nächsten Jahr hatte Rom vier verschiedene Kaiser. Galba versuchte seine Herrschaft zu wahren, indem er mögliche Gegner umbringen ließ, doch dann wandten sich die Prätorianer gegen ihn und benannten Otho Imperator. Galba wurde von der Garde ermordet.

Die Rückkehr des Bürgerkriegs

Währenddessen überschlugen sich die Ereignisse an den Grenzen. Die am Rhein stationierten Legionen hatten sich geweigert, Galba den Treueeid zu schwören, und den Gouverneur Vitellius zum Imperator ernannt. Die Donaulegionen unterstützten Otho. So brach wieder Bürgerkrieg aus. Die beiden gegnerischen Parteien trafen in Cremona in der Poebene aufeinander. Otho wurde besiegt und beging Selbstmord. Vitellius versuchte seine Stellung zu halten, indem er viele Zenturionen der Donaulegionen exekutieren ließ, doch brachte ihn dies seinem eigenen Tode nur näher: Eine weitere Armee hatte sich bereits in Bewegung gesetzt. Vespasian, der Gouverneur Syriens, hatte sich mit dem Rückhalt aller im Osten stationierten Truppen zum Imperator gekrönt. Die gedemütigten Donaulegionen nahmen sich seiner Sache an und fielen in die Poebene ein. In Cremona fand die zweite Schlacht statt. Dann marschierten die siegreichen Donaulegionen gegen Rom. In den Straßen wurde gekämpft. Der ältere Bruder Vespasians, der die städtischen Kohorten befehligte, wurde getötet, bevor die Donaulegionen eintrafen, und wieder wurde der große Jupitertempel in Brand gesetzt. Die Donaulegionen ergriffen Vitellius und lynchten ihn. Nun war Rom ihrer Gnade ausgeliefert und wartete auf ein Blutbad. Glücklicherweise waren Vespasians eigene Legionen unter dem Kommando Mucianus' nicht mehr weit. Sie trafen gerade rechtzeitig ein, um weiteres Blutvergießen zu verhindern. Vespasian selbst traf im Frühjahr 70 n. Chr. in Rom ein.

Vespasian und Titus feiern ihren Triumph

Vespasian hatte sich einen Namen als Anführer des römischen Militärs gegen den jüdischen Aufstand in Palästina gemacht. Als er sich auf den Weg nach Rom machte, vertraute er seinem Sohn Titus die Beendigung des jüdischen Krieges an, der sofort mit der Belagerung Jerusalems begann. Die Stadt wurde eingenommen und der Tempel zerstört.

Der Senat billigte Titus einen Triumphzug zu, und die Kriegsbeute wurde durch die Straßen Roms getragen.

▷ *Der Titusbogen. Die Reliefs auf dem Bogen zeigen die Triumphprozession des Titus durch Rom nach der Plünderung Jerusalems im Jahr 70 n.Chr.*

▷ *Der Triumph des Titus. Eine Darstellung der Prozession durch Rom mit der Beute aus der Plünderung Jerusalems im Jahre 70 n.Chr.*

Vespasian und das Kolosseum

Vespasian leitete eine Reihe von Bauvorhaben in Rom ein. Er baute den Tempel auf dem Kapitol wieder auf, und nahe am Augustusforum errichtete er das Forum Pacis, mit dem er die Wiederkehr des Friedens nach Italien feierte. Es diente auch als Museum für die Kriegsbeute, die Titus von der Plünderung Jerusalems mitgebracht hatte.

Doch sein größtes Projekt war der Bau des Kolosseums, an der Stelle, wo der See von Neros Domus Aurea gewesen war.

Domitian

Vespasian starb 79 n. Chr. Ihm folgte sein Sohn Titus, doch er regierte nur zwei Jahre lang. Dann wurde sein Bruder Domitian Imperator. Auch Domitian ließ viel in Rom bauen. Sein wichtigstes Projekt war der neue kaiserliche Palast auf dem Palatin.

Nie war Domitian ein beliebter Imperator gewesen, und die späten Jahre seiner Herrschaft waren durch eine Reihe von Prozessen wegen Hochverrats gekennzeichnet. 96 n. Chr., nachdem er sich jahrelang verfolgt gefühlt hatte, wurde er das Opfer eines Attentäters. Man verfluchte sein Angedenken und entfernte seinen Namen von den Denkmälern *(damnatio memoriae)*.

Das goldene Zeitalter

Ein führender Senator, Marcus Cocceius Nerva, wurde vom Senat als Imperator vorgeschlagen. Er war 60 Jahre alt und unfähig, die Unterstützung der Soldaten, vor allem der Prätorianer, zu gewinnen. Deswegen adoptierte Nerva Marcus Ulpius Traianus (Trajan), den Kommandanten der Truppen in Nordgermanien, als seinen Sohn und Erben. Als Trajan Nerva 98 n. Chr. auf den Thron folgte, war er der erste Imperator provinzieller Herkunft; doch auch sein Nachfolger Hadrian war ein gebürtiger Italiker.

Unter diesen beiden Imperatoren brach das goldene Zeitalter Roms an.

Die Regierung

Die römische Gesellschaft war streng ständisch gegliedert, wobei der Stand die beruflichen Möglichkeiten im Staatsdienst klar umriß. Selbst zu Zeiten des römischen Imperiums war die Gerichtsbarkeit eine der Hauptaufgaben der höheren Staatsbeamten, und es gab viele Gerichtshöfe und Magistrate in der Stadt.

▽ *Der* cursus honorum. *Er umfaßte die vorgesehenen Stationen der Laufbahn eines jeden römischen Politikers. Mit der Zeit verwandelte sich diese Struktur zwar, doch war die Position des Konsuls stets das höchstmögliche Magistratsamt, das ein Politiker erreichen konnte.*

Die Unterteilung der römischen Gesellschaft in Senatoren, *equites* (Ritter) und die geringeren Stände war in der kaiserlichen Zeit noch strikter. Für die Angehörigen jeden Standes gab es die Möglichkeit, eine für sie vorgesehene Laufbahn im öffentlichen Dienst einzuschlagen, die sich so weit wie möglich an der Tradition orientierte: Senatoren übernahmen die Magistrate und die wichtigen militärischen Posten; Ritter (*equites*) die neuen Ämter im zivilen und militärischen Dienst des Imperators; und Mitglieder der niederen Klassen wurden Gefreite oder bekleideten untere Ränge in der Berufsarmee. Die Klassen waren nicht geschlossen – erfolgreiche Männer konnten sich hocharbeiten.

Der Senat und seine Ordnung

Zur Zeit der Republik war der Senat die maßgebliche administrative Instanz. Im 3. Jahrhundert v. Chr. wurde die Anzahl seiner Mitglieder auf 300 festgelegt. Sulla erhöhte sie auf 600. Senatoren hatten ihre Ämter auf Lebenszeit inne; sie verloren sie nur, wenn sie einen schweren Fehltritt begangen hatten. Konsuln und ehemalige Konsuln waren automatisch Mitglied des Senats, und zu Sullas Zeiten wurden auch die unteren Magistrate zugelassen. Senatoren trugen eine Toga mit einem breiten violetten Streifen, auf die ihre Söhne durch ihre Geburt einen Anspruch hatten. Man mußte Eigentum im Wert von mindestens einer Million Sesterzen besitzen, um Senator zu werden. Der Senat tagte in der Kurie im Forum Romanum.

Die Laufbahn der Senatoren

Der zukünftige Senator mußte eine ganz bestimmte Laufbahn einschlagen, den *cursus honorum*, der sowohl militärische als auch öffentliche Ämter vorsah. So hatte er Gelegenheit, in der öffentlichen Verwaltung, im Finanzressort und in der Diplomatie Erfahrungen zu sammeln. Mit 25 konnte er schon Quästor sein und mit 39 Prätor. Der höchstmögliche Rang war der des Konsuls, für den man mindestens 42 Jahre alt sein mußte.

Die *equites*

Die Ordnung der *equites* (Ritter) entwickelte sich im 3. und 2. Jahrhundert v. Chr., aber erst unter Gaius Gracchus bildeten sich die Ritter als eine eigenständige Klasse heraus. Sie bestand aus wohlhabenden Geschäftsmännern. Schon ihr Name läßt darauf schließen, daß diese Männer reich genug waren, um sich ein Pferd zu leisten. Während ihres Dienstes in der Armee teilten die Zensoren sie deswegen der Kavallerie zu. Unter Augustus wurden die *equites* in die Finanzämter der Provinzen beordert.

Die Ordnung der Ritter stand allen römischen Bürgern ab 18 Jahren und einem amtlich geschätzten Vermögen von 400 000 Sesterzen offen. Die Ernennung zu dieser Ordnung wurde durch den Imperator kontrolliert. Mit ihr erwarb man sich das Recht, einen schmalen violetten Streifen an der Tunika zu

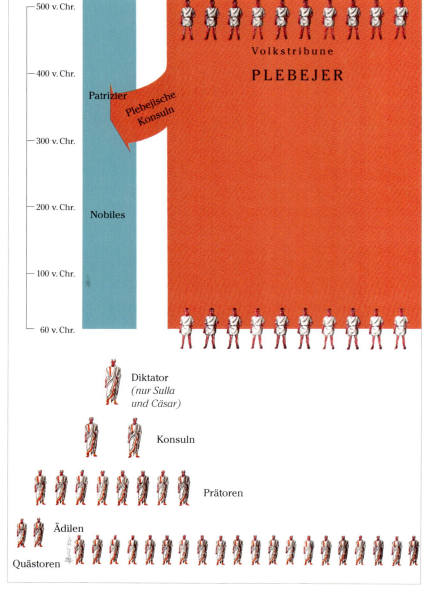

tragen und ein vom Staat bereitgestelltes Pferd zu reiten. So wie die Senatorenlaufbahn umfaßte die der Ritter militärische und zivile Ämter.

Der Imperator

Als Augustus an die Macht kam, gab er vor, nur *primus inter pares*, der Erste unter Gleichen, zu sein. Das hinderte ihn allerdings nicht daran, sich systematisch alle politische Macht anzueignen, um als alleiniger Herrscher zu regieren. Offiziell konnte nun auch eine der beiden Positionen der Konsuln von dem Imperator oder einem Mitglied seiner Familie bekleidet werden.

Als ein Resultat der Übernahme der administrativen Kontrolle durch den Imperator entwickelte sich ein kaiserliches Beamtentum, dessen Mitglieder durch den Imperator selbst ernannt wurden.

Das Gesetz

Die römische Gesetzgebung entwickelte sich über viele Jahrhunderte. Je nach Notwendigkeit wurden den Gesetzesbüchern neue hinzugefügt. Der erste wesentliche Schritt in der Gesetzgebung fand mit den Zwölftafelgesetzen in der Mitte des 5. Jahrhunderts v. Chr. statt. Der ursprüngliche Text ist nicht erhalten geblieben, doch waren die Zwölf Tafeln nach Livius aus Bronze. Pomponius behauptete, daß sie aus Elfenbein seien. Heute vertreten einige Historiker jedoch die Ansicht, sie seien aus Holz und im Forum aufgestellt gewesen.

Aus den überlieferten Textfragmenten der Zwölf Tafeln wird deutlich, daß sie für alle Bereiche der gesetzlichen Ordnung ihrer Zeit Vorkehrungen trafen. Ihre Bedeutung reicht weit in die kaiserliche Zeit hinein. Zu Zeiten der Republik gab es zwar staatliche Gerichtshöfe, in denen Verfahren stattfanden und Magistrate die Urteile fällten, es lag jedoch in der Verantwortung des Opfers und seiner Familie, den Beschuldigten vorzuführen und anzuklagen. Es gab keinen Staatsanwalt; um eine Entschädigung vor Gericht zu erreichen, mußte der Ankläger das Verfahren selber einleiten.

Die Gerichtshöfe

Gerichtsverfahren fanden an verschiedenen Orten in Roms monumentalem Zentrum statt. In vielen literarischen Quellen wird der enorme Anstieg der Arbeit der Gerichtshöfe seit der Zeit des Augustus beschrieben.

Das Forum Romanum war einer der Hauptschauplätze von Gerichtsverfahren, und wahrscheinlich erlaubte Augustus eben wegen dieses Anstiegs, daß auch in seinem Forum bestimmte Prozesse stattfanden. Der *praefectus urbi*, der für die öffentliche Ordnung in Rom verantwortlich war, hielt hier Gericht. Im Forum Romanum in der Nähe des Kastor-und-Pollux-Tempels saß der *praetor urbanus* Verfahren vor, die römische Bürger betrafen. Fälle zwischen römischen Bürgern und Fremden und solche zwischen Fremden wurden vom *praetor peregrinus* im Forum Romanum verhandelt.

Die *centumviri* (buchstäblich 100 Männer) trafen in der Basilika Julia zusammen. Dieser Gerichtshof

△ *Die Kurie war aus Zement gebaut und hatte eine Fassade aus gebranntem Ziegelstein. Der untere Teil der Wände war mit Marmor verkleidet, während die oberen Abschnitte mit einer Schicht aus Putz oder Stuck dekoriert waren, die ein schönes Mauerwerk aus Quadersteinen vortäuschten.*

△ *Die Curia Julia, wo der römische Senat tagte. Ursprünglich 44 v.Chr. von Julius Cäsar gebaut und von Augustus vollendet, der in der Kurie eine Siegesstatue einweihte. Das heutige Gebäude stammt aus der Zeit des Domitian und wurde nach einem Feuer unter Diokletian 283 n.Chr. restauriert. Seinen Erhalt verdankt das Gebäude der Umwandlung in die Kirche des Sant' Adriano im Jahr 638 n.Chr.*

▽ *Ein Detail der Senatorenprozession auf der Ara Pacis.*

wurde zum Ende des 3. Jahrhunderts v. Chr. gegründet, und man nimmt an, daß sich die *centumviri* von den Zeiten des Augustus an mit Klagen beschäftigten, die sich auf ein Erbe von mehr als 100 000 Sesterzen bezogen. Wahrscheinlich verhandelten sie auch Streitigkeiten über Landbesitz und Vormundschaft. Die Fälle, die den *centumviri* vorgestellt wurden, zogen große öffentliche Aufmerksamkeit auf sich. Dabei ging es nicht nur um die brillanten Reden, sondern auch um die handfesten Skandale, die zutage kamen.

Mit Beginn des 2. Jahrhunderts v. Chr. fanden Verfahren wegen Staatsverbrechen vor unterschiedlichen Tribunalen statt. Nach und nach zählten zu diesen Verbrechen Verrat, Wahlbestechung, Aneignung von Staatseigentum, Ehebruch und Mord durch Gewaltanwendung oder Gift.

Der Prozeß und die Strafe

Die Quellenlage für die Einzelheiten der Verfahren in einigen dieser Gerichtshöfe ist sehr dürftig. Der Magistrat saß auf einem erhöhten Richterstuhl, und im Forum Romanum saßen die Geschworenen auf Bänken, die auf dem Pflaster des Forums aufgestellt waren.

Zivilprozesse wurden dem entsprechenden Magistrat vorgetragen, und am Ende des Verfahrens sprach der vorsitzende Magistrat sein Urteil, das für alle Parteien bindend war.

Strafen wurden je nach sozialer Stellung verhängt. Männer und Frauen der Oberschicht wurden exiliert, oder sie verloren ihren Status, oder sie wurden unter Ausschluß der Öffentlichkeit exekutiert, normalerweise geköpft. Einige Imperatoren schufen ein Klima der Angst, und die Römer hüteten sich, ihren Verdacht oder ihr Mißfallen zu erregen. Laut Seneca konnten die Strafen ganz entsetzlich sein: Streckfolter, Pfählen, Kreuzigung, Tod durch wilde Tiere oder durch Wagen, die das Opfer auseinanderrissen.

Mitglieder der unteren Klassen wurden geschlagen oder öffentlich exekutiert. Sie konnten auch dazu verurteilt werden, in der Arena zur öffentlichen Unterhaltung getötet zu werden, oder sie erlitten ihre Strafe auf den Straßen. Es war möglich, die Dienste der *carnifices* in Anspruch zu nehmen, die Sklaven für ihre Besitzer umbrachten. Der römische Dichter Martial beschreibt ihre Peitschen, deren Enden um scharfe Knochen oder Metallstücke geknotet waren, um größere Schmerzen zu verursachen.

Der Ort der öffentlichen Exekution und des Auspeitschens lag nahe dem öffentlichen Friedhof auf der Via Tiburtina vor der Porta Esquilina.

Das Gefängnis

Der *carcer* (Gefängnis) wird bei Plinius dem Älteren erwähnt. Er beschreibt ihn westlich der Kurie, und dort wurde der *carcer* als Kammer unter der Kirche Giuseppe dei Falegnami im heutigen Rom entdeckt. Die Inschrift datiert die Travertinfassade ins frühe 1. Jahrhundert n. Chr., und die dahinterliegen-

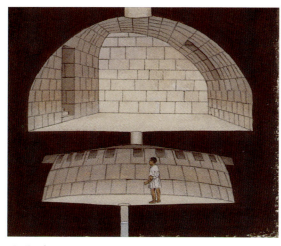

△ *Ein Querschnitt durch das Gefängnis oder Tullianum. Ursprünglich könnte es eine Zisterne gewesen sein. Die runde Kammer auf der unteren Ebene stammt wahrscheinlich schon aus dem 6. Jahrhundert v. Chr. Noch immer gibt es eine Quelle im Boden. Hier wurden die Verurteilten bis zur Exekution gefangengehalten.*

de Kammer war wahrscheinlich ursprünglich eine Zisterne. Es wurde auch als Tullianum oder Mamertinischer Kerker bekannt.

Die Curia Julia

Der Senat tagte in der Kurie, dem Senatsgebäude. Es befand sich am westlichen Ende des Forum Romanum in der Nähe des Comizio. Das ursprüngliche Haus des Senats war die Curia Hostilia, von der man sagte, Tullus Hostilius, ein etruskischer König, habe sie gebaut. Es wurde mehrmals wieder aufgebaut und schließlich von dem heute noch existierenden Gebäude ersetzt, der Curia Julia, die von Sulla 80 v. Chr. begonnen wurde. 44 v. Chr., nach einem Feuer, begann Julius Cäsar mit einem Aufbauprogramm, das von Augustus beendet wurde. Domitian restaurierte die Kurie, und Diokletian ließ das Gebäude nach einem Feuer im Jahr 283 n. Chr. nach den ursprünglichen Plänen wieder aufbauen.

Das Gebäude ist 21 m hoch. Auf Stufen, die die gesamte Länge der Seiten einnahmen, standen hölzerne Bänke für die Senatoren. Auf einer erhöhten Plattform gegenüber der Tür befanden sich die Sitzgelegenheiten der vorsitzenden Magistrate. Die von Augustus geweihte Siegesstatue stand wahrscheinlich am Richterstuhl. Die beiden Türen im hinteren Teil des Gebäudes öffneten sich auf das Cäsarforum.

Die angesehensten Senatoren saßen auf den vorderen Bänken. Zur Zeit des Augustus hatte der Senat fast 1000 Mitglieder, und wenn alle Senatoren teilnahmen, gab es nicht genug Sitzgelegenheiten. Deswegen mußten die jüngsten und unbekanntesten auf der hintersten Stufe stehen. Während der Sitzungen blieben die Türen der Kurie geöffnet, so daß die Söhne der Senatoren den Tagesablauf verfolgen konnten.

▷ *Eine Rekonstruktion der Innenansicht der Curia Julia.*

Nahrungsmittel und Wasser

Mit dem Anwachsen der Bevölkerung Roms wurde die Versorgung mit Nahrungsmitteln und Wasser immer wichtiger. Zur Kaiserzeit gab es bereits eine gut funktionierende Bürokratie, die die Wasserversorgung über die Aquädukte regelte und große Mengen Getreide, Wein und Olivenöl aus dem Reich einführte.

Nahrungsmittel und Wasser

Die Bevölkerung

Die Bevölkerungszahl Roms läßt sich nur sehr schwer schätzen. Die uns vorliegenden Daten beziehen sich nur auf einen Teil der erwachsenen männlichen Bürger. Frauen, Kinder unter zehn und Sklaven finden sich in diesen Zahlen nicht wieder. Sicherlich wuchs die Bevölkerung seit dem 2. Jahrhundert v. Chr. zusammen mit dem Einfluß und der Macht Roms. Schätzungen variieren von 250 000 in der Spätzeit der Republik bis zu zwei Millionen im späten 1. und frühen 2. Jahrhundert n. Chr. Heute ist man sich großenteils einig, daß die Stadt im 2. Jahrhundert n. Chr. etwa 1 200 000 Einwohner gehabt haben könnte. Für die Versorgung mit Grundnahrungsmitteln und Wasser stellte eine solche Bevölkerungszahl ein enormes Problem dar.

Die Versorgung mit Nahrungsmitteln

Es war eine dauernde Herausforderung an das römische Organisationstalent, die schnellwachsende Stadt mit Nahrungsmitteln zu versorgen. Zuerst konnte das Umland Roms noch die meisten Bedürfnisse befriedigen. Doch in der späteren Republik mußten mehr und mehr Lebensmittel, vor allem Getreide, Wein und Olivenöl, aus anderen mediterranen Ländern eingeführt werden.

Das Grundnahrungsmittel der Römer, Getreide, kam aus Ägypten und anderen Teilen Nordafrikas. Wein wurde aus Kampanien, Gallien und Spanien in großen Mengen importiert, Olivenöl aus Südspanien und Nordafrika. Wein und Olivenöl transportierte man in Amphoren, die sich in ihrer Form je nach Inhalt und Herkunftsort unterschieden. Die Amphoren wurden auf Flußbooten auf dem Tiber verschifft und in der Marmorata, dem großen Hafengebiet unterhalb des Aventin, entladen. Flußaufwärts am Forum Boarium gab es weitere Entlademöglichkeiten.

Die Amphoren wurden an den Kais entladen und ausgeleert und ihr Inhalt in großen Lagerhäusern aufbewahrt. Die leeren Amphoren wurden meist weggeworfen. Neben dem Tiber gibt es einen riesigen künstlichen Hügel aus zerbrochenen Olivenölamphoren, hauptsächlich aus Spanien und Nordafrika. Es ist der Monte Testaccio, 34 m hoch und mit einem Umkreis von 1 km. Er soll aus den Scherben von mindestens 53 Millionen Amphoren bestehen.

Getreide wurde an ärmere Bürger kostenlos ausgegeben – das heißt an Jungen über zehn und an Männer. Dieser Brauch wurde in der späten Republik eingeführt; Augustus organisierte die Almosenverteilung *(annona)* und unterstellte sie einem Präfekten aus dem Ritterstand. 5 v. Chr. ließ Augustus Getreide an 320 000 männliche Erwachsene ausgeben, doch ist weiter nichts darüber bekannt, wer das Getreide bekam und wie es verteilt wurde.

△ *Verschiedene Amphoren, die in der frühen Kaiserzeit in Gebrauch waren. Diese Behältnisse unterschieden sich ganz erheblich in Größe und Gestalt. Sie wurden vor allem zum Transport von Flüssigkeiten (Wein, Olivenöl und Fischsauce) benutzt. In Wracks fand man aber auch solche, in denen ganze Oliven und getrocknete Früchte aufbewahrt wurden. Im Vordergrund steht eine runde Amphore, die zum Transport von Olivenöl aus Spanien vor allem nach Rom und Gallien benutzt wurde.*

◁ *Die Rekonstruktion der Villa in Settefinestre bei Cosa nördlich von Rom. Diese große und eher herrschaftliche Villa war der Mittelpunkt eines Anwesens aus dem frühen 1. Jahrhundert v. Chr. Sie ist typisch für die großen, von Sklaven bewirtschafteten Landgüter, die sich in der späten Republik entwickelten. 100 n. Chr. kamen einige Anbauten hinzu, unter ihnen wahrscheinlich ein Schweinestall.*

Nahrungsmittel und Wasser

Puteoli und die Getreideflotte

Getreide aus Ägypten könnte teilweise mit einer besonderen Flotte von Alexandria nach Puteoli (heute Pozzuoli) in der Bucht von Neapel transportiert worden sein. Über die Organisation dieser Flotte ist nichts bekannt, tatsächlich kann ihre Existenz in Zweifel gezogen werden. Ganz sicher gab es aber Privatunternehmer im Getreidetransport. Wenn die Schiffe in Puteoli ankamen, wurde das Getreide in kleinere Boote umgeladen, die dann an der Küste entlang nach Ostia segelten. 37 v. Chr. bauten Agrippa und Octavian in Puteoli einen zweiten Hafen, den Portus Julius.

Ostia und Portus

Ostia liegt in der Mündung des Tiber und war Roms Mittelmeerhafen. Große Handelsschiffe wie die der Getreideflotte konnten dort nicht ohne weiteres entladen werden. Claudius baute einen neuen Allwetterhafen näher an Rom in Portus, 3 km nördlich von Ostia. Dies war ein gewaltiges Unterfangen, weil unter anderem zwei große Molen ins Meer hinausgebaut werden mußten. Am Ende einer Mole wurde ein Leuchtturm errichtet. Dafür wurde ein großes Schiff – das Caligula benutzt hatte, um einen Obelisken aus Ägypten zu transportieren – mit Zement gefüllt und versenkt, um das Fundament zu bilden. Doch da Claudius' Hafen dem Wetter stark ausgesetzt war, baute Trajan ein neues, von Land umgebenes inneres Becken, das durch einen Kanal mit dem Tiber verbunden wurde, der Fossa Traiana. Trajans neues Becken war hexagonal und hatte eine Spanne von 200 m. Dort gab es auch Lagerhäuser und andere Hafenanlagen. Auf diese Weise konnten sehr viele Handelsschiffe zur selben Zeit effizient be- und entladen werden.

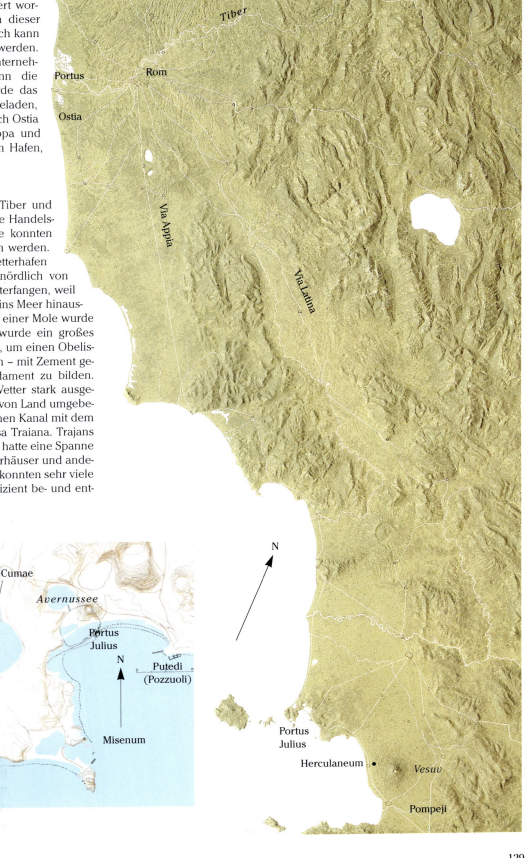

▷ Ein Ausschnitt aus dem nördlichen Teil der Bucht von Neapel, auf dem die Lage der Häfen bei Puteoli abgebildet ist.

▷▷ Eine Karte der Westküste Italiens von der Bucht von Neapel im Süden bis nach Rom im Norden.

◁ Der Tiber von Ostia nach Rom, Portus liegt im Norden. Zwischen Rom und Ostia hat der Tiber einen besonders gewundenen Lauf.

Rom

In der frühen Kaiserzeit war Ostia eine geschäftige Handelsstadt voller Speicherhäuser für Getreide und andere Waren. Mit dem Aufstieg von Portus ging der Niedergang von Ostia einher.

Die Aquädukte

Bis zum späteren 4. Jahrhundert v. Chr. wurde Rom mit Brunnen- und Quellwasser versorgt, und das Regenwasser wurde in Zisternen gesammelt. 312 v. Chr. ließ der Zensor Appius Claudius Caecus den ersten Aquädukt Roms, die Aqua Appia, bauen, und zu Trajans Zeiten wurde Rom von zehn großen Aquädukten versorgt.

Viele von ihnen brachten Wasser aus den Quellen des Aniotals im Osten Roms heran. 272 v. Chr. wurde der Anio Vetus mit Mitteln aus der Kriegsbeute des besiegten Pyrrhus, des Königs von Epirus, gebaut. Wie der Name schon nahelegt, speiste er sich aus dem Anio oberhalb Tivolis.

144 v. Chr. wurde die Aqua Marcia erbaut, die man schnell wegen der Reinheit ihres Wassers schätzte, das aus den Quellen des Aniotals kam. In ihrem oberen Abschnitt verlief die Aqua Marcia hauptsächlich unterirdisch, doch da, wo sie die Hügel in Tivoli hinter sich ließ und über die Ebene auf die Stadt zulief, erhob sie sich auf Arkaden. Sie war das erste dieser Bauwerke und eine erstaunliche Ingenieursleistung; sie kostete mehr als 180 Millionen Sesterzen. Da der Bau dieser Arkaden so teuer war, wurden die Röhren für die Aqua Tepula (aus dem Jahr 125 v. Chr.) und die Aqua Julia (33 v. Chr.) vor Rom oben auf die Aqua Marcia gesetzt, und so bildeten sie zusammen dreistöckige Arkaden.

Die Aqua Virgo wurde 19 v. Chr. konstruiert. Sie war das einzige von Norden kommende Aquädukt, obwohl auch sie sich aus den Quellen des Aniotals speiste.

Agrippa hatte die Aqua Virgo gebaut, um die großen öffentlichen Bäder auf dem Marsfeld zu versorgen, und damit war sie der erste Aquädukt, der für einen bestimmten Zweck gebaut wurde.

Die Aqua Alsietina wurde von Augustus im Jahre 2 v. Chr. gebaut, um den Naumachia am westlichen Ufer des Tiber zu speisen: Dies war ein großer künstlicher See, auf dem Scheingefechte und andere großangelegte Wasserspiele aufgeführt wurden.

▽ *Die Kaianlagen am Tiber im Marmoratagebiet nach der Ausgrabung Ende des 19. Jahrhunderts. Beachten Sie die Rampen und Vertäuungsvorrichtungen.*

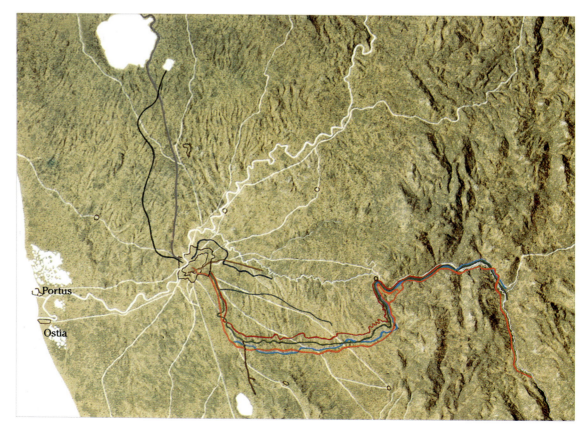

▷ *Eine Karte, auf der die zehn großen Aquädukte Roms abgebildet sind. Der erste, die Aqua Appia, wurde 312 v. Chr. gebaut. Der letzte wesentliche Aquädukt war die Aqua Traiana, obwohl ein weiterer, die Aqua Alexandrina, 226 n. Chr. errichtet wurde.*

- Aqua Appia
- Aqua Anio Vetus
- Aqua Marcia
- Aqua Tepula
- Aqua Julia
- Aqua Virgo
- Aqua Alsietina
- Aqua Claudia
- Aqua Anio Novus
- Aqua Traiana

◁ *Eine Rekonstruktion hoher Arkaden, in denen Aquäduktröhren über den Fosso della Noce, einen Zubringer des Anio, verlaufen – die Arkaden im Vordergrund mit der Aqua Marcia, die im Hintergrund mit der Aqua Claudia. Erhalten geblieben sind von diesem Aquädukt elf Bögen, die von Septimius Severus wiederaufgebaut wurden.*

 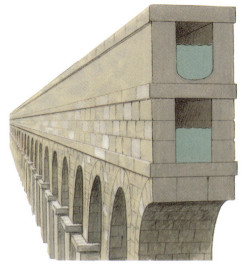

Ein Ventil, das die Wasserzufuhr eines Haushaltes abstellte oder umleitete. Solche Wasserhähne und Ventile gab es im römischen Wassersystem nur selten, normalerweise lief das Wasser 24 Stunden am Tag.

Diese bronzene Ausströmungsöffnung, oder calix, *wurde in unterschiedlichen Standardgrößen angefertigt. Sie schloß die Haushalte an die öffentliche Wasserversorgung an.*

▷ *Querschnitt durch eine Rekonstruktion der Arkaden und die Röhre der Aqua Claudia, darüber die Röhre der Aqua Anio Novus.*

▽ *Eine Ansicht der aus dem Südosten kommenden Arkaden mit der Aqua Claudia und der Aqua Anio Novus kurz vor Rom.*

Rom

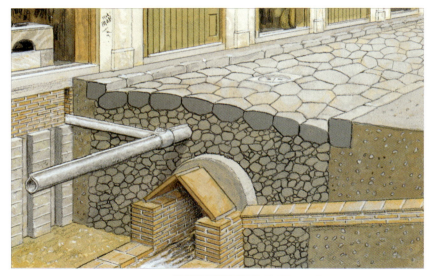

△ Eine rekonstruierte Ansicht des Wassersystems unterhalb einer Straße. Der Abwasserkanal befand sich unter der Straßenmitte. Die Bleiröhren, die das frische Wasser transportierten, verliefen unter der Straße und dem Bürgersteig. Von der Hauptader zweigten in Intervallen immer wieder Röhren ab, um öffentliche und private Gebäude zu versorgen.

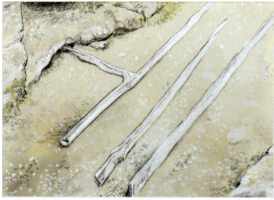

△ Bleiröhren an ihrem ursprünglichen Ort in Pompeji.

△ Eine Innenansicht der Cloaca Maxima. Ungefähr um 100 v. Chr. wurde sie mit einem Gewölbe überdacht.

▷ Der Abfluß der Cloaca Maxima in den Tiber, der vor der neuen Uferbefestigung aufgenommen wurde.

Die beiden Aquädukte, in denen das meiste Wasser transportiert wurde, waren die Aqua Claudia, 47 n. Chr., und die Aqua Anio Novus, 52 n. Chr. fertiggestellt. Die Aqua Claudia wurde von Quellen im Aniotal oberhalb von denen der Aqua Marcia versorgt. Die Anio Novus wurde wie die Anio Vetus davor vom Anio selbst gespeist.

Der letzte große Aquädukt für Rom wurde unter Trajan konstruiert, die Aqua Traiana. Sie kam vom Janiculumhügel in die Stadt und sicherte die Wasserversorgung der Einwohner des westlichen Ufers, falls die Versorgung aus dem Osten unterbrochen wurde. Ein großes geschlossenes Wasserbecken (*castellum*) wurde an der Via Aurelia gefunden, und die sternförmig von ihm abgehenden Kanäle scheinen jedes Stadtgebiet bedient zu haben, vor allem aber die Trajansthermen auf dem Esquilin. Ab dem 3. Jahrhundert v. Chr. versorgte dieses Wasser auch die Getreidemühlen direkt unterhalb des Janiculumgipfels mit Energie. Sie scheinen einen Großteil des römischen Mehls geliefert zu haben.

Frontinus und die Cura Aquarum

Unter Augustus stand Agrippa der Cura Aquarum vor, einem Regierungsressort, das für den Betrieb und die Aufrechterhaltung des Aquäduktsystems der Stadt eingerichtet worden war. Der berühmteste Inhaber dieses Amts war Frontinus, der unter dem Imperator Nerva diente und ein Buch zum Thema *De Aquis Urbis Romae* schrieb, in dem historische Einzelheiten sowie Beschreibungen der Aquädukte Roms festgehalten sind. Er erläutert darin die Probleme der Wasserversorgung einer solch großen Stadt und bespricht die Instandhaltung des Systems. Er erläutert auch Rechtsangelegenheiten, soweit sie die Wasserversorgung betreffen. Aus ihnen geht hervor, daß hier viel Korruption im Spiel war, genauso wie in vielen anderen Bereichen des römischen Lebens.

Kanalisation

In die Kanalisation flossen die Abwässer aus den Bädern, Haushalten und Straßen, die Abfälle und die überschüssigen Wassermassen. Normalerweise verlief die Kanalisation unterhalb der Straße und wurde mit dem überfließenden Wasser der öffentlichen Brunnen gespült. Nur sehr wenige Haushalte waren an die Hauptkanalisation angeschlossen. Statt des-

sen wurden ihre Abwässer in Senkgruben gesammelt, die gelegentlich geleert und als Dünger verkauft werden konnten. Die Röhren und Kanäle hatten keine Verschlüsse, die verhinderten, daß Gase wie Schwefelwasserstoff und Methan austraten. Es gab also keinen Schutz vor Geruch oder Explosionen. Wenn der Tiber anstieg, stieg auch der Abwasserpegel. Abwässer und die enormen Massen überschüssigen Wassers, die in den Tiber flossen, wurden dann in die Kanalisation zurück- und in alle an sie angeschlossenen Haushalte hochgedrängt.

Die Cloaca Maxima

Der bekannteste römische Abwasserkanal ist die Cloaca Maxima, deren ursprüngliche Konstruktion Tarquinius Priscus zugeschrieben wird. Sie war zunächst ein offener Graben, der die marschige Senke der Stadt entwässerte, vor allem in der Gegend um das Forum Romanum. Obwohl sie eigentlich dazu da war, das überflüssige Wasser abfließen zu lassen, wurde sie sehr schnell auch für Abwässer gebraucht. In der späteren Republik wurde die Cloaca Maxima in einen unterirdischen Kanal verlegt, der teilweise noch heute in Gebrauch ist. In Luftlinie ist sie 900 m lang, aber sie mäandert um Gebäude. Ihre Größe ist bemerkenswert: An manchen Stellen ist sie 4,2 m hoch und 3,2 m breit. Römischen Schriftstellern zufolge hätte ein vollbeladener Heuwagen hindurchgepaßt. Von Agrippa sagt man, daß er auf einem Boot eine Inspektionstour durch die Unterwelt des römischen Kanalisationssystem unternommen habe.

Öffentliche Toiletten

Spätere römische Quellen dokumentieren 144 öffentliche Toiletten in Rom, doch sind nur wenige freigelegt worden. Ein Exemplar, das aus Hadrians Regierungszeit stammt, liegt nördlich der Läden im Forum Julium, während sich andere in dem Gebiet des Largo Argentina und beim Theater des Pompeius befanden. Toiletten gehörten zu der Grundausstattung von Badehäusern und wurden mit dem gebrauchten Wasser der Bäder gespült. Viele Wohnhäuser Roms, vor allem die mehrstöckigen, hatten keine Toiletten, weil das laufende Wasser fehlte, das für ihren Gebrauch benötigt wurde.

Eine rekonstruierte Ansicht der Toilettenhalle, die heute noch im rückseitigen Gebiet des Largo Argentina gesehen werden kann. Tatsächlich war sie an den Portikus von Pompeji gebaut. Mit ihren hundert Plätzen war sie sehr groß. Wie man sehen kann, ist die Toilettenhalle sehr luftig gebaut. Das eingefügte Bild zeigt einen Toilettensitz.

Häuser und Wohnungen

Die Römer lebten in sehr unterschiedlichen Häusern und Wohnungen, von denen einige erstaunlich modern waren. Die Reichen hatten feine Möbel und ausgetüftelte Haushaltseinrichtungen, doch wie alle anderen Römer mußten auch sie sich mit dem Elend und der Gesetzlosigkeit auf den Straßen auseinandersetzen.

Wie Athen entwickelte sich auch Rom eher planlos. Gebäude breiteten sich entlang den alten Straßen zum Palatin und zum Kapitol sowie an den kleineren Seitenstraßen aus, bis die Stadt schließlich aus lauter engen und dunklen Gassen bestand. Die Straßen Roms waren alles in allem fast 90 km lang, die meisten von ihnen hatten keine Bürgersteige. Im Zentrum gab es nur die zum Forum führenden Via Sacra und Via Nova, die breit genug waren, um Straßen genannt zu werden. Alle anderen waren zu eng, als daß Fahrzeuge aneinander vorbeifahren konnten. Einige von ihnen waren so schmal, daß sich hervorspringende Balkone oder obere Stockwerke fast berührten.

Die Straßen waren schmutzig und verseucht, denn aller Abfall und Unrat wurde dort ausgeleert. Ein Passant konnte durchaus von Abfällen getroffen werden, die aus einem hochgelegenen Fenster gekippt wurden. Es gab sogar Gesetze, in denen die Höhe der Schadensforderung in solchen Fällen geregelt wurde.

Das Gesetz der Straßen

Die Wohnqualität der Stadt veranlaßte Julius Cäsar, eine Verordnung bekanntzugeben, in der die Bewohner dazu aufgefordert wurden, vor ihren Häusern zu fegen. Stadtmagistrate (Ädilen) sollten Stadtreinigungstruppen organisieren, die die Straßen sauberhielten.

Unrat und Krankheiten waren nicht die einzigen Probleme. Viele Römer wurden bei Verkehrsunfällen getötet oder verstümmelt, weil die Straßen zu eng waren oder keine Bürgersteige hatten. Die Straßen wurden so gefährlich, daß Cäsar Wagen tagsüber aus der Stadt verbannte; nur offizielle Fahrten waren erlaubt. Damit schuf er zwei getrennte Welten, die normale Welt des Tages und die unheimliche Welt der Nacht. Kein unbescholtener Bürger ging nachts aus. In der Dämmerung verbarrikadierte man sich und überließ Fuhrwerken die Stadt. Ohnehin fuhr niemand unbewaffnet, denn die Straßen waren unbeleuchtet und voller Räuber. Doch selbst ohne Wagen waren die Straßen überfüllt, und so mußten weitere Gesetze verabschiedet werden, die es Händlern untersagten, ihre Waren auf den Straßen anzubieten.

Frühe Häuser

Ausgrabungen auf dem Palatin und in seiner unmittelbaren Umgebung haben Spuren von Häusern schon aus dem 8. Jahrhundert v. Chr. freigelegt. Diese bestehen allerdings lediglich aus Einsteck-

△ Überreste eines Wohnblocks an einer Straße neben dem Cäsarforum.

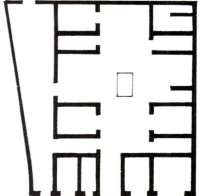

△◁ Plan und Rekonstruktion eines der Häuser aus dem 6. Jahrhundert v. Chr. am südöstlichen Hang des Palatin.

▷ Rom in der frühen Kaiserzeit. Viele Dichter beschreiben die Stadt als überfüllt. Gebäude mit fünf oder sechs unsicher gebauten Stockwerken säumten die verschmutzten Straßen.

Häuser und Wohnungen

löchern, doch vor kurzem wurden die Überreste einiger luxuriöser Häuser aus dem 6. Jahrhundert v. Chr. am nordöstlichen Hang des Palatin gefunden. Sie bestanden aus Zimmern zu ebener Erde oder in einem weiteren Stockwerk, die um den Hauptraum *(atrium)* in der Mitte angeordnet waren.

Die Häuser der Reichen

Das etruskische Haus im Atrium-Stil wurde allmählich zum typischen italischen Haus, das uns aus Pompeji und Herculaneum bekannt ist. Unter griechischem Einfluß entwickelten sich die großen Häuser nach und nach in luxuriöse Gebäude mit säulenumstandenen Gärten. Das Haus des Augustus und das sogenannte Haus der Livia auf dem Palatin waren ganz deutliche Ausprägungen dieses Haustyps. Wir wissen, daß Atrium- beziehungsweise Peristylhäuser in Rom noch am Ende des 2. Jahrhunderts n. Chr. standen, weil sie auf einem Marmorplan von Rom aus dieser Zeit abgebildet sind.

Dieser Haustypus, der meistens ebenerdig war, bestand aus Schlafzimmern zu drei Seiten des Zentrums und hatte einen Eingangsflur zum Atrium zwischen den vorderen Schlafzimmern. Eßzimmer *(triclinium)* und Arbeitszimmer *(tablinum)* nahmen meistens die vierte Seite des Atriums gegenüber dem Eingang ein. Der säulengesäumte Garten und die Haushaltsräume befanden sich hinten.

In der Regel empfing der Hausherr seine Kunden und Geschäftsfreunde im Atrium ganz früh am Morgen.

Die Häuser der Armen

Das Atrium- beziehungsweise Peristylhaus war den Reichen vorbehalten. Von den frühesten Zeiten an lebten die ärmeren Arbeiter in Räumen über oder hinter ihren Arbeitsstätten, genau wie in Athen. In Pompeji und Herculaneum vermieteten viele Hausbesitzer die zur Straße gelegenen Parterrezimmer, darunter vor allem die Schlafräume zu beiden Seiten des Eingangs, zur Umwandlung in Läden, Werkstätten oder Restaurants, und oft war Wohnraum mit dabei. Einige Häuser wurden vollständig in Werkstätten umgewandelt. Andere Hausbesitzer vermieteten nur Zimmer oder bauten Teile ihrer Häuser als Wohnungen aus. Zimmer und Wohnungen, die angebaut wurden und im ersten und zweiten Stock über die Straßen hinausragten und die einen Zugang über eine Anbautreppe hatten, sind in Herculaneum häufig. Sowohl im Haus mit hölzerner Trennwand als auch im angrenzenden Haus wurden Zimmer zur Straßenseite im Erdgeschoß und im ersten Stock angebaut (s. S. 138).

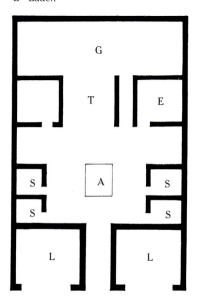

Plan eines typischen römischen Hauses.

A Atrium
S Schlafzimmer
T Tablinum
E Eßzimmer
G Garten
L Laden

Häuser und Wohnungen

△ Neuer Teil des Marmorplans von Rom, auf dem drei Atrium- beziehungsweise Peristylhäuser abgebildet sind.

▷ Ein rekonstruiertes Schlafzimmer mit einem Alkoven für das Bett und einem begehbaren Wandschrank aus dem Haus des Zentauren in Pompeji. Dieser Stil der Wanddekoration, der als Erster pompejanischer Stil bezeichnet wird, entwickelte sich in Griechenland zwischen dem 5. und 2. Jahrhundert v. Chr.

▽ Rekonstruktion eines Hauses aus dem späten 2. Jahrhundert v. Chr., das auf Beispielen aus Pompeji beruht. Durch einen Flur (fauces) gelangt man von der Straße zum Hof (atrium). Zu beiden Seiten des Atriums befinden sich Schlafzimmer. Das Arbeitszimmer (tablinum) liegt dem Eingang gegenüber, und das Eßzimmer befindet sich an dessen rechter Seite.

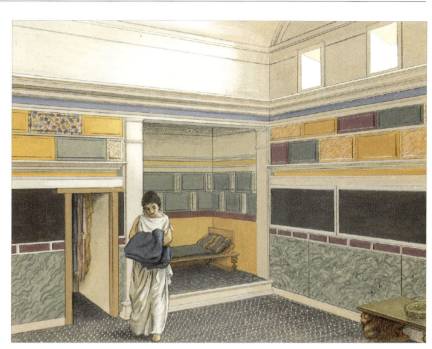

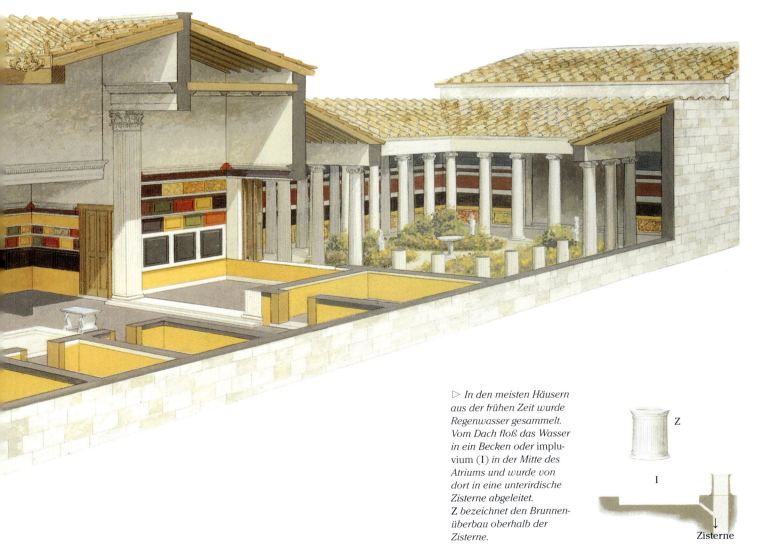

▷ In den meisten Häusern aus der frühen Zeit wurde Regenwasser gesammelt. Vom Dach floß das Wasser in ein Becken oder impluvium (I) in der Mitte des Atriums und wurde von dort in eine unterirdische Zisterne abgeleitet. Z bezeichnet den Brunnenüberbau oberhalb der Zisterne.

△ Das Haus mit hölzerner Trennwand und das angrenzende Haus in Herculaneum. Beide haben Zimmeranbauten auf den oberen Etagen. Sie wurden meistens aus Schottergestein und Mörtel zwischen Holzfachwerk gebaut (s. unten).

▽ *Opus craticum*: ein Holzfachwerk, gefüllt mit Schottergestein und Mörtel. Es war zwar billig, aber sehr leicht entzündlich.

Mietshäuserblöcke

Zweifellos wurden auch in Rom Häuser in Wohnungen umgebaut, denn dort war die Wohnungsnot noch sehr viel größer als in Herculaneum. Doch gab es in Rom einen Gebäudetypus, den es weder in Herculaneum noch in Pompeji gegeben hat: das mehrstöckige Mietshaus (*insula*). Seit dem 3. Jahrhundert v. Chr. gab es solche Häuserblöcke in Rom. Ursprünglich wurden sie aus *opus craticum* (s. unten) gebaut und waren außerordentlich gefährlich; sie konnten sehr schnell Feuer fangen oder völlig unerwartet zusammenstürzen. Da es keine Bauverordnungen gab, bauten die Vermieter höher und höher. Es war unangenehm, in diesen Gebäuden zu leben. Oberhalb des ersten Stocks gab es kein Wasser und keine Toiletten, und die Häuser waren verwahrlost.

Für die *insulae* führte Augustus eine Höhenbegrenzung von 18 m (5 Stockwerke) ein. Diese Verordnung wurde offensichtlich nicht befolgt, denn nach dem Feuer im Jahre 64 n. Chr. wurden Gesetze verabschiedet, in denen die Höhe auf 21 m begrenzt und ein Abstand von 3 m zwischen den Gebäuden angeordnet wurde. Das Gesetz regelte auch, daß die Fassaden nebeneinanderliegender Gebäude Flachdachanbauten bekamen, um die Arbeit der Feuerwehrleute zu erleichtern. Der weniger haltbare und instabilere Schlammziegel wurde beim Bau dieser hohen Mietswohnhäuser durch ziegelsteinverputzten Zement ersetzt (s. unten). Doch die Verstöße gegen die Bauverordnung ließen nicht nach und zwangen Trajan schließlich dazu, die Höhe der *insulae* wieder auf 18 m zu begrenzen.

Ein Häusermeer

Die hauptsächlichen Baumaterialien, die in Rom benutzt wurden, waren Kalkstein (vor allem Travertin, der in Tivoli gebrochen wurde und durch die Ablagerung von Kalziumkarbonat in Wasser entsteht), vulkanischer Kalktuff (ein sehr leichter Stein), gebrannte Ziegel und Zement.

Die Erfindung des Zements und die Errichtung von Gewölben erlaubten den Bau sehr großer Gebäude. Zement (*opus caementicium*) wurde in Kampanien während des 3. Jahrhunderts v. Chr. entwickelt. Anders als unser heutiger Zement bestand er aus einer Mischung aus Steinen oder Ziegelsteinen, die schichtweise abwechselnd mit Mörtel gegossen wurde. Der Mörtel wurde mit vulkanischer Pozzolanerde angereichert, die ihn belastbarer machte und dem Material Zusammenhalt verlieh. Er härtete selbst unter Wasser aus. Die Materialien, die für die Mischung benutzt wurden, richteten sich nach dem jeweiligen Zweck: schwerer Kalkstein für Fundamente und leichter vulkanischer Bimsstein oft für Gewölbe (s. S. 226–227).

Ziegelsteine und andere Materialien

Gebrannte Ziegelsteine wurden in mehreren Standardgrößen angefertigt: *bipedalis* entsprach zwei römischen Fuß (59 cm) im Quadrat, *sesquipedalis* 1,5 römischen Fuß (44 cm) im Quadrat, *pedalis* 1 römischen Fuß (29,5 cm) im Quadrat, und *bessalis* war 20 cm² groß. Marmor, Granit und Porphyr waren auch vielbenutzte Bau- und Dekorationsmaterialien. Von der Mitte des 2. Jahrhunderts bis ungefähr 35 v. Chr. mußte aller weißer Marmor aus Griechenland importiert werden. Farbiger Marmor aus Nordafrika oder der Ägäis wurde in den Privathäusern der Reichen eingesetzt und von den zeitgenössischen Schriftstellern häufig als geschmacklos kritisiert. Seit den Zeiten des Augustus benutzte man farbigen Marmor und andere dekorative Steine zunehmend zur Verzierung öffentlicher Gebäude und für Säulen, die statt aus Säulentrommeln aus einem

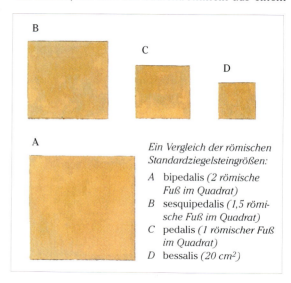

Ein Vergleich der römischen Standardziegelsteingrößen:

A *bipedalis* (2 römische Fuß im Quadrat)
B *sesquipedalis* (1,5 römische Fuß im Quadrat)
C *pedalis* (1 römischer Fuß im Quadrat)
D *bessalis* (20 cm²)

Häuser und Wohnungen

Block bestanden. Seit dem späteren 1. Jahrhundert v. Chr. wurde der weiße Marmor in Carrara in Norditalien gebrochen und war in Rom bald weit verbreitet.

Mauern

Für die Fundamente wurde der Zement in Schichten in hölzerne Verschalungen gegossen, die meistens stehen gelassen wurden. Der übrige Zement wurde auf verschiedene Art und Weise verputzt. Der früheste in Rom benutzte Putz war *opus incertum*, der aus kleinen, unregelmäßig, aber etwa gleich groß geformten Steinen bestand. Ab dem späteren 2. Jahrhundert v. Chr. wurde *opus reticulatum* benutzt. Der Putz bestand aus kleinen pyramidenförmigen Steinen, die so angeordnet wurden, daß ihre quadratischen Grundflächen ein Gitternetz ergaben. Die heutige Forschung hat den Ausdruck *opus quasi reticulatum* geprägt, um eine weniger ordentlich wirkende Art des gleichen Putzes zu beschreiben, doch hängt die Unterscheidung der beiden Putzarten mehr vom benutzten Stein ab; Kalktuff wurde in Rom am häufigsten eingesetzt.

Opus testaceum bestand aus gebrannten Ziegelsteinen und wurde in Rom seit den Zeiten Neros verwendet. Manchmal wurden die größeren Ziegelsteine in zwei Dreiecke geschnitten, so daß ihre Spitze in den Zement „biß".

Opus mixtum war ein Putz, der aus Schichten von *opus reticulatum* und gebrannten Ziegeln bestand. Er war besonders zu Augustus' Zeiten beliebt, später wurde er unter Trajan und Hadrian wiederentdeckt.

Gerüstbau und Dachdeckerei

Wie in modernen Zeiten ermöglichen Gerüste den Zugang zum Gebäude während seiner Errichtung. Ab und zu kann man im Putz einer Mauer noch heu-

△ Ein Wandgemälde aus dem Grabmal von Trebius Justus in Rom, auf dem ein ziegelsteinverputztes Zementgebäude während der Bauarbeiten gezeigt wird.

◁ Opus incertum: ein Putz für Zement aus kleinen, unregelmäßig geformten Steinen.

◁ Opus testaceum: eine Fassade für Zement aus gebrannten Ziegelsteinen. Davor wurden die Ziegelsteine oft in Dreiecke geschnitten.

▽ Opus reticulatum: ein Putz für Zement aus kleinen pyramidenförmigen Steinen, die ein Gitternetz bilden.

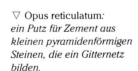

◁ Ein Fundamentgraben, der von Holzverschalungen eingefaßt ist. Die Gesteinsmischung wurde abwechselnd mit dem Mörtel zwischen die Bretter gefüllt.

△ ◁ Die Auf- und Untersicht von Ziegeln (tegula) und ein halbzylindrischer Ziegel (imbrex), der zum Bedecken des Übergangs zwischen den tegulae benutzt wurde.

Rom

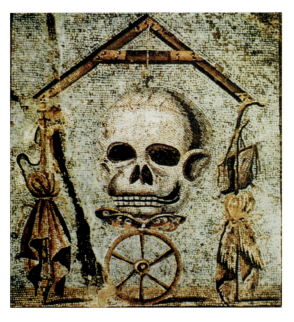

◁ *Ein Mosaik aus Pompeji, auf dem Winkeleisen und Senkblei eines Architekten abgebildet sind.*

◁ *Drei Arten von Winkeleisen mit Senkbleien zur Überprüfung des Neigungswinkels.*

▷ *Eine Auswahl von Architekturinstrumenten aus Pompeji, unter ihnen verschiedene Zirkel und ein Senkblei.*

te Löcher von Rüstbalken erkennen, in die eine Stange gesteckt wurde, um das Gerüst zu stabilisieren. Dächer waren aus Holz und wurden mit rechteckigen, meist 45 mal 60 cm großen Terrakottaziegeln *(tegulae)* gedeckt. Den Übergang zwischen zwei Ziegeln bedeckte ein halbzylindrischer Ziegel *(imbrex)*.

Architekten

Römische Architekten mußten umfassender gebildet sein als heutige. Laut dem Architekten Vitruvius, der etwa 25 v. Chr. Fachbücher verfaßte, mußten sie sich gut in Geometrie, Geschichte und Musik auskennen, einiges von Medizin verstehen und sich mit Astronomie und Kosmologie vertraut gemacht haben. Der Architekt mußte für Bauvorhaben Pläne zeichnen und oft auch die Arbeit beaufsichtigen. Meistens war ein Architekt von einem Bauherrn angestellt, doch Vitruvius verurteilte skrupellose, geldgierige Architekten, die sich gegenseitig die Verträge streitig machten. Dagegen lobte er wohlhabende Bauherren, die für sich selber bauten und somit sicherstellten, daß ihr Geld gut verwendet wurde. Eine Reihe von Architekturinstrumenten wurde gefunden, darunter Senkbleie, Meßstäbe und Winkeleisen; sie ähneln den modernen Äquivalenten sehr.

Wohnblöcke in Ostia

Während der Regierung Trajans von 98–117 n. Chr. verwirklichte man im Hafen von Ostia, an der Mündung des Tiber, ein gigantisches Projekt. Die stark angewachsene Bevölkerung wurde in mehrstöckigen Mietshäusern untergebracht, die ohne Zweifel auf dem in Rom üblichen Typus beruhten. In der ersten Hälfte dieses Jahrhunderts wurde ein Großteil der Stadt ausgegraben, und zahlreiche Mietshäuser aus ziegelsteinverputztem Zement kamen zum Vor-

▷ *Ein Mietshaus aus Ostia, das als Haus der Diana bekannt wurde. Hier sieht man die Ladenfassaden mit ihren Zwischenstockwerken.*

Häuser und Wohnungen

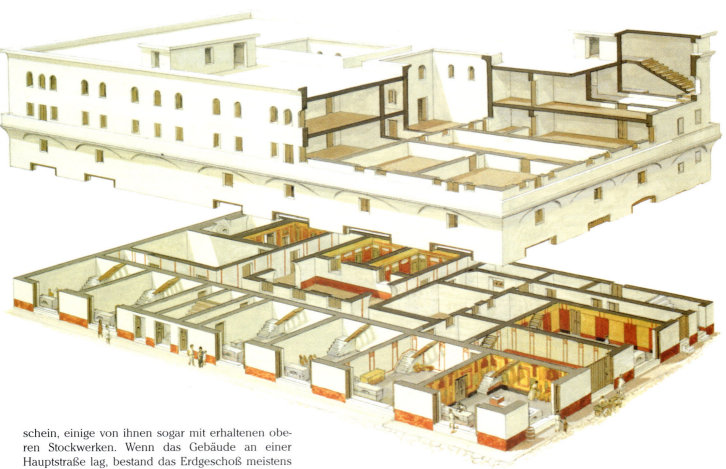

△ Eine Rekonstruktion des Hauses der Diana in Ostia. Dieser Mietshausblock hatte Läden an zwei Seiten, von denen einige (wenn nicht alle) dekoriert waren. Der Rest des Gebäudes setzte sich aus Wohnungen zusammen. Aus den Überresten von Treppen wird deutlich, daß das Gebäude mindestens drei Stockwerke hoch gewesen sein muß. Es ist nicht bekannt, ob es verputzt war.

schein, einige von ihnen sogar mit erhaltenen oberen Stockwerken. Wenn das Gebäude an einer Hauptstraße lag, bestand das Erdgeschoß meistens aus Läden. Dann gab es normalerweise noch einen Zwischenstock für das Lager oder die Wohnung. Einige Blöcke waren für wohlhabende Mieter gebaut. Die Wohnungen spiegeln traditionelle Häuserbaupläne wider, mit einer Haupthalle, Eß- und Arbeitszimmern an den üblichen Stellen sowie mit eigener Toilette und Küche. Doch die meisten Gebäude waren für weniger Wohlhabende entworfen worden.

Das sogenannte Haus der Diana, das links rekonstruiert abgebildet ist, war ein solches Gebäude. Im Erdgeschoß befinden sich an zwei Seiten Läden mit einem Zwischenstock und vereinzelten Hinterzimmern. Auf den anderen beiden Seiten liegen Wohnungen, von denen einige kunstvoll dekoriert sind. Es gab eine Gemeinschaftstoilette mit Raum für neun oder zehn Personen.

Der erste Stock, von dem nur die Grundmauern erhalten geblieben sind, bestand aus Wohnungen mit zwei, vier und fünf Zimmern und vielleicht auch aus einigen Einzimmerwohnungen. Wahrscheinlich gab es eine Gemeinschaftstoilette direkt über derjenigen im Erdgeschoß. Die Räume in der Mitte des Blocks wurden durch Lichtschächte erhellt.

Mietshausblöcke in Rom

Überreste einiger Mietshausblöcke wurden in Rom identifiziert. Weitere sind auf dem Marmorplan (s. S. 137) verzeichnet. Die Überreste eines Blocks, der dem Haus der Diana in Ostia ähnelt, wurden unter der Einkaufsmeile der Galleria Colonna entdeckt. In diesem Block gab es Läden, einige von ihnen mit Hinterzimmern, auf allen Seiten des Erdgeschosses. Auf der Westseite gab es eine Arkade, die auf die alte Via Lata hinausging und sich unter Beachtung der Brandschutzbestimmung Neros bis zum benachbarten Gebäude erstreckte. Die oberen Stockwerke setzten sich aus einzelnen Wohnungen zusammen, die über eine Treppe am Nordostende des Gebäudes erreicht werden konnten.

Ein Häuserblock auf dem Kapitol

Zwischen 1928 und 1930 wurde ein einzigartiger Mietshausblock an der nordwestlichen Seite des Kapitols, neben und teilweise unter der Treppe zur

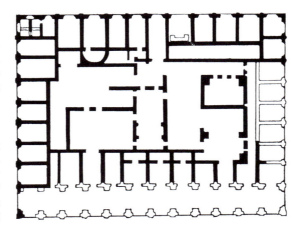

◁ Ein Plan des Mietshausblocks, der unterhalb der Einkaufsmeile der Galleria Colonna entdeckt wurde. Es gab an allen Seiten Läden und an der Vorderseite eine Arkade. Das Haus wurde im frühen 2. Jahrhundert n. Chr. unter Hadrian gebaut.

Rom

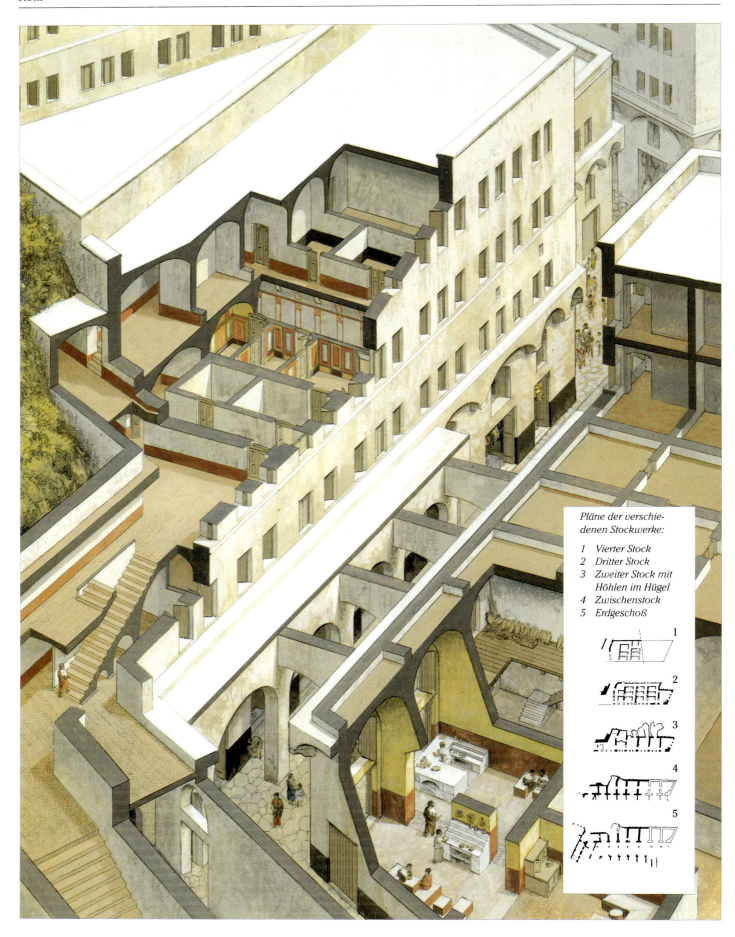

Pläne der verschiedenen Stockwerke:

1 Vierter Stock
2 Dritter Stock
3 Zweiter Stock mit Höhlen im Hügel
4 Zwischenstock
5 Erdgeschoß

Häuser und Wohnungen

▷ *Die Überreste eines römischen Mietshausblocks aus dem 2. Jahrhundert n. Chr., der fünf Stockwerke hoch und gegen den Nordhang des Kapitols gebaut war. Die Läden und ihre Zwischenstockwerke befinden sich unter der Ebene des Bürgersteigs.*

◁ *Ein Querschnitt durch eine Rekonstruktion des Wohnhausblocks, der gegen das Kapitol in Rom gebaut war. Auf allen Ebenen wurden die Räume gewölbt, um die darüberliegenden Stockwerke abzustützen. Die Treppen zu den oberen Stockwerken blieben nicht erhalten. An der Vorderseite gab es eine Arkade, die den Brandschutzbestimmungen Neros entsprach und den Feuerwehrmännern erlaubte, sich von Gebäude zu Gebäude zu bewegen.*

Kirche Santa Maria in Aracoeli, freigelegt. Dieser Block, der an den Hang gebaut wurde, ist bis zum sechsten Stockwerk erhalten geblieben. Er ist mit einem weiteren sich am Hügel entlangziehenden Block verbunden. Unglücklicherweise befindet sich der Großteil des letzteren Gebäudes unterhalb des Kapitolinischen Museums. Der erste Block besteht aus ziegelsteinverputztem Zement, und viele Innenräume hatten gewölbte Decken. Das Erdgeschoß besteht ausschließlich aus Läden mit dazugehörigen Zwischenstockwerken und mit einer der Brandschutzverordnung Neros entsprechenden Arkade an der Front. Die dritte Etage, die nur teilweise freigelegt wurde, teilt sich in drei Wohnungen auf. Im vierten Stock gibt es Reihen einzelner Räume, die durch winzige Fenster am Gang nur schlecht beleuchtet werden. Die fragmentarischen Überreste des fünften Geschosses legen nahe, daß es sich auch hier um eine ähnliche Anordnung einzelner Zimmer gehandelt hat. Die Treppen zu den oberen Stockwerken sind nicht erhalten geblieben; sie befanden sich wahrscheinlich an dem östlichen Ende des Gebäudes.

▷ *Ein hölzernes Fenstergitter aus Herculaneum. Die normalerweise gebrauchten Fensterläden aus Holz wurden auch gefunden.*

▽ *Ein eisernes Fenstergitter aus Pompeji. Es wurde auch Gitterwerk aus Terrakotta gefunden.*

Die Fenster

Anders als die römischen Häuser, die durch ihre winzigen Fenster charakterisiert werden können, hatten Mietshausblöcke sehr große Fenster. Der Block am Hang des Kapitols besaß außerordentlich große Fenster (2 m hoch und 1,3 m breit) an der Fassade, die die einzigen Lichtquellen für das ganze Gebäude waren. Glas wurde nur in den Mietshäusern für die Wohlhabenderen benutzt. Die Überreste aus Pompeji und Herculaneum legen nahe, daß solche Fenster mit Stäben aus Eisen oder Terrakotta vergittert und mit hölzernen Fensterläden geschlossen wurden.

Die Zahl der Mieter

In seiner Untersuchung des Mietshausblocks von Ostia schätzt James Packer, daß in einem durchschnittlichen Häuserblock 40 Menschen lebten. In der Mitte des 4. Jahrhunderts n. Chr. gab es in Rom 46 602 solcher Unterkünfte, in denen mehr als eine Million Menschen gelebt haben müssen. Eines dieser Gebäude, die *insula* von Felicula aus dem 2. Jahrhundert n. Chr., war so hoch, daß sie als Sehenswürdigkeit galt.

Trotz der Brandschutzverordnung gab es weiterhin unsichere Gebäude. Juvenal, der in der Regierungszeit Trajans schrieb, machte sich über die Gebäude Roms, die von Balken „so lang und dünn wie Flöten" gestützt wurden, lustig.

„Wir wohnen aber in einer Stadt, die zum großen Teil auf schwachen Stützbalken ruht, denn so hemmt der Hausverwalter den Zusammenbruch, und wenn er alte klaffende Risse ausgebessert hat, heißt er uns ruhig schlafen, während beständig Einsturz droht. Dort sollte man wohnen, wo es keine Brände gibt, wo man sich nachts nicht fürchten muß. Schon ruft [der Nachbar unten] nach Wasser, schon schleppt er sein bißchen Kram heraus, im dritten Stockwerk qualmt's schon, du aber weißt es nicht. Denn wenn am Fuße der Treppe das Durcheinander beginnt, wird als letzter der Feuer fangen, den nur die Dachziegel vor dem Regen schützen, dort wo die sanften Tauben ihre Eier legen."

Juvenal, Satiren. Stuttgart: Reclam, 1969.

▷ *Der Flur im dritten Stock des Mietshauses auf dem Kapitol, mit Türen zu zwei Hinterzimmern. Kleine Fenster oberhalb der Türen lassen Licht vom Flur in die Zimmer.*

▽ *Die von dem oben abgebildeten Flur abgehenden Zimmer. Die Grundmauern der Trennwände kann man gerade noch erkennen. Zimmer und Flur waren verputzt und bemalt.*

Die Hausgötter

In jedem Haushalt gab es einen Schrein (*lararium*) für die Hausgötter (Laren und Penaten), denen am Morgen ein Opfer dargebracht wurde. Die Laren waren die Geister der Vorfahren der Familie, die Penaten die Wächter der Vorratskammer. In einem konventionellen Haus befand sich das *lararium* meistens im Atrium. Oft war es nicht mehr als eine Wandnische, geschmückt mit einem Gemälde oder kleinen Statuen der Geister, ganz wie ein kleiner Schrein in einem heutigen katholischen Haus. In manchen Häusern gab es allerdings auch auserlesene Miniaturtempel.

Ein Tresor, in dem Dokumente und Wertsachen aufbewahrt wurden, befand sich meistens auch im *lararium*. In Pompeji wurden einige schöne Exemplare gefunden; sie waren aus Holz und mit Eisen oder Bronze beschlagen. Manchmal hatten sie einen eigens gemauerten Sockel, an dem sie mit einem eisernen Stab befestigt waren. Wahrscheinlich befanden sich sowohl das *lararium* als auch der Tresor im Empfangszimmer einer Wohnung.

Möbel und andere Einrichtungsgegenstände

Viele Einrichtungsgegenstände der späten Republik und frühen Kaiserzeit orientierten sich an der griechischen Mode mit ihrer überladenen Dekoration. Holz, Bronze, Stein und vor allem Marmor wurden eingesetzt. Im Vergleich zu heute war die Möblierung sehr sparsam, und Tische und Stühle wurden oft je nach Bedarf von einem Raum zum anderen getragen.

Sehr viele Möbel fanden sich in Pompeji und den anderen Orten, die durch den Ausbruch des Vesuv im Jahr 79 n. Chr. zerstört wurden. In Pompeji wurden Tische und Bänke aus Stein und Bronze entdeckt, in Herculaneum viele verkohlte hölzerne Möbelstücke und Einrichtungsgegenstände.

Tische

Die Römer benutzten fünf Arten von Tischen; sie waren alle griechischen Ursprungs. Es gab drei- oder vierbeinige rechteckige Tische, runde Tische mit drei Beinen, die Tiere darstellten, und quadratische Tische mit einem einzigen zentralen Bein sowie quadratische Tische, die an zwei Seiten von je einer auf-

Häuser und Wohnungen

recht stehenden, verzierten Stütze getragen wurden. Die meisten von ihnen wurden in Pompeji und Herculaneum gefunden. Der dreibeinige Tisch war besonders beliebt, da er den großen Vorteil hatte, auf unebenem Boden gut zu stehen. Der von Stützen gehaltene Typus, von dem sich viele steinerne Exemplare in Pompeji fanden, wurde oft im Atrium oder draußen benutzt. Die Stützen waren meistens in Tierform gemeißelt.

Schränke und Truhen

Mehrere Schränke wurden in Pompeji und an anderen Orten um den Vesuv gefunden. Römische Schränke sahen den heutigen sehr ähnlich: Ein rechteckiger Kasten, oft mit Regalbrettern darin, meistens auf Füßen stehend und mit gefächerten Türen auf der gesamten Höhe. Der auf S. 146 abgebildete, außerordentlich kunstvoll gearbeitete Schrank wurde 1935 in Herculaneum gefunden. Säulen flankieren den Aufbau, und wahrscheinlich gab es noch einen Aufsatz. Gefäße und Statuen aus Bronze, Terrakotta und Glas wurden darin gefunden. Offensichtlich war dies zugleich ein Kleiderschrank und ein *lararium*.

Man weiß auch, daß Truhen unterschiedlicher Formen und Größen existierten, von Wäschetruhen des griechischen Typus bis zu Schmuckkästchen. Auch Regale benutzte man viel, sie fanden sich in Läden und Häusern in Herculaneum.

Sitzgelegenheiten

Die Römer benutzten sehr unterschiedliche Sitzgelegenheiten, die von bequemen Sesseln bis zu Klappstühlen und Bänken reichten.

Kunstvolle Stühle mit geschweiften Beinen werden auf römischen Bildern und Skulpturen sehr oft dargestellt. Das verkohlte bronzebeschlagene Bein eines solchen Stuhls wurde in Herculaneum gefunden. Diese Stühle werden häufig mit rechteckigen Beinen abgebildet und hatten manchmal Armstützen und Rückenlehnen. Ein anderer Stuhltypus, ein schwerer majestätischer Sitz mit massiven Seitenteilen, wurde für offizielle Gelegenheiten benutzt. Auf zwei berühmten Skulpturen, die sich heute in Deutschland befinden, sind hochlehnige Sessel aus Flechtwerk abgebildet, die Stühlen aus dem frühen 20. Jahrhundert ähneln. Throne sind oft mit Fußbänken dargestellt.

Hocker

Unterschiedliche Hocker sind auf römischen Gemälden und Skulpturen abgebildet. Es gab Stühle ohne Seiten oder Rücken und Klapphocker.

Eine Art Klapphocker *(sella culuris)* benutzten die römischen Magistrate bei offiziellen Gelegenheiten. Seine geschweiften Beine kreuzten sich und liefen häufig in Tierfüße aus. Er wurde jedoch nicht nur zu offiziellen Gelegenheiten genutzt. Ein Relief aus Ostia zeigt eine Frau auf genau so einem Hocker unter einem Baum sitzend. Ein schönes Exemplar mit bronzenen Beinen wurde in Pompeji gefunden.

△ *Ein Gemälde aus Pompeji, auf dem Laren und Penaten abgebildet sind.*

▷ *Ein* lararium *mit den Überresten eines Gitterwerkes aus dem Haus des Menander in Pompeji.*

△ *Ein mit Bronze und Eisen beschlagener Holztresor, der in Pompeji gefunden wurde.*

△ *Ein gemauerter Tresorsockel, der in dem Haus der Vettier in Pompeji entdeckt wurde. Er hat einen Metallstab, mit dem der Safe gegen Diebstahl gesichert war.*

▷ *Ein Tisch aus Herculaneum mit einer runden Platte und drei hölzernen Beinen.*

△ *Ein bronzener Tisch aus Pompeji mit einer Marmorplatte und einem einzigen Bein.*

◁ *Ein Marmortisch aus Pompeji mit verzierten Stützen.*

Rom

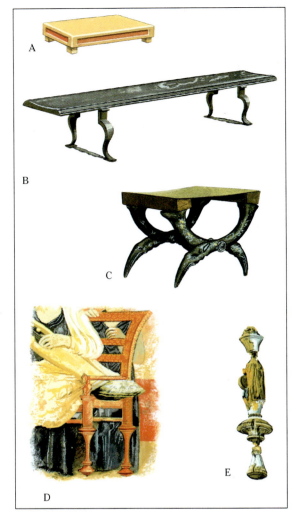

A Eine hölzerne Fußbank, die nach einem pompejanischen Gemälde rekonstruiert wurde.
B Eine Bank aus Bronze aus den Bädern in Pompeji.
C Ein Klapphocker aus Bronze (sella curulis) aus Pompeji.
D Ein Ausschnitt aus einem pompejanischen Gemälde, auf dem eine Frau auf einem Thron mit Armlehnen und hoher Rückenlehne sitzt.
E Ein bronzebeschlagenes hölzernes Stuhlbein aus Herculaneum.

△ Ein Holzschrank mit lararium aus Herculaneum.

Bänke

Bänke wurden häufig benutzt und allgemein als Sitzgelegenheit der Armen angesehen. Einige außerordentlich gut erhaltene Bronzeexemplare wurden gefunden. Sie standen, wie heute, in den Wartezimmern öffentlicher Gebäude. Zweifellos wurden Bänke meistens aus Holz hergestellt.

Betten und Liegen

Römische Betten lassen sich nicht von Liegen unterscheiden. Das gleiche Möbelstück wurde zum Essen und zum Schlafen benutzt. Bei den Ausgrabungen von Pompeji und Herculaneum sind häufig Bruchstücke von Liegen gefunden worden. Auch auf vielen Gemälden und Skulpturen sind die römischen Liegen abgebildet. Die meistbenutzte Sorte hatte gebogene Beine und ein rechteckiges Holzgestell, auf dem die Matratze von Lederriemen, Flechtwerk, Schnüren oder Holzlatten gehalten wurde. Außerdem hatte sie ein hölzernes Kopfbrett, das mitunter von einer reich verzierten Stütze gehalten wurde. Diese Liegen gab es in Rom wahrscheinlich seit dem frühen 2. Jahrhundert v. Chr., als die römischen Truppen in Griechenland und Kleinasien stationiert waren.

In Herculaneum sind den modernen Sofas ähnlichere Modelle gefunden worden. Auf den hölzernen Rahmen liegen Matratze und Kissen auf. In Herculaneum wurde auch eine verkohlte Wiege freigelegt.

Auf Wandgemälden werden oft gestreifte Bettdecken, Laken und Kissenbezüge abgebildet – sowohl in Privathäusern als auch in Bordellen.

Trennwände und Fensterläden

Die Entdeckung hölzerner Trennwände in Herculaneum hat erheblich zu unserem Verständnis der Inneneinrichtung römischer Häuser beigetragen. Zimmer wurden durch hölzerne Trennwände mit Türen unterteilt, von denen man normalerweise bei Ausgrabungen keine Spuren finden würde. Im Haus mit hölzerner Trennwand in Herculaneum ist das Atrium auf diese Art und Weise unterteilt. In einem anderen Haus wurde eine unglaublich gut erhaltene klappbare Trennwand aus Gitterwerk gefunden. Manchmal waren auch Fensterläden vergittert, vor allem wenn das Fenster auf einen umfriedeten Garten hinaussah. Von außen angebrachte Läden, die ebenfalls aus Herculaneum bekannt sind, bestanden aus massiven Holzbrettern. Außerordentlich fein gearbeitete klappbare Läden wurden in einer kürzlich freigelegten Villa in Oplontis zwischen Pompeji und Herculaneum entdeckt. Sie bestehen aus mehreren durch Angeln verbundenen Paneelen und ähneln den bekannten gefächerten Läden aus dem 19. Jahrhundert sehr. So sahen auch alle aufwendiger gearbeiteten Zimmertüren und die Schranktüren aus.

Obwohl es keine archäologischen Funde gibt, bezeugen Literatur, Malerei und Bildhauerei deutlich, daß Vorhänge auch oft benutzt wurden, um Räume abzutrennen. Sie konnten die Türen von Zimmern und Schränken ersetzen.

Die Küche

Da die Köche meistens Sklaven waren, hatte die Küche einen niedrigeren Status im römischen Haus als bei uns. Es gab keinen festgelegten Ort für die Küche. In pompejanischen Häusern war sie meistens irgendwo hinter dem Atrium. Oft war es ein kleiner Raum, ausgerüstet mit einem Herd, einem Waschbecken und wahrscheinlich mit Regalen an den Wänden. Der Herd unterschied sich sehr von heutigen Exemplaren. Er bestand aus einem rechteckigen tischähnlichen Mauerwerk mit einer gewölbten Aussparung, in der Brennstoff, Holzkohle und Spanholz aufbewahrt wurden. Ein kleines Feuer brannte oben auf dem Herd, und das Essen kochte entweder in einem Topf auf einem eisernen Dreifuß, oder es wurde auf einem Rost gegrillt. Soweit man weiß, gab es keine Schornsteine, deswegen mußte der Rauch durchs Fenster entweichen.

Töpfe und Pfannen

Eine kleine voll ausgerüstete Küche wurde in der Wäscherei des Stephanus in Pompeji gefunden. Zur Zeit des Vulkanausbruchs wurde das Mittagessen zubereitet. Als der Koch floh, ließ er den Topf auf dem Herd. Als die Küche freigelegt wurde, fand man Töpfe und einen Grillrost an den Wänden beziehungsweise an der Herddecke bereitgestellt. Unzählige andere irdene und bronzene Küchengeräte sind

Häuser und Wohnungen

▽ *Das Gemälde eines Bettes mit Bettwäsche aus Boscoreale, nahe Pompeji.*

▷ *Teil der hölzernen Trennwand, die in dem Haus der hölzernen Trennwand in Herculaneum gefunden wurde (s. S. 138).*

▷ *Die bronzene Stütze für das Kopfteil des Bettes unten.*

▽ *Ein Bett aus Pompeji, das ausgehend von den bronzenen Beschlägen restauriert wurde.*

▽ *Ein verschiebbarer Fensterladen mit Gitterwerk aus Herculaneum.*

▽ *Ein Detail des Gitterwerks.*

△ *Eine restaurierte Eckcouch mit Bronzebeschlägen aus Pompeji.*

▽ *Ein Gipsabdruck der gefächerten Klappläden, die in einer Villa in Oplontis nahe Pompeji gefunden wurden.*

▷ *Ein verkohltes Holzsofa aus Herculaneum.*

▽ *Ein Sofa aus Holz und Leder aus Herculaneum.*

▽ *Eine verkohlte Wiege für ein Baby aus Herculaneum.*

in Pompeji und Herculaneum gefunden worden. Außer Töpfen und Pfannen hat man auch Eimer, Schöpflöffel und Siebe aus Bronze entdeckt.

Die Toilette

Toiletten befanden sich oft neben oder in der Küche, so daß sie ein Abwassersystem teilten. Eine kürzliche Untersuchung in Herculaneum ist zu dem Schluß gekommen, daß dort fast alle Häuser und Wohnungen, selbst die im ersten Stock, Toiletten hatten. Sie waren mit der öffentlichen Kanalisation verbunden oder, wenn es keine gab, mit Senkgruben, die regelmäßig auf Kosten des Hausbesitzers entleert werden mußten. Wahrscheinlich wurden die Toiletten mit einem Eimer Wasser gespült. Nur in wohlhabenderen Häusern konnte man sich ein Spülsystem mit fließendem Wasser wie in den öffentlichen Toiletten leisten. Die Lage der Toilette ermöglichte es, das Schmutzwasser aus der Küche dort hinunterzuspülen.

Das Eßzimmer

Meistens befand sich das Eßzimmer in der äußeren rechten Ecke des Atriums. Es mußte kein besonders großer Raum sein, denn die Römer hatten zwar die griechische Sitte, beim Essen zu liegen, übernommen, sie aber abgeändert. Ein gewöhnliches römisches Eßzimmer hatte nur drei Liegen, die an den Wänden standen, wobei die vierte Seite zum Bedienen frei blieb. Der Gebrauch von drei Liegen gab dem Eßzimmer seinen Namen (*triclinium*). Auf ihnen konnten neun oder zehn Menschen Platz finden.

Das Sommereßzimmer

In wohlhabenderen Häusern gab es ein Eßzimmer für den Winter und eins für den Sommer. Das letztere war entweder sehr luftig oder lag gleich im Gar-

△ Eine typische Küche aus dem 1. Jahrhundert n. Chr. mit Kochutensilien an den Wänden. Die Toilette steht direkt neben dem gemauerten Herd.

▷ Eine Auswahl von Kochgeräten aus Pompeji:

A Bronzetopf auf einem eisernen Dreifuß
B Bronzetopf
C Grillrost
D Terrakottatopf
E Terrakottatopf
F Bronzepfanne
G Schöpfkelle aus Bronze
H Bronzedurchschlag

Eine Auswahl von Geschirr aus Pompeji:

A, B und C Farbige Glasartikel; Derartige Kannen und Vasen wurden auch aus Bronze und Silber gefunden.
D Silberner Eierbecher
E Silberne Tasse mit zwei Henkeln
F Bronzepfanne (patera)
G Silberne Platte
H Zwei Bronzelöffel
I Bronzeschüssel

Häuser und Wohnungen

ten. In Pompeji wurden einige solcher Sommereßzimmer entdeckt. Wegen der Feuchtigkeit wurden die normalen Eßliegen aus Holz manchmal durch haltbare aus Stein ersetzt. In dem wunderbaren Beispiel aus dem Haus des Lucretius in Pompeji (s. rechts) sind die Eßmöbel ganz aus Stein und vermitteln somit einen sehr guten Einblick, wie die Bewohner aßen. Die mit Matratzen und Kissen bedeckten Liegen wurden zum runden Tisch in der Mitte hin höher. An den Liegen verlief ein niedriges Regal, auf dem die Tafelnden ihre Speisen und Getränke abstellen konnten. Ähnliche Regale gab es an der offenen Seite für kalte Gerichte und solche, die erst noch serviert werden sollten. Es muß viele ähnliche Wintereßzimmer gegeben haben, in die die Holzmöbel eingepaßt waren.

Nicht alle wollten sich jedesmal zum Essen lagern. Neben dem Haus der Julia Felix in Pompeji gibt es ein Restaurant, in dem auch Steinmöbel standen, wo die Gäste zum Essen entweder liegen oder sitzen konnten.

Essensgäste

Aus einer Wandinschrift eines anderen pompejanischen Hauses geht hervor, daß Frauen – anders als in Athen – der Zutritt zum Eßzimmer nicht verwehrt wurde.

> „Ein Sklave muß die Füße der Gäste waschen und trocknen und die Kissen der Liegen mit einem leinenen Tuch bedecken.
> Wirf keine lüsternen Blicke auf eines anderen Frau und mache ihr keine schönen Augen.
> Fluche nicht in deiner Unterhaltung.
> Halte dich in deinem Ärger zurück und benutze keine beleidigende Sprache. Wenn du das nicht kannst, dann geh nach Hause."

Diese Gebote vermitteln einen deutlichen Eindruck davon, wie ausgelassen einige Abendgesellschaften werden konnten.

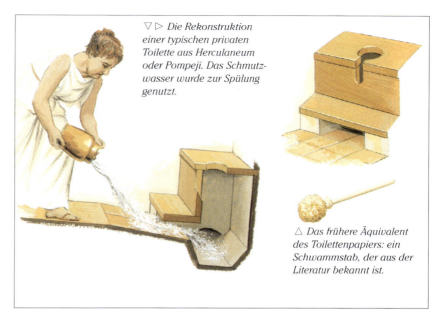

▽ ▷ Die Rekonstruktion einer typischen privaten Toilette aus Herculaneum oder Pompeji. Das Schmutzwasser wurde zur Spülung genutzt.

△ Das frühere Äquivalent des Toilettenpapiers: ein Schwammstab, der aus der Literatur bekannt ist.

△ Das Sommereßzimmer im Haus des Lucretius in Pompeji. In Pompeji wurden einige dieser Eßzimmer mit gemauerten Möbeln gefunden.

◁ Eine Abendgesellschaft im Haus des Lucius Ceius Secundus in Pompeji.

Der Alltag

Wie die Athener des 5. Jahrhunderts v. Chr. verbrachten auch die römischen Männer im frühen 2. Jahrhundert n. Chr. wenig Zeit zu Hause. Die römischen Frauen aller Schichten genossen allerdings sehr viel mehr Freiheiten. Obwohl sie stärker ans Haus gebunden waren als die Männer, durften Frauen alleine ausgehen und mit ihren Ehemännern und Gästen zusammen am Tisch sitzen.

Die Geburt eines römischen Kindes war von Ritualen begleitet, vielleicht weil Fehlgeburten und der Tod der Mutter im Kindbett häufig vorkamen. In der Zeremonie des *sublatus* begrüßte der Vater das Neugeborene offiziell, indem er das Baby auf seinen Händen in die Höhe hielt. Ein römischer Vater hatte auch das Recht, sein Kind zu verstoßen. Es gehörte zum damaligen Leben, daß ungewollte Babys zum Sterben ausgesetzt wurden, auch wenn wir nicht wissen, wie häufig es geschah.

Am achten Tag nach der Geburt wurden den Mädchen Namen gegeben und den Jungen am neunten. Männer hatten zwei Namen, oft auch drei, wobei der zweite immer der Familienname war. Zu Zeiten der Republik hatten Frauen einen einzigen Namen, nämlich den der Familie. Im Kaiserreich trugen Frauen im allgemeinen zwei Namen, wovon der erste der Familienname und der zweite Name entweder derjenige ihres Vaters oder ihrer Mutter war. Innerhalb von 30 Tagen wurde die Geburt im Tempel des Saturn registriert.

Kindheit und Kinderspiele

In allen gesellschaftlichen Schichten überlebte nur ein kleiner Anteil der römischen Kinder. Einige ihrer Spielzeuge und Spiele sind uns auch heute noch bekannt. Die Knöchel (*astragali*) waren aus Bronze, Glas oder Onyx und wurden wie Würfel benutzt; jede Seite hatte einen anderen Wert. Spielplättchen und Murmeln wurden in unterschiedlichen Materialien gefunden.

◁ *Eine Lumpenpuppe der römischen Siedlung in Oxyrynchus in Ägypten.*

▽ *Eine Terrakottafigur eines Kleinkinds aus dem römischen Ägypten, das mit einer Gehhilfe laufen lernt.*

◁ *Eine goldene* bulla *aus Pompeji. Sie war das Symbol der freien Geburt und wurde von Jungen bis zum Erwachsenwerden getragen.*

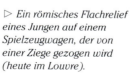

▷ *Ein römisches Flachrelief eines Jungen auf einem Spielzeugwagen, der von einer Ziege gezogen wird (heute im Louvre).*

Der Alltag

Steinerne und knöcherne Objekte aus der römischen Zeit, die für eine Vielzahl von Spielen benutzt wurden:

A Eine Auswahl von knöchernen Plättchen, die für verschiedene Arten von Brettspielen benutzt wurden.
B Murmeln unterschiedlicher Größe (Britisches Museum).
C Fünf gewöhnliche Würfel unterschiedlicher Größe (Britisches Museum).
D Zwei Würfel mit vielen Seiten (Britisches Museum).
E Eine Steinplatte für ein Brettspiel (Städtisches Museum, Trier).
F, G und H Drei Teile eines Spiels; die Inschriften heißen MALEST (wahrscheinlich „Pech gehabt"), VICTOR („der Gewinner") und NUGATOR („Narr").

Erziehung

Die Erziehung der Kinder zu Zeiten der Republik war von vielen Zufällen abhängig. In reicheren und gebildeteren Familien spielten die Eltern manchmal eine Rolle in der frühen Erziehung ihrer Söhne, aber für Mädchen gab es keine allgemeine Ausbildung. Gelegenheiten für eine solche allgemeine Ausbildung nahmen in Rom von der Zeit des Augustus bis zur Mitte des 2. Jahrhunderts stetig zu, doch blieb sie auch weiterhin von Zufällen abhängig. In jedem Fall beruhte ein Großteil der Erziehung kleinerer Kinder auf dem Auswendiglernen.

Die Kinder, die eine Ausbildung erhielten, besuchten drei unterschiedliche Schulen: Die Grundschule, die Grammatikschule und die Rhetorikschule. Im Alter zwischen 7 und 14 besuchten Mädchen und Jungen aus den unteren Schichten die Grundschule, wo man ihnen Lesen, Schreiben und Rechnen beibrachte. Diese Schulen waren privat, und der Unterricht wurde in Portiken oder an anderen öffentlichen Plätzen abgehalten. Die große Exedra des Trajansforums diente zum Beispiel als Unterrichtsraum. Die Kinder der Reichen wurden zu Hause von

◁ Ein römisches Flachrelief mit einer Szene aus einem Schulzimmer (Städtisches Museum, Trier).

▽ Eine Auswahl römischer Schreibgeräte:

A Ein Tintenfaß aus Terrakotta.
B Ein Schilfstift mit einer gespaltenen Schreibfeder.
C Ein bemerkenswert modern aussehender Bronzestift.

einem Privatlehrer unterrichtet. Immer wieder liest man, wie wenig solche Lehrer verdienten.

Der höhere Unterricht in griechischer und lateinischer Grammatik wurde von einem *grammaticus* gegeben. Nur wenige Schüler kamen in den Genuß dieses Unterrichts. Auf einer dritten Ebene unterrichtete ein *Rhetor* die Kunst der Rhetorik, sich also mündlich und schriftlich in der effektivsten und überzeugendsten Art und Weise auszudrücken. Dafür mußten die Schüler Texte lesen und analysieren. Nur die Söhne wohlhabender Familien hatten Aussichten, in Rhetorik unterwiesen zu werden.

Erwachsenwerden

Zu einem passenden Zeitpunkt im Alter von 14 bis 19 feierte jeder römische Jüngling offiziell seine Volljährigkeit, meistens am 17. März, zum Fest der Liberalia. Seine Familie feierte mit ihm. Er widmete den Hausgöttern die Kleider seiner Kindheit und kleidete sich in eine neue weiße Männertoga *(toga virilis)*, die seinen Status als Bürger anzeigte. Seine Familie begleitete ihn zur Registratur im Tabularium und von dort zu weiteren Zeremonien ins Forum. Am Abend gab es meistens für die Familien und Freunde ein großes Festessen.

Wenn der Sohn heiratete, bezog er ein neues Haus, aber er blieb sein Leben lang der Autorität seines Vaters unterstellt.

In den frühen Zeiten Roms mußten die Jungen ihren Militärdienst mit 17 Jahren antreten, doch da die römische Armee kein Berufsheer war, mußten sie nicht ununterbrochen dienen. Seit der Zeit Augustus' hatte der römische Staat eine professionelle und bezahlte Armee, und viele jüngere Söhne durchschnittlicher Familien traten für eine bestimmte Zeitspanne, meistens 25 Jahre, als Legionäre an. Danach bekam ein Soldat Land und Privilegien. Ab dem 2. Jahrhundert n. Chr. rekrutierten sich die Legionen jedoch zum Großteil aus den Provinzen. Im Kaiserreich dienten die Söhne von Rittern und Senatoren in den unteren Rängen des Offizierskorps im Rahmen ihrer allgemeinen politischen und administrativen Laufbahn.

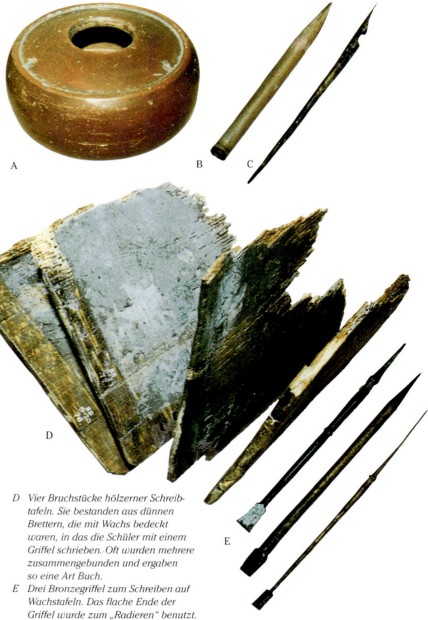

D Vier Bruchstücke hölzerner Schreibtafeln. Sie bestanden aus dünnen Brettern, die mit Wachs bedeckt waren, in das die Schüler mit einem Griffel schrieben. Oft wurden mehrere zusammengebunden und ergaben so eine Art Buch.
E Drei Bronzegriffel zum Schreiben auf Wachstafeln. Das flache Ende der Griffel wurde zum „Radieren" benutzt.

Das Leben eines römischen Mädchens hing sehr von ihrem gesellschaftlichen Status ab. Die Tochter einer wohlhabenden Familie arbeitete nicht außerhalb des Hauses, sie beschäftigte sich mit dem Haushalt, besuchte ihre Freundinnen, ging in die Bäder und führte generell ein deutlich freieres Leben als die Frauen im klassischen Athen. Die Töchter von Ladenbesitzern und anderen Händlern konnten zur Arbeit im Familiengeschäft herangezogen werden.

Hochzeit

Römische Mädchen wurden ab 12 Jahren als heiratsfähig angesehen und die Jungen ab 14 Jahren, aber viele heirateten erst später. Augustus verabschiedete ein Gesetz, nach dem Frauen im Alter von 20 und Männer im Alter von 25 Jahren bestraft wurden, wenn sie noch unverheiratet waren. In der Regel wurden Ehen arrangiert, vor allem in der Oberschicht. Im frühen Rom war die Heirat unter engen Verwandten ein Verbrechen *(incestum)*, doch im 2. Jahrhundert v. Chr. war die Ehe zwischen Cousin und Cousine ersten Grades nicht unüblich. Das römische Recht erkannte die Ehe zwischen Römern und Fremden nicht an; eine römische Frau durfte auch keinen Sklaven heiraten.

Ein junges Paar verlobte sich mit der Erlaubnis beider Väter, doch die Verlobung war eine informelle schriftliche Übereinkunft und konnte leicht widerrufen werden. Eine Verlobung wurde im Beisein von Freunden und Verwandten gefeiert, ihr schloß sich ein Festessen an. Das Mädchen bekam Geschenke und auch einen Ring von ihrem Verlobten. Ein großes Geschenk mußte zurückgegeben werden, wenn die Verlobung aufgelöst wurde. Das Mädchen bekam eine Mitgift, die der Vater dem Bräutigam auszahlte.

Die Hochzeitsfeier

Der Juni war der beliebteste Heiratsmonat. Die Hochzeitsfeierlichkeiten begannen am Morgen, wenn der Bräutigam mit seiner Familie und seinen Freunden zum Haus der Braut kam. Die Ehrendame führte die Zeremonie des Ineinanderlegens der rechten Hände *(dextrarum iunctio)* durch. Dann opferte man meistens ein Schwein, und der Ehevertrag, in dem auch die Mitgift erwähnt war, wurde unterschrieben. Danach gab es Essen, Tanz und Musik, für die der Bräutigam aufkam. Nach Augustus war es verboten, mehr als tausend Sesterzen für eine Hochzeit auszugeben.

Die Vorbereitung der Braut

Am Tag vor ihrer Hochzeit widmete die Braut das Spielzeug und die Kleidung ihrer Kindheit den Hausgöttern. Wie sie zu der Zeremonie zu erscheinen hatte, war rituell festgelegt. Sie trug ein tunikaähnliches Kleid ohne Saum *(tunica recta)*, das in der Taille durch einen Wollgürtel *(cingulum herculeum)* zusammengehalten wurde, und darüber einen safranfarbenen Mantel *(palla)*. Ihren Kopf bedeckte ein orangefarbener Schleier *(flammeum)*, und ihr Haar war auf altmodische Art zurechtgemacht, mit sechs Strängen, die mit einer gebogenen eisernen Speerspitze gescheitelt worden waren.

Die Hochzeitsprozession

Nach dem Hochzeitsessen begleiteten alle Gäste die Braut zu ihrem neuen Heim, in einer ähnlichen Prozession wie bei einer Athener Hochzeit. Drei Jungen hielten sich ganz nah an der Braut: Einer faßte sie an der linken Hand, ein anderer an der rechten, und der dritte trug eine Fackel vor ihr her, die an der Feuerstelle im Hause der Braut entzündet worden war. Während sich die Prozession dem Haus des Bräutigams näherte, wurde die Fackel weggeworfen. Wer sie fing, dem verhieß sie ein langes Leben.

Bei der Ankunft der Prozession am Haus des Bräutigams schmierte die Braut die Türpfosten mit Öl und Fett ein und umwickelte sie mit Wolle. Dann wurde die Braut über die Schwelle getragen. Im Haus berührte sie symbolisch Feuer und Wasser, bevor man sie zum Schlafzimmer führte. Hier halfen ihr Frauen, die nur einmal geheiratet hatten, sich für das Bett vorzubereiten, dann erst wurde der Bräutigam hereingelassen. Im römischen Ehevertrag war ausdrücklich festgehalten, daß der Zweck der Ehe die Zeugung von Kindern ist.

▽ *Ein römisches Relief, auf dem eine Braut zu sehen ist, deren Kopf ein* flammeum *bedeckt und die ihre rechte Hand in die rechte des Bräutigams legt, um ihm ewige Treue zu schwören* (dextrarum iunctio).

Vier Reliefs von einem römischen Hochzeitsaltar aus dem Museo delle Terme:

△ Zwei Mänaden, die einen Altar umtanzen.

▽ Kinder, die auf der Brautprozession einen Sonnenschutz und rituelle Opfergaben für das Hochzeitsopfer zum Haus des Bräutigams tragen.

△ Zwei Kinder, die Dinge für die Hochzeitszeremonie tragen, darunter auch einen Teig zum Backen des rituellen Hochzeitskuchens.

▽ Braut und Bräutigam beim Treuegelöbnis.

Der Alltag

▷ Ein Flachrelief vom Konstantinsbogen. Von links nach rechts sieht man einen Mann in einer Tunika und einem pallium, einen ähnlich gekleideten Jungen, einen Mann in Tunika und Toga, eine Frau in einer langen Tunika und einer palla und einen Mann in einer Tunika.

△ Ein typischer Männerhaarschnitt des frühen Kaiserreiches.

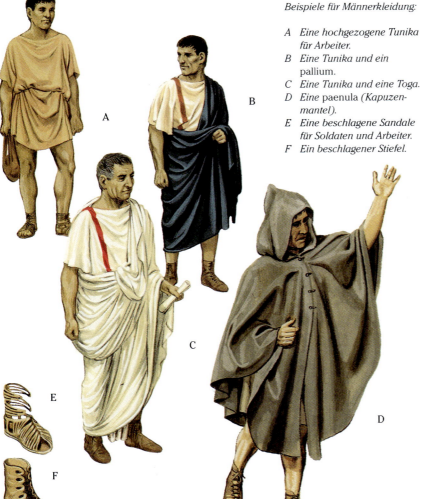

Beispiele für Männerkleidung:

A Eine hochgezogene Tunika für Arbeiter.
B Eine Tunika und ein pallium.
C Eine Tunika und eine Toga.
D Eine paenula (Kapuzenmantel).
E Eine beschlagene Sandale für Soldaten und Arbeiter.
F Ein beschlagener Stiefel.

Männerkleidung

Römische Kleidung ähnelte der griechischen sehr. Die Tunika war das Kleidungsstück für alle. Einige Exemplare wurden an Wüstenstätten gefunden. In manchen Tuniken aus Ein Gedi am Toten Meer zieht sich ein farbiger Streifen (clavus) von der Schulter hinunter, der den Status des Trägers anzeige. Tuniken bestanden meistens aus zwei rechteckigen Wolltüchern, die an den Schultern verbunden wurden und bis zu den Knien hinunterhingen. Es waren ungenähte Kleidungsstücke, deren außerordentliche Breite einfache Ärmel formte. Es gab allerdings auch geschneiderte mit angenähten Ärmeln. Die meisten waren aus ungefärbter Wolle und hatten deswegen eine Farbe wie Haferbrei. Die Tunika wurde in der Taille durch einen Gürtel zusammengehalten. Wohlhabendere trugen eine längere Tunika.

Das berühmteste Kleidungsstück der Männer war die Toga, die über der Tunika getragen wurde. Allen freigeborenen Bürgern war es gesetzlich erlaubt, eine Toga zu tragen, doch weil das so umständlich war, trugen nur Männer aus der Oberschicht die Toga als Zeichen einer offiziellen Mission: Magistrate und Senatoren legten sie an, wenn sie ihre Staatspflichten erfüllten. Ein violetter Streifen zierte die Toga wichtiger Beamter. Sie war ein großes Stück feinen Wollstoffes, das etwa die Form eines Halbkreises hatte und über eine Schulter drapiert wurde, wobei der andere Arm frei blieb, und bis auf die Knöchel hinabfiel. Im Grunde war sie ein Mantel, der um den Körper gewickelt wurde, anstatt lose hinunterzufallen. Männer trugen noch ein anderes Kleidungsstück, das *pallium*, das die römische Version des griechischen *himation* war.

◁ *Eine rot gesäumte Senatorentoga. Sie wurde an der Linie A bis B gefaltet und über die linke Schulter drapiert, so daß A auf den linken Fuß fiel; der Rest der Toga wurde um den Rücken geschlungen, unter den rechten Arm hindurch und zurück über die linke Schulter geführt. Dann wurde der Stoff von C bis E nach vorne gezogen.*

▷ *Frauenfrisuren aus dem 1. Jahrhundert n.Chr.*

▽ *Eine Frau in einer langen Tunika, die in der Taille und unter den Brüsten gerafft ist.*

▽ *Eine Frau, die eine Tunika und eine* palla *trägt.*

▽ *Eine kunstvolle Frauenfrisur aus dem späten 1. Jahrhundert n.Chr.*

Männerfrisuren

Ein typischer Tag begann für einen römischen Mann mit einem Besuch beim Barbier *(tonsor)*. Da die römischen Rasierwerkzeuge von schlechter Qualität waren, versuchten die meisten Männer gar nicht erst, sich selbst zu rasieren. Beim Barbier war immer viel los, und man erfuhr die neuesten Nachrichten und die letzten Gerüchte. Die Haare wurden mit unterschiedlichen Methoden entfernt. So wurde ein Umschlag namens *dropax* aus verschiedenen harzgetränkten Wachsen eingesetzt. Manchmal wurden auch Pinzetten *(forcipes aduncae)* benutzt, obwohl das wahrscheinlich sehr schmerzhaft war. Einige Männer ließen sich am ganzen Körper enthaaren.

Römische Männer trugen ihr Haar normalerweise kurz, und bis ins frühe 2. Jahrhundert n. Chr. hinein waren sie meistens glattrasiert. Bärte kamen durch Hadrian in Mode, ein Einfluß des griechischen Ostens. Männer werden allerdings auch schon auf einigen Skulpturen des späteren 1. Jahrhunderts n. Chr. mit gestutzten Bärten abgebildet.

Frauenkleidung

Frauen trugen eine *stola*, eine lose fallende lange Tunika ähnlich dem griechischen *chiton*. Darüber trugen sie eine *palla*, einen großen rechteckigen Wollstoff, der um die Schultern gewickelt und oft auch über den Kopf gezogen wurde. Unter der Tunika trugen sie eine ärmellose Untertunika und ein *strophium*, ein weiches Lederband um die Brüste. Mädchen und angesehene Frauen trugen keine Toga; eine römische Frau, die eine Toga trug, war entweder eine verurteilte Ehebrecherin oder eine Prostituierte.

Frauenfrisuren

Die Frisuren der Frauen änderten sich von den Zeiten der Republik bis ins späte Kaiserreich sehr häufig. Sie paßten sich auch dem sozialen Status und Alter an.

Während der Zeit der Republik waren die Frisuren einfach. Das Haar wurde in der Mitte gescheitelt und von einem Knoten im Nacken zusammengehalten. Junge Mädchen machten sich manchmal einen Pferdeschwanz. Ab und zu wurde der strenge Stil durch Ponyfransen aufgelockert. Unter Augustus wurden die Frisuren deutlich komplizierter. Häufig wurde das Haar erst geflochten, bevor es in einem Knoten zusammengebunden wurde. Doch erst unter den flavischen Imperatoren und unter Trajan wurde die Haarmode richtig kunstvoll, und Lockenprachten türmten sich auf den Köpfen.

Ein *calmistrum* wurde dazu benutzt, dauerhafte Locken zu brennen. Es handelte sich hierbei um ein hohles eisernes Instrument in Form eines Stabs, das über glühenden Kohlen erhitzt wurde. Haarnadeln, Bänder, Netze und winzige Kämme hielten das Haar zusammen. Manche Frauen benutzten Haarteile.

Die Kämme, mit denen Frisuren gestaltet wurden, waren aus Elfenbein, Horn, Bronze, Schildpatt und sogar aus Gold. Ein Friseur *(ornator)* und ein Kämmer *(pectinator)* waren unverzichtbar, und in reichen Haushalten war ein Friseur oft fest angestellt.

Die römische Kleidung der Spätzeit

Die Kleidermode der späten römischen Periode erschließt sich uns so wie für die frühere Zeit aus der bildenden Kunst. Allerdings blieben auch einige Kleidungsstücke in dem sehr trockenen Klima der ägyptischen Wüste erhalten.

Im 4. Jahrhundert wurde die Toga weiterhin von Männern der Oberklasse getragen. Langärmelige Tuniken wurden immer beliebter, und man trug zunehmend weit- und enggeschnittene Hosen. Hohe Militärs und Mitglieder der militarisierten Bürokratie trugen Armeegürtel zu reichdekorierten Tuniken. Rechteckige Überwürfe wurden darüber mit großen Spangen *(fibulae)* zusammengehalten.

Die Frauenmode veränderte sich nicht so sehr. Tuniken waren bodenlang mit langen weiten Ärmeln, und oft wurde ein Überwurf an der rechten Schulter mit einer verzierten Brosche befestigt.

Kosmetika

Für das Auftreten einer römischen Frau spielten Kosmetika eine große Rolle. Cremes, Parfüms und Salben wurden im großen Maßstab gehandelt und in kleinen Keramikgefäßen, Glasphiolen und Alabastertöpfchen verkauft.

Das Gesichtsmake-up wurde auf kleinen Tellern gemischt, oft wurde Lanolin aus der ungewaschenen Schafwolle benutzt. Das Rot zum Färben der Lippen und Wangen wurde aus Ocker, aus einer flechtenartigen Pflanze namens *ficus* oder aus Mollusken gewonnen. Die Augen wurden mit Ruß oder einem Puder aus Antimon umrandet; damit wurde auch die Form der Augenbrauen unterstrichen.

Spiegel waren unabdingbar. Sie bestanden aus Metall, das auf Hochglanz poliert war, und waren häufig auf der Rückseite kunstvoll verziert.

Das Leben der Frauen

Römische Frauen verbrachten die meiste Zeit zu Hause. Sie besorgten den Haushalt, beaufsichtigten die Sklaven und kümmerten sich um die Kinder. Und dennoch genossen Frauen aller Klassen einen viel freieren Lebensstil als die Frauen im antiken Athen.

Das Ansehen einer Frau hing vom sozialen Status ihres Mannes ab. Die Frauen waren zwar für alle Arbeiten im Haushalt zuständig, in wohlhabenden Familien übertrugen sie Aufgaben wie Wasserholen und Kochen den Sklaven. Sie waren die Wächterinnen über die Schlüssel des Hauses und beaufsichtigten das tägliche Leben der Kinder und Hausskla-

◁△ *Die* palla, *ein Frauenmantel. Meistens wurde der rechteckige Stoff über die linke Schulter drapiert, um den Rücken und unter dem rechten Arm hindurchgeführt, und der Rest über dem linken Arm getragen.*

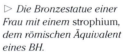

▷ *Die Bronzestatue einer Frau mit einem* strophium, *dem römischen Äquivalent eines BH.*

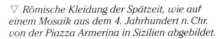

◁ *Frauenschuhe: eine Sandale und ein weicher Lederschuh.*

▽ *Römische Kleidung der Spätzeit, wie auf einem Mosaik aus dem 4. Jahrhundert n. Chr. von der Piazza Armerina in Sizilien abgebildet.*

Rom

◁ *Ein römisches Gemälde einer Frau, die Parfüm ausgießt (Museo delle Terme, Rom).*

▷▽ *Eine elfenbeinerne Dose, die wahrscheinlich für Kosmetika benutzt wurde, und zwei silberne Spatel zum Auftragen von Make-up.*

◁ *Ein knöcherner Kamm, drei Haarnadeln aus Elfenbein und ein silberner Spiegel aus Pompeji.*

▽ *Ein römisches Relief aus Neumagen (heute im Trierer Museum), auf dem eine Frau mit vier Dienerinnen abgebildet ist. Die Frau sitzt in einem Korbsessel.*

ven. In Abwesenheit ihrer Gatten führten sie die Geschäfte der Familie. Bei Abendgesellschaften aßen die Frauen zusammen mit den Gästen, und seit den Zeiten des Augustus lagerten sie sich auf den Liegen wie die Männer.

Frauen gingen aus dem Haus, um einzukaufen, Besuche zu machen, an öffentlichen Unterhaltungen teilzunehmen und in Tempeln zu beten. Frauen der Oberschicht ließen sich in einer Sänfte *(sella)* durch die Stadt tragen. Frauen besuchten auch die Bäder. Sie badeten entweder zu anderen Zeiten als die Männer, oder sie benutzten andere Räumlichkeiten.

Scheidung und Ehebruch

Alle Gesetze, in denen Frauen ihren Ehemännern unterstellt waren, wurden sehr früh in der römischen Geschichte abgeschafft. Ehen konnten ohne rechtliche Formalitäten oder Beteiligung des Staates nach dem Willen einer Partei aufgelöst werden, mit Ausnahme einiger besonderer Ehen. Da eine Scheidung aber die Rückgabe der Mitgift an die Familie der Ehefrau beinhaltete, unternahmen römische Ehemänner so einen Schritt nicht leichtfertig. Bei einer Scheidung verblieben die Kinder in der Obhut des Vaters.

Das *Lex Julia de adulteriis* von 18 v. Chr. machte aus Ehebruch ein Verbrechen. Doch erst unter Konstantins Regierung konnten Männer dessen angeklagt werden. Eine Ehefrau und ihr Liebhaber wurden an unterschiedliche Orte verbannt, wenn sie für schuldig befunden worden waren. Die Ehefrau ver-

lor die Hälfte ihrer Mitgift sowie ein Drittel ihres eigenen Besitzes. Nach ihrer Verurteilung war es gesetzeswidrig, sie zu heiraten.

Patrone und Schützlinge

In Rom gab es keinen Mann, der sich nicht durch Respekt und Verpflichtung an einen Mächtigeren gebunden fühlte. Für die römische Gesellschaft ist das Netzwerk solcher Patron-Schützling-Beziehungen charakteristisch. So konnte ein arbeitsloser Mann der Schützling eines wohlhabenderen Patrons sein. Gelegentlich war dieser verpflichtet, seine Schützlinge zum Essen in sein Haus einzuladen und ihnen Geschenke zu machen. Im Gegenzug machten die Schützlinge Besorgungen für die Patrone, oder sie halfen ihnen in Geschäftsangelegenheiten. Ganz selbstverständlich wurde von einem Schützling erwartet, daß er für seinen Patron stimmte, wenn dieser sich um ein Amt bewarb.

Arbeit

Eine breite Palette von Beschäftigungen ist für das antike Rom dokumentiert. Der Reichtum der Oberschicht beruhte auf Landbesitz außerhalb der Stadt. Doch mit dem Anwachsen des Handels verdienten viele Männer ihr Geld im Im- und Export oder mit dem Kauf und Verkauf vieler unterschiedlicher Waren, angefangen von Grundnahrungsmitteln bis zu Luxusartikeln wie Seide und Parfüm.

△ *Ein schwarzweißes Mosaik aus der Geschäftsstelle der Zunft der Getreideabmesser in Ostia. Das Getreide wird in Säcken herangeschafft und in einem eimerförmigen Behälter (modius) abgemessen. Der Abmesser (mensor) steht in der Mitte des Mosaiks und hält seinen Meßstab in der rechten Hand in die Höhe.*

◁ *Ein Relief von einem römischen Bankier und seinem Kunden (aus dem Palazzo Salviati, Rom).*

◁ *Ein römisches Relief aus dem Vatikan von dem Laden eines Messerschmiedes. Hier gibt es eine beeindruckende Auswahl von Sicheln, Gartenmessern und langen Schnitzmessern.*

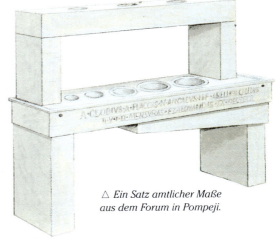

△ *Ein Satz amtlicher Maße aus dem Forum in Pompeji.*

◁ *Ein römisches Relief aus Aquileia, auf dem ein Schmied bei der Arbeit abgebildet ist. Die Werkzeuge seines Handwerks werden auf der rechten Seite gezeigt.*

Rom

△ *Drei römische Münzen aus dem Britischen Museum:*

A *sestertius* mit dem Kopf des Caligula.
B *denarius* mit dem Kopf Julius Cäsars.
C *aureus* aus der Epoche des Augustus.

Zünfte

Zünfte *(collegia)* spielten eine wichtige Rolle im Geschäftsleben kleiner Gewerbetreibender und Handwerker in Rom. Sie glichen unseren heutigen Gewerkschaften und sollten den Handel stärken und die beruflichen Interessen ihrer Mitglieder vertreten; sie waren vom Staat autorisiert. 150 Zünfte sind aus dem antiken Rom bekannt. Auch für Ostia sind viele Zünfte dokumentiert, von der Zunft der Lastkahnbesitzer über diejenige der Tuchwalker, Bäcker und Seilhändler.

Handwerker

In Rom gab es viele Handwerker. Auf dem Marsfeld hatten sich einige Werkstätten von *marmorarii*, Steinmetzen und Bildhauern, die Marmor bearbeiteten und Plastiken oder architektonische Elemente produzierten, angesiedelt. Goldschmiede, Juweliere und Bronzegießer fand man in der Saepta Julia. In den Bekleidungsberufen wie Schuhmacherei oder Mantelschneiderei fanden Produktion und Verkauf unter ein und demselben Dach statt.

Freizeitbeschäftigung

Ein römischer Mann verbrachte den größten Teil des Tages außer Haus, ob er Ladenbesitzer, Handwerker

▽ *Terrakottastatue eines Schauspielers, der einen Sklaven spielt.*

▽ *Ein Satz chirurgischer Bronzeinstrumente aus Pompeji.*

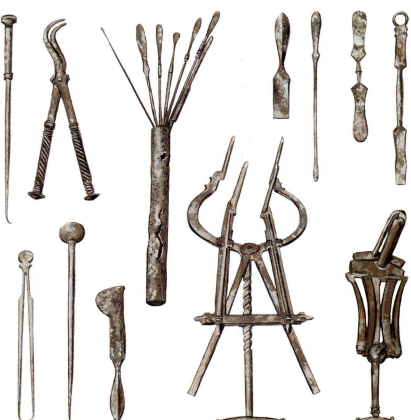

△△ *Zwei bronzene Gefäße für den Aderlaß. Wie in der Votivtafel aus dem römischen Athen (unten) wurden sie oft als Zeichen des medizinischen Berufs benutzt. Die Tafel zeigt zwei solcher Gefäße und eine Auswahl chirurgischer Instrumente.*

△ Ein Relief von einem römischen Sarg aus L'Aquila, auf dem eine Beerdigungsprozession abgebildet ist. Die Tote ruht (sich auf einen Ellbogen stützend) auf einer Bahre. Die Prozession wird von Musikern angeführt (rechts), denen die Trauernden (links) folgen.

oder Senator war. Wenn sein Tagwerk beendet war, boten sich ihm eine Reihe von Vergnügungen. Mit großer Wahrscheinlichkeit ging er in die Bäder und verbrachte dort womöglich sogar mehrere Stunden. Die Thermen waren gesellschaftliche Zentren und Orte, an denen man oft zum Abendessen eingeladen wurde. Außerdem gab es in Rom zahlreiche Bars, wo man würfelte und um Geld spielte.

Sklaven und Freigelassene

Der Besitz von Sklaven war in der römischen Welt weit verbreitet. Jeder Bürger konnte Sklaven haben; die Sklaven einer Familie wurden als der *familia* zugehörig empfunden, so wie die Freigelassenen und Schützlinge. Sklaven im Besitz öffentlicher Einrichtungen erfüllten allgemeine Aufgaben. So bestand zum Beispiel die Mannschaft für die Instandhaltung der römischen Aquädukte unter Frontinus aus Sklaven im öffentlichen Besitz.

Zur Zeit der späten Republik und unter Augustus bestand ein Überangebot an Sklaven als Resultat der Kriege. Sklaven und ihre Nachkommen galten als Handelsartikel. Dennoch wurden sie relativ gut behandelt, und sei es auch nur wegen ihres Eigentumswertes. Viele Sklaven brachten spezifische Talente oder hochbezahlte Fähigkeiten mit, etwa eine Ausbildung und Arbeitserfahrung als Lehrer oder Arzt. Der *verna*, ein Sklave, der in eine Familie hineingeboren wurde, entweder als Kind zweier Sklaven oder einer Favoritin des Hausherrn, hatte einen besonderen Status. Oft durfte ein *verna* mit den Kindern der Familie spielen, und später wurde ihm die frühe Erziehung kleinerer Kinder anvertraut.

Unfreiheit war nicht zwingend ein lebenslanger Zustand. In der kaiserlichen Familie konnten Sklaven hoch aufsteigen und mächtige Stellungen bekleiden, in denen sie genug Geld verdienten, um ihre Freiheit zu erkaufen. Gelegentlich wurden sie umsonst freigelassen, dann erhielten sie Namen, Status und die Rechte der römischen Bürger. Die Freigelassenen waren eine bedeutende soziale Gruppe, die sich fast immer im Handel und mit kleineren Geschäften betätigte.

Sie konnten sich auf ihre früheren Besitzer als Patrone verlassen. Sie selbst konnten sich um öffentliche Ämter zwar nicht bewerben, aber ihre männlichen Nachkommen.

Krankheit und Medizin

Römische Quellen sind voller Hinweise auf größere und kleinere Krankheiten. Ganz offensichtlich resultierten einige von ihnen aus den schlechten Wohnverhältnissen. So gab es zum Beispiel unter den kleinen Kindern der Armen in Rom eine der Rachitis ähnelnde Krankheit, die O-Beine verursachte. Magenprobleme waren sehr häufig, wahrscheinlich vor allem wegen mangelhafter Aufbewahrung verderblicher Lebensmittel.

Die angesehene Stellung der Ärzte zeigt sich unter anderem darin, daß Julius Cäsar im Jahre 46 v. Chr. ausländischen Ärzten, die in Rom arbeiteten, den Status römischer Bürger zubilligte. Einige überlieferte medizinische Abhandlungen aus Rom vermitteln uns eine Vorstellung von dem medizinischen Wissen und den angewandten Praktiken. Die Behandlung bestand im wesentlichen aus der Verordnung von Kräutern und Kräuterpräparaten sowie aus Aderlässen, von denen man glaubte, daß sie fast alle bekannten Übel heilen oder lindern könnten.

Galen, ein Arzt, der die Gladiatoren Pergamons in Kleinasien behandelte, berichtete auch von Operationen. Sie wurden nie leichtfertig angesetzt, und da es keine wirksamen Narkosemittel gab, spielte Geschwindigkeit eine übergeordnete Rolle.

Eine Vielzahl chirurgischer Instrumente wurde aus der römischen Welt entdeckt; so umfaßt ein pompejanischer Satz Zangen, Sonden, Nadeln, Katheter, Knochenmeißel, Skalpelle und Medikamentenschachteln.

▽ *Das Grabmal des Bäckers Eurysaces aus dem späten 1. Jahrhundert v. Chr. nahe der Porta Maggiore in Rom. Die runden Öffnungen repräsentieren vermutlich die Öfen. Ein Fries, der sich oben am Bauwerk entlangzieht, stellt die unterschiedlichen Stadien des Brotbackens dar.*

Tod

Im antiken Rom war die Lebenserwartung deutlich niedriger als in den meisten Ländern heutzutage. Die Müttersterblichkeit war hoch, und viele Babys überlebten die Kleinkindzeit nicht. Die sogenannten Wohlstandskrankheiten wie Gicht und Magengeschwüre waren unter der reichen männlichen Bevölkerung weit verbreitet und konnten zu einem frühen Tod führen. Trotzdem scheinen viele wohlhabende Römer ein respektables Alter von 50 oder 60 Jahren erreicht zu haben. Männer aus den unteren Klassen, die ihr Leben lang körperlich hart gearbeitet hatten, wurden selten älter als 50. In den Zeiten des Kaiserreiches brach die Pest immer wieder über Rom herein, und Tausende fielen ihr zum Opfer, ungeachtet ihres Standes.

Bestattungen

Nach dem Ableben wurde der Verstorbene aufgebahrt, so daß Freunde und Familienmitglieder ihm die letzte Ehre erweisen konnten. Das zog sich mitunter über sieben Tage hin und endete mit der Begräbnisprozession. Wenn der Verstorbene eine sehr prominente Person gewesen war, wurden die Masken seiner Vorfahren in der Prozession mitgeführt – auf diese Art war die gesamte Familie anwesend. Dies war nicht nur Ausdruck der Trauer einer Familie, sondern auch des Stolzes auf ihre Herkunft. War der Verstorbene in der Politik tätig gewesen, so führte die Prozession zum Forum Romanum, wo eine entsprechende Rede gehalten wurde. In den Zeiten der Republik war diese Würdigung den Männern vorbehalten, doch vom frühen Kaiserreich an wurde es üblich, auch verdienstvollen Frauen diese Begräbnisehren zuteil werden zu lassen. Im frühen Rom wurde der Leichnam meistens eingeäschert, Beerdigungen nahmen ab dem späten 1. Jahrhundert n. Chr. zu. Wenn es sich die Familie leisten konnte, wurde die Asche oder der Leichnam in einer Gruft beigesetzt.

Weniger angesehene oder ärmere Menschen erwartete eine einfachere Bestattung, doch immer gab es eine Prozession, die den Leichnam oder die Asche zum Grab geleitete. In der Trauerzeit kehrten die Familienmitglieder in unregelmäßigen Abständen an das Grab zurück. Es war Sitte, auch danach bei Familienfesten am Grab zu picknicken, doch fehlte der feierliche Ernst, der Gedenkstunden heutzutage kennzeichnet.

Grabmale

Eines der Gesetze der Zwölf Tafeln untersagte die Bestattung innerhalb der Stadt, doch da es in der römischen Gesellschaft wichtig war, nach dem Tod nicht in Vergessenheit zu geraten, ließ man sich ein weithin sichtbares und leicht erreichbares Grabmal bauen, wenn man sich das irgendwie leisten konnte. Aus diesem Grund wurden die Grabmäler an den Hauptausfallstraßen gebaut.

Grabmäler konnten sehr unterschiedlich und ungewöhnlich – wie die Pyramide des Cestius an der Porta Ostiensis in Rom – aussehen. Familiengrüfte waren beliebt; man konnte aber auch in einen Bestattungsverein eintreten, der Beerdigungen ausrichtete und seinen Mitgliedern nach dem Ableben ein Grab in einer Gemeinschaftsgruft sicherte. Innen waren die Grüfte oft mit bemaltem Stuck reich verziert. Auch dem Äußeren wurde viel Aufmerksamkeit gewidmet, da es dazu entworfen war, die Vorbeigehenden zu beeindrucken.

Sowohl in Rom als auch in Ostia ist das *columbarium* eine typische Art von Gruft. Sein Hauptmerk-

Der Alltag

△ Die Überreste einer römischen Familiengruft vor der Porta Romana in Ostia.

mal besteht aus einer rechteckigen Kammer mit Tonnengewölbe, deren Wände voller Nischen sind. In die Nischen wurden die Urnen mit der Asche der Toten gestellt. Vor der Begräbniskammer lag ein ummauerter Vorplatz. Hier fanden das Begräbnisessen und folgende Familienzusammenkünfte statt. Ein besonders schönes Beispiel eines *columbarium* ist in Ostia erhalten. In den Nischen kann man noch Stuck erkennen. Die Wände waren aus mit *opus reticulatum* verputztem Zement (siehe Kapitel 5).

Bescheidenere Grabmäler hatten die Form von Truhen oder auf Sockeln stehenden Säulen. Im Friedhof Isola Sacra bei Ostia wurden die Gräber der Ärmsten durch Amphorenhälse, die aus dem Boden hervorstachen, angezeigt. Den Toten konnten durch den Flaschenhals Trankopfer dargebracht werden.

△ Teil einer bemalten Wand in einer römischen Gruft an der Via Portuensis zwischen Rom und Portus.

◁ Amphorengräber der Armen auf dem Friedhof Isola Sacra bei Ostia.

Läden, Bars und Restaurants

In Rom gab es viele größere Märkte, aber auch die Hauptstraßen säumte eine Vielzahl von Läden. Bars, Restaurants und Imbißbuden machten das Fehlen der Küche in vielen Häusern wett und boten Geselligkeit.

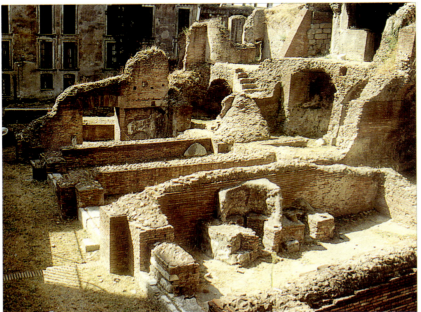

△ Ein Blick auf die Läden (tabernae) hinter den Trajansmärkten. Im Vordergrund befindet sich ein Laden mit den Überresten zweier Öfen – dies war wahrscheinlich eine Bäckerei. In der Ecke führte eine Treppe in ein Zwischenstockwerk.

Das Einkaufen

Das Forum war ursprünglich das Haupteinkaufszentrum Roms, doch zur Zeit der späten Republik gab es bereits mehrere solcher Zentren. Das Forum hatte sich unterdessen in ein architektonisches Schmuckstück verwandelt, wo einfache Geschäfte nicht mehr angemessen schienen. Also wurden neue Einkaufsgebiete gegründet, die näher am Tiber waren: das Forum Boarium, in dem Vieh verkauft, und das Forum Holitorium, in dem mit Obst und Gemüse gehandelt wurde. Im Forum verblieben nur die Gold- und Silberschmiede, die ihre Waren weiterhin hier feilboten.

Läden *(tabernae)* säumten viele der römischen Hauptstraßen. Sie siedelten sich im Erdgeschoß von Häusern oder Hochhauswohnblöcken an und bestanden meistens aus einem ebenerdigen Laden mit einem gemauerten oder hölzernen Ladentisch neben dem Eingang, auf dem die Waren verkauft wurden und hinter dem Platz für das Lager war. Über dem Laden lag meistens ein Zwischenstockwerk, in das man über eine Treppe oder eine Leiter gelangte.

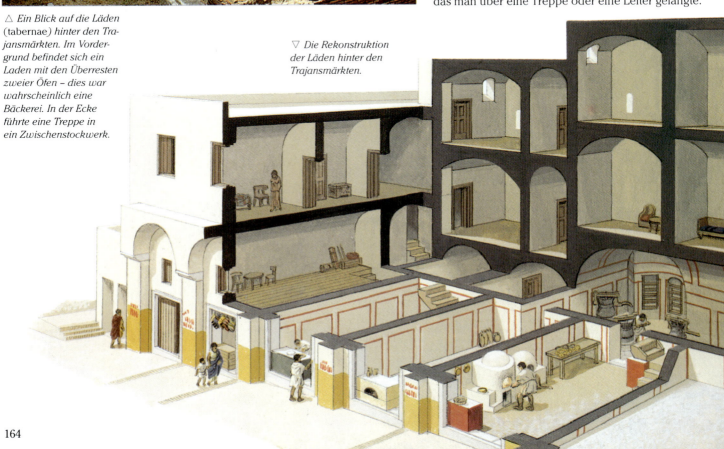

▽ Die Rekonstruktion der Läden hinter den Trajansmärkten.

Hier lebte der Ladeninhaber, außer wenn sein Geschäft sehr gut ging und er sich eine separate Wohnung leisten konnte.

In den Läden wurde eine große Vielfalt von Waren verkauft, von Lebensmitteln über Kleidung und Stoffe bis zu Pfannen, Schmuck und Büchern. Die Ladenbesitzer stellten ihre Ware oft auf dem Bürgersteig aus, manche hatten auch provisorische Buden zwischen den Säulen von Portiken. Domitian versuchte die Straßen von dieser Vereinnahmung durch die Ladenbesitzer zu befreien: „Barbiere, Schankwirte, Köche, Schlachter bleiben hinter ihren Schwellen. Nun gibt es Rom wieder: Noch vor kurzem war die Stadt ein riesiger Laden."

Eine Reihe von Terrakottatafeln aus Ostia, die einst Grabmale schmückten, bilden verschiedene Lebensmittelläden ab. Sie zeigen zum Beispiel einen Schlachter mit unterschiedlichen Fleischstücken, darunter auch einen Schweinskopf, die von Haken an der Wand über seinem Kopf hängen. Auf einer anderen Tafel steht eine Frau hinter einem Ladentisch und verkauft Geflügel. Unter dem Tresen werden in Käfigen gehaltene Kaninchen angeboten.

Ein Lebensmittelladen

In der römischen Ernährung spielte Brot eine wesentliche Rolle. In Rom muß es viele Bäckereien gegeben haben, doch interessanterweise stellt der römische Schriftsteller Plinius der Ältere fest, daß es in Rom noch nach 174 v. Chr. keine Bäcker gegeben habe. Bis zu dieser Zeit wurde Brot zu Hause gebakken. Hinter den Trajansmärkten befindet sich eine Reihe von Läden, darunter auch eine Bäckerei. In der Bäckerei gibt es zwei Öfen aus Ziegelstein. Vor der Tür an der Vorderseite des Geschäftes stand ein Ladentisch. Hier wurde das Brot noch heiß aus dem Ofen verkauft.

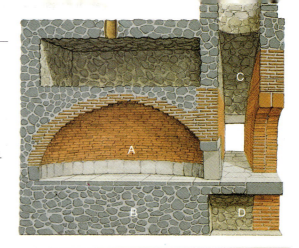

▷ Ein Querschnitt durch einen Backofen.

A Der Teil des Ofens, in dem das Feuer geschürt und das Brot gebacken wurde.
B Der Gang vor dem Ofen.
C Der Schornstein.
D Der Platz, an dem der Brennstoff gelagert wurde.

△ Die Rekonstruktion einer Bäckerei in Pompeji.

△ Ein Wandgemälde aus Pompeji, auf dem ein Bäcker beim Brotverkauf abgebildet ist.

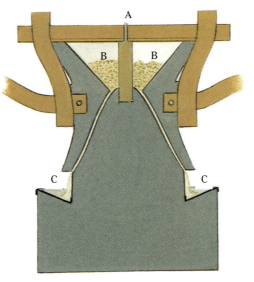

△ Ein Schnitt durch eine pompejanische Getreidemühle. Die untere kegelförmige Hälfte der Mühle wurde in einen runden gemauerten Sockel gesetzt. Oben in den Kegel wurde ein hölzerner Pflock (A) mit einem Drehzapfen am oberen Ende gesteckt. Der Holzrahmen der oberen Hälfte der Mühle rotierte um diesen Zapfen. Das Getreide wurde in die konische Öffnung der oberen Mühlenhälfte (B) gefüllt. Um den Rand des Sockels lief eine bleibeschichtete Rinne (C), in der sich das Mehl sammelte.

△ Ein typischer pompejanischer Brotlaib.

165

Getreide wurde im Laden angeliefert und normalerweise auch dort zu Mehl gemahlen. In den Läden der Trajansmärkte blieben keine Mühlen erhalten, dafür kann man in Ostia und Pompeji viele Bäckereien mit Mühlen im hinterem Ladenteil sehen. Sie waren aus zwei Blöcken harten Vulkangesteins hergestellt. Der obere Stein, der wie eine Sanduhr geformt war, wurde gegen den kegelförmigen unteren Stein gedreht – entweder von Menschenhand oder von einem an einen Holzbalken geketteten Maultier oder Esel. Das Getreide wurde oben in die Mühle eingefüllt, und das Mehl sammelte sich in einer Rinne um den unteren Mahlstein. Das Mehl wurde dann zu Teig verarbeitet und in einem großen Ofen gebacken, der den heutigen italienischen Pizzaöfen ähnelte. Plinius der Ältere erwähnt verschiedene Brotsorten von unterschiedlichem Geschmack und Aussehen.

Auch um Säulenhöfe konnten sich Läden gruppieren. Solche großen Markthallen *(macella)* wurden in Ostia, Pompeji und Pozzuoli gefunden. Oft wurde hier nur mit Fisch und Fleisch gehandelt. Aus Rom sind uns einige *macella* bekannt. 209 v. Chr. erwähnt Livius einen Lebensmittelmarkt in der Nähe des Forum Romanum. Unter Augustus wurde der Macellum Liviae auf dem Esquilin eingerichtet und unter Nero der Macellum Magnum auf dem Caelius.

Eine Bar

An vielen kleineren Buden konnte man schnell etwas trinken oder sich bei einem Getränk ausruhen. Bars variierten in ihrer Größe von winzigen Räumen, die sich direkt zur Straße hin öffneten, bis zu größeren Räumlichkeiten mit Sitzgelegenheiten. Manchmal gab es im oberen Stockwerk Gästezimmer. In Rom blieben wenige Bars erhalten, doch in Herculaneum gibt es im Erdgeschoß des Hauses der Amphitrite ein schönes Beispiel. In den Tresen dieser Bar sind große Behälter eingelassen, aus denen Getränke und heiße Gerichte serviert wurden. Solche Tresen findet man jedoch in Ostia nicht, und möglicherweise gab es sie auch nicht in Rom. Die Bar in

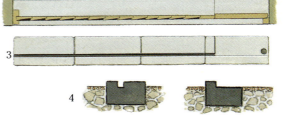
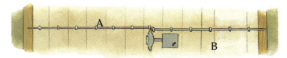

◁ 1 *Ein Gipsmodel von den Fensterläden und der Tür eines Ladens aus Pompeji.*
2 *Plan des Ladeneingangs, auf dem gezeigt wird, wie sich Bretter und Tür in die Schwelle einfügten.*
3 *Eine Ladenschwelle.*
4 *Die Schwelle im Querschnitt.*

(Unteres Diagramm) Der Schloßmechanismus einer Ladentür. Die Stangen A und B werden durch die Ringe gesteckt, die an die Bretter genietet sind, dann werden die beiden verschlossen.

▽ *Eine Terrakottatafel von einem Geflügelladen aus Ostia. Hinter dem Tresen, auf dem Körbe mit Früchten oder vielleicht auch Eiern aufgestellt sind, steht eine Frau. Im Hintergrund hängen Hühner an Haken, und Kaninchen werden in Käfigen unter dem Ladentisch gehalten.*

Herculaneum hatte einen Ofen; Amphoren wurden in einem großen Holzregal und in einem Zwischenstock aufbewahrt.

Die Bars waren nicht nur zum Essen und Trinken da, sondern auch für Glücksspiele. Viele Etablissements versteckten in ihren Hinterzimmern Spielhöhlen, wo man Wetten abgeben und sich im Glücksspiel versuchen konnte. Die oberen Klassen mißbilligten Bars als Orte der Trunkenheit und politischen Intrige.

Getränke und Imbisse

In vielen dieser Bars konnte man essen. Die *caupona* bot sowohl Unterkunft als auch Speisen und Getränke, und unter *popina* verstand man ganz unterschiedliche Häuser, von Kneipen bis zu angesehenen Restaurants. Wein war mit Wasser gemischt und mit Kräutern, Honig oder Harz aromatisiert. Eine große Bandbreite von Speisen wurde angeboten, von Kleinigkeiten wie Oliven über Suppen, Meeresfrüchte, Brot bis zu geschmortem Fleisch. In Würfeln gegrilltes Fleisch, Würstchen, Teigtaschen, Fisch, Süßigkeiten, Obst und gefüllte Brötchen waren beliebt. Archäologische Funde aus Herculaneum legen die Vermutung nahe, daß die Römer eine Art von Pizza zubereiteten. Sie wurden *ofellae* genannt. Es waren kleine runde Teigböden mit verschiedenen Auflagen. Wenn die Römer auch Käse produzierten, so kannten sie doch keine Tomaten.

Essen gehen

Da viele Familien in ihren Häusern keine richtigen Küchen hatten, spielten Bars, Gasthäuser und Restaurants, in denen warme Gerichte serviert wurden, eine große Rolle. Sie wurden allerdings hauptsächlich von Männern und Frauen der unteren Schichten frequentiert. Es war auch möglich, dort Essen zu kaufen und es anderswo zu verzehren.

Ein Restaurant

Im alten Rom muß es sehr viele Restaurants gegeben haben. Ein besonders gutes Beispiel wurde in

△ Ein marmorverkleideter Tresen, der für Ostia im 3. Jahrhundert typisch war.

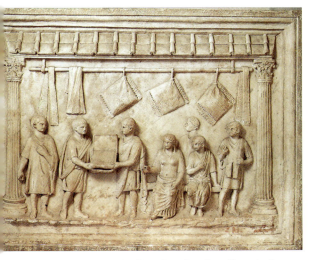

△ Das Relief eines Stoffhändlers. Beachten Sie, wie die Stoffe von einer Stange hängend ausgestellt werden.

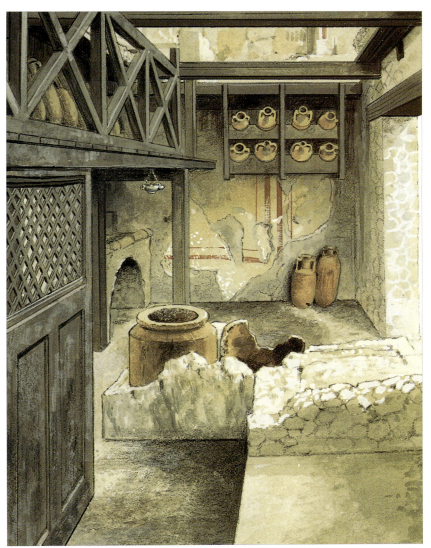

△ Die Rekonstruktion einer sehr kleinen Kneipe in Herculaneum.

Rom

△ Das Restaurant in der Via di Diana in Ostia.

Ostia auf der Via di Diana gefunden. Am Eingang befanden sich ein breiter Tresen und Wandregale, auf denen Gläser und Geschirr standen sowie Speisen zum Verkauf angeboten wurden. Unter dem Tresen waren zwei Abwaschbecken. Tresen und Regale waren mit Marmor verkleidet. Etwas weiter hinten im Laden stand ein marmornes Buffet. Darüber hing ein großes Gemälde, auf dem ein Teil der angebotenen Lebensmittel abgebildet war: eingelegte Oliven, Weintrauben und Granatäpfel. Auf einer Seite des Hauptraumes lag wahrscheinlich die Küche. Dort war ein großes Gefäß *(dolium)* in den Boden eingelassen, vielleicht zum Kühlen von Wein. Von den Lebensmittelgemälden abgesehen, waren die Wände des Restaurants mit Fresken geometrischer Figuren in Gelb, Rot und Blau bemalt.

Vor dem Restaurant standen Bänke, auf denen man rasten konnte, während man ein kühles Getränk oder einen Imbiß zu sich nahm. In einem kleinen offenen, mit einem einfachen Mosaikboden ausgelegten Hinterhof gab es einen kleinen Springbrunnen und eine Steinbank, auf der sich die Gäste auch niederlassen konnten.

Zutaten und Geschmacksrichtungen

Römisches Essen war oft sehr stark gewürzt. Eine beliebte Geschmacksrichtung, vor allem für Eintöpfe und Aufläufe, war als *garum* bekannt. Sie wurde aus den Innereien von Fischen hergestellt, stark gesalzen und dann in offenen Behältern zum Fermentieren gebracht. Danach wurde die Flüssigkeit abgegossen und der Rest in einer Amphore aufbewahrt. Die meisten Gerichte waren scharf, stark gewürzt und süßsauer. Alles wurde gepfeffert – sogar selbstgemachte Kekse.

Die beliebtesten Speisen waren Fleischspeisen. Die Römer aßen sehr gerne Wild: Rebhuhn, Hase, Wildbret, Wildschwein, Kranich und Fasan standen neben Geflügel, Lamm, Rind und Schwein auf dem Speiseplan. Sie aßen auch sehr viel Fisch. Meerbarben, Austern und Muscheln galten als große Delikatessen. Zum Fisch reichte man grundsätzlich eine Soße.

▷ Die Rekonstruktion des Restaurants in der Via di Diana in Ostia. Am Eingang stand ein Tresen. An der Wand dahinter waren Regale angebracht, auf denen Gläser und Geschirr standen und Speisen zum Verkauf angeboten wurden. Der Tresen und die Regale waren mit wiederverwendetem Marmor verkleidet. Etwas weiter im Ladeninneren bot ein marmornes Buffet weiteren Lagerplatz und mehr Regale.

Läden, Bars und Restaurants

Viele Götter

Die römische Religion beruhte auf öffentlichen und privaten Opfern für mannigfaltige Gottheiten, von denen viele aus dem griechischen Pantheon übernommen und eng mit der Entstehung Roms verbunden waren. Auch der Imperator wurde angebetet, und Kulte aus anderen Teilen des Reiches etablierten sich.

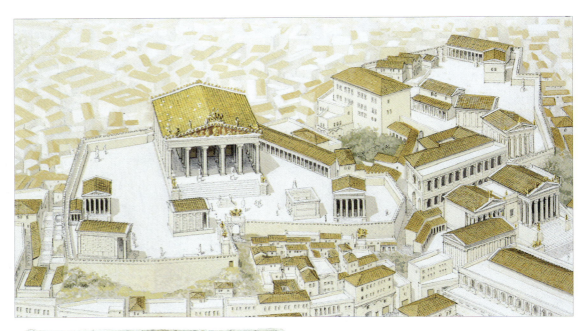

▷ *Die Rekonstruktion des Tempels des Jupiter Optimus Maximus auf dem Kapitol.*

▷ *Zwei Reliefs von dem tetrarchischen dekennalischen Denkmal (frühes 4. Jahrhundert) aus dem Forum Romanum. Oben: eine* suovetaurelia *(die Opferung eines Ebers, eines Schafbocks und eines Bullen). Unten: eine Opferszene. Die zentrale Figur ist wahrscheinlich der Imperator Diokletian. Er bringt auf dem Altar ein Trankopfer dar, wofür er eine Schüssel* (patera) *benutzt.*

▷ *Ein Relief vom Tempel des Vespasian im Forum Romanum, auf dem die Opferinstrumente abgebildet sind.*

Die traditionelle römische Religion beruhte auf der Vorstellung, Sterbliche und Götter hätten einen Vertrag miteinander geschlossen. Er betraf alle Bereiche des römischen Lebens. Um ihr Wohlwollen zu gewinnen, mußten den Göttern Gaben und Opfer dargebracht werden.

Die römische Religion entstand aus dem Unverständnis für Naturereignisse. Erst im späteren 3. Jahrhundert v. Chr. wurden die Gottheiten in menschlicher Gestalt dargestellt, als sie nämlich in den griechischen Pantheon aufgenommen wurden. Die drei wichtigsten Gottheiten bildeten die kapitolinische Trias: Jupiter, seine Gemahlin Juno und seine Tochter Minerva. Auch Apollo, Mars, Vesta, Venus und die Göttin Roma, die Personifikation der römischen Stadt und des Staates, spielten wesentliche Rollen.

Der Herrscherkult

Die Ursprünge des Herrscherkults, der Vergöttlichung des Imperators und seiner Familie, liegen in den Gebräuchen der Königsanbetung im hellenistischen Osten. Augustus führte den Kult des *genius* des Imperators ein. Die Römer glaubten, daß der *genius* oder *numen* der göttliche Anteil eines Menschen sei. Um die verschiedenen Rituale auszuführen, wurden Priester (die Augustalen) ernannt.

Die auf Augustus folgenden Imperatoren förderten ihre Anbetung zunehmend. Nero ließ eine Statue von sich als Sonnengott in der Domus Aurea aufstel-

Viele Götter

len, und Domitian bestand auf der Anrede Herr (*dominus*) und Gott (*deus*).

Laren und Penaten

Ein wesentliches Bindeglied zum Herrscherkult war die Anbetung der *lares compitales*. Sie waren die Gottheiten der Kreuzungen, deren Anbetung in einem zentralen Schrein in jedem der 14 Bezirke Roms stattfand.

Zu Hause verehrten die Römer die Laren und Penaten. Als Geister der Vorfahren waren sie die Beschützer des Heims, die über die Geschicke der Familie, der Angehörigen, ihrer Sklaven und des Hauses selbst wachten. Sie wurden im *lararium*, einem kleinen Tempel oder Schrein, der an gut sichtbarer Stelle im Atrium aufgestellt war, angebetet. Um ihr Wohlwollen zu erhalten, brachte man ihnen Essen und Blumen, vor allem zu Festen und Geburts- und Todestagen.

△ Ein Blick auf den Tempel des vergöttlichten Julius Cäsar im Forum Romanum.

Priester und Priesterinnen

In Rom gab es keinen Berufsstand, der die komplizierten Riten der öffentlichen Religion ausführte. Die großen religiösen Ämter hatten fast immer prominente Politiker inne. Zur Zeit der späten Republik und des frühen Kaiserreichs gab es vier wesentliche Priesterkollegien: 16 *pontifices*, denen der Pontifex Maximus vorstand, 16 *auguri*, die die Zukunft voraussagten, 15 zu *sacris faciendis* erklärte Männer, die die Opferriten durchführten, und zehn *epulones*, die die Feste organisierten. Die *auguri* und die *pontifices* waren angesehener als die anderen, das Kollegium der *pontifices*, wörtlich „Brückenbauer", hatte den höchsten Status. Im Gegensatz zu einem politischen Magistratsamt konnte die Priesterschaft ein Leben lang währen. Wenn eine Stelle frei wurde, wählte der Senat einen neuen Priester aus einer Liste von Kandidaten.

△ Die Rekonstruktion des Tempels des Portunus (gemeinhin Foruna Virilis genannt) im Forum Boarium. Der Tempel ist mit seinem hohen Podium und einer frontalen Treppe typisch für die republikanische Zeit.

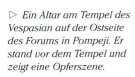

▷ Ein Altar am Tempel des Vespasian auf der Ostseite des Forums in Pompeji. Er stand vor dem Tempel und zeigt eine Opferszene.

Opfer

Tiere wurden regelmäßig geopfert. Die Wahl des geeigneten Tieres war im religiösen Recht festgeschrieben und hing zum einen von dem Gott ab und zum anderen von den Anlässen für das Opfer. Den Göttern wurden männliche Tiere und den Göttinnen weibliche geopfert, am häufigsten Ochsen, Schweine, Schafe oder Hühner. Ein größeres Tier wurde mit einem Schlachterbeil betäubt, dann wurde ihm die Kehle durchgeschnitten. Während es verblutete, schnitt man das Tier auf und untersuchte seine Innereien. Man wollte sichergehen, daß die Omen gut seien. Dann wurde das Fleisch über dem Feuer gegrillt: Die besten Fleischstücke opferte man dem Gott, während die Opfergemeinde den Rest des Fleisches im Tempelbezirk verzehrte. Bescheidenere, private Darreichungen waren Kuchen, Blumen oder kleine Votivgaben.

△ Der runde Vestatempel, der das ewige Feuer abschirmte und symbolisch für die ewige Macht Roms war.

Der Vestatempel

Der Kult der Vesta symbolisierte die ewige Macht Roms. Der Tempel, in dem die Vestalinnen über das heilige Feuer wachten, war ein rundes Gebäude mit 20 korinthischen Säulen auf der Ostseite des Forum Romanum. Mehrmals wurde der Tempel durch Feuer zerstört, auch im Jahr 64 n. Chr. Das Gebäude, das heute an dem Ort steht, datiert aus der Epoche des Severus.

Im Tempel gab es einen heiligen Raum, der unter anderem die Statue der Pallas Athene beherbergte, die angeblich von Äneas aus Troja mitgebracht worden war. Nur die Vestalinnen und der Pontifex Maximus durften diesen Raum betreten.

Die Vestalinnen

Die Vestalinnen bildeten die einzige weibliche Priesterschaft Roms. Sie schürten das heilige Feuer, das immer im Tempel der Vesta brannte. Es gab sechs Vestalinnen, die vom Pontifex Maximus aus alten Patrizierfamilien ausgewählt wurden. Sie dienten 30 Jahre lang und legten ein Keuschheitsgelübde ab.

Es war eine große Ehre, eine Vestalin zu sein, auch wenn es ihnen nicht erlaubt war, während ihrer 30 Dienstjahre zu heiraten. Jedes noch so kleine Vergehen wurde gnadenlos bestraft. Während der Zeit der Republik wurde eine unkeusche Vestalin lebend begraben, ein Brauch, der auch unter dem Imperator Domitian ausgeübt wurde.

Die Kultstatue der Vesta war in einem kleinen Schrein in der Nähe des Eingangs zum Haus der Vestalinnen untergebracht.

Das Haus der Vestalinnen

Die Vestalinnen lebten im Atrium Vestae, neben dem Vestatempel im Forum Romanum. Dieses große rechteckige Gebäude, dessen Räume um einen großzügigen Innenhof lagen, wurde unter Augustus nach dem Feuer 64 n. Chr. wiederaufgebaut. Im Innenhof gab es drei große Teiche und Statuen geehr-

△ Eine Vestalin.

Viele Götter

ter Vestalinnen. Im Kaiserreich bot das Gebäude wahrscheinlich Raum für die Amtszimmer des Pontifex Maximus.

Die fremden Kulte

Durch die Eroberung des Ostens kam Rom in Kontakt mit Kulten und Glaubensvorstellungen der östlichen Welt, darunter dem Judaismus und dem frühen Christentum. Der erste Kult, der sich in Rom etablierte, war derjenige der großen Mutter, Magna Mater oder Kybele. Sie war eine anatolische Muttergottheit, deren Kultobjekt aus Pessinus während des Zweiten Punischen Krieges nach Rom gebracht worden war. 191 v. Chr. wurde auf dem Palatin ein der Magna Mater gewidmeter Tempel eingeweiht.

◁ *Die Statue einer Vestalin aus dem Atrium Vestae.*

◁ *Statue einer Vestalin, die jetzt im kapitolinischen Museum ist.*

▷ *Die Rekonstruktion des Hauses der Vestalinnen, oder Atrium Vestae, zur Zeit des Übergangs vom mittleren zum späten Kaiserreich. Es stand neben dem Vestatempel im Forum Romanum und war ein großes rechteckiges Gebäude, dessen Räume um einen großzügigen Innenhof lagen. Dort gab es drei große Teiche und Statuen verdienstvoller Vestalinnen. Der runde Vestatempel befindet sich rechts.*

◁ *Die Isisprozession. Die Figur links hält ein sistrum.*

△ *Ein Wandgemälde aus Pompeji, auf dem Zeremonien der Isisanbetung dargestellt sind.*

All diesen Kulten war Folgendes gemein: man wurde durch geheime Initiationsriten eingeführt (daher ihre Definition als Mysterienreligion), und es wurde den Anhängern Erlösung versprochen. Ursprünglich wurden der Judaismus und das frühe Christentum als Mysterienreligionen angesehen.

Auch die hellenisierte ägyptische Göttin Isis hatte in Rom eine Kultstätte. In Pompeji wurde im späten 2. Jahrhundert v. Chr. ein Isistempel erbaut, und auf dem römischen Marsfeld errichtete Caligula ihr einen Tempel. Seit den Zeiten des Augustus wurde der Isiskult immer populärer.

Mithras war ursprünglich ein persischer Licht- und Sonnengott, doch sind die griechische und römische Version des Mithras voneinander sehr verschieden, man assoziierte ihn mit der Sonne. Nur Männer konnten initiiert werden, und sein Kult war ganz besonders bei Soldaten und Händlern beliebt. Oft wird Mithras beim Schlachten eines Bullen abgebildet, eine Repräsentation der Wiedergeburt und des Frühlingserwachens. Viele *mithraea* (Mithraheiligtümer) sind aus der römischen Welt erhalten geblieben; allein aus Ostia sind 15 bekannt. Häufig lagen sie teilweise oder gänzlich unter der Erde, in Nachempfindung der Höhle, in der der Gott angeblich geboren wurde.

Viele Götter

△ Die Rekonstruktion des Isistempels in Pompeji.

▽ Diese zwei Darstellungen kann man häufig am Eingang zu einem mithraeum finden.
Links: Cautes mit emporgehaltener Fackel, den Tag symbolisierend.
Unten: Cautopates mit gesenkter Fackel, die Nacht symbolisierend.

▽ Das mithraeum unter der Kirche San Clemente in Rom. Zu beiden Seiten standen Bänke, auf denen die Initianten während der Zeremonien saßen oder lagerten. Auf dem Altar am Ende ist Mithras beim Schlachten des Ur-Stiers abgebildet.

Ein Tag beim Rennen

Während des ganzen Jahres wurden in Rom Spiele als Teil des religiösen und politischen Lebens der Stadt abgehalten. Die beliebtesten und aufregendsten Ereignisse – und zugleich auch die ältesten – waren die Rennen mit zwei-, drei- oder vierspännigen Wagen im Circus Maximus.

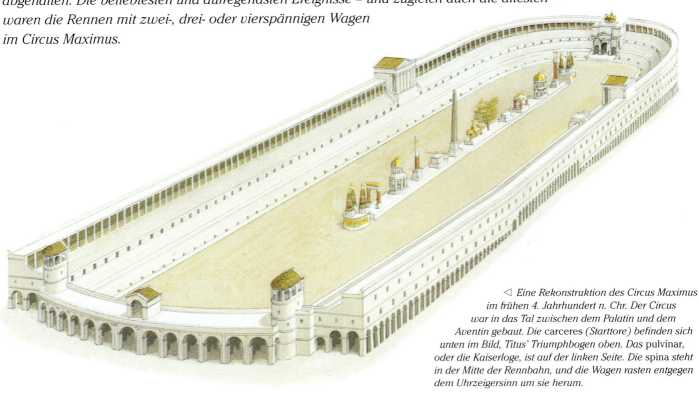

◁ *Eine Rekonstruktion des Circus Maximus im frühen 4. Jahrhundert n. Chr. Der Circus war in das Tal zwischen dem Palatin und dem Aventin gebaut. Die* carceres *(Starttore) befinden sich unten im Bild, Titus' Triumphbogen oben. Das* pulvinar, *oder die Kaiserloge, ist auf der linken Seite. Die* spina *steht in der Mitte der Rennbahn, und die Wagen rasten entgegen dem Uhrzeigersinn um sie herum.*

Der Circus Maximus

Der Circus Maximus war nicht die einzige Rennbahn Roms, doch wurde der Circus Flaminius im südlichen Teil des Marsfeldes nie durch Denkmäler verewigt. Zu Augustus' Zeiten war er großenteils zugebaut. Die Imperatoren Caligula und Nero, beide fanatische Anhänger dieses Sports, hatten in den Kaisergärten am vatikanischen Hügel eine Rennbahn angelegt, wo sie das Wagenlenken üben konnten. Doch zur Kaiserzeit war der Circus Maximus die einzige wichtige Rennbahn der Stadt.

Der Circus liegt zwischen dem Palatin und dem Aventin und kann wahrscheinlich ins 6. Jahrhundert v. Chr. datiert werden. Lange Zeit blieben Starttore und Sitze aus Holz. Claudius ließ Tore aus Marmor bauen, und Trajan verwandelte das Gebäude vollkommen. Unter ihm wurde daraus ein monumentales Denkmal mit einer Gesamtlänge von 600 m (die Arena und Stufen eingerechnet) und einer durchschnittlichen Breite von 150 m. Im Circus fanden 385 000 Zuschauer Platz.

In der Mitte der Arena befand sich eine erhöhte 344 m lange gemauerte Strebe (spina). Sie war mit Statuen und Trophäen sowie mit sieben beweglichen Eiern und sieben Delphinen ausgestattet, die dazu benutzt wurden, die sieben Runden eines jeden Rennens abzuzählen. An den Stirnseiten befanden sich die Wendepunkte (metae) in Form großer mit Bronze beschichteter Kegel. Augustus hatte auch einen 24 m großen Granitobelisken von Ramses II.

◁ *Eine Luftaufnahme des heutigen Circus Maximus. Der Palatin ist rechts im Bild.*

Ein Tag beim Rennen

△ Eine Terrakottatafel mit einer Szene aus einem Wagenrennen im Circus, die sich direkt nach einem Zusammenstoß an dem Wendepunkt um die spina *(von den drei Säulen links angezeigt)* abspielt. Der Wagenlenker liegt auf der Erde hinter seinem Gefährt.

△ Eine Terrakottatafel, auf der bestiarii im Kampf mit wilden Tieren im Circus abgebildet sind. Großtierjagden fanden sehr viel häufiger im Circus als im Amphitheater statt. Im Hintergrund sind die sieben Scheiben oder „Eier" zu sehen, die jede Runde eines Wagenrennens anzeigten.

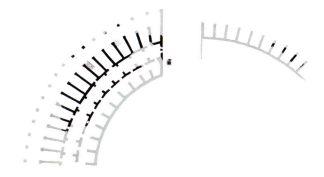

▷ Ein Plan der Südostkurve des Circus Maximus, auf dem der Unterbau der Tribünen zu sehen ist. Die heutigen Überreste sind schwarz eingezeichnet. Die grauen Teile sind eine von diesen Überresten ausgehende Rekonstruktion.

▽ Ein Teil der Südostkurve des Circus Maximus. Der Unterbau ist aus ziegelsteinverputztem Zement. Von dem Korridor hinter der Fassade führte die Treppe zu den oberen Sitzen.

177

Rom

▷ *Gewölbte Durchgänge zwischen den Jochen unter dem zweiten Rang der Sitzreihen des Circus Maximus.*

▷ *Zwei erhalten gebliebene Sitze aus dem Circus Maximus, die nicht mehr an ihrer ursprünglichen Stelle stehen. Zunächst waren die Sitzplätze aus Holz. Im 1. Jahrhundert n. Chr. wurden sie durch steinerne ersetzt.*

▽ *Ein Querschnitt durch die Unterbauten des Circus Maximus in der Südostkurve. Die oberen Sitzplätze wurden von einer überdachten Vorhalle beschattet. Der untere Rang war sehr unterschiedlich, je nachdem, ob er sich im Tal befand oder auf die Felsen des Hügels gebaut wurde.*

Der Bau der Tribüne

Die Unterbauten der Südostkurve des Circus erfüllten zwei Funktionen. Zum einen sicherten sie die darüberliegenden Sitzplätze, und zum anderen schafften sie Raum für Treppen und Durchgänge, so daß die Zuschauer ihre Plätze erreichen konnten. Das Mauerwerk datiert aus der Zeit Trajans und besteht aus mit Ziegelstein verkleidetem Zement. Die Treppen stützten sich auf einen Unterbau aus dreireihigen Bögen aus Ziegelsteinwerk. Die Fassade des Gebäudes bestand wie die des Kolosseums aus Arkaden.

Im Zentrum der Kurve stand ein Triumphbogen, der mit Marmorsäulen verziert war und seit 80–81 n. Chr. an Titus' Plünderung Jerusalems erinnern sollte. Er diente als Eingangstor und ersetzte die frühere Pforte.

Augustus baute das *pulvinar*, eine Art kaiserliche Loge, auf den Hügeln des Palatin. Es war ein heiliges Gebiet und denen vorbehalten, die den Spielen vorstanden.

Die Starttore

Die Starttore des Circus, die *carceres*, verschlossen zwölf Boxen. Im Gegensatz zu den Toren des Circus Maximus sind die Tore des Circus in Lepcis Magna in Libyen so gut erhalten geblieben, daß wir aus ihnen schließen können, wie ein Rennen gestartet wurde. Ein Aufseher zog einen Hebel, der ein Katapultsystem in Gang setzte. Das Katapult zog die Schnapper der Tore einer jeden Box zurück, und daraufhin flogen sie auf.

(aus dem 13. Jahrhundert v. Chr.) im Jahre 10 v. Chr. von Ägypten nach Rom gebracht.

Die Ausgrabungen

Das Gebäude wurde zwar nicht vollständig freigelegt, doch konnte die Größe durch Testgrabungen festgestellt werden, so auch die Höhe der Tribüne (*cavea*) von etwa 35 m.

1936 wurde die Südostkurve des Circus ausgegraben. Die Archäologen stellten fest, daß die Tribüne, statt sich auf den Hügel zu stützen, fast ausschließlich auf gewölbten Unterbauten stand.

Ein Tag beim Rennen

▷ *Teile eines Plans der Südostkurve aus dem Stadtplan von Rom (*Forma Urbis Romae*) aus der Zeit des Septimius Severus.*

▽ *Das* pulvinar *des Circus Maximus:*

A Ein Ausschnitt aus dem fragmentierten Severanischen Marmorplan, auf dem das pulvinar abgebildet ist.
B Der restaurierte Plan.
C Teil eines Mosaiks aus Luni in Norditalien, auf dem das pulvinar als sechssäulige Tempelfassade abgebildet ist. Die Säulen stützen sich auf die sechs im Plan verzeichneten Sockel.

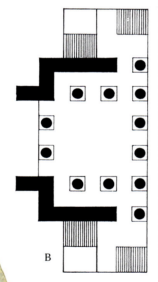

A

B

C

Die carceres *oder Starttore:*

A Ein Relief der carceres aus Neapel. Zwischen den Holztoren und dem darüber befindlichen Gitterwerk verläuft auf der Gesamtlänge ein horizontaler Architrav. Sehr große Hermen (Torwächter) standen vor und zwischen jedem Tor. Aufseher sind gerade dabei, die Tore zu schließen.
B Eine Rekonstruktion der carceres.
C Teil des Mechanismus, der die Tore beim Start öffnete. Er beruhte auf einer Feder beziehungsweise auf einem Katapultsystem, durch das die Tore buchstäblich aufsprangen.

Rom

△ Ein Mosaik eines erfolgreichen Wagenlenkers aus dem 4. Jahrhundert von der Piazza Armenia in Sizilien. Der Preisverleiher nähert sich dem Gewinner mit einem Zweig der Siegespalme. Neben ihm steht ein Trompeter.

△ Ein Mosaik von der Piazza Armenia. Ein Aufseher übergibt dem Wagenlenker seinen Helm.

Wagen, Pferde und Lenker

In den Zeiten des Kaiserreiches wurden die Wagenrennen sehr professionell durchgeführt; es gab große Ställe, die Pferde, Wagen und Lenker stellten. Alle Jockeys gehörten Mannschaften (*factiones*) an, und jede Mannschaft hatte ihre eigenen Farben. Seit den Zeiten des Augustus gab es meistens vier: Die Albata trugen Weiß, die Russata Rot, die Veneta Blau und die Prasina Grün. Im Grunde waren die *factiones* Unternehmen unter kaiserlicher Schirmherrschaft. Sie stellten den Magistraten, die die Spiele organisierten, Mannschaften und bekamen im Gegenzug Geldpreise. Für jede dieser Mannschaften bauten die Imperatoren auf dem Marsfeld Stallungen, und sie stellten das gesamte Personal: Trainer, Hufschmiede, Tierärzte und Tierpfleger. Die Wagenlenker dieser Zeit waren meistens Professionelle, die sich aus den unteren Klassen, aus Freigelassenen und aus Sklaven rekrutierten. Wenn sie erfolgreich waren, wurden sie von der Menge abgöttisch verehrt, genau wie die Gladiatoren.

Auch wenn viele Wagenlenker als Sklaven angefangen hatten, konnten die Erfolgreichen unter ihnen genug Geld verdienen, um ihre Freiheit zu erkaufen. Einer von ihnen war Gaius Appuleius Diocles, der in der ersten Hälfte des 2. Jahrhunderts n. Chr. lebte. In einer langen Inschrift sind seine vielen Siege und enormen Einkünfte aufgeführt. Der römische Schriftsteller Martial berichtet von einem anderen berühmten Wagenlenker, Scorpus, der mehr als 2000 Rennen gewann, bevor er mit 27 einem Unfall zum Opfer fiel.

Die Rennen

Am Tag des Rennens führte eine Prozession in den Circus. Die Menge feuerte sich an und gab Wetten ab. Zu einem Trompetenstoß zeigte der vorstehende Magistrat den Start des Rennens durch das Fallenlassen einer Serviette an.

Zu Beginn des Rennens kamen die Wettkämpfer gleichzeitig aus den zwölf Starttoren in der Nordkurve in die Arena. Sie rasten gegen den Uhrzeigersinn und umrundeten die *spina* siebenmal. Zusammenstöße waren häufig, vor allem am Anfang.

Höchstens zwölf Wagenlenker konnten sich miteinander messen. Es gab Rennen mit zwei- oder häufiger noch mit vierspännigen Wagen. Um den Unterhaltungswert zu steigern, fanden manchmal auch Kuriositätenrennen statt, Staffelrennen etwa, oder es wurden zehn Pferde vor einen Wagen gespannt, Männer führten Kunstreiten vor oder liefen um die Wette.

Ein Renntag bestand aus 24 Rennen. Auch Gladiatorenspiele wurden im Circus abgehalten. Am Ende der Spiele erhielten die Gewinner ihre Preise: Die Siegespalme, Kronen und Halsketten aus Gold.

Ein Tag beim Rennen

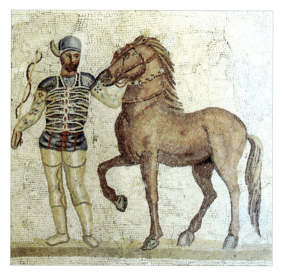

◁ *Ein Mosaik aus Rom, auf dem die Wagenlenker in ihren Mannschaftsfarben und mit ihren Pferden abgebildet sind.*

▽ *Der Circus Maximus während eines Rennens. Beachten Sie die drei kegelförmigen* metae, *die den Wendepunkt am Ende der* spina *markieren. Hinter der roten Säule mit dem geflügelten Siegessymbol kann man das* pulvinar *erkennen.*

Das Theater

Das römische Theater ging aus dem klassischen griechischen hervor, doch entwickelte es eigene Merkmale, vor allem eine große Vorliebe für Farce und Parodie. Römische Theater standen oft auf gewölbten Unterbauten, sie hatten halbkreisförmige Tribünen oder cavea *und kunstvolle Bühnen.*

▷ *Die Rekonstruktion einer zusammenklappbaren Reisebühne.*

▽ *Eine Vasenmalerei aus Apulien: Zwei Diener helfen dem alten Chiron die kleine Treppe zur Bühne hoch. Alle drei tragen groteske Masken. Zwei Nymphen, dargestellt als häßliche alte Damen, beobachten die drei. Rechts unten ist Achilles als bescheidener und freundlicher Jüngling abgebildet. Die gezeigte provisorische Bühne ist von der Seite zu sehen; sie ist überdacht und hat Stufen an der Vorderseite.*

Das frühe römische Theater

Das frühe römische Theater war ganz offensichtlich griechischen Ursprungs. Zunächst wurden Theatervorführungen, *ludi scaenici*, zu Ehren einer bestimmten Gottheit abgehalten; sie lassen sich bis ins Jahr 364 v. Chr. zurückverfolgen. Die klassischen griechischen Tragödien und Komödien, aber auch die Stücke der großen frühen Dichter der Republik (Ennius, Naevius, Pacuvius, Plautus und Terenz) waren im 2. Jahrhundert v. Chr. am beliebtesten.

Die Aufführungen

Das römische Theater zeichnet sich vor allem durch sein abwechslungsreiches Spiel aus. Dies ist dadurch bedingt, daß es in Rom, im Gegensatz zum klassischen Athen, eine große Bandbreite von Vergnügungen gab. Es mußten auch viel mehr Menschen unterhalten werden. So wurden Theateraufführungen in ihrem Bemühen, Zuschauer anzu-

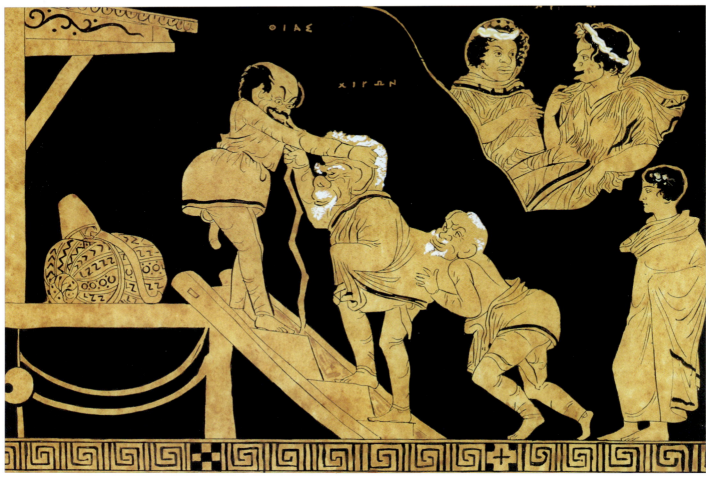

Das Theater

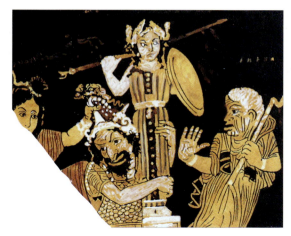

△ Eine Vasenmalerei von Asteas, auf der Ajax und Kassandra im Heiligtum der Athene abgebildet sind. Ajax trägt eine furchteinflößende Maske. Die alte Priesterin der Athene hält einen überdimensionierten Tempelschlüssel in der Hand und schreckt verängstigt zurück, als Kassandra über Ajax herfällt. Die ganze Szene parodiert die ursprünglichen mythologischen Charaktere.

△ Eine ähnliche Bühne wie gegenüberliegend abgebildet, von vorne gesehen. Ein Ziervorhang verdeckt den Raum unter der Bühne. Das Dach wird von Säulen getragen.

locken, mit der Zeit immer einseitiger. Oft waren sie nicht mehr als zotige Farcen, die nur schnelle, vulgäre Unterhaltung versprachen.

Komödie und zotige Farce in Italien

Zwei Arten komischer Lustspiele, die eine große Wirkung auf die Entwicklung der römischen Komödie hatten, entstanden in Süditalien und Sizilien. Im 4. und 3. Jahrhundert v. Chr. waren die als Phlyaken und Attelanen bekannte Farcen beim Publikum am beliebtesten.

Die Phlyaken sind auf zeitgenössischen Vasen dargestellt. Die Schauspieler tragen Masken und wattierte Kleidung, die ihnen eine groteske Erscheinung verleihen. Die Handlungen waren unterschiedlich. Wenn sie auf mythologischen Geschichten beruhten, parodierten sie oft eine tragische Handlung, doch auch das tägliche Leben war ein häufiges Thema. Die wesentlichen Autoren dieser Farcen waren Rhinthon und Sciras aus Tarent sowie Sopater aus Paphos.

Die zweite Art der komischen Unterhaltung wurde mit der kampanischen Stadt Atella in Verbindung gebracht. In diesen Farcen gab es feststehende Charaktertypen, die alle auf ihre Art lächerlich waren: Bucco und Maccus, die Narren, Dossennus und Manducus, habgierige Possenreißer, und Pappus, der einfältige Alte. Die Handlung war in einer kleinen italienischen Stadt angesiedelt und parodierte oft Tragödien. Im allgemeinen waren die attelanischen Farcen eine niedrige Form der Komödie, auch wenn viele dramatische Motive aus der griechischen neuen Komödie übernommen wurden. Manchmal folgten sie wie die Satyrspiele im klassischen Athen auf eine Tragödie.

Mimen und Pantomimen

Im 1. Jahrhundert v. Chr. hatten kulturelle und politische Umwälzungen die urbane Bevölkerung Roms verändert. Auch der Geschmack war nun anders, und das Theater mußte sich danach richten. Die erfolgreichsten Genres waren Mime und Pantomime.

▽ Eine römische Tragödie, die auf dem Terrakottarelief eines römischen Grabmals aus dem 1. Jahrhundert abgebildet ist und auf der man eine typische frühe Bühne, schon mit der charakteristischen säulenbestandenen und überdachten *scaenae frons*, erkennen kann.

183

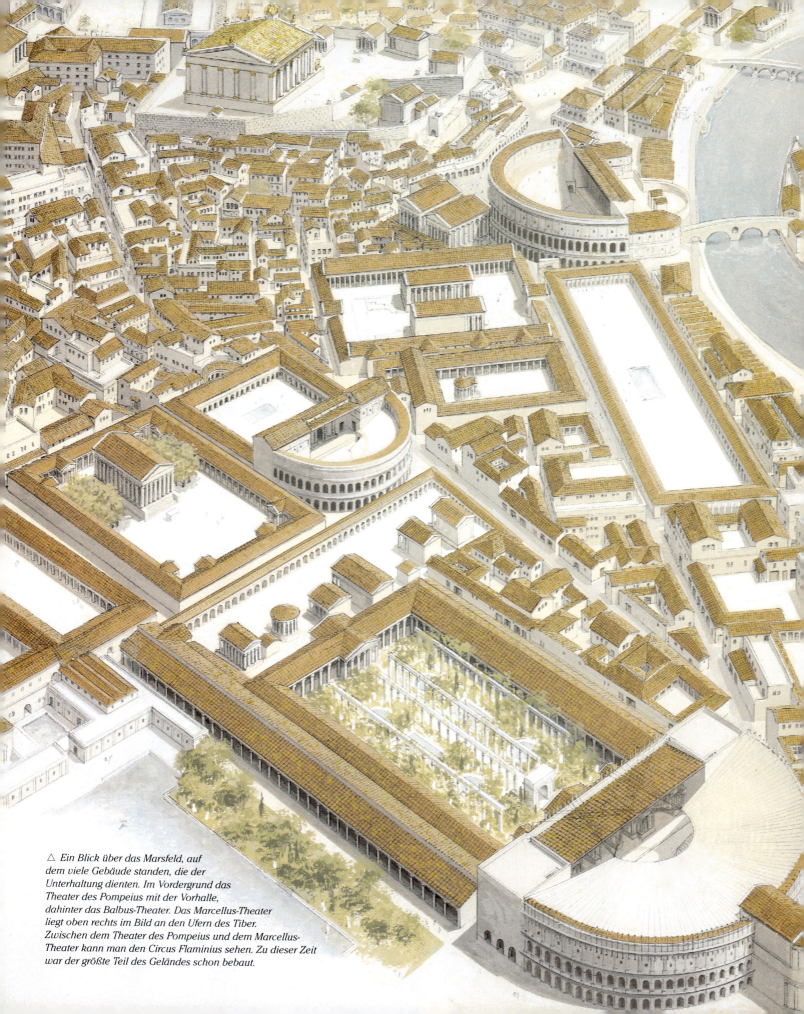

△ Ein Blick über das Marsfeld, auf dem viele Gebäude standen, die der Unterhaltung dienten. Im Vordergrund das Theater des Pompeius mit der Vorhalle, dahinter das Balbus-Theater. Das Marcellus-Theater liegt oben rechts im Bild an den Ufern des Tiber. Zwischen dem Theater des Pompeius und dem Marcellus-Theater kann man den Circus Flaminius sehen. Zu dieser Zeit war der größte Teil des Geländes schon bebaut.

In Mimenaufführungen wurden anspruchslose, mit wollüstigen Szenen gespickte Abenteuergeschichten erzählt. Die später eingefügten Gewaltdarstellungen paßten mehr ins Amphitheater. Im Gegensatz zu anderen römischen Genres wurden die weiblichen Rollen in der Mime oft von Frauen gespielt. Sie trugen keine Masken, waren aber stark geschminkt. Instrumentalbegleitung und Lieder gehörten zu der Aufführung.

Die Pantomime war das anspruchsvollste der populären Genres – und sie war typisch römisch. Sie bestand aus einer Darbietung maskierter Tänzer, die die Handlung einer Geschichte, in deren Mittelpunkt oft eine mythologische Figur stand, mimisch vorführten. Die Griechen nannten die Pantomime „italienischen Tanz", obwohl zwei Griechen, Pylades aus Kilikien und Bathyllus aus Alexandria, sie wahrscheinlich erfunden hatten. In den Aufführungen wurden Tanz und Schauspielerei kombiniert und von Musik begleitet; ein Großteil der Handlung wurde von einem Schauspieler, dem *pantomimus* („einer, der alles nachahmt") dargestellt, unterstützt von einem Chor und von Musikern.

Die römische Komödie

Die griechische Komödie hat die römische sehr stark beeinflußt. Viele frühe Stücke, die in Rom aufgeführt wurden, waren lateinische Übertragungen griechischer Komödien. Doch um 100 v. Chr. gab es schon einen großen Kanon authentischer römischer Komödien.

Plautus und Terenz waren die wesentlichen Autoren. Plautus wurde im 2. Jahrhundert v. Chr. in Sarsina in Umbrien geboren. Seine Komödien waren äußerst populär, und ihm wurden im 1. Jahrhundert v. Chr. 130 Stücke zugeschrieben, von denen 21 erhalten blieben. Sie orientieren sich an griechischen Komödien und sind in Versen geschrieben. Auch sie wurden an religiösen Festen aufgeführt.

Terenz (Publius Terentius Afer) wurde um 190 v. Chr. in Nordafrika geboren und kam als Sklave nach Rom. Als er freigelassen wurde, nahm er den Namen seines Herrn an. Er starb 159 v. Chr. während einer Reise nach Griechenland. Die sechs erhaltenen Stücke des Terenz wurden zwischen 165 und 160 v. Chr. aufgeführt. So wie die des Plautus, waren auch Terenz' Handlungen voller Liebesgeschichten und durch Unwissen hervorgerufener Mißverständnisse. Sie beruhen ebenfalls auf griechischen Originalen und waren bekannt als *comoedia palliata* („Komödie im griechischen Gewand"). Die *comoedia togata* („Komödie im römischen Gewand") handelte von italienischen Sitten und Gebräuchen und war im späteren 2. Jahrhundert v. Chr. sehr beliebt.

Die ersten Theater in Rom

Im republikanischen Rom wurden dauerhafte Theater noch als dekadenter Luxus angesehen. Sie waren durch Senatsbeschluß verboten, bis Pompeius 55 v. Chr. sein Theater auf dem Marsfeld einweihte. Davor bestanden alle Theater aus provisorischen Holzbauten, die mit dem Ende des Festes, für das sie erbaut worden waren, abgerissen wurden. In seiner *Naturgeschichte* beschreibt Plinius der Ältere das provisorische Theater, das Marcus Scaurus baute, als er 58 v. Chr. Ädile war. Der Hintergrund der Bühne erstreckte sich auf drei Ebenen mit 360 Säulen. Der untere Stock war aus Marmor, der mittlere aus Glas und der obere aus beschichteten Brettern. Etwa 3000 Statuen verzierten das Bauwerk, von dem Plinius behauptet, daß es 80 000 Zuschauer faßte.

Einen guten Eindruck dieser Bühnenaufbauten vermitteln uns pompejanische Wandgemälde, vor allem die des Zweiten Stils. Obwohl es sich hierbei

▽ *Das Marcellus-Theater und zur Rechten der Tempel des Apollo Sosianus.*

Rom

nicht um exakte Kopien von Theaterhintergründen handelt, sollen sie doch ganz offensichtlich eine ähnliche Wirkung erreichen. Meist sind sie dreigeteilt, wobei der mittlere Abschnitt breiter ist als die seitlichen. Es werden Szenen aus Gärten, Grotten, Häusern und anderen Bauten gezeigt, von Säulen unterteilt, die ein Hauptgesims und oft auch einen Ziergiebel tragen. Letztere werden mit Statuen, Überwürfen und Theatermasken verziert.

Das Pompeius-Theater

In den Kellern einiger heutiger Gebäude steht noch ein Teil der Unterbauten des Pompeius-Theaters, und sein Grundriß ist auf dem Marmorplan der Stadt Rom aus der Zeit des Septimius Severus, dem *Forma Urbis Romae*, festgehalten. Das Gebäude bestand aus Zement, und so konnten Pompeius' Architekten die Tribüne auf eine Reihe strahlenförmig angeordneter Gewölbe bauen. Vielleicht wegen der traditionellen römischen Antipathie gegen dauerhafte Theater beschrieb Pompeius das seinige als monumentale Treppe zum Tempel der Venus Victrix, der sich oberhalb der *cavea* befand.

Die *cavea* war 160 m im Durchmesser und hatte für 27 000 Zuschauer Platz. Zu dem Theater gehörte ein großer rechteckiger Säulengang, der einen Garten säumte.

Das Marcellus-Theater

Julius Cäsar hatte vorgehabt, ein Theater im Forum Holitorium zu bauen, doch erst unter Augustus wurde es errichtet. Das Marcellus-Theater wurde 13 oder 11 v. Chr. im Gedenken an Augustus' Neffen und Schwiegersohn, der 23 v. Chr. gestorben war, eingeweiht. Das Gebäude maß 150 m im Durchmesser, obwohl es wahrscheinlich nur 14 000 Besuchern Platz bot. Es wurde von gewölbten Unterbauten getragen, die zum einen Teil aus behauenen Steinblöcken und zum anderen Teil aus mit *opus reticulatum* verkleidetem Zement bestanden. Für die Tonnenge-

▽ *Wandgemälde im Zweiten Stil aus dem Haus des Augustus auf dem Palatin in Rom, auf denen provisorische Bühnen abgebildet sind.*

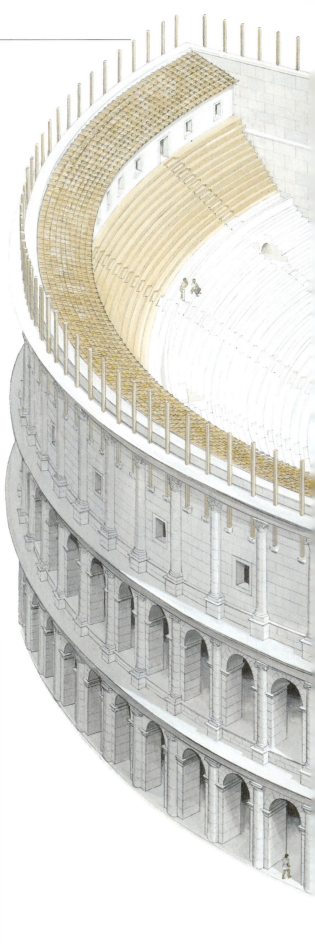

Das Theater

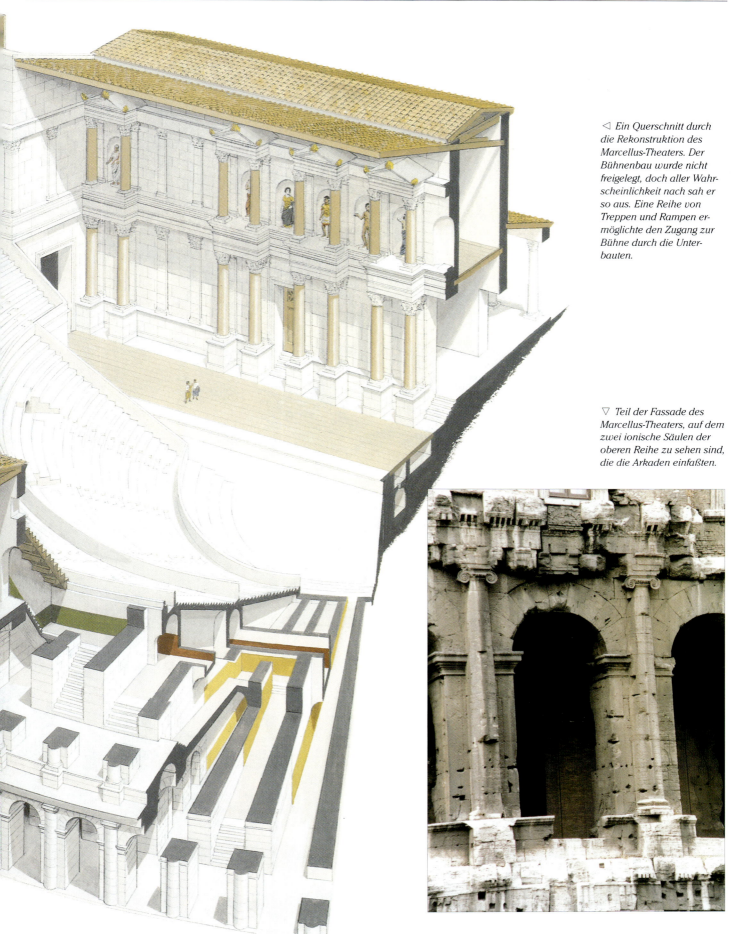

◁ Ein Querschnitt durch die Rekonstruktion des Marcellus-Theaters. Der Bühnenbau wurde nicht freigelegt, doch aller Wahrscheinlichkeit nach sah er so aus. Eine Reihe von Treppen und Rampen ermöglichte den Zugang zur Bühne durch die Unterbauten.

▽ Teil der Fassade des Marcellus-Theaters, auf dem zwei ionische Säulen der oberen Reihe zu sehen sind, die die Arkaden einfaßten.

▷ *Die rekonstruierte* scaenae frons *des Theaters in Sabratha im heutigen Libyen. Dieses Theater wurde ungefähr um 200 n. Chr. gebaut und ist das größte Nordafrikas. Die Bühne hat drei Stockwerke mit insgesamt 96 Säulen und war typisch für den römischen Theaterbau.*

wölbe wurde Zement benutzt. Sie waren durch Gänge und Rampen verbunden, um einen schnellen Zugang zu den Tribünen zu ermöglichen. Die Tribünen waren in drei Ränge aufgeteilt, von denen der oberste aus Holz bestand. Die Fassade bestand aus übereinanderliegenden Arkaden. Ursprünglich gab es mindestens zwei Geschosse zu je 41 Bögen.

Das Marcellus-Theater: die Bühne

Der Bühnenbau liegt immer noch unter der Erde, doch nach dem Stadtplan aus der Zeit des Septimius Severus *(Forma Urbis Romae)* zu schließen, war er ein sehr einfaches Gebäude, woran auch die vielen Restaurierungen nichts änderten. Der Bühnenbau war so hoch wie die Tribünen und auf beiden Seiten mit ihnen verbunden, so daß ein geschlossenes Gebäude entstand.

Solche großen Bühnenbauten sind für die römischen Theater charakteristisch. Aus der römischen Kaiserzeit sind einige sehr schöne Exemplare erhalten geblieben, zum Beispiel in Aspendos in der Südtürkei und in Orange in Südfrankreich. Ein ganz besonders schönes Theater in Sabratha im heutigen Libyen wurde in seiner gesamten Höhe rekonstruiert; auf allen drei Ebenen wurden die Marmorsäulen wieder aufgestellt.

Die römische Tragödie

Im Kaiserreich hatten sowohl die Tragödie als auch die Komödie ihre Popularität eingebüßt. Der letzte Autor, von dem wir wissen, daß seine Stücke aufgeführt wurden, war P. Pomponius Secundus in der julisch-claudischen Zeit. Alle römischen Tragödien sind verlorengegangen, mit Ausnahme derjenigen des Seneca, doch ist bekannt, daß der früheste römische Tragödienschreiber Ennius war, der 239 v. Chr. geboren wurde. Nur Bruchstücke seines Werks blieben erhalten, aus ihnen ist aber ersichtlich, daß er auch Komödien und Satiren schrieb.

Von Seneca blieben zehn Tragödien erhalten. Auch er richtete sich nach griechischen Vorbildern, doch die Einführung grausiger, sensationsheischen-

Das Theater

der und extremer Situationen und Charaktere kann dem Einfluß gewalttätiger Zurschaustellung im Amphitheater geschuldet sein. Senecas Tragödien waren im Elisabethanischen England äußerst beliebt.

Schauspieler

Viele Schauspieler waren Sklaven oder Freigelassene. Oft kamen sie aus dem Osten. In den Augen des Gesetzes war die Schauspielerei kein anständiger Beruf, und Schauspieler durften keine öffentlichen Ämter bekleiden. Allerdings konnte ein besonders erfolgreicher *pantomimus* für die Menge zum Idol werden. L. Aurelius Pylades, der als Sklave geboren wurde und *pantomimus* war, wurde von Marc Aurel und Lucius Verus befreit. Er zog sich nach Puteoli zurück und wurde zu einem angesehenen Wohltäter.

Kostüme und Masken

Je nach dem Typ des Theaterstücks änderten sich auch die Kostüme auf der römischen Bühne. Mit der Zeit wurden sie immer realistischer. Die Grundausstattung war eine Tunika mit einem Mantel darüber. Ursprünglich wurden Masken getragen, da die Schauspieler verschiedene Rollen verkörperten, und ganz besonders wichtig waren sie in der Mime und Pantomime. Die Masken waren oft Karikaturen der porträtierten Charaktere, auf den ersten Blick als Angehörige der unteren Klassen zu erkennen, so wie Sklaven, Köche, Soldaten und Parasiten. Oft hatten die komischen Masken große grinsende Münder. Die vulgäreren und übertriebeneren Masken wurden in der späten Komödie benutzt.

◁ *Masken für einen tragischen Helden (links) und eine Heldin.*

△ *Masken für feststehende Charaktertypen – ein alter Mann (links), ein Jüngling (Mitte) und ein Sklave (rechts).*

△ *Die Bronzestatue eines Farcenschauspielers, eventuell eines Dossennus. Er hat einen Buckel und dünne Beine, eine Stirnglatze, sehr große Ohren und eine enorme gebogene Nase. Seine aus Silber gemachten Zähne ragen aus den Mundwinkeln heraus.*

△ *Eine Elfenbeinstatue eines tragischen Schauspielers. Seine Ärmel waren blaugelb gestreift. Er hat ein übertrieben hohes onkos (Kopfbedeckung). Wahrscheinlich soll er eine ältere Frau darstellen.*

◁ *Das Wandgemälde eines tragischen Schauspielers aus dem Museum in Neapel.*

Das Kolosseum

Die Gladiatorenkämpfe waren der sichtbare Ausdruck der römischen Vorliebe für dramatische Unterhaltung. Das von Titus im Jahre 80 n. Chr. eingeweihte Kolosseum – die gewaltige Anlage, in der die Kämpfe stattfanden – bildete das Zentrum einer reichsweiten Unterhaltungsindustrie.

▷ *Das Kolosseum von Nordwesten gesehen. Bis ins 18. Jahrhundert wurde das Gebäude für Baumaterialien geplündert. Erst Papst Benedikt XIV. beendete die Zerstörung, indem er das Kolosseum 1749 als durch das Blut der christlichen Märtyrer für geheiligt erklärte.*

Töten als Unterhaltung

Die Gladiatorenspiele (*munera*) hatten eine lange Geschichte. Sie entstanden im Zusammenhang mit aristokratischen Begräbnisspielen. In der Zeit der späten Republik scheint die Verbreitung von Gladiatorenwettkämpfen und Amphitheatern in Italien mit den von den Veteranen aus anderen Teilen des Reiches eingeführten Spielen in Verbindung zu stehen. Zum Ende des 2. Jahrhunderts n. Chr. schrieb Tertullian:

> „Man glaubt, daß die Seelen der Verstorbenen durch Menschenblut versöhnt würden, und so opferte man Kriegsgefangene oder Sklaven minderer Qualität, die eigens für diesen Zweck gekauft worden waren."

264 v. Chr. fand der erste in Rom dokumentierte Gladiatorenkampf zum Begräbnis des Marcus Iunius Brutus Pera statt. Im Forum Boarium kämpften drei Gladiatorenpaare auf Leben und Tod gegeneinander. In den nächsten zwei Jahrhunderten nahm die Bandbreite und Häufigkeit der Gladiatorenkämpfe stetig zu. Bei den pompösen Begräbnisfeiern zu Ehren seines Vaters, der 20 Jahre zuvor gestorben war, ließ Julius Cäsar 65 v. Chr. 320 Gladiatorenpaare gegeneinander antreten.

Zu dieser Zeit waren die meisten Gladiatoren Sklaven oder Kriegsgefangene. Zu ihrer Ausbildung wurden vor allem in Kampanien Schulen gegründet, deren berühmteste in Capua lag. 73 v. Chr. führte ein von Spartacus angeführter Aufstand der Gladiatoren in Capua zu einer reichsweiten Sklavenrevolte, die zwei Jahre andauerte. In der Zeit der späten Republik und des frühen Prinzipats begannen die religiösen und der Erinnerung dienenden Beweggründe der Gladiatorenkämpfe zugunsten der politischen und rein spektakulären Aspekte in den Hintergrund zu treten. Die Elite nutzte diese Darbietungen, um sich beim Volk beliebt zu machen. Mit der Zeit lösten sich die Gladiatorenkämpfe vollkommen aus ihrem ursprünglichen Begräbniszusammenhang.

Es gab ganz verschiedene Darbietungen: Tierhetzen (*venationes*), Kämpfe ausgebildeter Gladiatoren und Hinrichtungen Verurteilter. Die Kämpfe, in die Tiere oder Verbrecher verwickelt wurden, endeten mit dem Tod, während die Gladiatorenkämpfe nicht unausweichlich den Tod eines der Gladiatoren bedeuten mußten.

Ein angemessener Aufführungsort

Gladiatorenkämpfe waren öffentliche Veranstaltungen, die oft im Circus Maximus und im Forum als dem sozialen und rituellen Zentrum der Stadt abgehalten wurden, bevor man eigene Gebäude für sie

Das Kolosseum

△ *Das Kolosseum von Südosten gesehen. Wo die Zerstörung endete, entstand ein Querschnitt durch die äußeren umlaufenden Korridore A1, A2, B1, B2 (siehe Plan S. 195 für die Erklärung des Korridornumerierungssystems). Den niedrigen Zwischengeschoßflur über B2, der zum Gang über A2 führte, kann man gerade noch sehen.*

erbaute. Unter dem Forum Romanum haben Archäologen ein wohldurchdachtes Korridorsystem mit den Überresten mechanischer Hebezüge gefunden, die wahrscheinlich für die Aufführungen benutzt wurden. Die hölzernen Tribünen waren provisorisch. Die ersten zweckgebundenen Amphitheater Roms bestanden aus Holz, unter ihnen ein von Cäsar auf dem Marsfeld erbautes. Auch sie waren eigentlich nur Provisorien. Das früheste uns bekannte Amphitheater aus Stein wurde von Pompeius im 1. Jahrhundert v. Chr. erbaut. In Rom baute L. Statilius Taurus, ein General des Augustus, ein weiteres, doch stellte sich bald heraus, daß es zu klein war, um die zu den kaiserlichen Spielen herbeiströmenden Menschenmengen zu fassen. Nero baute 57 n. Chr. ein weiteres hölzernes Amphitheater auf dem Marsfeld, doch seinem Nachfolger Vespasian blieb es überlassen, das große Amphitheater zu bauen, das zu einem Synonym für den Gladiatorenzweikampf werden sollte.

Das Flavianische Theater

Vespasians Amphitheater war das berühmteste der römischen Welt. Mit der Zeit wurde es als *amphitheatrum Flavium* bekannt, da Flavius der Familienname Vespasians und Titus' war. Heute wird es Kolosseum genannt. In einem volkstümlichen Reim, den Beda Venerabilis im 8. Jahrhundert zitiert, wird dieser Name zuerst erwähnt. Wahrscheinlich leitet er sich eher aus der enormen Größe des Gebäudes ab als aus der Nähe einer monumentalen Statue Neros. Vespasian begann in den 70er Jahren n. Chr. auf dem Gelände des ehemaligen Sees von Neros Domus Aurea mit dem Bau des Kolosseums, den er durch die Beute aus der Plünderung Jerusalems finanzierte. Im Jahr 80 n. Chr. wurde es von Titus nach dem Tod seines Vaters eingeweiht. Es ist das größte der römischen Amphitheater mit äußeren Maßen von 188 x 156 m und bei weitem das beeindruckendste antike Gebäude, das in Rom erhalten blieb.

Das Kolosseum mußte einige Naturkatastrophen überstehen. So wurde es 217 n. Chr. vom Blitz getroffen und dabei so schwer beschädigt, daß es jahrelang nicht benutzt werden konnte. 30 Jahre später schlug wiederum ein Blitz ein, und im 5. und 6. Jahrhundert wurde es durch Erdbeben beschädigt.

Bögen und Gewölbe

Nur die nördliche Hälfte des Gebäudes ist unbeschädigt. Nach den schweren Erdbebenschäden des 9. Jahrhunderts wurde das Kolosseum für Baumaterialien geplündert. 1749 weihte der Papst Benedikt XIV. das Kolosseum den Leiden Jesu und erklärte es durch das Blut der Märtyrer für geheiligt. Damit hatte die Zerstörung ein Ende, doch zu dieser Zeit war bereits fast die Hälfte der südlichen Seite abgetragen. Mit Ausnahme des kaiserlichen Eingangs an der Südseite blieb für eine genaue Rekonstruktion jedoch genug stehen. Der Rahmen des Gebäudes besteht

△ *Ein Sesterz des Titus, der das vollendete Gebäude zeigt. Dennoch sind viele Experten der Ansicht, daß der Bau erst nach Titus' Tod beendet wurde.*

aus 80 tragenden Hauptstützpfeilern aus Travertin. Auf ihnen ruht die mehr als 45 m hohe Fassade. Auf jeder Ebene werden die Bögen wie im Marcellus-Theater von eingelassenen Säulen gerahmt. Im Erdgeschoß waren die Säulen dorisch, im ersten Stock ionisch und im zweiten Stock korinthisch. Der dritte Stock besteht aus einer schlichten Mauer mit korinthischen Stützpfeilern. Es gibt Hinweise darauf, daß die Fassade zur Zeit von Titus' Einweihung nicht höher als bis zum zweiten Stock ging. So wird sie auf einem Relief aus dem späten 1. Jahrhundert n. Chr. im Haterier-Grabmal abgebildet. Auf einer Münze des Titus ist jedoch das gesamte Gebäude abgebildet, der oberste Stock ist mit Schilden behangen. Es könnte sich hierbei um den geplanten Entwurf handeln, der aber wahrscheinlich erst unter Domitians Herrschaft (81–96 n. Chr.) verwirklicht wurde.

Verschiedene Materialien

Die Zementfundamente des Gebäudes waren 12 m tief. Der Zement wurde zum einen Teil in den lehmigen Untergrund und zum anderen Teil gegen eine Ziegelsteinwand gegossen. Auf diesen Fundamenten ruhte der Rahmen aus tragenden Travertinstützpfeilern. Kalktuff wurde für die unteren, strahlenförmig angeordneten Wände zwischen den Stützpfeilern verwandt. Auf den oberen Ebenen bestanden diese Wände aus ziegelsteinverkleidetem Zement. Auch die Tonnengewölbe waren aus Zement. Es ist geschätzt worden, daß 100 000 m³ Travertin zum Bau der Fassade benötigt wurden und 300 t Eisen, um die Steinblöcke zusammenzuklammern.

Viele Eingänge

In den Abschnitten, die durch das aufstrebende Netzwerk von Gewölben und Korridoren gebildet wurden, waren ein System strahlenförmig angelegter Treppen und Rampen (*vomitoria*) sowie vier umlaufende kreisförmige Korridore mit stuckverzierten und bemalten Wänden untergebracht.

Die *vomitoria* und umlaufenden Korridore ermöglichten getrennte Zugänge zu jedem Rang (*cuneus*) und innerhalb des Rangs zu jeder Höhe. Die Eingänge rund um das Erdgeschoß sind mit römischen Zif-

△ *Der äußere umlaufende Korridor im Erdgeschoß.*

▽ *Ein Relief aus dem Haterier-Grabmal, ungefähr um 100 n. Chr. Hier wird das Kolosseum ohne seinen dritten Stock und mit einem Triumphbogen am Haupteingang abgebildet.*

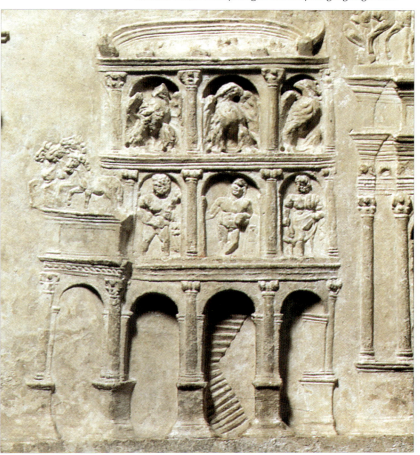

△ *Die Überreste der Stuckdekoration des nördlichen Haupteingangs.*

△ *Der Haupteingang im Norden mit seiner Stuckdekoration, die aus Fundstücken und Renaissancezeichnungen rekonstruiert wurde.*

fern über jedem Bogen numeriert. Auf dem Grundriß auf S. 195 sind diese Eingänge mit arabischen Ziffern numeriert, die konzentrischen Gänge sind mit den Buchstaben A–D gekennzeichnet und die Stockwerke – vom Erdgeschoß an – von 1 bis 5 durchnumeriert.

Es gab 76 öffentliche Eingänge. Noch heute kann man die römischen Ziffern über den numerierten Eingängen XXIII–LIV (23–54) sehen. Der zeremonielle Eingang für den Imperator befand sich auf der Südseite, auf dem kurzen Abschnitt zwischen Eingang I (1) und LXXVI (76). Dieser Abschnitt wurde im Mittelalter beschädigt, und nur der innere Teil blieb erhalten, allerdings ohne Dekorationsspuren. Doch der Eingang der Magistrate, der unnumerierte Bogen auf der gegenüberliegenden Seite zwischen XXXVIII (38) und XXXIX (39), steht heute noch fast vollständig. Hier kann man Stuckreste auf den oberen Wandabschnitten und im Gewölbe erkennen. Die Balustrade oberhalb des Magistratseingangs ist weggebrochen, vermutlich gab es hier einen Sockel. Das Haterier-Relief zeigt den kaiserlichen Eingang von einer Quadriga (einem Viergespann) gekrönt, aber hiervon blieben keine Spuren erhalten. An den Enden der langen Achsen gibt es zwei Eingänge, die direkt in die Arena führen und von den Kämpfern benutzt wurden. Der Eingang am westlichen Ende zwischen den Eingängen XIX (19) und XX (20) war durch einen Tunnel direkt mit der Kampfschule der Gladiatoren, dem Ludus Magnus, verbunden. Sie war eine von vier solcher Schulen in Rom.

Treppen, Treppen und noch mehr Treppen

Auf den ersten beiden Ebenen formen die äußeren umlaufenden Korridore eine offene Arkade, die den Zuschauern einen leichten Zugang zu den Treppen, die zu ihren Rängen führten, ermöglichten. Die Tribüne war in fünf Ebenen unterteilt. Die niedrigsten, direkt am Schauplatz gelegenen Sitze waren den Senatoren und anderen wichtigen Persönlichkeiten vorbehalten. Darüber lagen mit zunehmender Höhe die *maenianum primum*, *maenianum secundum immum*, *maenianum secundum summum* und *maenianum secundum in ligneis* (die hölzernen Sitze ganz oben auf dem obersten Rang). Die Zuschauer bekamen Marken mit der genauen Bezeichnung ihrer Sitzplätze.

Das Kolosseum

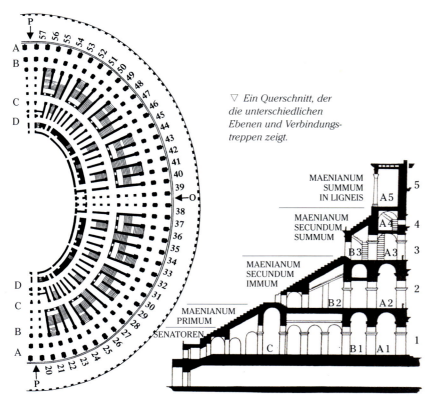

▽ Ein Querschnitt, der die unterschiedlichen Ebenen und Verbindungstreppen zeigt.

△ Ein Grundriß der nördlichen Hälfte des Kolosseums mit den Eingangsnummern 20–57 und den vier umlaufenden Korridoren A, B, C, D. Der Magistratseingang ist mit O gekennzeichnet und die östlichen und westlichen Kämpfereingänge mit P.

△ Der umlaufende Korridor A4 mit Stufen, die zum obersten Stockwerk führen (A5).

△ Ein anderer Abschnitt des umlaufenden Korridors A4 mit einer weiteren Treppe, die zum obersten Stockwerk (A5) führt.

Um einen Begriff von dem komplexen Zugangssystem zu bekommen, werden wir uns einen einzigen Abschnitt, den zur Rechten des Magistratseingangs, zwischen den Eingängen XXXIX–LVII (39–57) ansehen. Die Senatoren gelangten über den radialen Durchgang XXXIX (39) und den innersten kreisförmigen Korridor D an ihre Plätze. Die Zuschauer mit Sitzen im *maenianum primum* benutzten die radialen Durchgänge XLV (45) oder XLIX (49), den kreisförmigen Korridor C sowie eine der vier Treppen zu ihren Sitzen. Die Zuschauer mit Sitzen im *maenianum secundum* oder darüber mußten zunächst in den ersten Stock gelangen, der direkt von allen Treppen, die vom kreisförmigen Korridor B oder von der äußeren Seite des umlaufenden Korridors C abgingen, erreicht wurde. Von hier aus nahmen sie entweder eine Treppe zu den oberen Sitzreihen oder einen der strahlenförmig angelegten Durchgänge zu ihren niedriger gelegenen Sitzen. Hier gab es auch Treppen zum obersten Rang. Diese sind ganz offensichtlich nachträglich eingefügt worden, als die Tribüne in den oberen Ebenen bereits existierte. Die Treppe führte zu einem niedrigen kreisförmigen Korridor über 2B, durch den man über eine weitere Treppenflucht in den kreisförmigen Korridor 3A gelangte. Schon vom Treppensteigen ermüdet, mußten die Zuschauer dann entweder in den seitlichen Korridor 3B einbiegen, aus dem Treppen hoch zum *maenianum secundum summum* führten, oder sie er-

195

▷ Die Überreste von Korridor A 4 mit den in die äußere Ziegelsteinwand eingesetzten Treppen.

▽ Die wieder aufgebauten Sitzreihen des maenianum secundum immum neben dem Osteingang.

klommen die Treppen zum kreisförmigen Korridor 4 A, aus dem eine weitere Treppenflucht hoch zum *maenianum secundum in ligneis* führte – insgesamt 136 oder 138 Stufen, je nachdem, welche Richtung man einschlug, um den kreisförmigen Korridor 2 B zu erreichen. Die Wege zu den oberen Ebenen sind so unübersichtlich, daß es Anweisungen am Fuße einer jeden Treppe gegeben haben muß.

Die Tribüne

Bis in den dritten Stock waren die Sitzflächen aus Marmor und wurden von den gewölbten Mauerunterbauten getragen. Darüber bestanden die Sitze aus Holz, um das Gewicht nach unten und den Druck auf die Außenwand zu reduzieren. Unterhalb dieser Ebene bildeten die Korridore und gewölbten *vomitoria* ein System, das die Tribüne abstützte. Das Gebäude konnte ungefähr 45 000–55 000 Zuschauer fassen.

Von den Tribünen blieb nichts erhalten. Da sich jedoch während der Ausgrabungen viele Bruchstücke fanden, setzte man einige von ihnen wieder zusammen und rekonstruierte so einen Abschnitt des *maenianum secundum immum* im westlichen Ende neben dem Gladiatoreneingang. Die rekonstruierten Sitze sind 44 cm hoch und 61 cm breit. Zuschauer gelangten zu ihren Plätzen über Stufen, die halb so hoch wie die Sitze waren und die von den Punkten, an denen die inneren Treppenfluchten auf die *cavea* stießen, entweder nach oben oder nach unten führten.

Die *vomitoria* waren immer gefährliche Orte, aber vor allem während des Massenandrangs nach den Spielen, denn von den Sitzen direkt darüber konnte man 3 m tief auf die Stufen stürzen. Die *vomitoria* wurden von Steingeländern eingefaßt, von denen Marmorfragmente gefunden wurden. Die Balustrade oberhalb des Portals scheint immer mit Arkanthusblatt-Spiralen, Blumen oder Palmblättern verziert gewesen zu sein. Ähnliche Geländerplatten wurden im Amphitheater in Capua in Kampanien entdeckt. Im Kolosseum wurden sechs solcher Fragmente gefunden; nur die der Arena zugewandte Seite ist verziert. Auf der schlichten, den Besuchern zugewandten Seite der Platten waren wahrscheinlich die in dem jeweiligen Abschnitt zugelassenen Zuschauer vermerkt. Die Balustraden, die den Eingang schmücken, sind unterschiedlich verziert. Zwei Fragmente bilden Hunde bei der Wildjagd ab, auf anderen sind zur Arena hin Tiere wie Delphine, Greife und Sphinxe in unbewegten Posen dargestellt.

Seit den Zeiten des Augustus waren alle Abschnitte per Gesetz für bestimmte Bevölkerungsgruppen reserviert. Das gehörte zu Augustus' breit angelegtem Programm sozialer Reformen, die die Klassenstrukturen verstärken und somit die gesellschaftliche Stabilität fördern sollten. Wahrscheinlich galt dasselbe Gesetz auch für das Amphitheater. Inschriften, die bestimmte Abschnitte zuweisen, kann man auf den erhalten gebliebenen Rängen des Kolosseums noch sehen. Zunächst saßen Frauen auf den obersten Sitzen ganz hinten im Amphitheater (genau wie im Theater), aber seit der Zeit der Republik konnten sie zwischen den Männern sitzen, wo immer sie

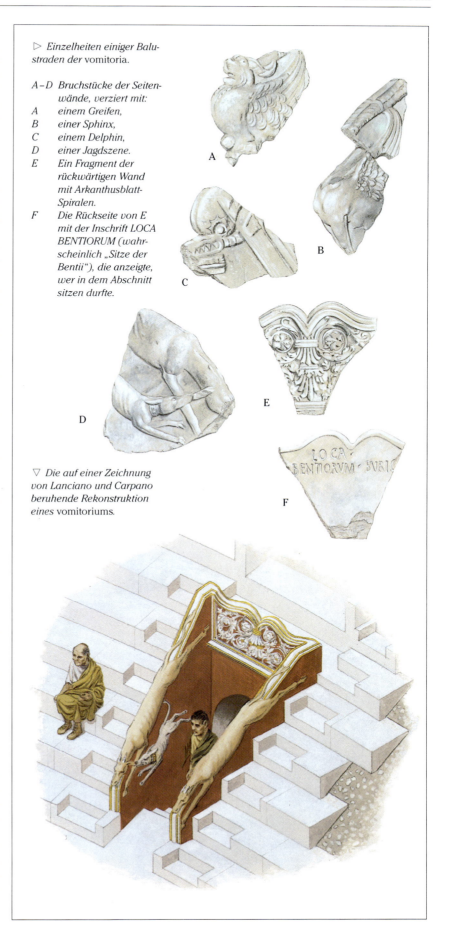

▷ *Einzelheiten einiger Balustraden der* vomitoria.

A–D Bruchstücke der Seitenwände, verziert mit:
A einem Greifen,
B einer Sphinx,
C einem Delphin,
D einer Jagdszene.
E Ein Fragment der rückwärtigen Wand mit Arkanthusblatt-Spiralen.
F Die Rückseite von E mit der Inschrift LOCA BENTIORUM (wahrscheinlich „Sitze der Bentii"), die anzeigte, wer in dem Abschnitt sitzen durfte.

▽ *Die auf einer Zeichnung von Lanciano und Carpano beruhende Rekonstruktion eines* vomitoriums.

Rom

▷ Halterungen für die Mastbäume des Sonnensegels an der äußeren Fassade des Kolosseums. Die Masten wurden durch quadratische Öffnungen in das rechts abgebildete Gesims gesteckt.

▽ Reste der beiden Treppen, die von den Seeleuten zum Erklimmen des Dachs der Kolonnade von A 5 aus genutzt wurden.

wollten. Senatoren nahmen die Sitze auf der Haupttribüne ganz vorne ein. Die einzigen Frauen, denen Plätze an der Arena reserviert wurden, waren die Vestalinnen.

Die obersten Sitze wurden von einer Säulenhalle beschattet, die sich um die gesamte *cavea* herumzog. Auch aus anderen Amphitheatern in der römischen Welt ist das bekannt, doch normalerweise gibt es oben im Gebäude einen überdachten Gang. Im Kolosseum wird der oberste Rang der Tribüne beschattet.

Dieser Portiko kann aus einigen Marmorfragmenten rekonstruiert werden. Die Säulen waren monolithisch, entweder aus grauem Granit oder aus Cipollino, dem grüngeäderten Marmor aus Euböa, vor der Ostküste Griechenlands. Die Basen und Kapitelle bestanden aus weißem Marmor; die Kapitelle waren in korinthischem und in gemischtem Stil gemeißelt.

Die Sonnensegel

So wie vergleichbare Gebäude hatte auch das Kolosseum ein riesiges Sonnendach aus Segeltuch (*velarium*), um die Zuschauer vor der Sonne zu schützen. Auf einem Wandgemälde aus Pompeji ist das Amphitheater im Jahr 59 n.Chr. zur Zeit der Unruhen zwischen den rivalisierenden Zuschauergruppen abgebildet, die der Historiker Tacitus erwähnt. Darauf sind Sonnensegel über Teile der Tribüne gespannt. Die Markisen trugen natürlich sehr zur Annehmlichkeit der Spiele bei. In Pompeji gibt es Wandmalereien, die für die Gladiatorenkämpfe auch mit dem Satz: *vela erunt* („es wird Sonnensegel geben") warben.

Rund um den obersten Teil der Fassade des Kolosseums gibt es 240 hervorstehende Halterungen. Mastbäume wurden durch die quadratischen Löcher im Gesims gesteckt und ruhten auf diesen Halterungen, daran wurde die Takelage angebracht, die das *velarium* hielt. Matrosen der Flotten von Misenum und Ravenna wurden in Rom einquartiert, um die Takelage instandzuhalten. Es ist geschätzt worden, daß mindestens tausend Männer benötigt wurden, um die Sonnensegel zu hissen oder zu raffen. Wahrscheinlich arbeiteten sie auf dem hölzernen Dach oberhalb der *maenianum secundum in ligneis*.

An der Innenseite des nordwestlichen Endes der oberen äußeren Mauer, oberhalb der Eingänge XXVI und XXVII (26 und 27), erkennt man die Überreste von zwei Treppen, die zum Dach führten. Auf der gegenüberliegenden Seite der *cavea*, über den Eingängen L und LI (50 und 51), kann man das Gegenstück zu diesen Treppen gerade noch ausmachen. Sie sind ganz offensichtlich erst später eingefügt worden, da sie quer über Fenster verlaufen. Man kann annehmen, daß ähnliche Treppenfluchten oberhalb der Eingänge XII und XIII (12 und 13) sowie LXIV und LXV (64 und 65) existierten.

Außerhalb des Amphitheaters gibt es einen 17,5 m breiten Travertinbürgersteig, der an seinem äußeren Ende von Steinpfeilern begrenzt wird. In die Innenseite dieser Pfeiler sind vier Paare quadratischer Löcher geschlagen, die zu der Annahme geführt haben, daß sie zur Anbringung von Winden

Das Kolosseum

△ Einer der Steinpfeiler im Nordosten des Kolosseums. Wahrscheinlich hielten sie die Absperrungen zur Regulierung der Zuschauermengen.

zum Hissen des Sonnensegels gedient hätten. In Capua gibt es ähnliche Pfeiler, ganz offensichtlich Absperrungen zur Regulierung der Zuschauermassen.

Man kann sich nicht darüber einigen, wie die Sonnensegel des Kolosseums aufgezogen wurden. Die meisten Experten stellen sich 240 Taue vor, die von den Pfeilern ganz oben an der Außenwand zu einem elliptischen Seil in der Mitte gespannt wurden und zusammen ein *oculus* (Auge) ergaben, durch das die Sonne in die Arena schien. Auf irgendeine Art und Weise wurde das Sonnensegel über die Taue gestreckt. Solch ein System wäre zwar praktisch gewesen, hätte aber von denjenigen, die es bedienten, erhebliche Disziplin verlangt und könnte die Erklärung dafür sein, warum Seeleute aus den Flotten angestellt wurden. Kürzlich hat ein professioneller Zelt- und Sonnensegelhersteller geschätzt, daß Taue und Leinen bei dieser Überdachungsmethode 24,3 t gewogen hätten. Andere vermuten, daß Verstrebungen benutzt worden sind. Auf dem Gemälde vom Aufruhr im Amphitheater von Pompeji scheint dieses System abgebildet zu sein.

Unter der Arena

Der Arenaboden blieb nicht erhalten. Doch befand sich darunter ein ausgeklügeltes System unterirdischer Durchgänge und Kammern, in denen Tiere und Gladiatoren ihren Auftritt erwarteten. Dieses elliptische Kellergeschoß war bei einer Tiefe von 6 m 75 m lang und 44 m breit und konnte am Ostende durch eine unterirdische Passage direkt von der Hauptkampfschule der Gladiatoren (Ludus Magnus) betreten werden. Auch gab es von dem zeremoniellen Eingang am westlichen Ende Stufen hinunter. Zwei weitere Durchgänge führten unter den Logen

▽ Ein Ausschnitt aus einem Gemälde vom Aufstand im Amphitheater in Pompeji im Jahr 59 n. Chr. Die Sonnensegel scheinen hier so wie Schiffssegel von Rahen getragen zu werden.

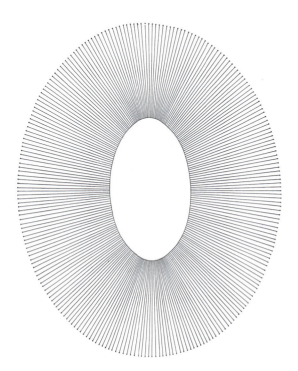

△ Eine von oben gesehene Rekonstruktion der Takelage für das Sonnensegel.

▽ *Ein rekonstruierter Querschnitt des Kolosseums, auf dem die verschiedenen Korridore und* vomitoria *zu sehen sind. Die Korridore und Ebenen sind so wie auf dem Grundriß auf S. 195 bezeichnet. Die kaiserliche Loge, von der nichts erhalten blieb, wird in der Mitte auf der gegenüberliegenden Seite gezeigt. Die Senatoren saßen direkt an der Arena, wo die Stufen vermutlich breiter waren für die Sessel der Würdenträger (wahrscheinlich die* sella curalis*). Da von den Falltüren nichts erhalten blieb, sind sie hypothetisch – sie beruhen auf denjenigen in der Arena von Capua Vetere. Die Unterkellerung der Arena ist so abgebildet, wie sie wahrscheinlich zum 1. Jahrhundert n. Chr. war.*

Das Kolosseum

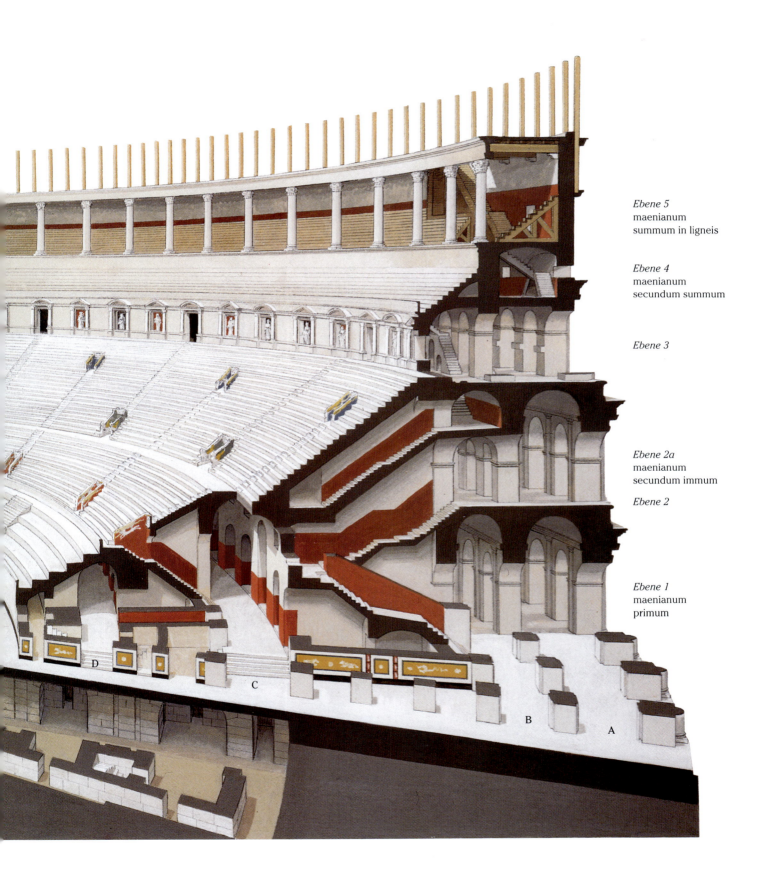

Ebene 5
maenianum
summum in ligneis

Ebene 4
maenianum
secundum summum

Ebene 3

Ebene 2a
maenianum
secundum immum

Ebene 2

Ebene 1
maenianum
primum

Rom

des Imperators und der Konsuln an der kurzen Achse hinaus.

Im 19. Jahrhundert legte man das westliche Ende des Kellergeschosses frei, doch erst in den 30er Jahren des 20. Jahrhunderts wurde die gesamte Stätte ausgegraben. In seinem heutigen Zustand hat das Gebiet einen Hauptgang von etwa 4 m Breite (H auf dem Plan) entlang seiner langen Achse, an denen sich links und rechts viele Hebevorrichtungen entlangzogen (G–G), um die Gladiatoren in die Arena zu befördern. Daran schließen sich zwei weitere Korridore (F–F) und auf jeder Seite eine Reihe von Hebevorrichtungen (E–E) an. Zwei elliptische Korridore (C–C und B–B) umlaufen das elliptische Kellergeschoß. Jenseits des äußersten Korridors gibt es noch einen sehr schmalen Korridor, von dem man in 32 gewölbte Kammern gelangt; generell wird angenommen, daß sie zur Unterbringung der Tiere dienten.

Der ursprüngliche Entwurf

Viele Einzelheiten des ursprünglichen Entwurfs der Arenaunterbauten des Kolosseums bleiben unklar, da im 3. und 4. Jahrhundert n. Chr. wiederholt umge-

▷ Blick von Osten auf die Bauten unterhalb der Arena. Die drei umlaufenden Korridore A, B und C sind hier deutlich sichtbar. Drei der ursprünglichen Mittelkorridore E, F und G, die den mittleren Durchgang H flankierten, wurden am Ende des 3. Jahrhunderts für die Schächte der Hebevorrichtungen zugemauert.

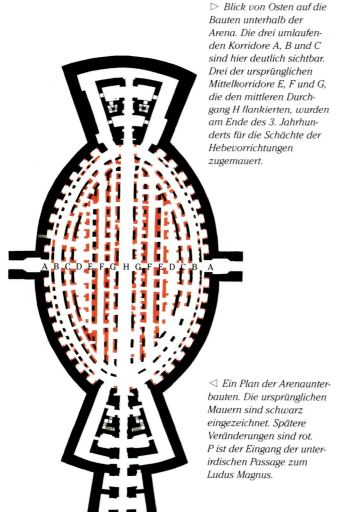

◁ Ein Plan der Arenaunterbauten. Die ursprünglichen Mauern sind schwarz eingezeichnet. Spätere Veränderungen sind rot. P ist der Eingang der unterirdischen Passage zum Ludus Magnus.

Das Kolosseum

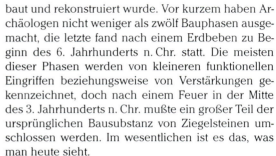

Rom

△ Überreste der Arenaunterbauten am östlichen Ende. Ursprünglich wurde mit hellbraunem Tuffstein gebaut. Spätere Abänderungen bestanden hauptsächlich aus Ziegelstein. Im Hintergrund liegen die gewölbten Zwinger aus ziegelsteinverkleidetem Zement.

▷ Überreste der ursprünglichen gebogenen Außenwand des Gebietes D auf der Südseite.

▽ Überreste der ursprünglichen inneren Wand des außen entlangführenden Korridors B im südöstlichen Bereich.

▽ Überreste der ursprünglichen Halbbögen und schrägen Wände auf der Südseite des Hauptgangs.

baut und rekonstruiert wurde. Vor kurzem haben Archäologen nicht weniger als zwölf Bauphasen ausgemacht, die letzte fand nach einem Erdbeben zu Beginn des 6. Jahrhunderts n. Chr. statt. Die meisten dieser Phasen werden von kleineren funktionellen Eingriffen beziehungsweise von Verstärkungen gekennzeichnet, doch nach einem Feuer in der Mitte des 3. Jahrhunderts n. Chr. mußte ein großer Teil der ursprünglichen Bausubstanz von Ziegelsteinen umschlossen werden. Im wesentlichen ist es das, was man heute sieht.

Wir können den Versuch einer Rekonstruktion des Kellergeschosses zur Zeit des Domitian Ende des 1. Jahrhunderts n. Chr. wagen. Die ursprünglichen Bauten bestanden aus Blöcken hellbraunen Tuffs, doch ein Großteil dieser ursprünglichen Substanz ist gänzlich zerstört worden. Dazu kommt noch, daß die Ausgrabungen am Westende in den Jahren 1874–1875 sehr eilig vonstatten gegangen zu sein scheinen und viele Spuren dabei für immer verlorengingen. Wenn man jedoch annimmt, daß der Entwurf symmetrisch war, ist es möglich, ihn zu rekonstruieren. Am besten ist das Gelände im Südosten erhalten geblieben. Das Niederländische Institut in Rom hat vor kurzem eine Untersuchung dieses Abschnitts veröffentlicht.

Im ursprünglichen Entwurf gab es fünf parallele Korridore längs durch die Mitte (H, G, G, F, F) mit drei außen verlaufenden elliptischen Korridoren (A, B, C). In die Wände zu beiden Seiten des Mitteldurchgangs waren acht Halbbögen eingegliedert, von denen jeder eine Lage von Steinblöcken mit einem Neigungswinkel von 30 Grad abstützte. Sie werden in einem Aufsatz über die römische Ingenieurskunst aus dem Jahre 1928 des italienischen Ingenieurs G. Cozzo erwähnt. Seiner Ansicht nach stützten diese schrägen Mauern herunterklappbare hölzerne Rampen, auf die große Kulissenteile geladen und von dort in die Arena gezogen werden konnten. Cozzo unternahm seine Studie, bevor das gesamte Gebiet ausgegraben war, und wenngleich auch seine Grundidee stimmte, müssen einige Ein-

Das Kolosseum

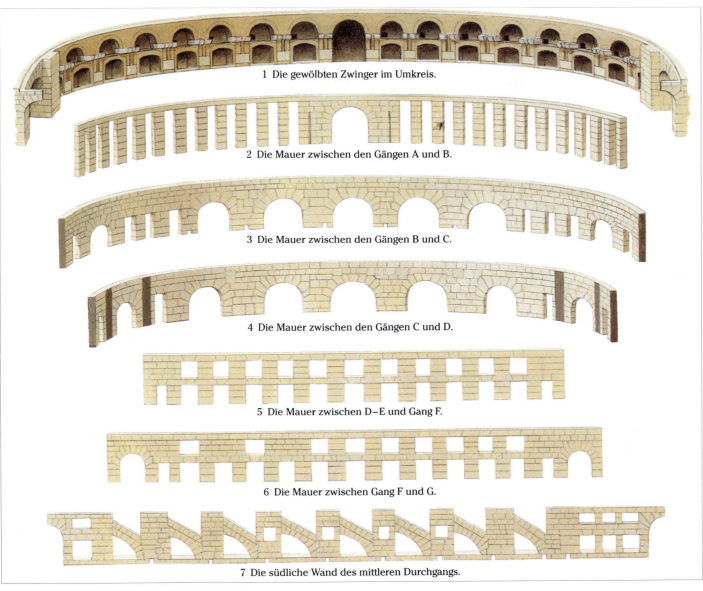

1 Die gewölbten Zwinger im Umkreis.

2 Die Mauer zwischen den Gängen A und B.

3 Die Mauer zwischen den Gängen B und C.

4 Die Mauer zwischen den Gängen C und D.

5 Die Mauer zwischen D–E und Gang F.

6 Die Mauer zwischen Gang F und G.

7 Die südliche Wand des mittleren Durchgangs.

△ In auseinandergezogener Anordnung ist die südliche Hälfte der Bauten aus dem 1. Jahrhundert unterhalb der Arena dargestellt.

◁ Die Rekonstruktion der Arenaunterbauten gegen Ende des 1. Jahrhunderts. Einige Mauern wurden teilweise weggelassen, um einen Blick auf das dahinter Befindliche zu ermöglichen.

△ Die Arena des Amphitheaters in Capua Vetere in Kampanien; hier blieb das System der Falltüren erhalten.

▷ Das Mauerwerk für eine Falltür des Amphitheaters in Pozzuoli in Kampanien.

zelheiten überdacht werden. Heutzutage ist deutlich, daß diese Bögen sieben oder acht große, in dieselbe Richtung herunterklappbare Rampen trugen.

Am Ostende des mittleren Gangs befinden sich auf beiden Seiten zwei Türen mit Fenstern darüber, durch die man in die Korridore (G-G) gelangt, die den mittleren Gang H flankieren. Wahrscheinlich führten diese Türen ursprünglich über Treppen zu einem oberen Stock, von dem aus die herunterklappbaren Rampen bedient wurden. Leider sind die Korridore (G-G) ungefähr um 300 n. Chr. zugemauert worden, um Schächte für Hebevorrichtungen zu schaffen. Zu dieser Zeit hatte man das System der klappbaren Rampen im Hauptgang bereits aufgegeben.

Das Amphitheater in Capua Vetere

Den Arenaunterbauten des Kolosseums kommen diejenigen des Amphitheaters in Capua Vetere in Süditalien am nächsten, denn diese Unterbauten haben ein fast identisches System paralleler Korridore längs der Mittelachse. Das Capuanische Amphitheater wurde weniger verändert als das Kolosseum, und der Boden der Arena ist ziemlich gut erhalten geblieben.

Der Arenaboden über dem Mittelgang fehlt allerdings. Vielleicht hat es hier ebenfalls herunterklappbare Rampen gegeben, auch wenn sich von ihnen keine Spuren im Mauerwerk finden lassen. Oberhalb der zwei Korridore (G-G), die den Hauptgang flankierten, gab es Falltüren für 30 Hebevorrichtungen.

▷ Die Rekonstruktion der nördlichen Korridore F und G unterhalb der Arena des Kolosseums. Wahrscheinlich wurden Hebevorrichtungen in der frühen und späteren Zeit von dem Korridor G aus bedient. Alle Falltüren sind offen gezeigt. Den Mittelgang mit seinen großen herunterklappbaren Rampen kann man hinten sehen.

Außerdem gibt es in den Korridoren (E–E) noch 22 Falltüren, davon zwei in doppelter Größe, sowie noch zehn, darunter zwei in doppelter Größe, in den Korridoren (D–D), also insgesamt 62. Da das Kolosseum etwas größer ist, könnte es dort mehr gegeben haben. In Capua fehlt der Boden über den Korridoren (F–F), doch auch hier könnte es große Falltüren gegeben haben.

Der Boden der Arena

Man nimmt allgemein an, daß der Boden der Arena des Kolosseums aus Holz bestand, allerdings könnte der ursprüngliche Boden über den Korridoren A, B, C und G auch gut aus Steinplatten gemacht worden sein. Die größte Lücke, die nur mit Holzverstrebungen überdacht werden konnte, spannte sich 6 m breit über das halbmondförmige Gebiet D. Zum En-

▷ Einer der 32 gewölbten Zwinger. Überreste der zwei Travertinträger flankieren die Zwischendecke aus Ziegelstein, die die untere von der oberen Kammer trennt.

▽ Die Rekonstruktion eines Teils der Unterbauten mit den Zwingern. Unten rechts ist ein Querschnitt durch die heutigen Überreste abgebildet. Die linke Hälfte zeigt Cozzos Rekonstruktion der Tierkäfige, die vielleicht nicht ganz stimmig ist. Für die Winde und die Hebevorrichtungen gibt es allerdings ausreichend Hinweise.

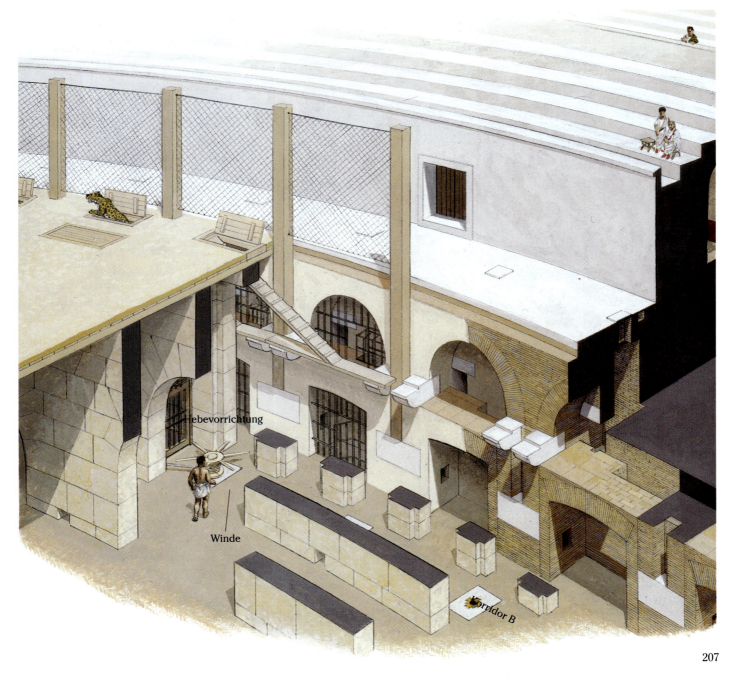

de des 3. Jahrhunderts n.Chr. wurde eine weitere gerade Mauer eingefügt, um Korridor E zu bilden, wobei sich die maximale Spanne auf 4 m verringerte.

Die Zwinger

Als Cozzo seine Rekonstruktion der Unterbauten veröffentlichte, war bereits mehr als die Hälfte der in den umlaufenden Gewölben vermuteten Zwinger ausgegraben. Sie waren ursprünglich 4,9 m hoch, 3,05 m breit und 1,75 m tief. Bald nachdem sie fertiggestellt waren, wurde eine ziegelsteinverkleidete Zwischendecke aus Zement eingefügt, so daß es nun eine untere und eine obere Kammer gab, die durch ein Loch von etwa 1,5 m Länge und 0,6 m Breite verbunden waren. Cozzo vermutete hier eine Hebevorrichtung.

In der oberen Kammer befand sich auf der gegenüberliegenden Seite des Aufzugsschachts ein weiteres Loch, 0,6 m hoch und 0,75 m breit. (Es war ursprünglich 1,15 m hoch, doch die Zwischendecke trennte es in zwei Hälften.) Durch das Loch gelangte man in einen 1,2 m² großen und 2,9 m hohen Raum. Cozzo nahm an, daß hier der Mann stand, der die Hebevorrichtung bediente, aber er erläuterte dies nicht näher.

Die Kammern sind mit 1,8 m langen Zwischenwänden unterteilt, die zum großen Teil aus ziegelsteinverkleidetem Zement bestehen. Oberhalb der 22. Schicht von Ziegelsteinen ist ein großer, 81 cm tiefer Travertinblock eingefügt. Darüber teilt sich die Ziegelsteinmauer in zwei Säulen und läßt eine 45 cm breite und 30 cm tiefe Nische frei. Auf der Höhe des Bodens der oberen Kammer werden die Säulen von Travertinträgern überdacht. Cozzo nahm an, daß die Vertiefung zwischen den beiden Ziegelsteinsäulen für einen Pfeiler gedacht war, der im Querschnitt 45 x 30 cm betrug und in die Arena hineinragte, so daß ein die Arena umgebendes Netz daran befestigt werden konnte.

Man muß sich allerdings fragen, warum diese Pfeiler dann nur seitlich gesichert waren und vorwärts oder rückwärts umfallen konnten. Cozzo vermutete weiterhin, daß auf den Trägern ein hölzerner Durchgang ruhte, über den die Tiere in die Arena gelangten. In der unteren Hälfte der Kammer wurden die Tiere in einen Käfig getrieben und durch das Loch in die obere Hälfte gescheucht. Von da wurden sie vielleicht mit Fackeln in den hölzernen Durchgang über eine hölzerne Rampe und durch eine Falltür in die Arena getrieben. Auf Cozzos Zeichnungen sind die unteren und oberen Kammern mit eisernen Gittern abgesperrt.

Ungelöste Probleme

Cozzos Rekonstruktion wirft einige Fragen auf. So gibt es zum Beispiel keine Spuren passender Einsteckölcher für die Gitter, von denen er annahm, daß sie die unteren und oberen Kammern abschlossen. Das Loch im Boden der Zwischendecke zwischen den unteren und oberen Kammern ist meistens nicht größer als 1,5 x 0,6 m (5,2 römische Fuß). Deswegen konnten nur Tiere wie Eber, Hunde und mittelgroße Katzen etwa von der Größe eines kleinen Leoparden in die Käfige gepaßt haben, die durch diese Öffnungen gezogen wurden. Löwen, Tiger, Bären und Büffel, von Giraffen und Elefanten ganz zu schweigen, konnten nicht auf diesem Wege in die Arena gelangen. Auch ist Cozzos auf Balken ruhende Holzrampe äußerst fragwürdig. Es muß eine einfachere und effizientere Methode gegeben haben, um die Tiere in die Arena zu befördern, aber der heutige Wissensstand reicht nicht aus, um auszuführen, welche das war.

Kampfschulen

Die frühesten und berühmtesten Kampfschulen der Gladiatoren (*ludi*) befanden sich in Capua, und ihre reichen Besitzer profitierten durch ihren Erfolg und ihren Bekanntheitsgrad. In dem *ludus* von Capua begann Spartacus 73 v. Chr. seinen Aufstand. Die Unterkunft in den Baracken war bequem, und es gab gutes Essen: Gladiatoren kosteten viel Geld und mußten umsichtig behandelt werden. Das Training war allerdings sehr streng und manchmal auch brutal, auf Disziplin wurde geachtet. In der Arena hatte der Gladiator die besten Überlebenschancen durch

▽ *Das ausgegrabene Gebiet des Ludus Magnus.*

▷ *Ein Plan des Ludus Magnus, auf dem seine Lage im Verhältnis zum Kolosseum zu sehen ist, sowie der unterirdische Tunnel (nur teilweise freigelegt), der beide Gebäude verband.*

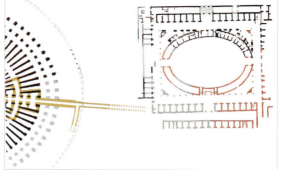

▽ *Eine vielfache Beinschelle, die in den Gladiatorenbaracken hinter dem Theater in Pompeji gefunden wurde.*

Das Kolosseum

◁ Die Rekonstruktion des Ludus Magnus, im Hintergrund das Kolosseum. Übungspfeiler (pali) sind im hinteren Ende der Arena aufgebaut. Die rechte untere Seite zeigt das Gebäude im Querschnitt, um die unterschiedlichen Räume sichtbar zu machen. Von der Eingangshalle führten Stufen zur Via Labicana hinauf.

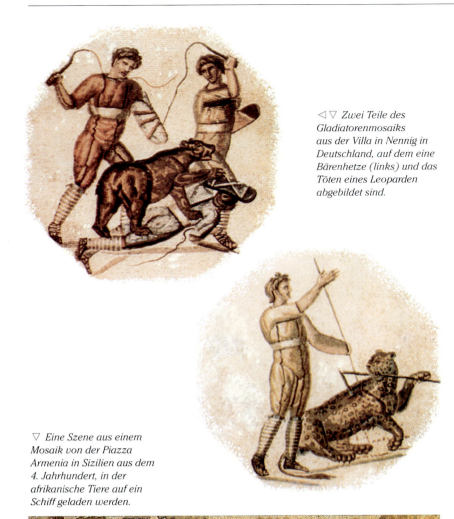

◁▽ *Zwei Teile des Gladiatorenmosaiks aus der Villa in Nennig in Deutschland, auf dem eine Bärenhetze (links) und das Töten eines Leoparden abgebildet sind.*

▽ *Eine Szene aus einem Mosaik von der Piazza Armenia in Sizilien aus dem 4. Jahrhundert, in der afrikanische Tiere auf ein Schiff geladen werden.*

hochentwickelte Kampftechniken und die größtmögliche Körperbeherrschung.

Die *ludi* in Rom

In der Kaiserzeit gab es in Rom vier Gladiatorenschulen, Ludus Magnus, Ludus Dacicus, Ludus Gallicus und Ludus Matutinus. Wahrscheinlich hatte Domitian sie alle gegründet. Jeder stand ein unmittelbar vom Imperator ernannter Direktor vor, der Ritter war (die Klasse unter den Senatoren) und verantwortlich für die technische und finanzielle Verwaltung der Schule. Jede Schule war gut mit Personal besetzt: Es gab Waffenschmiede, Trainer und Ärzte. In den römischen *ludi* wurden bis zu 2000 Gladiatoren untergebracht.

Der Ludus Magnus

Der Ludus Magnus stand 60 m östlich des Kolosseums. Wie sein Name nahelegt, war er die wesentliche Ausbildungsstätte für Gladiatoren in Rom.

Bis 1937 war die genaue Lage des Ludus Magnus ungewiß, wenn auch der Grundriß zum Teil aus den Fragmenten des Marmorplans der Zeit des Septimius Severus, der *Forma Urbis Romae*, überliefert wurde. Domitian gab den Bau in Auftrag, doch erst in der Regierungszeit Hadrians wurde er vollendet. Er bestand völlig aus ziegelsteinverkleidetem Zement.

Der Haupteingang des Gebäudes war auf der Nordseite, wo eine breite Treppe von der Via Labicana hinunter auf einen großen rechteckigen, von Vorhallen gesäumten Innenhof führte. Dahinter befanden sich Zimmer, je 14 auf den längeren und zehn auf den kürzeren Seiten. Das Gebäude kann drei Stockwerke hoch gewesen sein.

In der Mitte des Innenhofes befand sich ein kleineres Amphitheater, das 63 x 42 m maß. Es gab Eingänge an der Hauptachse von Osten nach Westen und vier weitere in den Kurven, zwei an jeder Seite. Die Tribünen (*cavea*) waren sehr schmal, gerade etwas über 6 m in der Breite, und wurden von gewölbten Unterbauten getragen. Es gab acht Sitzreihen, die nicht mehr als 3000 Zuschauer faßten. Die Arena war von einer 2 m hohen Mauer umgeben, die oben mit einem weißen Marmorsims abschloß.

Ein unterirdischer Tunnel verband den Ludus Magnus mit dem Kolosseum. Im Süden des Ludus Magnus befand sich der Ludus Matutinus von ähnlicher Größe. Hier wurden die *venatores* geschult. Diese Männer kämpften gegen wilde Tiere, weswegen dieser *ludus* manchmal der Ludus Bestiarius genannt wurde. Der Name Matutinus („morgendlich") spiegelt die Tatsache wider, daß diese Vorführungen während der Gladiatorenspiele meistens am Morgen stattfanden.

Der Ludus Gallicus stand wahrscheinlich direkt neben dem Ludus Matutinus und war nach den traditionellen keltischen Erzfeinden Roms, den Galliern, benannt. Aus Fragmenten der *Forma Urbis Romae* kann der Ludus Dacicus in das Gebiet zwischen dem Ludus Magnus und den Trajansbädern plaziert werden. Er hatte ungefähr dieselbe Größe wie der Ludus Magnus und war nach dem Donauvolk der Daker benannt, das Domitian und Trajan bekämpft hatten.

Das Kolosseum

△ Szenen des Zlitenmosaiks, auf dem ein zum Tode durch wilde Tiere verurteilter Mann (oben links) abgebildet ist. Auf einem sehr kleinen Wagen wird er auf die Wildkatze zugeschoben. Die anderen Szenen bilden venatores bei der Jagd ab sowie einen Kampf zwischen einem Bären und einem Bullen, die aneinandergekettet sind.

Die Kriegsgefangenen mußten vielfach bei Siegesfeiern kämpfen.

Weiter nordöstlich der Via Labicana befand sich die Castra Misenatium, der Stützpunkt der Marinetruppen, die für das Spannen der *velaria* des Kolosseums verantwortlich waren. Südlich davon stand das Armamentarium, das Waffenlager der Gladiatoren.

Tiere zum Abschlachten

Die Oberklasse Roms liebte das Jagen, und Jagdvorführungen (*venationes*) waren eine sehr beliebte Unterhaltung. Mit der Zeit wurden die vorgeführten Tiere immer exotischer. 99 v. Chr. fanden im Circus Maximus Elefantenkämpfe statt. Scaurus, der das erste Amphitheater Roms gebaut hatte, führte Nilpferde, Krokodile und 150 Leoparden ein. 51 v. Chr. schrieb Marcus Caelius an Cicero, der zu der Zeit Gouverneur Kilikiens war, und bat den Redner, ihm Panther für seine alsbaldigen Spiele in Rom zu schicken. Julius Cäsar importierte 600 Löwen und 400 andere Wildkatzen, 20 Elefanten und sogar ein Rhinozeros für sein *venatio*. In der Kaiserzeit ging das Schlachten weiter, und während die aufeinanderfolgenden Imperatoren nach immer exotischeren Tieren suchten, töteten die *venatores* (die Jäger der Arena) sie auf immer außergewöhnlichere Art. Zum Ende des 2. Jahrhunderts n. Chr. kam die Straußenjagd in Mode; dem Imperator Commodus,

◁ Ein Teil des Mosaiks aus der Villa in Nennig, auf dem ein Scheinkampf abgebildet ist.

der selber in der Arena stand, wird nachgesagt, daß er in einer Aufführung im Amphitheater 100 Strauße durch Pfeile mit halbmondförmigen Spitzen geköpft habe.

Die Jäger

Die Jäger *(venatores)* der Tiere in der Arena wurden ähnlich rekrutiert und ausgebildet wie Gladiatoren, doch war ihr Status nie so hoch. *Venatores* werden auf vielen Mosaiken und Flachreliefs abgebildet. Sie trugen meistens leichte kurze Tuniken und manchmal dekorierte Beinschienen. Einige scheinen nackt gekämpft zu haben. Meistens trugen sie keine Rüstung, nur gelegentlich Fellplatten, um den Oberkörper und den linken Arm zu schützen.

▷ *Eine Wandmalerei aus einer Gruft in Pompeji, auf der ein Kampf zwischen schwerbewaffneten Gladiatoren zu sehen ist.*

Die Gladiatoren

Die ersten Gladiatoren waren zum Tode verurteilte Kriegsgefangene und Sklaven, doch zur Kaiserzeit gab es unter ihnen schon professionelle Kämpfer, Kriegsgefangene, überführte Verbrecher und freie Männer, die sich freiwillig für eine bestimmte Zeit verpflichtet hatten. Manchmal wurden Sklaven von ihren unzufriedenen Besitzern als Strafe an Trainer *(lanistae)* verkauft. Diesen Brauch unterband erst Hadrian; schließlich bezog Marc Aurel auch die *venatores* in das Verbot mit ein.

Mit seiner Anmusterung mußte ein Gladiator einen Gehorsamkeitseid schwören. In *Satiricon* dokumentiert Petronius den Eid der Gladiatoren, der sie mit Leib und Seele in die Hände der *lanistae* übergab:

„Wir schwören ernsthaft, [den *lanistae*] in allem zu gehorchen, Verbrennungen, Einkerkerung, Auspeitschen und selbst den Tod durch das Schwert zu ertragen."

Da es Jahre dauerte, einen guten Gladiator auszubilden, gingen die Kämpfe zwischen diesen nur selten um Leben und Tod. Ein Gladiator konnte sehr beliebt werden, zu großem Reichtum gelangen und sich dann bequem mit seinen Einkünften zurückziehen.

So wie der gesellschaftliche Status von Schauspielern und Wagenlenkern war auch der der Gladiatoren sehr niedrig. Angehörige der Oberklasse durften nicht als Gladiatoren auftreten. Schon 38 v. Chr. war es Senatoren und Rittern verboten zu kämpfen. Manche Imperatoren ließen es allerdings zu, beförderten es regelrecht, oder sie befahlen es sogar. So zwang Nero 57 n. Chr. 400 Senatoren und 600 Ritter dazu, sich gegenseitig in der Arena zu bekämpfen. Der Imperator Commodus kämpfte als Gladiator in der Arena. Es gab auch Gladiatorinnen. Sie waren nicht so häufig vertreten wie die männlichen Kämpfer, und ab dem Jahr 200 n. Chr. war es Frauen verboten, Zweikämpfe auszufechten.

Arten von Gladiatoren

Aus literarischen Quellen und Inschriften sind uns etwa 20 Gladiatorenarten bekannt, doch können nur wenige genauer beschrieben werden. In einigen Fällen wecken die Namen, so wie *provocator*, eine bestimmte Vorstellung. Andere, wie die *essedarii*, bri-

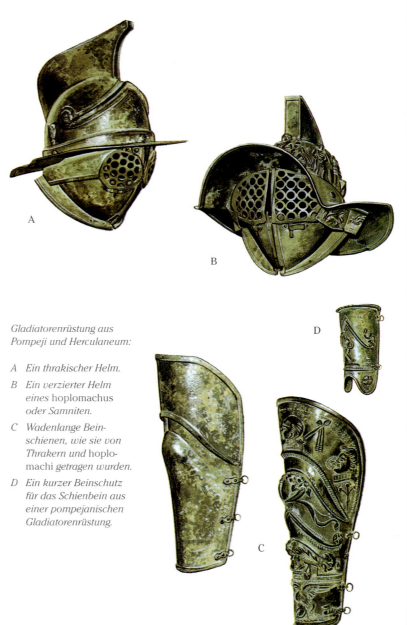

Gladiatorenrüstung aus Pompeji und Herculaneum:

A *Ein thrakischer Helm.*

B *Ein verzierter Helm eines* hoplomachus *oder Samniten.*

C *Wadenlange Beinschienen, wie sie von Thrakern und* hoplomachi *getragen wurden.*

D *Ein kurzer Beinschutz für das Schienbein aus einer pompejanischen Gladiatorenrüstung.*

Das Kolosseum

△ ◁ *Gladiatorenszenen aus dem Zlitenmosaik. Die Szene ganz oben links zeigt einen* retiarius, *der ein Schulterpolster (*galerus*) und einen Armschutz (*manica*) trägt. Er wurde von einem* secutor *entwaffnet und verwundet und hebt nun einen Finger in seiner Bitte um Gnade. Die nächste Szene zeigt einen Kampf zwischen zwei schwerbewaffneten Gladiatoren, die nicht näher bestimmt werden können. Neben ihnen steht ein Thraker mit seinem kleinen Schild, der auf seinen Gegner wartet, einen weiteren schwerbewaffneten Gladiator, der ebenfalls mit emporgehobenem Finger an den* lanista *appelliert. In der unteren Szene hält ein* lanista *einen nicht näher zu bestimmenden Gladiator davon zurück, den* coup de grace *auszuführen.*

tannische Kämpfer auf leichten Wagen, können mit einiger Sicherheit genauer bestimmt werden.

Am frühesten werden die Gladiatorentypen der Samniten und Gallier erwähnt, beide rekrutierten sich aus Roms traditionellen Feinden zur Mitte der republikanischen Zeit.

Die Samniten

Wahrscheinlich waren die Samniten ursprünglich leichtbewaffnete Gladiatoren, die auf samnitische Art kämpften. Doch mit der Zeit wurde ihre Rüstung immer aufwendiger, und zum Ende der Republik waren sie die üblichen schwerbewaffneten Gladiatoren. Zu Beginn der Kaiserzeit wurden sie unter dem Namen *hoplomachus* (griechisch für „schwerbewaffnet") bekannt. Sie trugen einen großen Helm mit Kamm und Visier, eine wadenlange Beinschiene am linken Bein sowie einen großen rechteckigen Schild von dem Typus, den die Legionäre auch benutzten. Ihre Waffen waren die geraden kurzen Schwerter der Legionäre (*gladius hispaniensis*).

Die Gallier

Wie die Samniten waren wahrscheinlich auch die Gallier ursprünglich leicht bewaffnet und benutzten die traditionelle gallische Ausrüstung: einen langen

◁ *Die Bronzestatue eines schwerbewaffneten Gladiators, der wadenlange Beinschienen und eine* manica *an seinem rechten Arm trägt.*

▷ Ein *secutor*-Helm aus Pompeji. Dieser Typ Helm hat nur zwei kleine Augenlöcher in seinem verstärkten Gesichtsteil und einen umbördelten Rand, der die Kehle schützte. Man klappte das Visier nach oben auf wie das eines mittelalterlichen Ritters.

▷ Eine Bronzestatue eines *secutors* aus Arles in Südfrankreich. Sie hat einen mit Plättchen verstärkten Armschutz, einen großen Schild und einen Helm mit geöffnetem Visier.

△ Eine Bronzestatue eines *secutors*. Sein großer Schild (*scutum*) ist weggebrochen.

flachen Schild mit einem Buckel und ein Schneid- und Stechschwert mit einer geraden, etwa 60 cm langen Klinge. Zur Zeit der späten Republik hatten sie Schlitzschwerte und Helme dazu bekommen.

Auch der Name für die Gallier änderte sich mit dem Beginn des Kaiserreichs, als der Begriff *murmillo* auftaucht. In diesem Fall ist der Namenswechsel sehr gut dokumentiert: Der griechische Fisch *murmuros* wurde als Helmdekoration verwendet. Der Helm der *murmillo* hatte kein Visier, und ihr Schild *scutum murmillicon* war lang und achteckig.

Die Thraker

Die Thraker tauchten zuerst im 2. Jahrhundert v. Chr. in der Arena auf, als Thrakien (etwa das heutige Bulgarien) mit Rom in Kontakt kam. Die Thraker waren mit einem breitrandigen Helm, einem kleinen runden, manchmal auch quadratischen Schild und zwei wadenlangen Beinschienen gerüstet. Ihr Schwert war die traditionelle gebogene Waffe (*sica*) der Donauvölker.

Der *retiarius*

Der *retiarius*, der Mann mit dem Netz (aus dem lateinischen *rete* für „Netz"), ist wahrscheinlich der berühmteste aller Gladiatoren. Genaugenommen sollte er nicht als Gladiator bezeichnet werden, da er kein Schwert (*gladius*) benutzte. Der *retiarius* trug nur an seiner linken Seite eine Rüstung. Dieser Schutz bedeckte den Arm und die Schulter und oft auch die linke Hälfte des Rumpfs. Manchmal kam noch ein großer Schulterpanzer aus Metall dazu, der den Nacken und die untere Hälfte des Gesichts schützte.

Die Waffen des *retiarius* waren die eines Fischers: ein Netz und ein Dreizack. Außerdem trug er einen Dolch.

Der *secutor*

Der *secutor* läßt sich von allen Gladiatoren am leichtesten erkennen: Er war mit dem rechteckigen Schild der Legionäre (*scutum*), einem Schwert (*gladius*) und meistens einem aus dünnen Platten bestehenden Armschutz (*manica*) ausgerüstet. Sein Helm – eiförmig, randlos mit Metallkamm – war einzigartig. Allem Anschein nach war er extra so entworfen worden, damit er sich nicht so leicht im Netz seines Hauptgegners, des *retiarius*, verfing.

Rüstung aus Pompeji

Mehr als 20 Gladiatorenhelme und unzählige Ausrüstungsgegenstände der Gladiatoren sind in Pompeji und Herculaneum, zweien der Städte, die 79 n. Chr. bei dem Ausbruch des Vesuvs verschüttet wurden, entdeckt worden. Sie entsprechen genau der Rüstung, wie sie die Gladiatoren zur Eröffnung des Kolosseums 80 n. Chr. trugen.

Thrakische und samnitische Helme mit einem Visier und breitem Rand wurden ebenso wie einige eiförmige *secutor*-Helme gefunden. Die *secutor*-Helme bedeckten den Kopf vollständig und ließen nur an den Augen runde Löcher frei.

Man fand auch die langen Beinschienen, die die thrakischen und samnitischen Gladiatoren benutzten, sowie den kurzen Schienbeinschutz der *secutores*. Es wurde zwar kein vollständiger Armpanzer (*manica*) gefunden, doch gab es mehr als einen Schulterschutz (*galerus*). *Manicae* wurden in anderen römischen Ausgrabungsstätten gefunden, vor allem in dem Fort in Newstead in Südschottland. Sie bestanden aus dünnen Bronzestreifen von etwa 3 cm Breite, die auf Lederriemen genietet waren. Die Plättchen überlappten so, daß kein Schwert von unten durchstechen konnte.

Der neue Rekrut

Es gab eine ständige Nachfrage nach Rekruten für die Gladiatorenschulen, von denen viele dem Staat gehörten, nicht nur in Rom, sondern im ganzen Reich. Wie für die Hauptgladiatorenschulen in Rom ernannte der Imperator Prokuratoren aus dem Ritterstand, die Gladiatoren in den Provinzen rekrutierten und ausbildeten.

Ein neuer Gladiator wurde *tiro* (Plural: *tirones*) genannt. Die Ausbildung kam der militärischen sehr nah. Zum Ende des 2. Jahrhunderts v. Chr. hatte der Konsul Publius Rutilius *lanistae* angestellt, um Legionäre auszubilden, die dieselben Methoden wie für Gladiatoren benutzten. Da dies sehr erfolgreich war, wurde es allgemein eingeführt. Gladiatoren übten die Handhabung des Schwertes mit sehr schweren Holzschwertern und geflochtenen Schilden. Sie schlugen nach einem *palus* oder aufrecht im Boden verankerten Pfeilern. Erst wenn ihre schlimmsten Fehler ausgemerzt waren und sie ihre Technik vervollkommnet hatten, begannen sie sich im Kampf mit richtigen Waffen zu üben. Diese fortgeschrittene Ausbildungsstufe wurde *armatura* genannt. Voll ausgebildete Gladiatoren wurden – zumindest zur Zeit der Eröffnung des Kolosseums – nach den Ausbildungspfeilern *primi pali* („erste Pfeiler") genannt. Auch die Ränge der *secundi pali* und *tertii pali* („zweite" und „dritte Pfeiler") sind dokumentiert.

Gladiatoren wurden unter ihren Kampfnamen, die ihnen wohl ihre *lanistae* gaben, bekannt. Oft wurden sie nach mythologischen Helden wie Perseus oder Ajax benannt oder aber nach ihrem Aussehen und Auftreten, etwa Ursius („der Bärengleiche") oder Callidromus („der Schnelle"). Außerhalb Roms lebten viele Gladiatoren ein unstetes Leben in einer von Auftritt zu Auftritt ziehenden Truppe. Rapidus, ein *retiarius* aus der Gladiatorenschule in Aquileia, bereiste Norditalien und das Gebiet des heutigen Slowenien und Kroatien. Er kämpfte in Belluno und Como und starb schließlich an den Wunden, die er sich im Amphitheater von Salona, auf dem Gebiet des heutigen Kroatien, zugezogen hatte.

Die Eröffnung des Kolosseums

Im Sommer 80 n. Chr. waren die Bauarbeiten am Kolosseum so weit fortgeschritten, daß die offizielle Eröffnung stattfinden konnte. Zur gleichen Zeit veröffentlichte der römische Dichter Martial sein *Liber de Spectaculis* („Buch über Schauspiele"), das die Schauspiele beschreibt, die der Imperator Titus im Kolosseum zeigen ließ. Sueton beschäftigt sich in seinem *Leben des Titus* nur wenig damit, und obwohl Cassius Dio der Eröffnung viel Aufmerksamkeit schenkt, schrieb er doch 150 Jahre nach dem Ereignis, und sein Bericht ist verzerrt.

Das Fest dauerte 100 Tage. Es fand auch auf dem offenen Gelände jenseits des Tiber statt, wo Augu-

△ Ein Schulterschild (*galerus*) aus Pompeji.

◁ Eine Bronzestatue eines *retiarius* mit seinem Dreizack.

▽ Ein Begräbnisrelief aus Pompeji, auf dem die *pompa* (*Prozession*) abgebildet ist, mit der die Gladiatorenspiele begannen.

▷ *Ein Gladiatorenhorn (cornu) aus Pompeji.*

stus einen künstlichen See, den „alten Naumachia", zur Aufführung von Seeschlachten und Wasservorführungen angelegt hatte. Bei diesem Fest gab es sehr verschiedenartige Unterhaltungen. Aus Martials Bericht scheint hervorzugehen, daß Wasservorführungen auch in der Arena des Kolosseums stattgefunden haben. Auch die archäologischen Funde legen dies nah: Die äußeren Wände des Kellers unter der Arena, wo sich die Zwinger befanden, sind früheren Datums als die inneren Tuffsteinwände. Ganz offensichtlich wurden die Unterbauten später verändert. Ohne innere Wände konnte dieses Gebiet sehr leicht überflutet werden.

Es gab auch diverse Tiervorstellungen und -jagden. Nach Sueton sind an einem einzigen Tag 5000 Tiere einer jeden Art getötet worden.

Dio erwähnt Kämpfe zwischen Kranichen sowie solche zwischen vier Elefanten; einige Tiere wurden von Frauen getötet. Martial zählt Tiger, Löwen, Bären

und ein Rhinozeros auf. Es gab auch ein Pferderennen im Wasser. Der politische Nutzen solcher Vorführungen in der Arena wird durch die Parade von Informanten deutlich, die Titus dem Spott und der Feindseligkeit der Zuschauermengen preisgab. So machte er klar, wie seine Regierung mit solchen Spionen umging.

Der Einzug der Gladiatoren

Vorführungen begannen mit einer Parade der Gladiatoren, angeführt von Trompetern (*tubicines*). Sie zogen in Zweierreihen mit ihren Helmen und Schilden vom Westeingang in die Arena. Ein Orchester, wie auf einem Mosaik aus Zliten in Libyen abgebildet, übernahm die musikalische Begleitung. Tiere und *venationes* wurden am Morgen gezeigt, gefolgt von Zweikämpfen zwischen Gladiatoren, wobei neben jedem Kampf ein *lanista* mit einem langen Stab als Schiedsrichter stand. Es war die Sache dessen, der den Spielen vorstand, die Formen dieser Zweikämpfe zu bestimmen. Häufig gab es Kämpfe zwischen unterschiedlich bewaffneten Gladiatoren, zum Beispiel einem *secutor* und einem *retiarius*. Ein Kampf wurde erst beendet, wenn einer der Kombattanten ernsthaft verwundet war. Dann wurden die Trompeten geblasen, und der *lanista* hielt den Sieger zurück. Der Verwundete bat mit einer traditionellen Geste um *missio* (einen Aufschub). Dann wandte sich der Veranstalter der Spiele (*munerarius*) an die Menge und ließ sie entscheiden, ob *missio* gewährt werden sollte oder nicht.

Wenn der besiegte Gladiator gut gekämpft hatte, gab ihm die Menge höchstwahrscheinlich einen Aufschub, so daß er an einem anderen Tag noch einmal kämpfen konnte.

Das Herausschleifen der Toten

Ein Aufseher (der offensichtlich als Charon, der etruskische Dämon der Unterwelt, gekleidet war) brachte dem getöteten Gladiator mit einem heißen Eisen eine Brandwunde bei, um sicherzugehen, daß er tot war. Dann wurde der Leichnam an Haken durch den Eingang, das „Tor der Hinrichtung" (Porta Libitina), herausgeschleift.

Aus Inschriften – zum Beispiel aus Pompeji – kann man entnehmen, daß die Ergebnisse eines jeden Gladiators über Jahre festgehalten wurden:

> „Pugnax, ein Thraker des Neronischen *ludus*, mit drei gewonnenen Kämpfen siegreich; Murrans, ein *murmillo* des Neronischen *ludus*, mit drei Kämpfen getötet; Cycnus, ein *hoplomachus* des Julianischen *ludus*, mit acht Kämpfen siegreich; Atticus, ein Thraker mit 14 Kämpfen, begnadigt."

Damnatio ad bestias

Hinrichtungen fanden in der Arena zur Mittagszeit statt, zwischen den Tierhetzen am Morgen und den Gladiatorenvorführungen am Nachmittag. Auf dem Zlitenmosaik sind Gefangene abgebildet, die an Pfeiler auf niedrigen Wagen gebunden sind. Sie werden den wilden Tieren zum Fraß hingeschoben. Diese Art der Hinrichtung, *damnatio ad bestias*, ist berühmt geworden, weil die frühen christlichen Märtyrer sie erdulden mußten.

△ Eine Szene aus dem Zlitenmosaik, auf dem ein Orchester in der Arena abgebildet ist: Eine Frau spielt auf einer Wasserorgel, zwei Männer blasen Horn und einer Trompete.

◁ Die Rekonstruktion eines Gladiatorenkampfes in der Arena von Pompeji. Im Vordergrund ist es einem *secutor* gelungen, einen *retiarius zu verletzen* und ihm sein Netz wegzunehmen. Der *lanista* (in der langen Tunika) schickt sich an, zwischen die beiden zu gehen, während der als Charon gekleidete Aufseher, der spürt, daß das Ende nah ist, hinter ihnen verharrt.

Ein neuer Palast

Am Ende des 1. Jahrhunderts n.Chr. baute der Imperator Domitian die größte kaiserliche Residenz auf dem Palatin. Es handelte sich um einen architektonisch innovativen Komplex öffentlicher und privater Gebäude von prächtiger Ausstattung.

Auf dem Palatin wurden seit den Zeiten der frühen Republik aristokratische Häuser gebaut, darunter auch das von Cicero. Die Bauten der republikanischen Periode lagen an den Nord- und Westhängen des Hügels. Auch Augustus hatte sich hier niedergelassen, indem er das Haus von Ciceros Rivalen Hortensius übernahm.

Tiberius baute die erste zweckgebundene kaiserliche Residenz am Westhang des Hügels. Um Platz zu schaffen, ließ er einige ältere Häuser abreißen. Das neue, als Domus Tiberiana bekannte Gebäude war um ein riesiges Peristyl, das heißt einen säulengesäumten Innenhof, angelegt. Von diesem Palast kann man fast nichts mehr sehen. Dort liegen heute die Farnesischen Gärten. Man nimmt an, daß Caligula den Palast an der zum Forum gewandten Seite des Hügels erweitert hat.

Nero plante, den Palatin mit dem Esquilin durch seine gewaltigen Palastkomplexe zu verbinden, die Domus Transitoria, die dem großen Feuer von 64 n. Chr. zum Opfer fiel, und die Domus Aurea, die an ihrer Stelle gebaut wurde. Ein monumentaler Springbrunnen ist in den Fundamenten des Flavierpalastes auf dem Palatin erhalten geblieben. Vespasian lebte zwar nie selbst auf dem Palatin, doch sein Sohn Titus residierte hier in der Domus Tiberiana.

Die größte und beeindruckendste kaiserliche Residenz in Rom wurde jedoch am Ende des 1. Jahrhunderts n. Chr. von Domitian gebaut. Sie erstreckte sich über die gesamte Mitte des Palatin und wurde zur Residenz aller folgenden Imperatoren. Sie wurde nie ersetzt. Nur Septimius Severus ließ im frühen 3. Jahrhundert einige Anbauten vornehmen.

Domitians Palast

Die antiken Autoren bewunderten Domitians großen Palastkomplex außerordentlich. Leider ist keine genaue Beschreibung erhalten geblieben. Der Dichter Statius lobte seine Größe und Dekoration, er setzte ihn wegen seiner majestätischen Erhabenheit mit dem Jupitertempel auf dem Kapitol gleich. Auch der Dichter Martial bewunderte ihn, er schrieb über die Auswahl der importierten Ziersteine sowie über die enorme Höhe der Gebäude. Sein Lob galt dem Architekten Rabirius.

Der Palast bestand aus den offiziellen staatlichen Flügeln, der Domus Flavia, und der kaiserlichen Residenz, der Domus Augustana. Zum Erholen gab es das Stadion oder Hippodrom und die Thermen. Eine Verlängerung der Aqua Claudia, die vom Caeliushügel kam, sicherte die private Wasserversorgung.

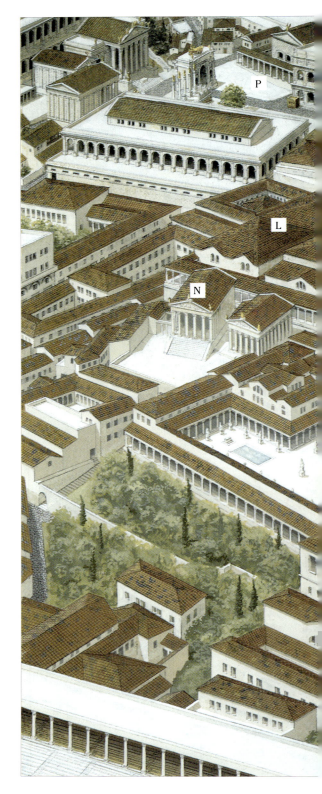

▷ *Die Rekonstruktion des Domitianpalastes auf dem Palatin zu Beginn des 3. Jahrhunderts n. Chr.*

- A Domus Flavia
- B Domus Augustana
- C Aula Regia
- D Triklinium
- E Bibliotheken
- F Paedagogium
- G Hippodrom
- H Thermen des Septimius Severus
- I Severanische Anbauten
- J Verlängerung der Aqua Claudia
- K Tempel der Venus und der Roma
- L Domus Tiberiana
- M Aedis Apollinis
- N Tempel der Magna Mater
- P Forum Romanum

Ein neuer Palast

◁ *Ein Blick vom Forum Romanum auf das monumentale Vestibül des Palastes auf dem Palatin.*

△ *Die Area Palatina vor der Domus Flavia. Dies war die zweite Auffahrt zur Anlage auf dem Palatin. Die hier gezeigten Bauten sind die Aula Regia und die Basilika, die zwei öffentlichen Empfangsräume des Palastes.*

▷ *Einer der Springbrunnen, die das* triclinium *an der Südseite des Peristyls der Domus Flavia flankierten.*

Die Auffahrten

Es gab zwei Hauptauffahrten zum Palast. Die eine kam vom Forum Romanum und führte unter einem monumentalen gewölbten Vestibül hindurch. In diesem Bau aus ziegelsteinverkleidetem Zement gab es eine mehrgeschossige Rampe bis an die neu erbaute Fassade der Domus Tiberiana. Die zweite Auffahrt kam aus dem Nordosten von der Via Sacra unter den Titus- und Domitianbögen hindurch und mündete in eine große planierte Fläche, die Area Palatina, vor der Domus Flavia.

Die südwestlichen Terrassen

Die Südwestseite des Palastes sah auf das langgestreckte Tal des Palatin und des Esquilin hinab, wo der Circus Maximus gebaut wurde. Die Fassade ragte hoch über der Terrassierung der Hänge auf. Hier befanden sich die Unterkünfte der Bediensteten und das Paedagogium, die Ausbildungsstätte der kaiserlichen Sklaven. Von der gebogenen säulenumstandenen Fassade in der Mitte hatte man einen herrlichen Blick über den Circus Maximus.

Die Domus Flavia

Der offizielle Trakt des Palastes wurde auf einer großen Plattform auf der Spitze des Hügels gebaut. Für die Plattform wurden frühere Gebäude eingeebnet oder ausgegossen (und so blieben sie für Archäologen erhalten). Die Räume waren um ein außerordentlich großes Peristyl angelegt. Auf der Nordseite gab es drei offizielle Räume: Ein *lararium*, die Kapelle für die Hausgötter oder Laren, das Thronzimmer (die Aula Regia) und eine Basilika mit einer Apsis. Die gesamte Anlage war mit Mosaiken und diversen importierten Steinen dekoriert. Vor diesen drei Räumen befand sich das große planierte Gebiet der Area Palatina.

Die Aula Regia

Der mittlere Saal war die Aula Regia, der Thronsaal. Mit einem Durchmesser von 30 m war er der größte der drei Räume. Über seine Überdachung gibt es heftige Auseinandersetzungen: Heutzutage sind die Experten entweder der Ansicht, daß die Aula Regia von einem großen Zementgewölbe überdacht war oder aber von einer hölzernen Kassettendecke. Unsere Rekonstruktion zeigt ein Holzdach.

An einem Ende befand sich eine Apsis, in der der Imperator Gesandte empfing und Audienzen gewährte. Die Herrlichkeit des Raums betonte die Majestät des Imperators und beeindruckte die Eintretenden stark. Die Wände waren mit farbigem und gemasertem Marmor verkleidet. In zwölf Nischen standen kolossale Statuen aus schwarzem Basalt. Im

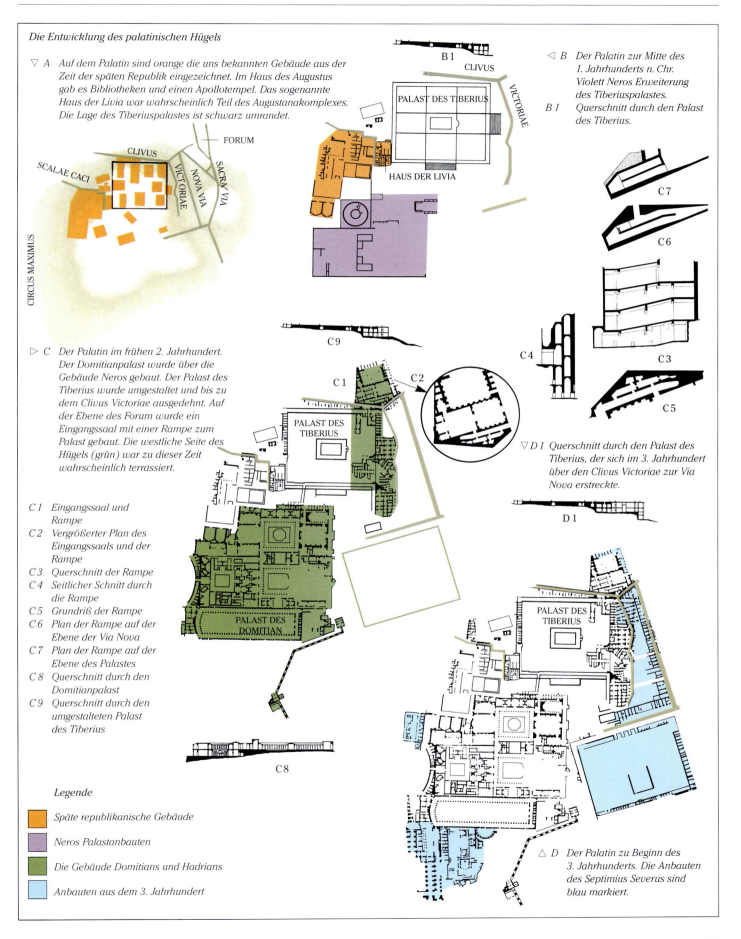

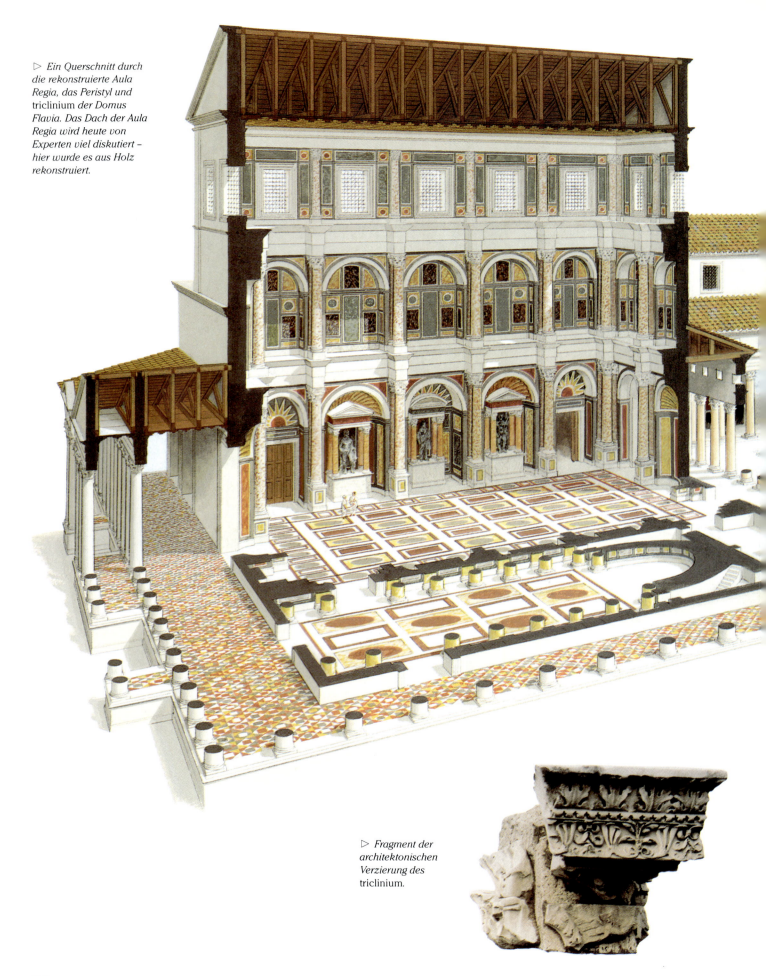

▷ Ein Querschnitt durch die rekonstruierte Aula Regia, das Peristyl und triclinium *der Domus Flavia.* Das Dach der Aula Regia wird heute von Experten viel diskutiert – hier wurde es aus Holz rekonstruiert.

▷ *Fragment der architektonischen Verzierung des* triclinium.

Ein neuer Palast

frühen 18. Jahrhundert entfernte der Herzog von Parma, dem das Gelände auf dem Palatin gehörte, zwei Statuen des Herkules, eine Bacchusstatue und einen Jupiterkopf. 16 Säulen aus Pavonazzettomarmor aus Kleinasien standen vor den Wänden und trugen die überstehenden Hauptgesimse.

Die Basilika

Mit dieser Basilika hat sich die Forschung intensiv beschäftigt. Die Anlage des Gebäudes hatte viel gemein mit traditionellen öffentlichen Basiliken, wie sie auch auf dem Forum Romanum errichtet wurden. Sie wurde der Länge nach durch zwei Reihen von Säulen aus numidischem gelbem Marmor unterteilt. An einem Ende befand sich eine Apsis, die, wie moderne Rekonstruktionen zeigen, durch eine marmorne Schranke abgetrennt wurde. Letzteres ist jedoch umstritten. Das Gebäude kann als Auditorium benutzt worden sein oder als Wartezimmer für diejenigen, die sich eine kaiserliche Audienz erhofften. Eine Treppe führte hinunter zum Kryptoportikus unterhalb der Domus Flavia, der in einen unterirdischen Gang mündete, welcher einst Teil der Domus Tiberiana gewesen war.

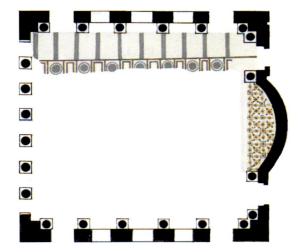

△ Plan der Basilika in der Domus Flavia.

Rom

△ Die Rekonstruktion des Palastes auf dem Palatin von Südosten.

A Circus Maximus
B Bibliotheken
C Triclinium
D Domus Flavia
E Aula Regia
F Area Palatina
G Domus Augustana
H Hippodrom

▽ Die Domus Augustana: ein Blick auf das Hippodrom.

Das Peristyl

Ein großes Peristyl trennte diese Säle auf der Nordseite des Palastes vom Bankettsaal, dem *triclinium*. Die Säulen des Peristyls waren aus rosa Portasanta, und auch die Wände waren marmorverkleidet. Sueton bestätigt, daß spiegelblank polierter kappadokischer Marmor benutzt wurde, damit Domitian sehen konnte, was sich hinter seinem Rücken abspielte. Die oktagonale Struktur im Zentrum des Innenhofes – ein Labyrinth niedriger Mauern und Kanäle – war wahrscheinlich für Wasserspiele gedacht.

Das *triclinium*

Auf der südlichen Seite des Peristyls gegenüber der Aula Regia lag der staatliche Bankettsaal, das *triclinium*, der wahrscheinlich Cenatio Iovis genannt wurde. In einer seitlichen, erhöhten Apsis stand der Tisch des Imperators. Der Saal war mit farbigem Marmor im Stil des *opus sectile* ausgelegt: violetter und grüner Porphyr aus Ägypten und Griechenland, Portasanta aus Chios und Giallo Antico aus Numidien. Um die Wände des Raums waren die Standorte der Liegen auf dem Boden markiert. Die Liegen maßen 2,5 x 4 m und waren damit dreimal so groß wie traditionelle. Die Fenster zu beiden Seiten des Saals sahen auf Innenhöfe mit mehrgeschossigen Springbrunnen, die in der Hitze des Sommers für kühle und frische Luft sorgten. Hinter dem *triclinium* und einer Säulenreihe lagen zwei Apsiskammern. Wahrscheinlich handelte es sich hier um Bibliotheken.

Die Domus Augustana

Die Domus Augustana war die Privatresidenz des Imperators und ähnelte architektonisch einer Villa. Sie war doppelt so groß wie die Domus Flavia und noch dazu zweistöckig. Statt einem gab es in den privaten Flügeln drei Peristyle. Vom oberen Stock kann man heute fast nur noch den Grundriß erkennen, während das Erdgeschoß fast vollständig ist.

Man betrat diesen Teil des Palastes über die Area Palatina durch einen monumentalen Eingang. Dieser führte zu einem großen rechteckigen Peristyl und jenes zu einem weiteren mit einem eingelassenen Becken in seiner Mitte. Auf der Südwestseite dieses Hofes gab es ein Labyrinth von Räumen, deren Abgeschirmtheit darauf hindeutet, daß es sich um den privaten Wohnbereich des Imperators handelte. Alle Zimmer waren verschiedenartig gewölbt, unter anderem auch oktogonal. Eine Treppe führte von diesen Räumen in den niedrigeren Teil des Palastes. Neben der Treppe befand sich ein hübsches marmorgesäumtes *nymphaeum* und darunter eine

Ein neuer Palast

Latrine. An den Wänden des Peristyls sind noch Spuren von Bemalung im Vierten Stil zu erkennen. In seinem Zentrum stand eine niedrige Plattform mit einem Becken und halbrunden Nischen und Abflüssen. Vom Peristyl führte ein Durchgang zum Hippodrom.

Das Hippodrom

An der Außenseite des Hippodroms, die dem Circus Maximus zugewandt war, befand sich ein *nymphaeum*. Darüber befand sich eine Loge, aus der die Spiele verfolgt werden konnten. Das Hippodrom erstreckte sich nach Nordosten. Mit seinen Maßen von 50 x 184 m war es wie ein Miniaturstadion, doch handelte es sich tatsächlich um einen ummauerten, abgeschiedenen Garten für den Imperator persönlich, seine Familie und deren Gäste. Eine Vorhalle mit Arkaden und Gewölben zog sich zu beiden Seiten und am gebogenen Ende entlang. An beiden Stirnseiten standen zwei kunstvolle halbrunde Springbrunnen.

Die Dekoration

Sowohl die Domus Flavia als auch die Domus Augustana waren mit Säulen, Fußböden und Wandverkleidungen aus importiertem Marmor reich verziert. Die erhalten gebliebenen *opus-sectile*-Böden sowie die des *triclinium* sind ganz besonders eindrucksvoll. Sie bestehen aus geometrischen Mustern oder Bildern aus buntem Marmor. Mosaiken und Wandmalereien erhöhten die prächtige Gesamtwirkung.

△ *Die Domus Augustana: ein Blick auf das niedriger gelegene Peristyl. Die Zementgewölbe der unteren Zimmer sind erhalten geblieben.*

◁ *Architektonische Bruchstücke von dem niedriger gelegenen Peristyl der Domus Augustana.*

▽ *Ein Querschnitt durch die Wohnräume um das niedriger gelegene Peristyl der Domus Augustana.*

Das Zeitalter des Apollodor

Im 1. Jahrhundert n. Chr. fand eine Reihe wesentlicher Erneuerungen sowohl in der Architektur als auch in der Bauweise Roms statt, die zu einem erkennbar neuen Stil führten. Die Bautätigkeit erreichte ihren Höhepunkt im frühen 2. Jahrhundert, während der Regierungszeit Trajans. Eine Schlüsselfigur ist Trajans Architekt Apollodor aus Damaskus, dessen persönliches Verdienst der Entwurf der Trajansthermen und des Trajansforums war.

△ *Ein Relief aus dem Haterier-Grabmal, das um 100 n. Chr. datiert wird. Hier ist die Errichtung eines Tempels mit Hilfe eines großen Krans dargestellt. Steinblöcke werden zu den oberen Ebenen des Gebäudes gehoben, indem Männer den großen „Hamsterkäfig" links unten antreiben.*

△ *Die Errichtung eines Tonnengewölbes aus Ziegelstein auf einem hölzernen Wölbgerüst. Ziegelsteinbögen wurden in Intervallen entlang dem Gewölbe hochgezogen, die wiederum durch größere, 60 cm lange Ziegelsteine zusammengehalten wurden. Den Zwischenraum zwischen den Ziegelsteinbögen goß man mit Zement aus.*

Die neue Architektur

Der neue architektonische Stil beruhte auf der Anwendung von ziegelsteinverkleidetem Zement. Römischer Zement bestand aus Bruchstücken von Steinen und/oder Back- oder Ziegelsteinen in einem Mörtel aus Wasser, Kalk und einem speziellen Vulkansand, Pozzolana genannt. Der Zement wurde mit gebrannten Ziegelsteinen verkleidet, und dieses Material wurde für öffentliche und private Bauten üblich. Daß es mit diesem Material möglich war, Gewölbe zu bauen, wurde früh erkannt. Seit Neros Zeiten wurde nun sehr viel mehr Wert auf das Innere der Gebäude gelegt als vorher. Der oktogonale Raum der Domus Augustana ist ein Meilenstein in dieser Entwicklung.

Kuppeln und Halbkuppeln

Ein Merkmal der neuen Architektur war die Entwicklung neuer Raumformen, sowohl im Grundriß als auch in der Höhe. Dadurch entstanden zwar neue Probleme in der Überdachung großer Räume, doch die Benutzung des Zements, eines anpassungsfähigen und gut zu verarbeitenden Baumaterials, ermöglichte eine weit größere Vielfalt von Wand- und Gewölbeformen. Zementbauten und ihre komplexen Gewölbestrukturen blieben Merkmale der monumentalen Architektur Roms bis ins 4. Jahrhundert n. Chr.

Unabhängig vom Baumaterial benötigte man für jeden Gewölbebau ein Rahmenwerk aus Holz. Sobald der Mörtel beziehungsweise Zement ausgehärtet war und das Gewölbe von allein standhalten konnte, wurde dieses Wölbgerüst entfernt. Für das Gerüst waren Tischlermeister verantwortlich, die sicherstellten, daß es mit der gewünschten Form des Gewölbes haargenau übereinstimmte. Je nach der benötigten Form konnte dieses Wölbgerüst außerordentlich kompliziert sein und riesige Mengen von Holz verbrauchen. Der Einsatz ausgereifter Kuppeln und Halbkuppeln war für diese neue Architektur ganz besonders charakteristisch. Eine Kuppel ist ein Gewölbe, dessen Mantelfläche in der Regel ein Kugelabschnitt ist und das normalerweise auf dem Grundriß eines Kreises gebaut wird, doch kann es auch einen polygonalen Grundriß haben, so wie es bei der oktogonalen Kuppel in der Domus Augustana der Fall ist. Selbst ein quadratischer Grundriß ist möglich, dann muß allerdings auf irgendeine Art und Weise die schwierige Überbrückung zwischen dem quadratischen Grundriß und der kreisförmigen Kuppel geleistet werden. Deshalb bauten die Römer

Das Zeitalter des Apollodor

◁ Ein Kreuz- oder Rippengewölbe aus Zement. Auf diese Art und Weise wurde in Rom ein quadratischer Raum mit einem Gewölbe überdacht.

△ Eine Zeichnung von einem der oktogonalen Zementgewölbe im unteren Stockwerk der Domus Augustana. Es besteht aus acht Segmenten und hat an der Spitze eine Öffnung (oculus).

meistens ein Kreuzgewölbe über einem quadratischen Raum. So waren auch viele der quadratischen Zimmer um das niedriger gelegene Peristyl der Domus Augustana überdacht. Römische Architekten konstruierten die Schenkel der Kuppeln sehr dick, damit sie dem Druck nach außen, den das Gewicht der Kuppel ausübte, standhielten. Ohne eine solche Verstärkung würde die Last der Kuppel die tragenden Wände nach außen drücken und das gesamte Gebäude zum Einstürzen bringen.

Das Pantheon

Das Pantheon ist eines der größten Meisterstücke der römischen Architektur und überaus gut erhalten geblieben. 608 n. Chr. übergab der byzantinische Kaiser Phokas das Gebäude zur Umgestaltung in die Kirche der Santa Maria der Märtyrer an den Papst Bonifatius IV., wodurch der Erhalt des Gebäudes sichergestellt war.

Hadrian hatte das Pantheon zwischen 118 und 125 n. Chr. an der Stelle zweier früherer Gebäude auf dem Marsfeld gebaut. Das erste von ihnen wurde von Agrippa 27 v. Chr. errichtet, während das zweite Domitians Rekonstruktion des Originals nach dem Feuer im Jahr 80 n. Chr. war. Hadrians Pantheon verewigt den ursprünglichen Bauherrn Agrippa in einer Inschrift über der Vorhalle, obwohl der Entwurf des früheren Gebäudes wahrscheinlich vollkommen anders war. Dieser Tempel für alle Götter besteht aus drei Hauptelementen: einer säulengestützten Vorhalle, einem hohen Zwischenraum und einer Rundhalle, die die *cella* des Tempels darstellt.

16 graue und rote ägyptische Granitsäulen, 40 römische Fuß hoch und 84 t schwer, stützen den die Vorhalle krönenden Giebel. Die Sockel der Säulen sowie die Kapitele, die Gesimse und Verzierungen des Giebels bestehen aus weißem Marmor aus dem norditalienischen Carrara und aus griechischen Steinbrüchen. Der Zwischenraum und die Rundhalle sind aus ziegelsteinverkleidetem Zement; die Rotunde ist mit einem Zementdom überdacht. Durchmesser und Höhe der Rotunde sind gleich: 43,2 m. Die Spanne der Kuppel wurde erst in modernen Zeiten übertroffen – selbst die des Petersdoms ist geringer. Die Wände der Rotunde stehen auf einem runden Zementfundament aus einer Travertinmischung, das 7,3 m breit und 4,5 m tief ist. Die Wände sind 6,15 m hoch.

△ Eine alternative Methode, einen quadratischen Raum zu überdachen, besteht darin, gewölbte dreieckige Pendentifes einzufügen, die das Quadrat des Grundrisses weiter oben in einen Kreis verwandeln, worauf eine Kuppel gesetzt werden kann. Aus Zement sind solche Gewölbe sehr selten, doch an weiteren Orten des Römischen Reiches wurden Pendentifkuppeln aus anderen Materialien erbaut.

▷ Ein Querschnitt durch den rekonstruierten zehneckigen Tempel der Minerva Medica in Rom. Die unteren Wände umfaßten neun vorspringende Apsiden, über denen sich zehn gewölbte Fenster befanden. Indem man die Winkel des Dekagons nach innen in einen runden Grundriß überführte, wurde die kreisförmige Kuppel geformt.

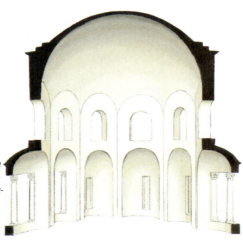

△ Ein Blick auf das Pantheon heute. Das von dem Imperator Hadrian errichtete Gebäude stand ursprünglich oben an einer großzügigen Treppe, die einen säulengesäumten Innenhof dominierte.

△ Die Innenansicht des Pantheons. Viele Details der Verzierung stammen aus einer späteren Periode.

Die Rotunde ist um acht tragende Pfeiler gebaut, die den Rahmen des Gebäudes bilden. Zwischen diesen Pfeilern gibt es acht Alkoven oder Exedren, die abwechselnd gerundet und rechteckig sind. Je zwei Säulen aus gelbem numidischem Marmor schirmen die Nischen ab.

Die Pfeiler tragen acht Bögen, die sich im Wandkern wölben. Sie sind Teil eines komplizierten Systems von großen und kleinen Entlastungsbögen, deren Zweck es ist, die oberen Wände gegen den Außendruck der Kuppel zu stärken. Dieses komplexe Bogensystem erstreckt sich auch auf den unteren Teil der Kuppel, wo es nicht nur das Gebäude stabilisiert, sondern auch eine leichtere Bauweise ermöglicht, da es Material einspart.

Die Kuppel besteht aus Zement und hat eine 8,3 m breite Öffnung zum Himmel, den *oculus* (Auge) in seiner Mitte. Innen ist sie mit 140 Kassetten dekoriert, die zunehmend kleiner werden und in fünf Reihen à 28 Felder angeordnet sind.

Die Zementmischungen des Pantheon wurden sorgfältig hergestellt: Schwerere Materialien wurden in den unteren Gebäudeteilen und leichtere in den oberen benutzt. Für die Fundamente und die Wände bis zum ersten Gesims wurden Travertin und Tuff benutzt, vom ersten bis zum mittleren Gesims Ziegel und Tuff und vom mittleren bis zum obersten äußeren Gesims ausschließlich Ziegelstein. Je höher die Kuppel wird, um so leichter die Mischung – um den *oculus* wird vulkanischer Bimsstein benutzt.

Von der Marmorverkleidung im Inneren des Gebäudes ist einiges verlorengegangen, doch an manchen Stellen ist die ursprüngliche Verkleidung erhalten geblieben. Platten aus violettem Porphyr und dunkelgrünem Marmor werden gegen gelben numidischen Marmor abgesetzt. Auch gibt es bemalten Stuck, und viele der Oberflächen sind vergoldet. Der Boden ist mit Marmor im *opus-sectile*-Stil ausgelegt.

Der Tempel der Venus und der Roma

Wir wissen nicht, ob Hadrian persönlich das Pantheon entwarf, doch den Tempel der Venus und der

▽ Eine der Exedren und die restaurierte Wandverkleidung aus römischem Marmor.

Das Zeitalter des Apollodor

◁ Das Pantheon: ein Teil der Marmorverzierung an der Außenwand des Zwischenblocks.

△ Das Pantheon: ein Teil des Dachs der Vorhalle.

▷ Ein Querschnitt durch das Pantheon, auf dem die Lücken in den dicken Wänden deutlich zu sehen sind sowie die unterschiedlichen Segmente im unteren Teil der Rotunde.

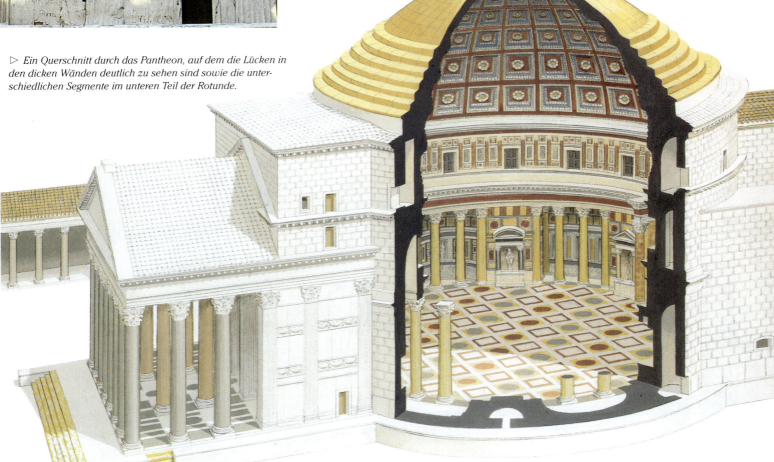

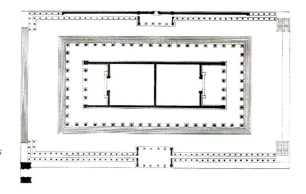

▷ *Der Tempel der Venus und der Roma, Entwurf des Gebäudes nach Hadrian.*

▽ *Der Tempel der Venus und der Roma, wie er heute aussieht. Ganz links ist ein Teil des Kolosseums zu sehen.*

Roma hat er mit an Sicherheit grenzender Wahrscheinlichkeit geplant. Er steht erhöht zwischen dem Kolosseum und dem Friedenstempel und wurde direkt über dem Atrium von Neros Domus Aurea gebaut. Was wir heute vom Tempel sehen, kann man in die Zeit des Maxentius (frühes 4. Jahrhundert) datieren. Es ist jedoch möglich, den Entwurf von Hadrians Tempel zu rekonstruieren, der im klassischen griechischen Stil geplant und wie der Parthenon auf einem Stylobat mit umlaufenden Stufen gebaut war. Es war ein enormes säulenumstandenes Gebäude mit zehn Säulen an der Fassade, 66 m breit und 136 m lang. An den langen Seiten standen Säulen aus ägyptischem grauen Granit auf einer niedrigeren Plattform.

Dem Historiker Cassius Dio zufolge kritisierte Apollodor den Entwurf des Tempels. Seiner Meinung nach hätte er höher liegen müssen, um für einen Hohlraum „zur Aufbewahrung von Maschinen" Platz zu schaffen. Damit scheint er sich auf die Bereitstellung von Lagerraum für die Kulissen zu beziehen, wie sie auch im Kolosseum benutzt wurden. Die Beziehung zwischen Hadrian und Apollodor war nicht ganz so zuträglich wie die des Architekten zu Trajan. 129 v. Chr. exilierte Hadrian ihn, und schließlich ließ er ihn hinrichten.

Das Trajansforum

Eines der ausuferndsten Bauvorhaben Trajans war die Errichtung des letzten der kaiserlichen Foren nordwestlich des Augustusforums, das außerordentlich vielgestaltig dekoriert wurde. Zwischen das von Vespasian erbaute Friedensforum und das Augustusforum hatte Nerva das Forum Transitorium gebaut.

Das Trajansforum wurde in den Jahren 107–112 n. Chr. gebaut, aus der Beute des Kriegs gegen die Daker finanziert und im Jahr 113 eingeweiht. Apollodor war der Architekt.

Der Komplex hatte mit 300 x 180 m enorme Ausmaße. Die offene Piazza in der Mitte war 200 x 120 m

△ Eine Rekonstruktion, die einen Überblick über das Forum Romanum (im Vordergrund) und die kaiserlichen Foren gibt. Der große Komplex des Trajanforums ist in der linken oberen Hälfte der Zeichnung deutlich zu sehen.

groß und wurde auf beiden Seiten von zwei sehr großen Exedren oder Halbkreisen flankiert. Im Zentrum stand eine monumentale Statue des Imperators Trajan zu Pferde.

Man betrat den Komplex vom Augustusforum aus durch einen Triumphbogen, der von einem sechsspännigen Pferdewagen gekrönt war und auf erhaltenen Münzen abgebildet ist. Die obere Reihe der Säulen trug Figuren gefangener barbarischer Daker, die aus verschiedenen Ziersteinen gearbeitet waren. Auch gab es vergoldete Statuen von Pferden und Standarten.

Dem Eingang gegenüber lag die große Basilika Ulpia, die die Nordwestseite des Platzes abschloß. Sie war das größte Gebäude ihrer Art, das in der römischen Zeit gebaut wurde. Dahinter stand die Trajanssäule, zu deren Seiten zwei Bibliotheken sowie ein Tempel, den Hadrian nach Trajans Tod dem verschiedenen Kaiser und seiner Gemahlin Plotina widmete.

Es ist strittig, ob dieser Tempel Teil des ursprünglichen Entwurfs war. Heutzutage liegt er selbst unterhalb der Kirche der Santa Maria di Loreto. Abbildungen auf Münzen und auf dem Marmorstadtplan von Rom, der *Forma Urbis Romae*, deuten darauf

◁ Ein marmornes korinthisches Kapitell aus dem Trajanstempel.

△ *Die Statue eines gefangenen Barbaren vom Trajansforum. Viele solcher Statuen verzierten die Vorhalle des Forums. Sie waren aus unterschiedlichen Marmorarten gemeißelt.*

△ *Ein Sesterz aus der Zeit des Trajan, auf dem der monumentale Eingang in die Basilika Ulpia vom Trajansforum aus abgebildet ist. Über dem Eingang stehen eine Quadriga und andere Figuren.*

hin, daß es sich hierbei um ein riesiges Gebäude mit einer achtsäuligen Fassade handelte, das gegen eine rückwärtige Wand innerhalb einer säulengesäumten Einfriedung gesetzt war. Eine Säule aus grauem ägyptischem Granit, die heute nahe an der Trajanssäule liegt, könnte von diesem Tempel stammen. Im vollständigen Zustand wäre die Säule etwa 15 m lang und 120 t schwer. Auch von anderen architektonischen Bruchstücken aus Hadrians Zeit nimmt man an, daß sie aus diesem Tempel stammen.

Der offene Innenhof des Forums selbst wurde von korinthischen Vorhallen gesäumt, dessen Säulen aus dem grünen und weißen Cipollinomarmor aus Carystos von der Insel Euböa vor der griechischen Ostküste bestanden.

Die Vorbereitung des Geländes

Vor der Errichtung des Forums mußte das Gelände planiert werden. Um einen ebenen Boden zu bekommen, wurden die Hänge des Quirinal abgetragen, an einigen Stellen waren sie 38 m hoch, wie die Trajanssäule. Wahrscheinlich hatten die Ausläufer des Hügels bisher die weitere nordwestliche Ausdehnung des Augustusforums verhindert.

Die Basilika

Statt eines Tempels wie in den anderen kaiserlichen Foren stand auf der Westseite des Trajansforums die große Basilika Ulpia, nach Trajans Familiennamen Ulpius. Sie war zu der Zeit die größte Basilika in Rom.

Die Basilika Ulpia war ein fünfschiffiges Gebäude mit riesigen Apsiden an beiden Enden. Ihre Gesamtlänge betrug etwa 170 m. Das Innere des Gebäudes war reich dekoriert; das Hauptschiff zierte ein Marmorfries geflügelter Siegessymbole. Die Säulen des Mittelschiffs waren aus grauem ägyptischem Granit, die der äußeren Gänge waren kleiner und aus Cippolino. Auch auf den beiden kürzeren Gebäudeseiten gab es Säulenreihen. Der Boden der Basilika war mit *opus sectile* ausgelegt, in das auch Giallo Antico und Pavonazzetto integriert waren.

Das Gebäude war 60 m breit. Der Mittelgang hatte ein Holzdach von 20 m Spanne. Man nimmt an, daß die seitlichen Schiffe von Galerien umrandet wurden und daß das Licht durch Fenster ins Mittelschiff strömte.

Der Eingang der Basilika vom Forum aus ist auf Münzen abgebildet. Meistens wird er mit sechs ionischen, paarweise angeordneten Säulen, die drei Gesimse tragen und durch Steinblöcke verbunden sind, abgebildet. Er wird von einer Quadriga (einem vierspännigen Wagen) und stehenden Figuren gekrönt. Wie die Basiliken, die an das Forum Romanum grenzten, hatte auch die Basilika Ulpia Platz für offizielle Räume und Läden.

Die Bibliotheken

Zu beiden Seiten der Trajanssäule stand je eine Bibliothek. Es waren rechteckige, ziegelsteinverkleidete Zementgebäude, deren Gewölbe die Schriften vor Feuchtigkeit schützten. Die Bibliotheken bildeten einen unabhängigen Teil, der von der Basilika nur durch zwei Türen betreten werden konnte. Die Schriftrollen wurden in schrankähnlichen Nischen in Zweierreihen aufbewahrt, deren obere von einer Galerie aus zugänglich war.

Die Dächer der Bibliotheken wurden wahrscheinlich auch dazu genutzt, die unteren Szenen der Trajanssäule genauer zu betrachten.

Die Triumphsäule

Das auffälligste erhaltene Denkmal des Komplexes ist die Trajanssäule mit einer Höhe von rund 40 m. Der Schaft selbst ist 100 römische Fuß hoch und steht auf einem Sockel. Auf der Spitze der Säule stand eine Statue des Imperators, die allerdings im Mittelalter entfernt und später durch eine des heiligen Petrus ersetzt wurde.

Der Schaft besteht aus 19 Säulentrommeln aus norditalienischem Carraramarmor, von denen jede ungefähr 32 t wiegt. Sie wurden ausgehöhlt, und

◁ Ein Blick auf die rund 40 m hohe Trajanssäule. Die Säulen im Vordergrund gehören zu der schlecht erhaltenen Basilika Ulpia, die auf einer der Stirnseiten des Forums stand.

◁◁ Ein Ausschnitt aus dem spiralartigen Bandfries der Trajanssäule, auf dem mehr als 2600 menschliche Figuren in Szenen aus Trajans Feldzügen in Dakien (dem heutigen Transsylvanien) abgebildet sind.

▽ Eine Rekonstruktion des Trajansforums. Rechts ein Querschnitt durch die Vorhallen, um einen Blick auf die Wandverkleidung zu ermöglichen. Die Gebäude dahinter gehören zu den Trajansmärkten, die man vom Forum aus nicht sehen konnte.

▷ *Der große Trajansfries. Er stammt von einem unbekannten Gebäude aus der Zeit Trajans und wurde für die Dekoration des Konstantinsbogens zu Beginn des 4. Jahrhunderts n. Chr. wiederverwandt. Zur Linken ist Trajan beim Einzug in die Stadt und bei der Krönung durch die Siegesgöttin abgebildet. Die anderen Szenen stellen Episoden aus den Dakerkriegen dar.*

zwar wahrscheinlich schon im Steinbruch, um Platz für eine Wendeltreppe zu schaffen, die zu einer Aussichtsplattform führt. Die Wendeltreppe wird durch 40 regelmäßig angeordnete Fenster beleuchtet. Außen ist der Schaft mit einem spiralenförmig angelegten, 200 m langen Bandfries verziert. Der Fries und die Wendeltreppe schrauben sich unabhängig voneinander hoch. Während der Fries ungeachtet der Trommelverbindungen weiterläuft, läßt er sich von den Fenstern unterbrechen. Die Arbeiten an dem Fries wurden erst aufgenommen, nachdem die Säule stand, sie begannen unten.

Der Fries zeigt Szenen aus zwei Feldzügen (in den Jahren 101 und 105 n. Chr.), an deren Ende die Annexion Dakiens als römische Provinz stand. Hier wird keine durchgehende Geschichte erzählt, vielmehr setzt sich der Fries aus einer historischen Bilddokumentation zusammen: der Imperator beim Darbringen eines Opfers, während er seine Truppen anspricht oder beim Empfang barbarischer Gesandter und der Entgegennahme von Unterwerfungsbotschaften, die Truppen beim Überqueren von Flüssen oder beim Marschieren, Bauen und Kämpfen. In der Mitte wird der Fries durch eine von zwei Trophäen flankierte Siegesgöttin unterbrochen. Sie sind mit dem Sockel der Säule verbunden, der einen Haufen Kleidung der Kriegsgefangenen und ihrer militärischen Ausrüstung in wunderbaren Einzelheiten darstellt.

Die Trajansmärkte

Unter Trajans Regierung wurde auch ein großer Gebäudekomplex im Nordosten des Forums gebaut, der in die niedrigeren Ausläufer des Quirinals terrassiert wurde und gemeinhin Trajansmärkte genannt wird. Dies war ein sorgfältig geplantes Projekt von mehr als 150 einzelnen Geschäfts- und Ladeneinheiten und einer großen gewölbten Halle, die durch Treppen und Straßen miteinander verbunden waren. Man konnte diesen Komplex auf drei Ebenen betreten. Am Fuß des Hügels lief eine Straße außen um das Forum herum, von dort erreichte man die unteren Ebenen. Eine Straße, die man im Mittelalter als Via Biberatica kannte, führte zum dritten Stock. An die Spitze des fünfgeschossigen Komplexes gelangte man über

Das Zeitalter des Apollodor

eine weitere Straße von den oberen Hängen des Quirinal. Alle Gebäude bestanden aus ziegelsteinverkleidetem Zement und wurden etwa um 100–112 n. Chr. erbaut. Die Märkte lagen zwar nahe am Forum, sie wurden jedoch von einer hohen Feuermauer aus Peperino-Tuffblöcken von ihm getrennt.

Die große Halle

Von der Via Biberatica führte eine Treppe zur gewölbten Halle. Sie war rechteckig, 28 m lang und 9,8 m breit und mit sechs Kreuzgewölben, die auf massiven Travertinträgern ruhten, überdacht. An beiden Seiten des Gebäudes befanden sich auf zwei

▷ *Ein Plan des Trajansforums.*

◁ *Ein Querschnitt durch die Rekonstruktion der Basilika Ulpia. Die Gestaltung der oberen Stockwerke wird von Experten noch immer heftig diskutiert. Sie wurde hier nach den Ausführungen von James Packers gezeichnet.*

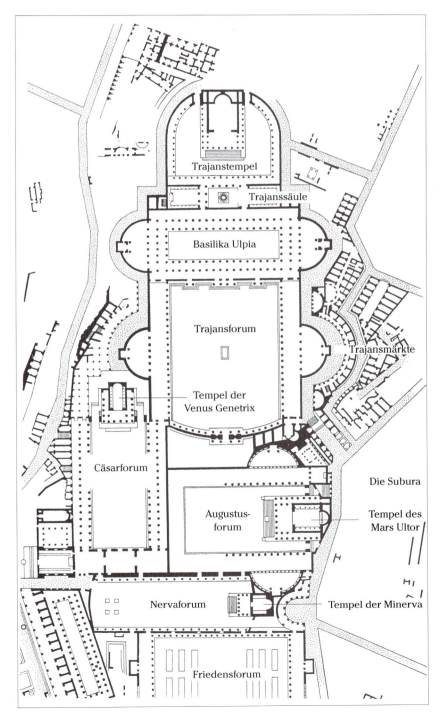

▷ Die Trajansmärkte: ein Blick in die große gewölbte Halle.

▽ Die Trajansmärkte: ein Blick in einen der Gänge, von denen Läden und Amtsräume abgingen.

▷ Die Trajansmärkte: die Via Biberatica und die gewölbte Halle von außen. Der ganze Komplex war in die Hänge des Quirinal terrassiert, weswegen das Mauerwerk bis in eine beachtliche Höhe erhalten geblieben ist.

Das Zeitalter des Apollodor

△ Eine Rekonstruktion der Trajansmärkte.

△ Ein Blick auf den großen Halbkreis der Trajansmärkte, wie er heute aussieht.

Ebenen je sechs Läden, also insgesamt 24 unterschiedliche Räume. Von der Galerie der oberen Ebene konnte man ins Erdgeschoß hinuntersehen.

Einkaufen auf vier Etagen

Die Läden (*tabernae*) waren zum großen Teil in einzelnen Reihen angeordnet und öffneten sich zu den Straßen oder Fluren. Der Eingang jedes Ladens war mit Travertinblöcken gerahmt. Über dem Oberbalken war oft Platz für ein Fenster, das Licht in ein hölzernes Zwischengeschoß einließ. Die Innenräume waren verputzt, und sicherlich waren auch einige *tabernae* mit Fresken dekoriert. Die Läden der untersten Ebene, die sich zum Halbkreis hin öffneten, hatten überaus kunstvolle Fassaden. Die Eingänge waren von Pilastern und einem Gesims gerahmt. Jeder vierte Eingang wurde von einem dreieckigen Giebel überdacht, während die dazwischenliegenden drei Eingänge einen niedrigen segmentierten Giebel, der von zwei dreieckigen Halbgiebeln gerahmt war, aufwiesen.

◁ Ein Querschnitt durch eine Rekonstruktion der Trajansmärkte, auf dem man sehen kann, wie sie in den Hügel terrassiert wurden.

Die großen Thermen

Die Thermen gehörten zum städtischen Leben Roms. Theater, Amphitheater und Zirkusse waren Orte des gelegentlichen Vergnügens, doch zur Zeit der späten Republik war das Baden für die meisten Einwohner des Römischen Reiches alltäglich geworden. Für die Römer war Baden zugleich Luxus und Notwendigkeit.

Die größeren römischen Bäderkomplexe dienten als Zentren der Erholung, des Austausches und der Geselligkeit. Es gab dort nicht nur Bäder, sondern auch Bibliotheken, Treffpunkte und Gärten zum Spazieren. Aus Senecas *Briefen* zur Mitte des 1. Jahrhunderts n. Chr. gewinnen wir einen lebhaften Eindruck davon, was in den Bädern stattfand, da er das Pech hatte, über einem solchen Ort zu wohnen. Er erwähnt die Laute von Sporttreibenden, Schreie und Rufe nach einem Dieb, „den Burschen, der den Klang seiner Stimme beim Baden genießt", sowie die Verkäufer von Würstchen und Süßigkeiten, die ihre Waren ausrufen.

Man konnte gut mehrere Stunden in den Bädern verbringen. Sie waren ein wunderbarer Ort, um mit Freunden und Bekannten zu plaudern, Geschäftstreffen abzuhalten, seinen Gastgeber schon vor dem Abendessen zu sehen oder sogar eine Einladung zum Abendessen einzuheimsen.

Die Entwicklung der Bäder seit den Zeiten Athens

Wie bekannt, wurden weder die Bäder noch das Baden von den Römern erfunden. Das Baden war ein wesentlicher Teil der Riten des griechischen Gymnasions. Diese Einrichtungen boten einen geselligen Rahmen für sportliche Übungen und das gemeinsame Baden, und so übten sie großen Einfluß auf die nachfolgende Geschichte der Bäder aus.

Die ersten großen kaiserlichen Thermen

In der ersten großen, von Agrippa im Jahr 33 v. Chr. durchgeführten Zählung gab es 170 kleinere Bäder in Rom. Im frühen 5. Jahrhundert gab es 856 kleinere sowie elf große kaiserliche Bäder (*thermae*), wie die Trajansthermen und die Caracalla-Thermen.

In Rom boten die gigantischen kaiserlichen *thermae* Platz für eine enorme Anzahl von Besuchern. Die kaiserlichen Thermen in Rom gehören zu den ehrgeizigsten großangelegten Gebäuden der antiken Welt. Sie waren nach einem ausgefeilten und mehr oder weniger symmetrischen Plan um eine kurze Hauptachse angelegt, die durch die Lage des *frigidarium* (Kaltwasserbad), des *tepidarium* (lauwarmes Bad) und des *caldarium* (Warmwasserbad) gebildet wurde und den Badenden einen fortlaufenden Gang durch das Gebäude ermöglichte. Oft gab es eine Reihe nebengeordneter Warmwasserbäder.

Die Agrippathermen, die 25 v. Chr. auf dem Marsfeld gebaut wurden, sind das früheste Beispiel solcher Thermen. Allerdings wurden sie im 3. Jahrhundert n. Chr. wiederaufgebaut, und es ist nicht genau zu bestimmen, wie der ursprüngliche Bauplan aussah. Das gleiche gilt für die Nerothermen. Auch bei den Titusthermen, die uns von Palladios Plan bekannt sind, bleiben einige Einzelheiten offen.

Die Titusthermen

Die Titusthermen (*thermae Titi*) wurden eiligst erbaut, denn sie sollten zur Einweihung des Kolosseums im Jahre 80 n. Chr. fertig sein. Titus legte sie auf einem Teil des Geländes an, auf dem Neros Domus Aurea einst gestanden hatte. Die Bäder wurden auf dem Hügel gegenüber dem Kolosseum neben dem Hauptwirtschaftstrakt der Domus Aurea gebaut. Von den Thermen blieben fast keine Spuren erhalten. Eine Vorhalle mit ziegelsteinverkleideten Zementstützpfeilern, in die vier Säulen eingelassen waren (die man heute vom Kolosseum aus über die Via dei Fori Imperiali sehen kann), wurde als Teil des Eingangs zu den Bädern identifiziert. Eine maßstabsgetreue Skizze Palladios aus dem späten 16. Jahrhundert legt die Vermutung nahe, daß das Gebäude symmetrisch angelegt war, so wie es von den späte-

△ *Die Trajansthermen: ein Teil der Unterbauten, die den Halbkreis mit den Sitzgelegenheiten in der äußeren Umfriedungsmauer trugen.*

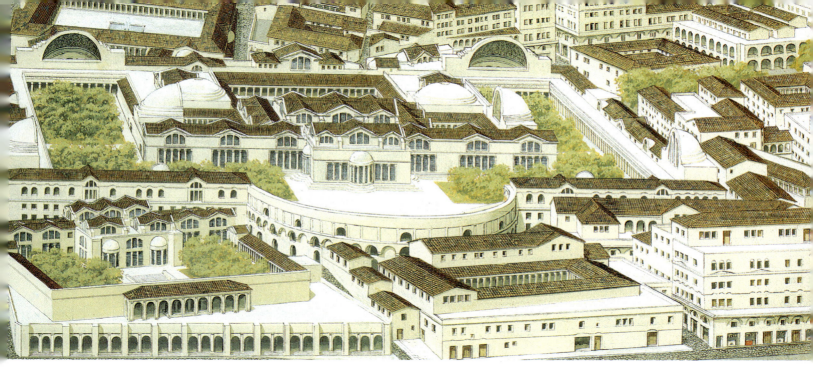

△ Eine Rekonstruktion der Trajansthermen. Die kleineren Bäder des Titus (thermae Titi) befinden sich unten links. Das Reservoir (Sette Sale) ist in der oberen rechten Ecke zu sehen.

ren und viel besser erhaltenen Trajansthermen und den Caracalla-Thermen bekannt ist. Die Verläßlichkeit dieses Planes muß man allerdings in Frage stellen.

Kürzliche Ausgrabungen an der Stätte haben einen Teil des Heizsystems der Bäder freigelegt, darunter auch einen Teil des Warmwasserbades (caldarium). Es wird interessant sein, die Fortschritte dieser Ausgrabung zu verfolgen, wenn sich die Gebäude herausschälen.

Die Bäder, die Trajan baute

Die Trajansbäder (104–109 n. Chr.) sind das früheste Beispiel eines kaiserlichen Plans der *thermae*, dessen wir gewiß sein können. Sie wurden am 22. Juni 109 eröffnet. Sie teilen mit allen späteren Bädern dieses Typs eine Reihe von Merkmalen, sowohl in Rom (Caracalla-Thermen, Diokletiansthermen, Konstantinsthermen) als auch in anderen Orten des Reiches (wie zum Beispiel in Trier).

Die großen kaiserlichen Thermen des Trajan waren auf den Hängen des Esquilin errichtet. Die Arbeit wurde nach einem Feuer begonnen, das die Domus Aurea 104 n. Chr. schwer beschädigte. Es hatte die oberen Stockwerke des Palastes zerstört; zurück blieben nur die gewölbten Räume im Erdgeschoß. Innenhöfe und Gärten wurden mit Wänden durchzogen, die mit gewölbten Dächern verbunden waren, um das gesamte Areal auf die Höhe des ersten Stockwerks, 47 m über dem Meeresspiegel, zu bringen. Der Rest des Hügels wurde auf dieselbe Höhe eingeebnet, so daß nicht nur eine riesige künstliche Plattform von 340 x 330 m entstand, sondern auch der Hauptresidenztrakt von Neros berüchtigtem Palast fast erhalten blieb.

Die neuen Bäder lagen nordöstlich der Titusthermen, und allein die Badeanlagen waren etwa dreimal so groß. Sie waren so ausgerichtet, daß die volle Kraft der Nachmittagssonne die Warmwasserbäder erwärmte, denn der Nachmittag war die übliche Badezeit eines großen Teiles der Bevölkerung.

Mit an Sicherheit grenzender Wahrscheinlichkeit hatte Trajans Architekt Apollodor aus Damaskus die Bäder entworfen, die fast durchgängig aus ziegelsteinverkleidetem Zement waren. Das gesamte Gebiet wurde von einer Gebäudefront eingefaßt, nur von einem großen Halbkreis auf der Südwestseite unterbrochen, in dem es Sitzgelegenheiten gab. In den Gebäuden waren zwei Bibliotheken und zwei *nymphaea* untergebracht. Der Haupteingang befand sich im Nordosten, doch auch im Nordwesten gab es einen Eingang, dem wahrscheinlich ein weiterer im Südosten gegenüberlag. Aus Inschriften wissen wir, daß von der Mitte des 2. Jahrhunderts bis ins 4. Jahrhundert n. Chr. eine Vereinigung von Athleten hier ihren Sitz hatte. Die zentrale Badeachse war 190 x 212 m groß. An der Nordostseite ging sie in die äußeren Gebäude über, während sie in den Bädern in Caracalla und denen des Diokletian frei stand und innerhalb der Einfriedung eher in der Mitte angelegt war. Die freien Flächen zwischen der Badeachse und den sie umgebenden Gebäuden wurden begrünt.

Heutzutage liegt das Gebäude weitgehend in Trümmern, doch ist sein Entwurf zum Teil auf dem Marmorplan (*Forma urbis Romae*) erhalten sowie auf einem weiteren bemerkenswert genau gezeichneten Plan eines unbekannten mittelalterlichen Architekten. Aus diesen Plänen und dem, was heute noch steht, war es möglich, einen Großteil der Bäder zu rekonstruieren. Man muß allerdings in Erwägung ziehen, daß die *Forma Urbis Romae* die Bäder zu Beginn des 3. Jahrhunderts n. Chr. zeigt, während der Plan des mittelalterlichen Architekten sie in ihrem endgültigen Zustand darstellt, woraus sich die Diskrepanzen zwischen den beiden Plänen erklären lassen. Mussolini verwandelte die Ruinen der Trajansbäder in einen Park, in dem riesige Teile ziegelsteinverkleideten Zementes aus dem Gras hervorbrachen. Die sichtbaren Überreste bestehen im wesentlichen aus vier Exedren, also Halbkuppelbauten, von denen es ursprünglich sechs gab.

Rom

▷ *Eine Rekonstruktion der östlichen Ecke der Thermenanlage, mit dem Reservoir Sette Sale (R) und dem Graben, der unter dem Hofgebäude S zum Bau C führte. Das natatio M und nymphaeum D müssen auch von dem Reservoir mit Wasser versorgt worden sein. Der Zweck des Gebäudes E bleibt unklar. In den Bauten über dem Reservoir wohnten wahrscheinlich die Sklaven, die in den Thermen gearbeitet haben.*

Die Wasserversorgung

Die Trajansthermen wurden aus zwei Quellen mit Wasser gespeist, eine von ihnen war die Aqua Traiana. Dieses Aquädukt, das auch von Trajan gebaut wurde, kam in Rom auf dem Westufer des Tiber an. Die Kanäle, die von dem großen Endreservoir ausgingen, scheinen alle Stadtbezirke bedient zu haben, vor allem aber die Trajansthermen. Das Wasser lief in Röhren über Brücken zum Ostufer. Bis heute ist der Verlauf dieses Aquädukts auf der rechten Uferseite sowie die genaue Versorgung der Bäder unklar. Bleiröhren mit den

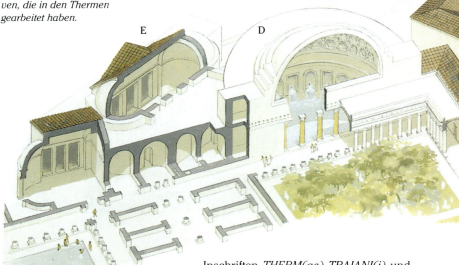

Inschriften THERM(ae) TRAIANI(i) und AQ(ua) TR(aiana) wurden auf dem Esquilin nahe bei den Bädern gefunden und deuten auf eine enge Beziehung zwischen den beiden Projekten hin.

Die andere Wasserquelle der Bäder war das Reservoir Sette Sale. Es wurde nicht von der Aqua Traiana gespeist, wie viele Experten behaupten, sondern von einem Aquädukt aus den Hügeln im Osten, und zwar wahrscheinlich von einem derjenigen Aquädukte, die um die Porta Maggiore in die Stadt kamen. Dieses Aquädukt näherte sich dem Reservoir aus dem Nordosten, die letzten Meter blieben erhalten.

Die Ausrichtung des Sette Sale hat in der Forschung Anlaß dazu gegeben, es als Teil der Ein-

△ *Bleiröhren aus den Diokletiansthermen.*

▽ *Innenansicht einer der neun Zisternen der Sette Sale.*

▽ *Das Reservoir Sette Sale.*

richtung der Domus Aurea anzusehen, doch Stempel in den Ziegelsteinen bezeugen seine Erbauung durch Trajan. Es handelte sich hierbei um ein ziegelsteinverkleidetes Zementgebäude, das auf zwei Stockwerken je neun, 8 m hohe Räume unterbrachte, die miteinander verbunden waren. Die Außenmaße betrugen 46,6 x 37 m. Die Zisternen, die eine ungefähre Kapazität von sieben Millionen Litern hatten, befanden sich im oberen Stock. Das Aquädukt mündete etwas über 8 m oberhalb der Ebene der Plattform der Bäder in das Reservoir und speiste die Zisterne bis zu dieser Höhe, wodurch genug Wasserdruck vorhanden war, um die Tanks über dem *caldarium* und an anderen Stellen zu füllen. Das Sette Sale und das es umgebende Gebiet sind die besterforschten Teile der Anlagen. Ausgrabungen zwischen 1981 und 1983 bestätigten, daß das Wasser von dem Reservoir an seiner Front entlang durch einen Graben und dann in Bleiröhren unter einem (teilweise freigelegten) Gebäude im Innenhof in Richtung des kleinen Baus C (siehe den Plan unten) geführt wurde. Dieses war so ausgerichtet wie das Reservoir, aus dem die wesentlichen Badegebäude versorgt wurden.

Das Gebäude mit der Halbkuppel, Exedra D, war ein *nymphaeum*. Das Wasser floß durch Löcher aus dem gebogenen Korridor hinter dem Gebäude und ergoß sich in elf Nischen in das darunterliegende Becken. Exedra N war auch ein *nymphaeum*. Das teilweise zerstörte Gebäude mit den zwei Apsiden E ist so ausgerichtet wie das Reservoir und wird deswegen wahrscheinlich mit der Wasserversorgung in Verbindung gestanden haben. Obwohl es freigelegt wurde, konnte seine Funktion jedoch nicht ergründet werden. Der nördliche Teil des Gebäudes fehlt völlig, doch wird es auf dem Marmorplan angezeigt, wo auch ein langes Gebäude im Rücken von E sowie zwei Mauern, die auf das Reservoir zulaufen, vermerkt sind. Diese müssen wohl ein Aquädukt bezeichnen, das die zwei *nymphaea* sowie das Badebecken (*natatio*) speiste. Das große rechteckige Becken war 1 m tief und von säulenumstandenen Vorhallen umgeben. Sein Wasser war kalt und sollte die Badenden nach der Hitze des *caldarium* abkühlen; es war nicht zum Schwimmen gedacht.

Das *frigidarium*

Das *frigidarium* oder Kaltwasserbad war der Mittelpunkt des Entwurfs. Es war ein großer rechteckiger Raum, der von acht Stützpfeilern mit riesigen monolithischen Säulen davor begrenzt wurde. An jeder Ecke befand sich ein Tauchbad.

Die acht gewaltigen Säulen des *frigidarium* scheinen das große aufstrebende Dach des Gebäudes getragen zu haben. Tatsächlich waren die Pfeiler hinter den Säulen die wesentlichen tragenden Elemente, auf denen die drei Kreuzgewölbe der Decke ruhten. Innen waren die Gewölbe reich verziert. Das *frigidarium* der Diokletiansthermen blieb mit seinen Gewölben vollkommen erhalten, da Michelangelo es 1563–1566 für Papst Pius IV. in die Kirche Santa Maria degli Angeli umgestaltete.

Im 19. Jahrhundert wurde die Südwestseite von Trajans *frigidarium* teilweise freigelegt. Dabei entdeckte man Bruchstücke roter und grauer Granitsäulen und die Seite eines der kalten Tauchbäder zusammen mit dem Sockel zweier monolithischer Säulen, die genauso aussehen, wie sie der mittelalterliche Architekt gezeichnet hatte.

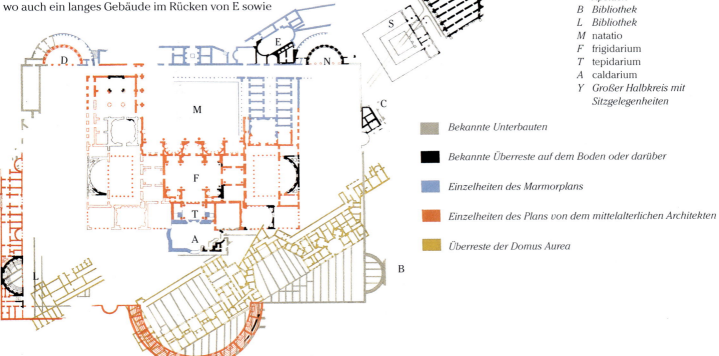

▽ Ein Plan der Trajansthermen, der aus dem Marmorplan und dem des mittelalterlichen Architekten zusammengefügt wurde:

R Sette Sale
S Teilweise freigelegtes Innenhofgebäude
D *nymphaeum* oder sehr großer Springbrunnen
N *nymphaeum*
C Kleines Gebäude an der Außenwand der Bäder
E Teilweise zerstörtes Gebäude mit zwei Apsiden
B Bibliothek
L Bibliothek
M *natatio*
F *frigidarium*
T *tepidarium*
A *caldarium*
Y Großer Halbkreis mit Sitzgelegenheiten

Bekannte Unterbauten

Bekannte Überreste auf dem Boden oder darüber

Einzelheiten des Marmorplans

Einzelheiten des Plans von dem mittelalterlichen Architekten

Überreste der Domus Aurea

Rom

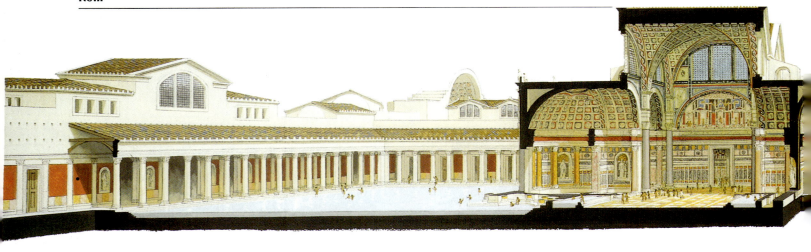

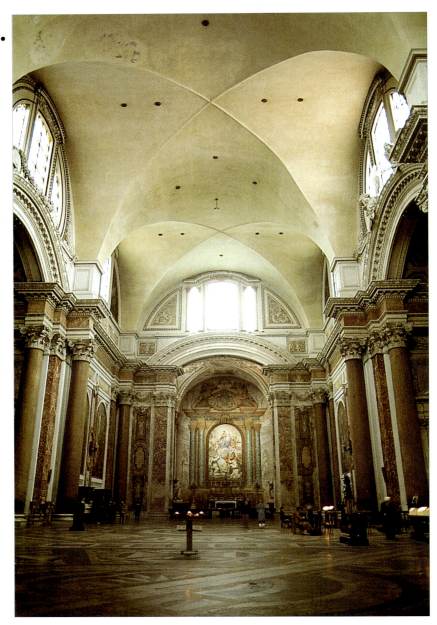

△ *Die Kirche Santa Maria degli Angeli – ursprünglich das* frigidarium *der Diokletiansthermen.*

Zu beiden Seiten des *frigidarium* gab es eine offene säulenbestandene Fläche von 32 x 22 m. Die Stirnseite wurde von der mit einer Halbkuppel überdachten Exedra abgeschlossen, die denen an den vier Ecken der Plattform ähnelte. Hier auf diesen Flächen, den sogenannten *palaestra*, betätigte man sich vor dem *caldarium* sportlich. Die kaiserlichen Thermen hatten aufgrund ihres symmetrischen Entwurfes fast immer zwei solcher Flächen. In asymmetrischen Bädern, wie zum Beispiel den Forumsthermen in Ostia, konnte es durchaus nur eine größere *palaestra* geben.

Die beheizten Räume

Die warmen Räume der Bäder bestanden hauptsächlich aus dem *tepidarium*, dem lauwarmen Bad oder Übergangsraum, und dem *caldarium* oder Warmwasserbad. Das *tepidarium* isolierte die geheizten Räume von den kalten. Im *caldarium* gab es auf drei Seiten Apsiden, in denen sich heiße Tauchbäder befanden. Die beheizten Räume konnten je nach Bad sehr unterschiedlich aussehen. In den Caracalla-Thermen war das *caldarium* rund und von einer großen Kuppel überdacht.

1871 grub man die Südostseite des *caldarium* der Trajansthermen aus. Von dieser Ausgrabung wurde nie eine Dokumentation veröffentlicht, doch auf Zeichnungen des französischen Architekten Leclerc kann man erkennen, daß das Heizsystem demjenigen in Ostia sehr ähnlich war, vor allem demjenigen der mehr oder weniger zeitgenössischen Forumsthermen.

Das *caldarium* wurde von gewölbten unterirdischen Durchgängen flankiert, die oft nur 2 m breit und 2,5 m hoch waren und durch rechteckige Löcher in der Decke beleuchtet wurden. Von diesen Gängen aus bedienten die Sklaven die Wandheizung durch unzählige Schürklappen, die in die Sockel der Hauptwände des Gebäudes eingelassen waren. Die Arbeitsbedingungen in diesen Gängen müssen entsetzlich gewesen sein, da der Rauch nur allmählich durch die Deckenlöcher entwich.

Die Hitze der römischen Bäder war fast immer Dampfhitze. Einige Bäder hatten einen zusätzlichen beheizten Raum, das *laconicum*, in dem eine trok-

Die großen Thermen

◁ *Eine Rekonstruktion der Trajansthermen im Querschnitt: Haupteingang im Nordosten,* natatio, frigidarium *(das höchste Gebäude),* tepidarium, caldarium *und das halbrunde Gebiet mit den Sitzgelegenheiten (von links nach rechts). Darunter befinden sich die Überreste der Domus Aurea.*

kene Hitze herrschte. In diesem Raum konnte es sehr viel heißer als in dem traditionell beheizten *caldarium* sein, weswegen die Verweildauer hier geringer war.

So wie die anderen großen von den Imperatoren gebauten Thermen boten auch die Trajansthermen genug Platz für einen enormen Besucherandrang. Häufig gab es noch eine Reihe nebengeordneter Warmwasserbäder.

Der *hypocaust*

Traditionell wird den Römern die Erfindung der Schwitzbäder und der Fußbodenheizung (*hypocaust*) zugeschrieben. Plinius der Ältere gibt die allgemeine Annahme wieder, daß nämlich Sergius Orata, ein römischer Unternehmer des frühen 1. Jahrhunderts v. Chr., das System im Zusammenhang mit der Erwärmung künstlicher Austernzuchten in der Bucht von Neapel erfunden habe.

Doch stammen die frühesten und deutlichsten archäologischen Spuren eines wirklichen *hypocaust* aus den Stabierthermen in Pompeji (Phase IV, datiert ins späte 2. Jahrhundert v. Chr.) und den griechischen Bädern in Olympia (Epoche IV, datiert ungefähr 100 v. Chr.). Die Fußbodenheizung konnte sehr unterschiedlich sein, doch im wesentlichen beruhte sie auf der Zirkulation heißer Luft von den Feuerstellen unter den Böden. In den Feuerstellen wurde auch das Wasser erhitzt. Der Boden stand auf *pilae*, kleinen tragenden Pfeilern, meistens aus Ziegelsteinen (obwohl es auch monolithische *pilae* oder solche aus Terrakotta gibt). Er mußte dick sein, damit er zum Barfußlaufen nicht zu heiß wurde.

Normalerweise wurden nicht nur der Boden, sondern auch Wände und Gewölbe geheizt. Die ersten archäologischen Hinweise auf eine Wandheizung datieren ins frühe 1. Jahrhundert n. Chr. Die Stabierthermen und die Forumsthermen in Pompeji hatten geheizte Hohlwände. Es gibt mehrere Möglichkeiten, hohle Wände herzustellen, die häufigste bestand im Einsatz fortlaufender hohler Röhrenfliesen (*tubuli*). Sie wurden mit Metallklammern an den Wänden befestigt und entweder verputzt oder mit Marmor verkleidet. Die untere Reihe der *tubuli* wurde so eingesetzt, daß die heiße Luft unter dem Bo-

△ Pilae *des* hypocaust *unter dem* caldarium *der Forumsthermen in Ostia.*

△ Tubuli *hinter der Marmorverkleidung der Wand des* caldarium *in den Forumsthermen von Ostia. Die heiße Luft in diesen Röhrenfliesen wurde unter den Böden, an den Wänden entlang und zur Decke geleitet. So wurden die Wände geheizt.*

▽ *Ein Querschnitt durch ein* hypocaust-*System, auf dem man erkennen kann, wie die heiße Luft unterhalb des Bodens und an den Wänden entlanggeführt wird.*
Darunter: verschiedene Fliesen, die man für die Wandbeheizung benötigte. A und B: unterschiedliche Sorten von tegulae mammatae. *C:* tubuli.

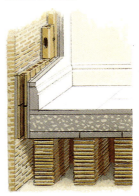

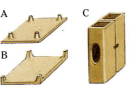

▷ *Forumsthermen, Ostia. Fensterrahmen zu einem der Schwitzräume, an denen man deutlich zwei Lochreihen erkennen kann, vielleicht für Doppelfenster.*

▽ *Holzpantoffeln aus Vindolanda im nördlichen Großbritannien. Unter Umständen wurden sie in den Bädern benutzt, um die Füße vor dem heißen Boden zu schützen.*

den ungehindert hochsteigen konnte. Diese Bauweise wurde in den Forumsbädern in Ostia benutzt und kann dort heute noch betrachtet werden. Eine andere Methode bestand darin, speziell angefertigte Fliesen zu verwenden (*tegulae mammatae*), die in der Wand einen Hohlraum erzeugten, durch den die heiße Luft emporstieg. Welche Methode auch benutzt wurde, die heiße Luft entwich immer durch Abzüge im Dach.

War ein beheizter Raum gewölbt, was in der Kaiserzeit die Regel war, wurde die heiße Luft in gebogenen Hohlziegeln um das Gewölbe herumgeleitet.

Wegen der Ausrichtung der Bäder konnte die Nachmittagssonne in den geheizten Räumen einen Gewächshaus-Effekt erzeugen. Im Gegensatz zur griechischen und frühen römischen Bäderarchitektur hatten diese Räume möglicherweise ziemlich große Doppelfenster, um diese Wirkung noch zu verstärken. In den Forumsthermen in Ostia scheint dies der Fall gewesen zu sein.

Die Erhitzung des Wassers

Die Öfen (*praefurnium*) waren nicht nur die Quelle der heißen Luft für das *hypocaust*-System, sondern auch des heißen Wassers. Von den Heizsystemen der kaiserlichen Thermen in Rom blieb keines so gut erhalten, daß man auf ihre Funktionsweise schließen könnte. Allerdings gibt es aus vielen anderen Bädern in Ostia, Pompeji und anderen Orten des Römischen Reiches ausreichend Funde, die eine Rekonstruktion ermöglichen.

In den Forumsthermen in Ostia waren die heißen Tauchbäder ursprünglich von zylindrischen Heißwasserkesseln flankiert, die auch vom Gang aus geheizt wurden. Während der Ausgrabungen wurde 1871 ein großer, l-förmiger Hohlraum in den Wänden der südlichen Ecke des *caldarium* der Trajansthermen entdeckt. Dieser Raum, in den leicht zwei riesige Heißwasserkessel mit einem darüberliegenden Wasserbehälter gepaßt hätten, ist zum Bedienungsgang hin offen.

Der römische Architekt Vitruv beschreibt zwei Wassererhitzungssysteme. Eines besteht aus drei miteinander verbundenen Behältern, einer von ihnen befand sich über der Heizung. Im Kessel war immer Wasser, und kaltes Wasser konnte mit dem heißen in den Bädern und Becken gemischt werden.

Das zweite System ist das *testudines alveolorum*. Diese raffinierte Technologie bestand aus einem Tank (der wegen seiner schildkrötenähnlichen Form *testudo* genannt wurde), der ein paar Zentimeter niedriger als der Boden des Beckens angebracht war. In diesem Zylinder wurde das Wasser ständig erhitzt; das heiße Wasser stieg nach oben und wurde von dem abgekühlten Wasser aus dem angeschlossenen Heißwasserbecken ersetzt. Auf diese Art und Weise zirkulierte das heiße Wasser andauernd. Auf der Zeichnung des Architekten kann die Einpassung für ein *testudo* ganz deutlich unterhalb des halbrunden Tauchbades am südöstlichen Ende des *caldarium* der Trajansthermen erkannt werden.

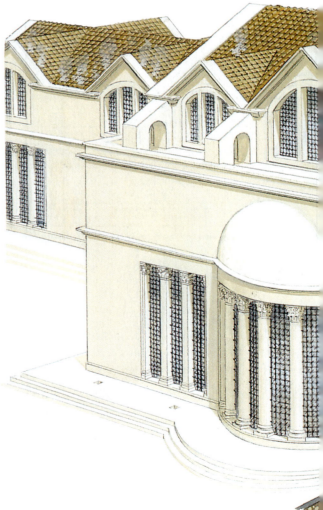

Die großen Thermen

Ähnliche Aussparungen kann man in den Forumsthermen in Ostia und den Stabierthermen in Pompeji sehen.

Baden und Massage

Wenn sich die römischen Bäder auch in den Einzelheiten voneinander unterscheiden mögen, teilen sie doch eine Reihe charakteristischer Merkmale. Alle sind so angelegt, daß man von einem Raum zum nächsten fortschreiten konnte. In den Thermen angekommen, ging der Besucher zunächst zum *apodyterium* (Umkleideraum), wo er seine Kleidung zurückließ. In den Forumsthermen in Pompeji gab es nach vorne hin offene, schrankähnliche Einrichtungen, ganz offensichtlich ein Äquivalent unserer heutigen Schließfächer. Statt eines Schlosses wurde ein Bediensteter oder Sklave dafür bezahlt, auf die Kleidung aufzupassen. Von hier aus konnte der Besucher unterschiedliche Wege einschlagen. Er konnte sich einölen (normalerweise mit parfümiertem Öl) und sich in der *palaestra* sportlich betätigen. Von dort aus ging er, vielleicht über das *frigidarium*, ins *tepidarium* und danach ins *caldarium*. Nachdem er eine Weile im Dampf gesessen hatte und in die Heiß-

△ Die unterirdischen Flure der Forumsthermen in Ostia. Die rechteckigen Löcher in der gewölbten Decke waren die einzigen Quellen von Licht und Luft.

▽ Eine Rekonstruktion des caldarium *der Trajansthermen.*

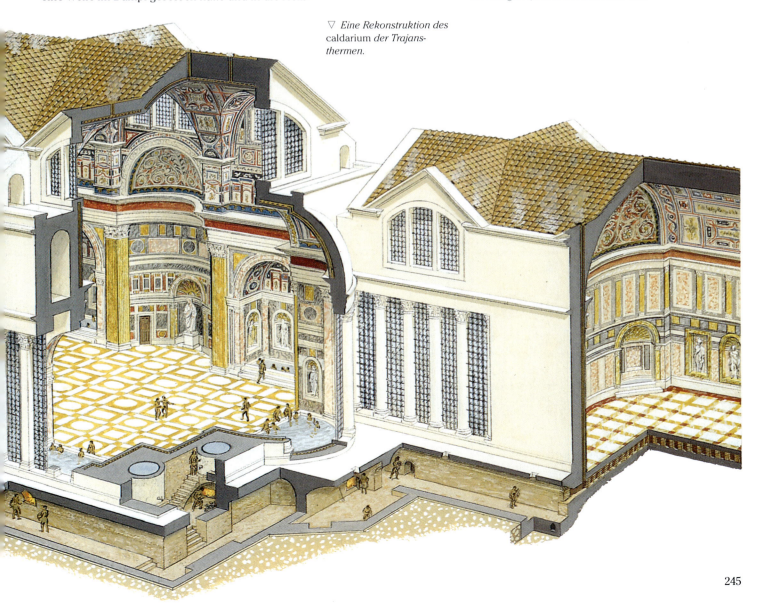

Rom

△ Forumsthermen, Ostia. Die Aussparung für einen Heißwassertank oberhalb der Feuerstelle.

▷ Forumsthermen, Ostia. Plan des caldarium. Die tubuli, die die Wand beheizen, sind orange abgebildet.

Legende:
1, 2, 3:
die drei heißen Tauchbäder,

W–W:
die Heißwasserkessel,

T: die Lage des testudo im Becken 3.

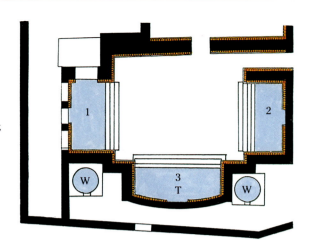

△ Forumsthermen, Ostia. Die Aussparung für das testudo in Heißwasserbecken 3.

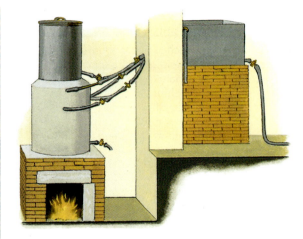

◁△ Das Wasserheizsystem für die privaten Bäder bei der Villa Rustica in Boscoreale, nahe Pompeji. Oben: Blick von außen. Unten: Querschnitt.

△ Die Aussparung für das testudo vom Bedienungsgang aus gesehen. Darunter wurde das Feuer entfacht.

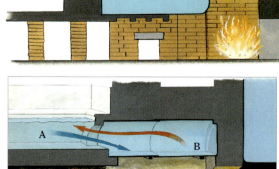

◁ Stabierthermen, Pompeji. Querschnitt durch das testudo-System im sogenannten caldarium der Frauen. Das abgekühlte Wasser A sinkt nach unten, während das aufgeheizte Wasser B nach oben steigt, wodurch das Wasser zirkuliert.

246

Die großen Thermen

△ Schaber und Ölflakons aus Pompeji.

wasserbäder eingetaucht war, kratzte er sich das Öl zusammen mit dem Schmutz und abgestoßenen Hautpartikeln mit einem metallenen Schaber ab (unter Umständen wurde dies von einem Bediensteten übernommen). Dann ging er zum *frigidarium* und zum *natatio* zurück, wo er ins kühle Wasser eintauchte.

Die Bibliotheken

Innerhalb der westlichen Umfriedungsmauer der Trajansthermen steht ein guterhaltenes halbrundes Gebäude mit einer Halbkuppel, 28,8 m im Durchmesser. Es handelt sich um Exedra L, von der man annimmt, daß sie eine Bibliothek gewesen ist. Die Innenverzierung der Kuppel ist inzwischen verschwunden, doch kann man auf einem Kupferstich von Piranesi die ursprüngliche sechseckige Kassettendecke ganz deutlich erkennen. Entlang der inneren Wand befinden sich zwei doppelgeschossige Reihen sechseckiger Nischen, in denen wahrscheinlich Regale für die Aufbewahrung der Schriftrollen untergebracht waren. In einem großen zentralen Alkoven stand wahrscheinlich eine Statue des Imperators oder der Minerva, der Schutzgöttin der Dichter. Auch die schwer beschädigte Exedra B in der südlichen Ecke muß eine Bibliothek gewesen sein. Wahrscheinlich wurden in der einen Bibliothek lateinische Schriften aufbewahrt und in der anderen griechische.

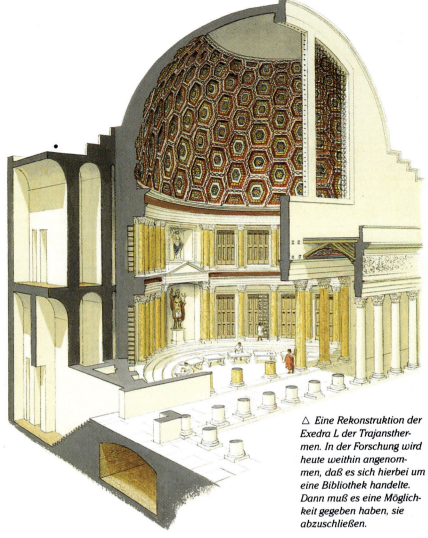

△ Eine Rekonstruktion der Exedra L der Trajansthermen. In der Forschung wird heute weithin angenommen, daß es sich hierbei um eine Bibliothek handelte. Dann muß es eine Möglichkeit gegeben haben, sie abzuschließen.

▷ Exedra L, Blick von außen.

▽ Exedra L, Blick von innen.

Eine Rekonstruktion der Innenstadt Roms zur Zeit des Imperators Severus (193–211 n. Chr.):
E19 Kolosseum,
B21 Trajansthermen,
D3 Forum Romanum,
F26 Tempel des Claudius,
B6 Tempel des Mars Ultor,
B3 Trajansforum,
E12 Tempel der Venus und der Roma,
E25 Ludus Magnus,
H8 Domus Flavia,
K8 Domus Augustana,
P1 Circus Maximus,
I24 Zweig der Aqua Claudia,
C8 Friedensforum,
F4 Domus Tiberiana,
C19 Titusthermen,
C3 Cäsarforum,
C6 Nervaforum,
O21 Septizonium (Schauarchitektur, von Septimius Severus erbaut).

Die Stadt in der Spätantike

Nach dem Tode Hadrians gingen die monumentalen Bauvorhaben in der Stadt deutlich zurück. Eine großangelegte Stadtplanung lebte erst mit dem Imperator Konstantin, 312 – 337 n. Chr., wieder auf. Doch zu dieser Zeit begann auch das Christentum, der Stadt mit den großen Kirchengründungen seinen Stempel aufzudrücken. Die römische Welt veränderte sich: Obwohl Rom als religiöser und symbolischer Mittelpunkt von Bedeutung blieb, war es nun nicht mehr das politische Zentrum des Römischen Reiches.

Bis zum Jahr 138 n. Chr. hatte Hadrian die Stadt durch ein umfassendes Bauprogramm verändert. Er baute nicht nur das Pantheon und den Tempel der Venus und Roma, sondern fügte dem Trajansforum einen weiteren Tempel hinzu, der dem vergöttlichten Trajan gewidmet wurde. Früh in seiner Regierungszeit hatte er das heilige *pomerium* Roms aufgespürt und die Natalis Urbis Romae, die offiziellen Geburtstagsfeierlichkeiten, auf den 21. April festgesetzt. Er hatte sich auch anderen, weniger großen, aber vielleicht wichtigeren Bauvorhaben gewidmet, die das tägliche Leben der Bevölkerung Roms erleichtern sollten. Darunter waren verschiedene Maßnahmen gegen die Überflutung des nördlichen Marsfeldes und die Anlage eines Gartens um Augustus' Ara Pacis. Auf der anderen Seite des Tiber ließ er ein gigantisches kaiserliches Mausoleum bauen, das man über die Pons Aelius erreichte. Heutzutage ist dieses Gebäude als die Engelsburg bekannt.

Das 2. Jahrhundert n.Chr.

Hadrian starb im Jahr 138 n. Chr.; seine Asche wurde in dem neuen Mausoleum aufbewahrt. Seinem Nachfolger Antonius gelang es, den Senat zu überzeugen, Hadrian göttliche Ehren zuteil werden zu lassen, wobei er für sich selbst den Titel Pius („der Gottesfürchtige") erstritt. Auf dem Marsfeld wurde Hadrian ein Tempel geweiht.

Unter Antonius Pius wurde zwar weitergebaut, doch mit einer deutlich verminderten Geschwindigkeit. Als 141 n. Chr. seine Gemahlin Faustina starb, ließ er ihr einen Tempel im Forum Romanum bauen, der nach Antonius' Tod im Jahr 161 n. Chr. für sie beide umgewidmet wurde.

Unter seinem Nachfolger Marc Aurel kamen der relative Frieden und die Stabilität, die die römische Welt hundert Jahre lang genossen hatte, zu einem Ende. Germanische Stämme wie die Markomannen und Quaden bedrohten die Grenzen an Rhein und Donau. Der Imperator, dessen Interessen eher der Philosophie als der Kriegsführung galten, mußte sich in der Abwendung dieser Bedrohung verausgaben.

Seiner Feldzüge wurde in Rom durch die Errichtung der Säule des Marc Aurel gedacht, die immer noch auf der heutigen Piazza Colonna steht. Diese Säule orientierte sich an der Trajanssäule, ihr Schaft war 30 m hoch und ebenfalls mit einem spiralförmigen Relief bedeckt.

Auf Marc Aurel folgte sein Sohn Commodus, der allen Berichten zufolge einen ausschweifenden und verderbten Lebenswandel hatte. Sein Größenwahnsinn verführte ihn dazu, Rom in Colonia Commodiana umzubenennen. Er verpraßte Geld für öffentliche Spiele und trat auch oft persönlich in der Arena auf.

Die Krise des 3. Jahrhunderts

Commodus wurde zum Jahresende 192 n. Chr. ermordet und Septimius Severus, aus Lepcis Magna in Nordafrika gebürtig, ging aus einem kurzen Bürgerkrieg siegreich als Imperator hervor. Severus nahm die Restauration und Erneuerung Roms in Angriff, er reparierte Aquädukte und Tempel sowie die Uferbefestigungen des Flusses. Um das zehnte Jahr seiner Thronbesteigung zu feiern, widmete ihm der Senat im Forum einen Triumphbogen. Er war mit Reliefs seiner Feldzüge gegen die Parther im Osten verziert. Severus erweiterte den kaiserlichen Palast auf dem Palatin und baute einen gänzlich neuen Trakt auf der Südseite.

Die Nachfolger des Septimius Severus fügten der Stadt einige Bauwerke hinzu, deren wichtigstes die großen Caracalla-Thermen im südlichen Teil der Stadt waren. Doch das 3. Jahrhundert war vor allem eine Zeit der politischen Wirren. Zwischen 235 und 284 n. Chr. gab es mindestens 25 Imperatoren. Viele von ihnen hatten Rom nie gesehen, da sie zu beschäftigt waren, sich wechselseitig zu bekämpfen oder die Feinde des Reiches von den Grenzen fernzuhalten.

Diokletian und die Tetrarchie

Mit der Thronbesteigung des Diokletian, der die Regierung durch Tetrarchie („vier Herrscher") einführte, kam das Chaos zu einem Ende. Die Verwaltung des Reiches wurde in die Hände von zwei *Augusti* gelegt, denen zwei *Caesares* zur Seite standen. Diokletian führte auch viele wirtschaftliche Reformen ein.

Obwohl er einen großen Teil seiner Zeit außerhalb der Stadt verbrachte, war er der letzte große Bauherr Roms. Er restaurierte und reorganisierte das Forum Romanum, das mit Denkmälern zugestellt war. Er baute die Tempel des Saturn und der Vesta sowie die Kurie neu auf, die kurz zuvor durch Feuer zerstört worden waren. Auf dem Quirinal erbaute er die dritte große Thermenanlage Roms. Die Größe der Gebäude kann man am *frigidarium* er-

Die Stadt in der Spätantike

◁ Die Porta Ostiensis, eines der 18 Haupttore in den vom Kaiser Aurelian erbauten Stadtmauern aus den siebziger Jahren des 3. Jahrhunderts n. Chr. Sie umschlossen alle 14 Augustanischen Bezirke sowie das Trans-Tiber-Gebiet.

messen, das Michelangelo in die Kirche Santa Maria degli Angeli umgestaltete und so bis zum heutigen Tag erhalten blieb.

Konstantin und das Christentum

Der Abdankung Diokletians im Jahr 306 n. Chr. folgten politische Unruhen, die erst 312 durch Konstantins Sieg in der Schlacht an der Mulvischen Brücke über seinen Rivalen Maxentius zu einem Ende kam. Konstantin prägte die Stadt auf die traditionelle Art und Weise. Er baute kaiserliche Bäder, die zwar kleiner als die des Diokletian, aber näher am Zentrum waren. Neben dem Kolosseum errichtete er einen großen Triumphbogen, der zum Großteil mit Reliefs aus früheren Denkmälern (einige von ihnen überarbeitet) dekoriert war und so einen Überblick über die Kunstgeschichte Roms gab.

Konstantins größter Beitrag bestand in der Erbauung der ersten Kirchen. Das Edikt von Mailand erkannte 313 n. Chr. das Christentum offiziell als eine der Religionen der römischen Welt an. Dadurch hörten die immer wieder aufflammenden Christenverfolgungen auf. An der großen Basilika des heiligen Johannes Lateran, der Kathedrale Roms am Ostausläufer des Caelius, wurden die Arbeiten begonnen. Über dem Grab des heiligen Petrus auf dem Vatikanhügel jenseits des Flusses wurde eine ähnliche Basilika errichtet.

Das Ende des kaiserlichen Roms

Bis ins späte 3. Jahrhundert n. Chr. blieb Rom zum großen Teil ohne Stadtmauern. Die uralte Servianische Mauer, die nach der Plünderung der Stadt durch die Gallier im frühen 4. Jahrhundert v. Chr. gebaut worden war, war fast gänzlich verfallen, und die Stadt hatte sich über ihre Grenzen ausgedehnt. Als die Lage im 3. Jahrhundert n. Chr. unbeständig wurde, ließ der Imperator Aurelian in den siebziger Jahren neue Mauern bauen. Die Aurelianische Mauer war 19 km lang und umschloß ein Gebiet von 1375 ha. Sie war aus ziegelsteinverkleidetem Zement; viele der gebrannten Ziegelsteine wurden von früheren Gebäuden wiederverwandt. Die Stadtmauer hatte 18 Tore und 381 Türme. Mit Ausnahme einiger Veränderungen und Reparaturen (so wurde ihre Höhe von Maxentius im frühen 4. Jahrhundert zum Beispiel verdoppelt) dienten diese Mauern bis ins späte 19. Jahrhundert als Schutzwall Roms.

Mit der Gründung Konstantinopels durch den Imperator Konstantin als „neuem Rom" im Jahr 324 n. Chr. wurde Rom das kaiserliche Prestige entzogen. Viele der späten römischen Imperatoren besuchten die Stadt nie. Das Römische Reich wurde vor allem an seinen westlichen Grenzen immer mehr zur Zielscheibe von Angriffen der Barbaren. 410 n. Chr. plünderten die Goten unter Alarich Rom aus. Obwohl das westliche Reich erst 476 n. Chr. offiziell aufhörte zu existieren, hatte bereits die gotische Plünderung jede bedeutende römische Verwaltung des westlichen Mittelmeergebiets beendet. Rom wurde als Zentrum der Christenheit wichtig, doch in der Politik spielte es keine große Rolle mehr.

Auch Athen litt unter diesen Invasionen der Barbaren. 267 n. Chr. plünderten die Heruler und 396 n. Chr. Alarich die Stadt. Unter der byzantinischen Herrschaft erholte sie sich und wurde zu einem akademischen Zentrum. 1456, drei Jahre, nachdem Konstantinopel an die Türken gegangen war, wurde auch Athen Teil des Osmanischen Reiches. Eine Moschee wurde in den Ruinen der Cella des Parthenon gebaut. 1687 wurde sie während einer venezianischen Belagerung der Stadt in die Luft gesprengt. 1821 gewannen die Griechen ihre Unabhängigkeit, und Athen wurde die Hauptstadt des griechischen Staates.

Glossar

Ädile: ein römischer Magistrat, dessen Hauptverantwortungsbereich seit der Zeit des Augustus die allgemeine Beaufsichtigung der Stadt war.

Agora: ein Marktplatz und ein offener Bereich einer griechischen Stadt für öffentliche Versammlungen, vor allem für die politischen Verfahren der Stadt.

Akropolis: wörtlich: eine hohe Stadt, die Zitadelle einer Stadt. In Athen war dies ein hohes Felsplateau, das ab dem 6. Jahrhundert v. Chr. den Heiligtümern der Götter gewidmet war.

Amphora(e): ein Tonbehältnis zum Transport von Wein, Olivenöl oder anderen Lebensmitteln.

annona: die jährliche Gratiszuteilung von Getreide an die Armen Roms, die der Imperator Augustus reorganisierte.

Architrav: ein horizontaler Tragbalken, das niedrigste Element des Hauptgesimses, der unmittelbar auf den Kapitellen der Säulen ruht.

Areopag: der Hügel des Ares, nordwestlich der Akropolis in Athen; Areopagen: der Rat des Adels, der auf diesem Hügel tagte.

Atrium: der Hauptraum eines römischen Hauses.

aulos, diaulos: Musikinstrumente aus ein (*aulos*) oder zwei (*diaulos*) Flöten.

Aureus: die römische Standardgoldmünze, entspricht 25 Denaren oder 100 Sesterzen.

Basilika: eine rechteckige, meist mehrschiffige Halle, die oft mit dem römischen Forum in Verbindung gebracht wird.

Bule: der Rat in griechischen Staaten, dem die alltäglichen Staatsgeschäfte überlassen waren.

Buleuterion: die griechische Ratskammer.

caldarium: das Heißwasserbad in öffentlichen römischen Bädern.

cavea: die abgestuften Sitzreihen in einem römischen Amphitheater, Circus oder Theater.

cella: der Hauptraum eines griechischen oder römischen Tempels, in dem die Kultstatue aufgestellt wurde.

Chiton: eine lange Tunika aus Leinen, die von griechischen Frauen getragen wurde.

Curia: das römische Senatsgebäude.

cursus honorum: die Laufbahn, die römische Politiker einschlugen, die sowohl militärische als auch zivile Ämter beinhaltete.

deme: ein Dorf; im Athener System war es die kleinste Verwaltungseinheit.

Denar: römische Silbermünze im Wert von vier Sesterzen.

ekklesia: die Athener Versammlung erwachsener männlicher Bürger.

Elle: ein antikes Längenmaß, entspricht der Länge vom Ellbogen bis zur Spitze des Mittelfingers.

equites: Angehörige des Standes der Ritter, die mittlere Schicht der römischen Gesellschaft, die sowohl aus Großgrundbesitzern als auch aus wohlhabenden Geschäftsleuten bestand.

Erechtheum: ein heiliges Gebäude auf der Athener Akropolis, das 421 v. Chr. begonnen wurde. Es beherbergte die hölzerne Kultstatue der Athene.

Exedra: eine große Nische, oft zum Aufstellen einer Statue.

frigidarium: das Kaltwasserbad in öffentlichen römischen Bädern.

Herme: Steinschafte oder Pfeiler, die als Grenzsteine oder Meilensteine benutzt wurden. Die Spitze des Pfeilers war oft als männlicher bärtiger Kopf gearbeitet.

himation: ein Mantel, über einer Tunika getragen.

Hoplit: ein griechischer schwerbewaffneter Soldat.

hoplomachus: ein schwerbewaffneter Gladiator.

hypocaust: ein Heizsystem für Fußboden und Wände, das von den Römern um das späte 2. Jahrhundert n. Chr. entwickelt wurde.

Imperator: ein Titel, der siegreichen römischen Generälen verliehen und dann später von Augustus und nachfolgenden Kaisern angenommen wurde.

insula: ein römischer Wohnhausblock von mehreren Stockwerken.

Karyatiden: Weibliche Säulenfiguren als Gebälkträgerinnen.

Kerameikos: ein großer Bezirk im nordwestlichen Athen, in dem die Töpfer arbeiteten.

kithara: ein Musikinstrument ähnlich der Lyra, aber mit einem flachen, hohlen Schallkasten.

Kolonnade: Säulenreihe mit regelmäßigen Intervallen.

Konsul: der oberste römische Magistrat. Jedes Jahr wurden zwei gewählt.

lanista: ein römischer Gladiatorentrainer, der als Schiedsrichter bei Gladiatorenkämpfen fungierte.

lararium: ein Schrein für die Hausgötter in einem römischen Haus.

Lares: die Geister der Vorfahren einer römischen Familie.

metoikoi: eingewanderte Bewohner Athens ohne Bürgerrechte.

metope: ein rechteckiges Steinpaneel, das zwischen die Triglyphen im dorischen Fries plaziert war.

mina: eine Athener Münze im Wert von 100 Drachmen.

munera: römische Gladiatorenspiele.

natatio: das Schwimmbad in öffentlichen römischen Bädern.

nymphaeum: wörtlich: ein Schrein für die Nymphen, doch eigentlich sind mit dieser Bezeichnung kunstvolle Springbrunnen gemeint.

omphalos: der Nabel oder das Zentrum eines geographischen Gebietes.

opus reticulatum: ein Putz, der zum Ende des 2. Jahrhunderts n. Chr. für römischen Zement entwickelt wurde und aus einzelnen Steinen mit einer quadratischen Grundfläche bestand, die diagonal ausgelegt wurden.

orchestra: der runde Bereich in einem griechischen Theater, wo die Schauspieler das Stück aufführen.

palaestra: eine Sporthalle, die häufig in öffentliche Bäder integriert war.

palla, pallium: ein mantelartiges, dem griechischen *himation* ähnliches Kleidungsstück, von römischen Frauen (die *palla*) und Männer (das *pallium*) getragen.

pantheon: wörtlich: alle Götter.

Penaten: die Wächter der römischen Speisekammern.

peplos: von Frauen getragenes Wollkleid.

Peristyl: ein offener Innenhof oder ein säulengesäumter Garten in einem römischen Haus.

Pilaster: eine rechteckige aus einer Wand etwas hervorragende Säule.

Pnyx: der Hügel südwestlich der Agora in Athen, wo die Volksversammlung (*ekklesia*) tagte.

pomerium: die religiösen Grenzen einer Stadt.

Prätor: ein römischer Magistrat im Rang unter einem Konsul.

princeps: „führender Bürger" – ein Titel, den Augustus und die folgenden Imperatoren annahmen.

Propylaea: das monumentale Tor zur Akropolis in Athen.

retiarius: ein römischer Gladiator mit Netz und Dreizack.

rostra: die Sprechertribüne im Forum Romanum in Rom.

secutor: ein römischer Gladiator, der traditionelle Gegner des *retiarius*.

Senator: ein Mitglied des römischen Senats.

Sesterz: eine kleine römische Silbermünze in der kaiserlichen Zeit 4 As wert beziehungsweise ein Viertel *denarius*.

skene: der Bühnenbau eines Theaters. Ursprünglich war er sehr einfach und bildete nur den Hintergrund zur Aufführung im *orchestra*.

Stoa: eine überdachte Kolonnade, die an einer Seite offen ist und in öffentlichen Bereichen wie der Agora Unterstand bot.

strategoi: Magistrate und Generäle. In Athen waren sie für unterschiedliche militärische Angelegenheiten verantwortlich. Sie hatten auch die Befehlsgewalt über die Armee.

stylobat: die Plattform, auf der eine Kolonnade steht, vor allem eine Kolonnade, die um einen Tempel läuft.

taberna(e): Laden oder Läden.

tablinum: ein großer Raum hinter dem Atrium eines römischen Hauses, der zugleich als Arbeits- und Empfangszimmer diente.

Talent: Athener Geldeinheit im Wert von 60 *minas*.

tepidarium: das lauwarme Wasserbad in öffentlichen römischen Bädern.

thermae: große geheizte römische Bäder, von den Imperatoren erbaut.

Toga: ein festliches römisches Kleidungsstück, das von männlichen römischen Bürgern getragen wurde.

Travertin: eine Art Kalkstein, der bei Tivoli gebrochen wird.

triclinium: das Eßzimmer eines römischen Hauses.

Tuff: ein vulkanischer Stein, von dem unterschiedliche Arten um Rom herum abgetragen wurden.

vomitorium: die Eingänge unmittelbar an den Tribünen eines Theaters oder Amphitheaters.

Bibliographie

Athen
Bieber, M.: *The History of the Greek and Roman Theatre*. Princeton 1961.
Camp, J. M.: *Die Agora von Athen: Ausgrabungen im Herzen des klassischen Athen*. Mainz am Rhein 1989.
Economakis, R. (Hrsg.): *Acropolis Restoration*. London 1994.
Green, R. und E. Handley: *Images of the Greek Theatre*. London 1995.
Jenkins, I.: *The Parthenon Frieze*. London 1994.
Jones, J. E.: *Town and Country Houses in Attica in Classical Times*. Gent 1975.
Knigge, U.: *Der Kerameikos von Athen: Führung durch Ausgrabungen und Geschichte*. Athen 1988.
Neils, J.: *Goddess and Polis – The Panathenaic Festival in Ancient Athens*. Princeton 1992.
Oakley, J. R. und R. Sinos: *The Wedding in Ancient Athens*. Wisconsin 1993.
Pickard-Cambridge, A. W.: *The Theatre of Dionysus in Athens*. Oxford 1946.
Robinson, D. R. und J. W. Graham: *The Hellenic House – Excavations at Olynthus*: Teil VIII. Oxford 1938.
Taplin, O.: *Comic Angels and Other Approaches to Greek Drama through Vase Paintings*. Oxford 1993.
Travlos, J.: *Bildlexikon zur Topographie des antiken Attika*. Tübingen 1988.
Wycherley, R. E.: *The Stones of Athens*. Princeton 1978.

Rom

Allgemein
Richardson, L.: *A New Topographical Dictionary of Ancient Rome*. Baltimore und London 1992.
Robinson, O.: *Ancient Rome: City Planning and Administration*. London 1992.
Stambaugh, J.E.: *The Ancient Roman City*. Baltimore 1988.
Steinby, M.: *Lexicon topographicum urbis Romae*. Rom, Bd. I, 1993; Bd. II, 1995; Bd. III, 1996.

Architektur
Adam, J.-P.: *Roman Building – Materials und Techniques. London 1994*.
Anderson, J. C.: *The Historical Geography of the Imperial Fora*. 1984.
Boatwright, M.: *Hadrian and the City of Rome*. Princeton 1987.
Boëthius, A.: *Etruscan and Early Roman Architecture*. Harmondsworth 1978.
Packer, J. E.: *The Forum of Trajan in Rome*. Berkeley 1997.
Reggiani, A. M. (Hrsg.): *Anfiteatro Flavio – Immagine, Testimonianze, Spettacoli*. Rom 1988.
Ward-Perkins, J. B.: *Architektur der Römer*. Stuttgart 1975.

Gesellschaft und Wirtschaft
Beecham, R.: *The Roman Theatre and its Audience*. London 1991.
Evans, H. B.: *Water Distribution in Ancient Rome. The Evidence of Frontinus*. Ann Arbor 1994.
Packer, J. E.: *The Insulae of Imperial Ostia*. Rom 1971.
Ramage, E.: Urban Problems in Ancient Rome. In: M. Marchese (Hrsg.): *Aspects of Graeco-Roman Urbanism*. Oxford 1983.
Rickman, G.: *The Corn Supply of Ancient Rome*. Oxford 1980.
Scobie, A.: Slums, Sanitation, and Mortality in the Roman World. In: *Klio* 68, 399–433, 1986.
Ville, G.: *La Gladiature en Occident des origines a la Mort de Domitien*. Rom 1981.
Wiedemann, T.: *Emperors and Gladiators*. London 1992.
Yegül, F.: *Baths and Bathing in Classical Antiquity*. New York 1992.

Danksagung

Die Autoren möchten sich für die Hilfe und den Rat der folgenden Personen bedanken:
Professor John Camp, American School of Classical Studies, Athen.
Dr. Amanda Claridge, Institute of Archaeology, Oxford.
Dr. Jon Coulston, St. Andrews University, Schottland.
Dr. Ian Jenkins, Department of Greek and Roman Antiquities, British Museum, London.
Dr. Christopher Smith.
La Soprintendenza Archeologica di Roma.
Die Mitarbeiter der School of Classics, Trinity College, Dublin, besonders Professor Kathy Coleman, Professor Brian McGing, Dr. Christine Morris und Dr. Judith Mossman.
Die Mitarbeiter der British School in Rom, besonders Maria Pia Malvezzi.

Bildrechte

Seite
vi	Scala (Museo delle Terme, Rom)
vii	Index/Archivio Fotografico Soprintendenza Archeologica, Rom
29 o.	Deutsches Archäologisches Institut, Athen
71 o.	Bibliothèque Nationale de France, Paris (Jacques Carrey)
112 o.	Scala
113 u.	Deutsches Archäologisches Institut, Rom (H. Schwanke)
117	Publiaerfoto
118 o.	Index, Florenz
157 u.	Index/Publifoto
159 M.l.	Scala (Galleria Lapidaria, Vatikan)
159 M.r.	Scala (Pulazzo Salviati, Rom)
159 u.l.	Scala (Museo Archeologico, Aquileia)
166 u.	Scala (Museo Ostiense, Ostia Antica)
167 u.	Scala (Galleria degli Uffizi, Florenz)
174 u.	Ancient Art & Architecture Collection Ltd.
175	Scala (S. Clemente, Rom)
176 u.	Publiaerfoto
180 o.	Ancient Art & Architecture Collection Ltd.
181	Scala (Museo delle Terme, Rom)
185	Scala
186	Scala
188 o.	Ricciarini, Mailand
189 u.l.	Scala (Museo Nationale Napoli)
193 o.l.	Index/Archivio Fotografico Soprintendenza Archeologica, Rom
193 u.	Scala (Museo Gregoriano Profano, Vatikan)
210 u.	Sonia Halliday Photographs
211 o., m.	Corbis (Roger Wood) (Castle Museum, Tripolis, Libyen)
213 o., m.	Corbis (Roger Wood) (Castle Museum, Tripolis, Libyen)
217 o.	Corbis (Roger Wood) (Castle Museum, Tripolis, Libyen)
226 o.	Werner Forman Archive Ltd. (Museo Gregoriano Profano, Vatikan)
242 u.	Dr. Hazel Dodge, Trinity College, Dublin

Alle weiteren Abbildungen, Diagramme und Fotografien stammen von dem Autor Peter Connolly.

Register

Fettgedruckte Zahlen bezeichnen den Hauptverweis für diesen Eintrag.
Kursivgedruckte Zahlen kennzeichnen eine Abbildung.

A

Abtreibung 32
Abwasserkanäle 107, 132–133, 148
Aegospotami 13
Agathon 97
Agora 9, 10, *10*, 15, 16, *16*, **22–28**, 30, 46, *62*, 80, 81, 86, 87, *89*, 91
Agrippa 129, 130, 132, 133, 227, 238
Agrippa, Denkmal von *64*
Agrippathermen 130, 239
Aischylos 92, 93, **95–97**, 99
Akademie *21*, 86, 89, 90
Akropolis 10–12, *10*, *11*, 16, 29, 42, 56, 58, **62–79**, 87, 89
Alarich der Gote 107, 251
Alexander der Große 100
Alkamenes 29
Alkibiades 13, 29
Alleinherrscher 10, 13, 22, 25–26
Altar der zwölf Götter *25*, *27*, 81
Amphitheater 121, **190–210**, **215–217**
Amphitheatrum Flavium *siehe* Kolosseum
andron 49, 50–52, *53*–54
Antiochus der Große, König von Syrien 78, 108
Anton, Mark 109
Apollo Palatinus, Tempel des *218*
Apollo Sosianus, Tempel des *185*
Apollodor aus Damaskus 226, 230–231, 239
Aquädukte 108, 110, 115, 130, *131*, 132, 161, 240–241
Ara Pacis 112, *112*, *123*, 250
Architekten 67, 140
Archonten 24, 26, 29, 30
Area Palatina 220, *220*, 224, *224*
Areopag *10*, 16, *27*, 29, *62*, 87, *89*
Areopagen, Rat der 24, 25, 26, 96
Argos 96
Aristides 28
Aristophanes 9, 33, 92, **97–98**, 99
Aristoteles 24, 29–30, 32, 78, 91, 97
arrephoroi 56, 61, *62*, 86
Artemis Brauronia 65
Asteas *183*
Athen
   gotische Plünderung (396 n. Chr.) 251
   Herulenplünderung (267 n. Chr.) 251
   persische Zerstörung 11–12, 22–23, 78
   Plünderung (86 v. Chr.) 109
   Lage *14*, *21*

Athene Lemnia 74
Athene Nike, Tempel der *56*, *62*, *64*, 65, 87
Athene Parthenos, Tempel der *siehe* Parthenon
Athene Polias, Tempel der 10, *11*
Athene Varvakion 74
Athene, Statuen der *56*, 58, 61, *66*, 72, 74, *74*, 75, 77, **86–87**, *87*
Athleten
   Athen 34–35, **80–83**, 86
   Rom 239
Atrium 136, *136*, *137*
Attika 10, *14*, 44
Attischer Seebund 11–12, *12*
Augustus, Gaius Julius Cäsar Octavian **109**, 110–112, 116–117, *116*, 122–123, 124, 127, 130, 138, 152, 153, *160*, 170, 172, 176, 186, 216, 218
   soziale Reformen 197–198
Augustus, Haus des 112, *113*, 136, *186*, 221
Aula Regia 218, 220, *220*, *222*, *223*, 224
Aurelian 251
Aventin 108, *109*

B

Bäckereien 165–166, *165–166*
Balbus-Theater *184*
Banken 47
Bars und Kneipen 161, **166–167**
basileos 24, 29, 30
Basilika Aemilia *110*, 111
Basilika Julia *110*, 111, **123–124**
Basilika Ulpia 231, **232–233**, *235*
Bathyllus aus Alexandria 185
Bemalte Stoa **23–24**, *25*, *27*
Berufe und Arbeit
   Athen 44–47
   Rom 159–160
Bestattungen
   Athen **42–43**
   Rom 161, *162*, 190
Bevölkerung
   Athen 14
   Rom 127, 143–144
Bibliotheken 232, 238, 239, 247, *247*
Bildhauerlöhne in Athen 76–77
Böotien 12, 90
Boxen 82–83, *82*
Bule **25–27**, 28, 29
Buleuterion *23*, **24–27**

C

Caligula 115, 129, *160*, 174, 176, 218
Capua Vetere, Amphitheater *200*, **206–207**
Caracalla-Thermen 238, 239, 242, 250

Cäsar, Gaius Julius 109, 110, 124, 134, *160*, 186, 190, 192, 211
Cäsar, Gaius Julius, Tempel des vergöttlichten *110*, 111, *171*
Cäsarforum *110*, 133, *235*
Castra Misenatium 211
Chaironeia, Schlacht von 100
Chor 91, 96–97
Christentum 173–174, 250
   Verfolgung der Christen 117, 217
Cicero 211
Circus Flaminius 176, *184*
Circus Maximus 109, 115, *116*, **176–181**, 211, 220, *224*
Claudius 115, 129
Claudius, Tempel des vergöttlichten 115
Cloaca Maxima 107, 133
Commodus 212, 250
Concordia, Tempel der 107, *110*, *111*
cursus honorium 122, *122*

D

Delphi 58, 80, 83, 95, *96*
Demokratie, Athen 9, 12, **22–27**, 29
Dichtung 80, 95
Dio, Cassius 215, 216, 230
Diokletian 124, *170*, 250–251
Diokletiansthermen 239, *240*, 241, *242*, 251
Dionysien **90–91**, 98
Dionysos, Tempel des 90, **91–94**, 99
Dionysos-Theater *62*, **91–94**, *99*–101
Dipylon 16, *17*, 18, *18*, 25, 27, 86–87, 89
Domitian 121, 165, *170*, 172, 193, 218, 227
Domitianspalast **218–225**
Domus Augustana 218, *218*, **224–225**, 227, *227*
Domus Aurea 115, *116*, **117–119**, 121, *170*, 192, 218, 226, 230, 239, 241, *241*, 243
Domus Flavia 218, *218*, 220, *220*, *222–223*
Domus Tiberiana 115, *115*, 218, *218*, 220, *221*, 223
Domus Transitoria 218
Dorische Säulenordnung 64, 67, *72*
Dränage
   Athen 15–16
   Rom 107, **132–133**, 148
Drama *siehe* Theater
Dreißig Alleinherrscher 13, 30, 100

E

ekklesia 22, 26, 28, 42
Eleusinium *27*, **58–60**, *62*, 87

Eleusis *42*, **58–60**
Elgin Marbles **70–71**, 74
Engelsburg 250
Ennius 182, 188
Eponyme Heroen, Denkmal der 27–28
equites (Stand der Ritter) 122–123, 153, 210
Erechtheion *62*, *74*, **76–79**, 87
Erechtheus 10, 87
Errichtung von Gebäuden und Baumaterialien
   Athen 26, **65–69**
   Rom 110–111, **138–139**, *177*, 186, 193, 198, 204, *204*, 210, **226–228**
Erziehung
   Athen 33–35
   Rom 151–152
Etrusker 107–108
Euripides 9, 42, 92, **97**, 99

F

Fenster und Türen 49, 143, *143*, 244
Feuer und Brandbestimmungen 115–116, 141
Flotte, Athener 12, 18–19, *19*, 21
Forma Urbis Romae (Marmorplan) 136f, *179*, 186, 188, 210, 231, 239, 241
Forum Augustum 110, 111, 231, *235*
Forum Boarium 127, 164, *171*, 190
Forum Holitorium 164
Forum Pacis 121, 230
Forum Romanum **106–111**, *116*, 123, 124, 162, *170*, 172, 190, 220, *220*, 231, 250
Forum Transitorium 230
Fossa Traiana 129
Frauen
   Athen 9, 22, 32–33, 35, **37–41**, 50, *50*, 80, 90, 91
   weibliche Gladiatoren 212, 216
   Rom 149, **150–154**, 157–158, 198
Freigelassene 161
Freizeitbeschäftigung *151*, 160–161
Frisuren
   Athen **36–37**
   Rom **156–157**
Frontinus 132, 161

G

Galba 120
Galen 161
Gallier (Gladiatoren) 214–214
Gallier 107, 108
Gerichtshof *23*, 25, 26, *27*, **29–31**, 123
Gerüstbau 139

Gewölbe 138, 140, 186, 192–193, *204*, 226–227, *226*, *227*
Gladiatoren und Gladiatorenkämpfe 180, 190, **208–217**
Goldenes Haus siehe Domus Aurea
Goten 107, 251
Grabmäler
　Athen *43*
　Rom 162–163
Große Panathenäen siehe Panathenäen
Gymnasion *21*, 35, 238

H
Hadrian (Publius Aelius Hadrianus) 78, 121, 156, 212, *221*, 227, *227*, 230, *230*, 231, 250
Hadrian, Tempel des 250
Handwerker 44, 159–160
Hannibal 108
Haterier-Grabmal 193, *193*, 194, *226*
Häuser
　Athen **48–55**
　Rom **134–144**
Heiliger Weg *21*, *42*
Heiliges Tor 16, 17, *17*, 18, *18*, *21*, 25
Heizsysteme **243–246**
Heliaia 23, *27*, 29
Hephaistos, Tempel des 16, *22*, **25–27**, 58
Herculaneum 136, *138*, **143–149**, 166–167, *167*, 212, 214
Herme 24, **29**, 65
Herme, Stoa der 24
Herrscherkult 170–171
Hippias 25
Hippodamus von Milet 18
Hippodromus *218*, *224*, 225
Hippokrates 42
Hochzeit
　Athen **38–40**
　Rom 153, *153*, *154*
Homer 34, 80
Hopliten 35, *35*
hoplomachus siehe Samnite
Hortensius 218
Hügel der Nymphen 24, *27*, 29, 49
hypocaust 243–244

I
insulae 138, **140–144**
Ionische Ordnung 76
Isiskult 174, *174*, *175*
Isthmische Spiele 80

J
Jerusalem, Plünderung (70 n.Chr.) 120–121, 177, 192
Judaismus 173–174
Juno Moneta, Tempel der 109
Jupiter Optimus Maximus, Tempel des 106, *108*, 109, *170*, 218
Juvenal 144

K
Kallirhö, Quelle von 38
Kantharos 18–19, *19*, 87
Kapitol 106, 107, 108, 109, 111, 115, 121, 134, 141, 143, *143–144*, *170*
Karthago 108
Kastor-und-Pollux-Tempel **109–111**, 115
Kerameikos 16, 17, 18, 28, *42*, *43*, 44, *89*
Keramik 44, *52*
Kindheit
　Athen **32–35**
　Rom **150–153**, 158
Kleidung
　Athen **36–38**
　Rom 151, **155–157**
Kleisthenes 25–26, 28
Klepsydraquelle *56*, *62*
Kolonus Agoraeus 22, *22*, *25*, *27*
Kolosseum *115*, 121, **190–210**, **215–217**, 238
Komödie 91, 97, 98, 99
Königliche Stoa 23, *25*, *27*
Konstantin 250, 251
Konstantinopel 251
Konstantinsbogen *155*, 234
Konstantinsthermen 239
Korinth 12–13
Kosmetik 157, *158*
kottabos 53, *54*
Kräne **66–67**, 99, *226*
Krankheiten 13, 161, 162
Küchen
　Athen 54
　Rom 146–148
Kurie 107, **109–111**, 123, *123*, 124, *124*, 251
Kybele siehe Magna Mater
Kynosarges *21*, *89*

L
Lacus Curtius und Lacus Iuturnae 107
Läden und Märkte
　Athen *27*, 46–47
　Rom 107, **164–169**, **234–237**
Lampen 55
Lange Mauern, Athen 12, 13, *13*, *21*, *21*, 100
lanistae 212, *213*, 214, 215, 217, *217*
lararium 144, *145*, 171, *220*
Laren 144, *145*, 152, 171
Latinischer Bund 107–108
Laurion, Silberminen 45, 47
Lebenserwartung 150, 162
Lebensmittelversorgung siehe Nahrung und Lebensmittelversorgung
Lenäen 98
Livia, Haus der 136
Livius 106, 123
Ludus Dacicus 210, *211*
Ludus Gallicus 210
Ludus Magnus 194, 202, **208–210**
Ludus Matutinus (Ludus Bestiarius) 210

Lyceum *21*, *89*
Lykabettos 66

M
Macellum Liviae 166
Macellum Magnum 166
Magna Mater 173–174
Magna Mater, Tempel der 109, *218*
Makedonien 100
Malerei auf griechischen Skulpturen und Gebäuden **69–72**
　Pinakothek *56*, *62*, **64–65**
　siehe auch Vasenmalerei; Wandverzierung
Marathon, Schlacht von 11, 97
Marc Aurel 212, 250
Marc Aurel, Säule des 250
Marcellus-Theater **184–188**, 193
Mardonius 11, 77
Marmorata 127
Marmorplan siehe Forma urbis Romae
Mars Ultor, Tempel des *110*, 111, *235*
Marsfeld 130, 160, 174, 176, 180, *184*, 185, 192, 227, 239, 250
Martial 180, 216, 218
Maßeinheiten, Athener 46–47, *47*
Mauern und Tore
　Athen 12, 16–18, *17*, *18*, 25, **64–66**, 100
　Rom 108, 251
Maxentius 230, 251
Medizin
　Athen 42
　Rom *160*, 161
Menon *27*, *48*
Metöken 31, 87
Miltiades 28
Milon von Kroton 82
Minerva Medica, Tempel der *227*
Minotaurus *10*
Mithradates, König von Pontos 109
Mithraskult 174, *175*
Mnesikles 65
Möbel
　Athen **54–55**
　Rom 134, **144–149**
Monte Testaccio 127
Mosaiken *52*, *53*, *140*, *157*, *179*, *180*, *181*, *210*, *211*, *213*, *217*, 225
Munichia 18–19, *19*, 87
Münzstätte *24*, *27*
murmillo 214
Musenhügel *21*
Musik 40, 80, 87, *90*, *91*, 93
Mysterien 58–60, 173–174

N
Naevius 182
Nahrung und Lebensmittelversorgung
　Athen 12, 14–15, 18, 44, 53
　Rom 127, *127*, 129–130, 132, 165, 167–168
Natalis Urbis Romae 250
Naupaktus 12

Nemeische Spiele 80
Nero 115–116, 117–120, 170, 176, 192, 218, *221*
Nerothermen 239
Nerva, Marcus Cocceius 121, 132, 230
Nervaforum *235*
Nikias 13–14
Nikias-Frieden 17, 74

O
Obelisk von Ramses II. 177
Octavian siehe Augustus, Gaius Julius Cäsar Octavian
Odeion 80, 92, **93–94**
Oligarchie 10, 24
Olympeion 78
Olympia 80
Olympische Spiele 80, 81
Olympischer Zeus, Tempel des 109
Olynthos 34, 49, *49*, 51, 52, *52*, 53, *54*, 55
Opfer 53, 56, 59, **60–62**, 77, 86, 87, 90, 153, **170–171**, 190
opus caementicium siehe Zement
opus sectile 225, 228
Ostia *114*, 129–130, *129*, *130*, 140–141, *140*, *141*, 143–144, 160, 163, *163*, 165, 166, *166*, 167, 168, *168*, 242, **243–245**, *244*, *245*, *246*
Otho 120

P
Pacuvius 182
Paedagogium *218*, 220
paidagogos 35
Palatin 106, 108, 109, 115, 134, *218*, *218*, *221*
Palladium 29
Panainos 23
Panathenäen 80–87
Panathenäenstraße 16, *16*, 18, 23, *25*, *27*, 58–59, 65, 81, 87
Panathenäische Prozession *56*, 64, 70, *70*, 74, **86–87**
Panathenäische Spiele **80–83**, 93
Pandroseum 76, 78
Panhellenische Spiele 80
Pantheon **227–230**, 250
Parthenon *56*, 58, 62, *62*, **65–75**, *84–85*, 87, 251
Pausanias 23, 65, 72, 74, 86
Peisistratos 10, 15, 25, 78
Peloponnesischer Krieg 12–13, 23, 91, 98
Peloponnesisches Bündnis 12, *12*
Penaten 144, *145*, 171
peplos 56, 61, 86–87, *87*
Pera, Marcus Iunius Brutus 190
Perikles 12–13, 21, 28, 48, 80, 92, 93
Persische Kriege 10–12, 18–19, 78, 92
Petronius 212
Phalanx 36
Phaleron 12, *13*, *21*, *21*, 59, *66*

Phidias 9, 67, 72, **74–75**
Philipp II., König von Makedonien 98, 100
Philipp V., König von Makedonien 108
Philon, Rüstkammer von 19, 21
Pinakothek *56*, *62*, **64–65**
Piräisches Tor *17*, *18*, *27*, 89
Piräus 12–13, *13*, 18–19, *19*, 21, *21*, 87, 100
Plataä, Schlacht von 11–12, 92
Platon 9, 31, 40, 53, 100
Plautus 182, 185
Plinius der Ältere 124, 166, 185, 243
Plotina 231
Pnyx 16, 21, *24*, 28, *28*, 29, *48*, 49, *66*, 89
polemarch 24, 30
Polizei, Athener System 30
Polygnot 23
Pompeius 109, 110
Pompeius-Theater *184*, 185, 186
Pompeji 112, *114*, 136, *137*, 140, 143–146, *143*, *149*, 148–149, *150*, *159*, *165*, 166, *166*, *171*, 185–186, *211*, 212, 214, *214*, *215*
  Amphitheater 192, 199, *199*, *208*, *216*, 217, *217*
  Thermen 243, 244, 245, *246*, 247
  Isistempel 174, *174*, *175*
Pomponius 123
Pontifex Maximus 106, 107, 171, 172, 173
Portunus („Foruna Virilis") Tempel des *171*
Portus 115, 129–130, *129*, *130*
Portus Julius 129
Pozzuoli 166
Prätorianer 115, 120, 121
Priester und Piesterinnen
  Athen 60–61
  Rom 106, 107, **171–173**
Prinzipat 109, 110
Priscus, Tarquinius 133
Propyläen *56*, *62*, **64–66**, 69, 87
provocator 212
Prozesse durch Geschworene **29–31**
Prytaneion 29
Publius Aelius Hadrianus *siehe* Hadrian
Punische Kriege 108, 174
Puteoli 129
Pylades aus Kilikien 185
Pylades, L. Aurelius 189
Pyramide des Cestius 162
Pyrrhus, König von Epirus 108, 130
pythia 58
Python, Hof der *62*
Pythische Spiele 80, 83

R

Recht und Ordnung
  Athen 29–31
  Rom 116–117, 122–124

Regia *110*
Religion
  Athen 10, **56–59**
  Rom 144, **170–175**
Restaurants 149, **167–168**
retiarius 213, 214, 215, *215*, 217, *217*
Rhinthon 183
Ringen 35, 82, *82*
Rom
  Bürgerkriege 109, 250
  gallische Plünderung (390 v. Chr.) 107
  gotische Plünderung (410 n. Chr.) 251
  gotische Plünderung (476 n. Chr.) 107
  Hügel 106
  Provinzen 108
  Regionen *116*
  Lage 106–108, *106*
  Römische Republik 106–109, 122
  Römisches Reich 106, 109, 110, 123, 251
  rostra 110, 111
  Rüstung
    Gladiatoren 212–215
    Hopliten 35
  Rutilius, Publius 214

S

Sabratha, Theater in 188, *188*
Salamis, Schlacht von 11, 19
Samnite (Gladiator) 212, 213, 214
Saturn, Tempel des *110*, 251
Satyrspiel 97, 98
Scaurus, Marcus 185, 211
Schauspieler
  Athen 91, **96–99**
  Rom *160*, **189**
Scheidung
  Athen 42
  Rom 158
Scherbengericht 26, 28, *28*
Schützling und Patron, Beziehung von 159, 161
Sciras aus Tarent 183
Scorpus 180
secutor 213, 214, *214*, 217, *217*
Senat 107, 109, 122, 123, *123*, 124, *124*
Seneca 124, 188–189, 238
Servius Tullius 108
Sette Sale **239–241**
Severus, Septimius 218, *221*, 250
Severus, Septimius, Thermen des *218*
Sklaverei
  Athen 9, 14, 22, 30, 31, 32, 33, 44, 45–46, *46*
  Rom 124, 146, *158*, *160*, 161, 180, 185, 190, 212, 220, 243
Skythische Bogenschützen 30
Sokrates 9, 30–31, 33, 48, 53, 97–98, 100
Solon 25
Sopater aus Paphos 183
Sophokles 9, 83, 92, *97*, 99

Soziale und administrative Strukturen
  Athen **22–27**
  Rom 107, 109, 122–124, 134, 152–153, 159–161, 197–198
Sparta 35, 100
  Krieg mit Athen 11, 12–13, *12*, 17, 23, *23*
Spartacus 190, 208
Spielzeug und Spiele 33, *33*, 53, 54, *150*, 151
Staatsverfassung der Athener (Aristoteles) 24, 29–30
Ständekampf 107
Stoen **22–25**
Stoiker 22
Straßen 106, *106*, 108
Straßenreinigung Rom 134
Subura 109, *235*
Südstoa *24*, *27*, 81
Sueton 115, 117–118, 215
Sulla 109, 124
symposion 40, **52–54**

T

Tabularium 109, *110*, 151
Tacitus 115, 198
Taurus, L. Statilius 192
Telesterion 59–60, *59*
Tempel
  Athen 10, **56–79**
  Rom 107, *107*, **109–111**, **170–175**
Terenz 182, 185
Tertullian 190
Tetrarchie 250
Theater
  griechisch 40, **90–101**, 182, 185, 188
  römisch 110, **182–189**
Themistokles 11, 12, 18–19, 28
Theodosius 60
Thermen und Badehäuser
  Athen 34, *34*, 35, 54, *55*
  Rom 130, 132, 133, 158, 161, **238–247**
Thermopylenpaß 11
Theseus 91
thesmothetae 30
Thespis 90
Tholos *24*, *26*, 27–28, *27*, 47
Thorikos 49
Thrakier (Gladiator) 213, 214
Thukydides 9, 16, 74
Tiber, Fluß 106, *106*, 133
Tiberius 115, 218, *221*
Titus 120, 121, 177, 192, 193, *193*, 216, 218, 238
Titusbogen *120*, *176*, 177, 220
Titusthermen 238–239, *239*
Toiletten 16, 54–55, *55*, 133, *133*, 141, 148, *149*
Tragödie 91, 95–97, 99
Trajan (Marcus Ulpius Traianus) 121, 129, 130, 132, 140, 226
Trajansforum 226, **230–237**
Trajansmärkte *164*, **234–237**
Trajanssäule 231, 232, **233–235**

Trajanstempel 231–232, *231*, *235*
Trajansthermen 132, 226, **238–245**, *247*
Transport 127–130, *127–130*
Triumph 120, *120*
Triumphbogen des Septimius Severus 250
Tullianum 124, *124*

V

Vasenmalerei
  griechisch *15*, *16*, *32*, *33*, *34*, *36–46*, 44, 53, *53*, *80–83*, *86*, *87*, *90*, *91*, *95–98*
  römisch *182*, *183*
venatores 210, *210*, 211, *211*, 212, 217
Venus Genetrix, Tempel der *110*, *235*
Venus und Roma, Tempel der *218*, 230, *230*, 250
Venus Victrix, Tempel der 186
Vespasian 120–121, 192, 218, 230
  Tempel des *170*, *171*
Vesta, Tempel der *110*, **172–173**, 251
Vestalinnen 107, **172–173**, 198
Via Salaria 106, *106*
Vitellius 120
Vitruvius 66, 67, 140, 244
Vögel, die (Aristophanes) 99

W

Wagenrennen 83, *83*, 87, **176–181**
Wahlscheiben 30–31, *31*
Wandverzierung
  Athen 23, **50–53**
  Rom **112–114**, 118, *118*, 144, *145*, *163*, *165*, 168, 185–186, *186*, *189*, *199*, *211*, 225
Wasserversorgung
  Athen **14–16**, 27
  Rom 108, 110, 115, 127, **130–133**, *137*, *239*, 240–241, *240*, *241*
Wehrdienst
  Athen 14, 35–36
  Rom 152
Wilde Tiere im Circus oder Amphitheater *177*, 208, *210*, 211–212, *211*, *216*, 217

X

Xenophon 9, 53–54
Xerxes, Zelt des 92, *93*

Z

Zea 18–19, *19*
Zement (*opus caementicium*) 138, 139, *139*, 163, *177*, 186, 210, **226–228**, 234, 251
Zeus Eleutherios, Stoa des 23–24, *25*, *27*
Zeus, Tempel des 10, *62*, **78–79**
Zünfte 159–160